# MEINE MITTELMEERKÜCHE

MARIANNE KALTENBACH

# MEINE MITTELMEER-KÜCHE

ILLUSTRIERT VON KARIN WIDMER

HALLWAG VERLAG BERN UND STUTTGART

**Die Rezepte**

Die Rezepte dieses Buches sind wie folgt gegliedert:
Zuerst erscheint, sofern vorhanden, der Titel des Gerichts in der jeweiligen Landessprache, darunter steht die deutsche Übersetzung.
Der Arbeitsaufwand bezeichnet die Zeit, welche man für die Vorbereitung in der Küche aufwenden muß. Gar- und Backzeiten sowie Marinier- und Einlegezeiten werden separat aufgeführt.
Die meisten Gerichte können weitgehend vorbereitet werden, was ebenfalls vermerkt ist.
Die Beschreibung der Zubereitung entspricht dem Arbeitsablauf, wobei auch die Zutaten entsprechend aufgeführt sind.
Tips zu Besonderheiten, Ersatzprodukten usw. sowie Variationsmöglichkeiten bilden den Abschluß.

**Und außerdem ...**

In eingeschobenen Texten (Verzeichnis s.S. 395) werden zahlreiche südliche Produkte beschrieben, spezielle Küchentricks verraten und persönliche Geschichten und Anekdoten erzählt.

2. Auflage, 1998


Lektorat: Eva Meyer
Umschlag und Gestaltung: Robert Buchmüller
Satz und Fotolithos: Hallwag AG, Bern
Druck und Bindung: Kösel GmbH & Co., Kempten (Allgäu)

ISBN 3-444-10482-0

Hallwag

# Inhalt

**Anhang**

# Zu diesem Buch

«Meine Mittelmeerküche» ist ein sehr persönliches Buch. Es ist weder eine klassische Rezeptsammlung noch ein Lexikon der Spezialitäten sämtlicher Mittelmeergegenden. Die Idee, dieses Thema aufzugreifen, ist auch nicht aus einem Modetrend entstanden, sondern aus persönlicher Überzeugung. Seit einigen Jahren schon koche ich für mich, meine Familie und meine Freunde vorwiegend nach Art und Weise der Mittelmeerküchen, nicht zuletzt deshalb, weil immer deutlicher wird, daß damit große gesundheitliche Vorteile verbunden sind. Ernährungswissenschaftler bestätigen, daß die Hauptkomponenten dieser Küchen wie erstklassiges Olivenöl, viel Gemüse, Getreide, Hülsenfrüchte, Fisch, leichte Saucen, Kräuter, Knoblauch, wenig Fleisch und tierische Fette sowie Wein, maßvoll getrunken, einen positiven Einfluß auf unseren Kreislauf haben und gewissen Zivilisationskrankheiten vorbeugen. Auch unsere schlanke Linie können wir mit dieser Essensweise erhalten oder wenn nötig sogar wiederherstellen. Anhänger der Trennkost kommen ebenfalls auf ihre Rechnung, werden doch im Süden eiweißlastige Hauptgerichte nicht mit Kohlehydraten, sondern mit Gemüse kombiniert.

Faszinierend ist für mich auch, daß es sich hier nicht um eine eigentliche Diät handelt, die Opfer verlangt. Ganz im Gegenteil: Die Küchen des Mittelmeeres bringen Sonne auf den Speisezettel, sind farbenfroh und je nach Gegend mit Kräutern und Gewürzen interessant angereichert. Deshalb hätte man dieses Buch auch «Freude am Essen» nennen können. Diese Freude beginnt bereits beim Einkaufen und Kochen, und das Resultat ist stets eine Augenweide und eine Gaumenfreude. Auch aus bescheidenen Zutaten lassen sich auf einfache Art kulinarische Erlebnisse zaubern.

So werden Sie in diesem Buch neben überlieferten Rezepten aus dem Mittelmeerraum auch viele Gerichte finden, die ich, inspiriert durch die Mittelmeerküchen, auf meine eigene Art zubereite oder deren Rezepte ich Freunden, Hausfrauen, Köchen oder Händlern aus den jeweiligen Ländern verdanke. Wer meine Bücher über Italien, Frankreich, insbesondere die Provence, und Spanien kennt, wird in diesem neuen Werk eine willkommene Fortsetzung finden, um den mediterranen Speisezettel erweitern zu können. Die Zubereitungen sind weder kompliziert noch allzu exotisch und deshalb auch von Anfängern in der Kochkunst zu bewältigen. Zudem lassen sich die meisten Gerichte weitgehend vorbereiten, sie sind also auch für Gäste geeignet.

Ich hoffe, Sie finden Gefallen an diesem Buch, und wünsche Ihnen viel Spaß beim Zubereiten und Genießen.

Marianne Kaltenbach

Marianne Kaltenbach

# Appetithäppchen

In vielen Mittelmeerländern wird eine Mahlzeit mit kleinen Häppchen eröffnet, von denen man meistens 3–5 Sorten in kleinen Schalen serviert. Deshalb sind die nachfolgenden Rezepte für 8 kleine Portionen berechnet. Im Orient werden bei Einladungen aber bis zu 30 und mehr Variationen auf einem großen Tisch angeboten. Die Gäste brechen das Fladenbrot (s. S. 309) in Stücke und verteilen es untereinander. Danach tauchen alle ihr Brot in die gleiche Schüssel und fahren auf diese Art fort, bis von allem gekostet wurde. Natürlich können die nachfolgenden Gerichte auch einzeln als Vorspeise serviert werden. Die angegebene Menge reicht dann, je nach Rezept, für 4–6 Personen.

# Mezze – die kleinen orientalischen Häppchen

Mit diesen kleinen Appetithappen oder Horsd'œuvres beginnt man eine Mahlzeit im Mittleren und Nahen Osten. Die meisten stammen aus dem Libanon, wurden aber auch von den Nachbarländern übernommen und zum Teil ergänzt. Sie werden in kleinen Schälchen in großer Zahl einfach auf den Tisch gestellt. Zuerst gibt es die kalten und anschließend die warm servierten Variationen. Die Auswahl variiert zwischen 5 bis 30 verschiedenen Zubereitungen. Bei ganz großen Gelegenheiten können es sogar bis 60 sein. Im Libanon gilt nicht umsonst das Sprichwort «Je mehr du davon ißt, desto mehr beweist du mir deine Freundschaft». Dazu gehört als Aperitif der libanesische «Arak» (auf der Basis von fermentierten Früchten, gewürzt mit Sternanis), in der Türkei der «Raki» (ein Destillat von Kartoffeln, Zwetschgen oder Pflaumen und Getreide mit Anisgeschmack) und in Griechenland der vielgeliebte «Ouzo» (Spirituose mit Anis oder, wie in Chio, zusätzlich parfümiert mit Mastix).

Nachfolgend ein kleiner Streifzug durch die Mezze-Köstlichkeiten.

## Khiyar bel laban
### Gurken mit Knoblauchjoghurt

Kann vorbereitet werden
Arbeitsaufwand: 15 Min.

**Für 8 Personen**

- 2 feste, schlanke Gurken
- 2–3 Knoblauchzehen
- Salz
- 2 große Joghurt nature (etwa 300 g)
- 2 EL gehackte Pfefferminzblätter

Die Gurken schälen. Das Gurkenfleisch bis zu den Kernen abschneiden und sehr klein würfeln. Den Knoblauch schälen, im Mörser mit etwas Salz zerstampfen oder durch die Knoblauchpresse drücken und danach mit dem Salz gut mischen. Den Joghurt aufschlagen und mit den Gurken und dem Knoblauch mischen. Wenn nötig noch etwas Salz und die Hälfte der Pfefferminze beifügen. In Schalen füllen und mit der restlichen Pfefferminze garnieren.

**Tip** Dieses Gericht eignet sich nicht nur als Mezze, sondern auch als Beilage oder Sauce zu Fleischgerichten.

## Moutabbal
### Auberginencreme mit Sesam

Die Auberginen waschen, trocknen und etwa 30–40 Min. in der Mitte des Backofens grillieren, bis die Haut braun ist. Die Früchte schälen, das Auberginenfleisch zerkleinern und in den Mixer geben. Das Tehineh mit 1–2 EL Wasser aufschlagen, bis ein Püree entsteht. Mit den geschälten Knoblauchzehen, dem Zitronensaft, etwas Salz und dem Olivenöl zum Auberginenfleisch in den Mixer geben und pürieren. In kleine Schalen füllen und vor dem Servieren mit der Petersilie und etwas Sesamsamen bestreuen.

**Tip** Tehineh wird auch in orientalischen Ländern oft als Konserve oder im Glas verwendet. Man kann es auch selber zubereiten, indem man Sesamsamen im Mörser zerstößt, bis eine Creme entsteht. Diese Arbeit ist aber sehr zeitraubend und das Resultat nicht unbedingt besser als die gekaufte Spezialität.

Kann vorbereitet werden
Arbeitsaufwand: etwa 10 Min.
Backzeit: etwa 30–40 Min.

**Für 8 Personen**

2 große, feste Auberginen
2 EL Tehineh (Sesampüree), Konserve oder Glas
2 Knoblauchzehen
1 Zitrone, Saft
Salz
1–2 EL kaltgepreßtes Olivenöl
1 EL gehackte flache Petersilie
1 EL Sesamsamen

## Kichk bel joz
### Sauermilch mit Walnüssen

Den Bourghoul in eine Schüssel geben. Mit 2 dl kochendem Wasser übergießen und 1 Std. quellen lassen (Gebrauchsanweisung beachten). 100 g Nüsse grob hacken. Den Bourghoul abgießen, mit der Sauermilch oder dem Joghurt und den gehackten Nüssen mischen. Mit Salz und Pfefferminze abschmecken. Unmittelbar vor dem Servieren mit etwas Olivenöl beträufeln. Mit den ganz belassenen Nußkernen und mit Pfefferminzblättern garnieren.

**Tip** Man kann den Bourghoul auch weglassen.

Kann vorbereitet werden
Arbeitsaufwand: 20 Min
Quellzeit: 1 Std.

**Für 8 Personen**

100 g Bourghoul, nach Belieben
150 g Walnußkerne
500 g dicke Sauermilch oder Joghurt nature
Salz
2 EL gehackte Pfefferminze
2 EL kaltgepreßtes Olivenöl
Pfefferminzblätter als Garnitur

## Falafel
### Fritierte Erbsenkugeln

Kann vorbereitet werden
Arbeitsaufwand: etwa 30 Min.
Fritierzeit: etwa 10–12 Min.

- 1 große Zwiebel
- 150 g Puffbohnenmehl oder ersatzweise Mehl aus grünen Erbsen
- 150 g Kichererbsenmehl
- 90 g Weißmehl
- 2 EL gehackte flache Petersilie
- 1 TL Harissa (s. S. 289) oder etwas Cayennepfeffer
- Salz, Pfeffer
- Öl zum Ausbacken

Die Zwiebeln fein hacken. Die Mehlsorten gut mischen und in eine große Schüssel geben. Eine Vertiefung anbringen. Die Zwiebeln, die Petersilie, die Harissa und etwas Salz und Pfeffer hineingeben. Nach und nach etwa $^1/_8$ l kaltes Wasser zufügen. Alles zu einem Teig kneten. Nach und nach Wasser nach Bedarf zufügen. Es soll ein weicher, aber noch konsistenter Teig entstehen, der geformt werden kann. Aus dem Teig nußgroße, ovale Kugeln formen. Bei 180 °C portionenweise 3–4 Min. im Öl ausbacken. Auf Küchenpapier abtropfen lassen.

**Tips**

- Am besten schmecken die Kugeln, wenn sie noch warm sind.
- Gut sehen sie aus, wenn man sie auf etwas Frisée- oder anderem Blattsalat anrichtet und mit Zwiebelringen und Tomatenschnitzen garniert.

## Hummus
### Kichererbsenpüree

Kann vorbereitet werden
Arbeitsaufwand: 10 Min.
Kochzeit: 5 Min.

**Für 8 Personen**

- 250 g gekochte Kichererbsen (s. S. 199)
- 4 EL Sesamöl oder Sesampüree
- 1 dl Zitronensaft
- 4 Knoblauchzehen
- Salz
- 1 Sträußchen Korianderblätter

2 l Wasser aufkochen. Die bereits gekochten Erbsen hineingeben und nach 5 Min. abgießen. Die Erbsen durch das feinste Sieb des Passiergerätes drehen oder im Mixer pürieren. Das Sesamöl und den Zitronensaft mit dem Schneebesen gut mischen. Die Knobauchzehen dazupressen. Diese Sauce mit dem Erbsenpüree gut mischen und mit Salz abschmecken. 1–2 Std. kühl stellen. Mit Korianderblättern garnieren und sehr kalt servieren.

**Tip** Kichererbsen werden wie gelbe Erbsen in ungesalzenem Wasser gekocht. Man kann sie bereits gekocht in Dosen kaufen.

# Bamieh bel zeit
## Gombos nach orientalischer Art

Von den Okras die Stielansätze entfernen, sie sorgfältig waschen und auf Küchenpapier trocknen. 2 EL Olivenöl erhitzen und die Okras darin allseitig unter Wenden leicht fritieren. Sobald sie überall leicht Farbe angenommen haben, herausnehmen und abtropfen lassen. Die kleinen Zwiebeln schälen und im restlichen Öl leicht anbraten. Die Korianderblätter mit der Schere zerkleinern und nach 3–4 Min. zusammen mit dem Knoblauch zufügen und mitdünsten. Sobald die Zwiebeln hellgelb sind, die Tomaten halbieren, auspressen, entkernen, kleinschneiden und die Hälfte davon über die Zwiebeln geben. Die Okras zufügen und die restlichen gewürfelten Tomaten darüber verteilen. Bei großer Hitze aufkochen, danach alles auf kleinster Stufe schmoren lassen, bis ein Mus entsteht. Mit Salz, Pfeffer und Zitronensaft abschmecken. Sollte das Gericht zu sauer sein, 1 Prise Zucker zufügen.

Kann vorbereitet werden
Arbeitsaufwand: 30 Min.
Garzeit: 25 Min.

**Für 8 Personen**

1 kg Okras (Gombos)
3 EL kaltgepreßtes Olivenöl
200 g Perlzwiebelchen
1 Sträußchen Korianderblätter
3–4 Knoblauchzehen, gepreßt
1 kg reife, geschälte Tomaten
Salz, Pfeffer
Saft von 1–2 Zitronen
1 Prise Zucker

# Cigares au fromage frais
## Brikrollen mit Frischkäse

Kann weitgehend vorbereitet werden
Arbeitsaufwand: etwa 30 Min.
Backzeit: 10–15 Min.

**Für 8 Personen**

250 g Frischkäse
2 Eier
1 EL Paniermehl
2 EL feingeschnittene Pfefferminzblätter
Salz, Pfeffer
8 Feuilles de brik (s. S. 15)
1/8 l Fritieröl

Den Frischkäse mit einer Gabel zerdrücken. Die Eier leicht schlagen, mit dem Paniermehl und der Pfefferminze mischen und zum Käse geben. Mit Salz und Pfeffer abschmecken. Die Brikblätter halbieren und auf die Arbeitsfläche legen. Auf jedes Blatt etwa 1 EL Füllung geben. Von der Längsseite her wie eine Zigarre einrollen, dabei seitlich zuerst einschlagen, damit keine Füllung austreten kann. Das Teigende mit Wasser etwas befeuchten, damit die Rollen nicht aufgehen. Das Öl in einer großen Bratpfanne erhitzen und die Rollen allseitig darin knusprig backen. Auf Küchenpapier abtropfen lassen. Sofort servieren.

**Tips**

- Diese Rollen sind nur knusprig, solange sie noch warm sind.
- Man kann sie auch mit Schafs- oder Ziegenfrischkäse füllen.

## Brik und Filo – die orientalischen Knusperblätter

Die Zubereitung dieser hauchdünnen Blätter erfordert Können und Routine. Deshalb kauft man sie am besten bereits vorbehandelt in speziellen Lebensmittelgeschäften.

Die *Feuilles de brik* bestehen aus Weizenschrotmehl, Wasser und Pflanzenöl. Sie sind eine Spezialität der arabischen Küche von Nordafrika. Der frische Teig wird mit der benetzten Innenfläche der Hand in die Pfanne gedrückt und durch Rotieren dünn darin verteilt. Auch die gekauften Blätter sind rund. Sie können gefaltet, gerollt und auch gefüllt werden. Beim Fritieren in Öl oder im Backofen werden sie herrlich knusprig. In der westlichen Küche können sie den oft sehr üppigen Blätterteig ersetzen.

Der *Filoteig* wird aus Weizenmehl, Wasser, Salz und Maisstärke zubereitet. Die daraus entstandenen Blätter sind weich wie ein Taschentüchlein, meistens auf einen Holzstab aufgerollt und noch im Rohzustand. Sie werden oft schichtweise für marokkanische, griechische oder türkische Spezialitäten verwendet und können ebenfalls fritiert oder gebacken werden.

# Tapas zur blauen Stunde

Am Abend, so zwischen sieben und neun, wenn die Ramblas in Barcelona belebt sind und man vom Flanieren müde ist, gibt es in den vielen Bars und Bodegas Tapas in den verschiedensten Varianten. Es sind pikante Kleinigkeiten, die das Warten auf ein spätes Abendessen etwas verkürzen und eine zur blauen Stunde aufkommende Nostalgie etwas mildern – vielleicht zusammen mit einem kühlen Glas Fino oder Manzanilla.

Hier eine kleine Auswahl der verlockenden Tapas, die man auch in unseren nördlichen Gefilden zubereiten kann und die sich ebenfalls als Vorspeisen eignen.

## Empedrat
### Katalanischer Bohnensalat

Arbeitsaufwand: 15 Min.
Einweichzeit der Bohnen: 12 Std.
Kochzeit: 1–1 ½ Std.

**Für 8 Personen**

- 500 g getrocknete, große weiße Bohnen
- 1 l Mineralwasser
- 1 Zweig Bohnenkraut
- 1 ungeschälte Knoblauchknolle
- 1–2 Frühlingszwiebeln
- 1 TL scharfer Senf
- 1½ EL Weißweinessig
- Salz
- grobgemahlener Pfeffer
- 5 EL Olivenöl
- 1 EL gehackter Majoran

Die Bohnen über Nacht im Mineralwasser einlegen. Die ungeschälte, quer halbierte Knoblauchknolle mit 2 l Wasser aufkochen und die abgetropften Bohnen und das Bohnenkraut hineingeben. 1–1½ Std. zugedeckt kochen. Zwischendurch prüfen, ob die Bohnen gar sind. Abgießen und erkalten lassen, das Bohnenkraut entfernen. Die Frühlingszwiebeln in Ringe, das Zwiebelgrün fein schneiden. Den Senf, den Essig, etwas Salz und Pfeffer verrühren. Das Olivenöl dazurühren. Die Sauce, die Zwiebeln mit dem Grün, die Bohnen und den Majoran gut mischen.

**Tip** Ganz echt wird der Bohnensalat, wenn man Bacalao (getrockneten, gesalzenen Kabeljau) daruntermischt. Man kann aber auch etwas zerzupften Thunfisch aus der Dose verwenden. Garnieren läßt sich diese Tapa mit Tomatenwürfelchen und feingeschnittenen Oliven.

## Calamares a la romana
### Tintenfischringe im Ausbackteig

Die Calamares putzen (s.S. 18) und in 1 cm breite Ringe schneiden. In eine Schüssel legen. Mit Salz und Pfeffer bestreuen. Die Fangarme aufheben. Die Hefe mit dem Zukker und 2–3 EL lauwarmem Wasser verrühren. 10 Min. ziehen lassen. Das Mehl sieben. Mit dem Mineralwasser zur Hefe geben. Rasch zu einem glatten Teig verrühren. Je nach Qualität des Mehles kann die Menge etwas variieren. (Jedenfalls muß der Teig so konsistent sein, daß er nach dem Aufgehen an den Tintenfischringen haftenbleibt.) Den Teig leicht salzen und vor der Verwendung ungefähr 1 Std. stehenlassen. Die Tintenfischringe durch den Teig ziehen und portionenweise im heißen Öl (160 °C) schwimmend ausbacken. Sie sollen goldgelb, aber nicht braun werden. Die Fangarme halbieren oder dritteln und auf die gleiche Weise ausbacken. Mit Zitronenvierteln servieren.

**Tip** Oft verwendet man in Spanien Mineralwasser für die Zubereitung des Teiges, damit er schneller und besser aufgeht. Außerdem soll Mineralwasser das Spritzen des heißen Öls verhindern.

Arbeitsaufwand: 15 Min.
Ruhezeit des Teiges: etwa 1 Std.
Backzeit: 1–2 Min. pro Portion

**Für 8 Personen**

3–4 Calamares von etwa 15 cm Körperlänge
Salz, Pfeffer
Erdnußöl zum Ausbacken

**Teig**

5 g Hefe
1 Prise Zucker
3 dl sehr kaltes Mineralwasser
200 g Weißmehl
wenig Salz
2 Zitronen

## Almejas a la catalana
### Muscheln nach katalanischer Art

Die Muscheln 1–2 Std. wässern, dabei das Wasser ab und zu wechseln. Die geschälten Knoblauchzehen und die gehackten Zwiebeln im Öl anziehen lassen. Sobald diese Mischung Farbe annimmt, die Muscheln zugeben, zudecken und einige Minuten auf mittelgroßer Hitze dünsten, bis sich die Schalen öffnen. Mitsamt dem ausgetretenen Saft in kleine Schalen verteilen, mit der Petersilie und Pfeffer bestreuen und sofort servieren.

**Tip** Miesmuscheln können auf dieselbe Art zubereitet werden. Oft gibt man geschälte und gehackte Tomaten zu den Zwiebeln und würzt mit etwas Salz und Cayennepfeffer nach.

Arbeitsaufwand: 10 Min.
Wässern der Muscheln: 1–2 Std.
Kochzeit: 2–3 Min.

**Für 8 Personen**

1 kg Muscheln (alle kleinen Sorten eignen sich)
2 Knoblauchzehen
1 kleine Zwiebel
2 EL Olivenöl
2 EL gehackte Petersilie
Pfeffer aus der Mühle

## Mejillones en escabeche
## Muscheln in Marinade

Arbeitsaufwand: 20 Min.
Kochzeit: 2–3 Min.

**Für 8 Personen**

1 kg Miesmuscheln
4–6 Knoblauchzehen oder 2 gehackte Schalotten
3 EL kaltgepreßtes Olivenöl
2 EL Weißweinessig
1 EL Paprikapulver
1 TL gehackte rote scharfe, getrocknete Pfefferschote oder Harissa (s. S. 289)
Salz, Pfeffer
2 EL gehackte flache Petersilie

Die Muscheln unter fließendem Wasser abbürsten. Den Bart auszupfen, die Muscheln in einen hohen Topf geben und ohne Beigabe von Flüssigkeit kurz aufkochen, bis sich die Schalen öffnen. Die Muscheln abgießen und den ausgetretenen Saft auffangen. Die Muscheln aus den Schalen nehmen und in eine Schüssel geben. Den Knoblauch oder die Schalotten fein hacken und 2–3 Min. im Olivenöl anziehen lassen. Die zwischen den Fingern zerriebenen Pfefferschoten oder die Harissa mit dem Paprikapulver zufügen. Den aufgefangenen Muschelsaft und den Essig zugeben. Bei kleinster Hitze 2–3 Min. ziehen lassen. Die Marinade über die Muscheln gießen. Salzen, pfeffern und gut mischen. Lauwarm oder kalt servieren. Mit der Petersilie bestreuen.

**Tip** Man kann auch ganz kleine, kurz gebratene Tintenfische oder gekochte, kleingeschnittene Schweinsfüße auf diese Art marinieren.

## Das Putzen der Calamares

Profis wie die Fischhändler in Palamós stülpen die Calamares einfach um und entfernen mit einem Kunstgriff den ganzen Inhalt des Körpers. Ich fasse den Tintenfisch mit einer Hand an und ziehe mit der anderen sorgfältig den gallertartigen Inhalt aus dem Körper. Anschließend greife ich hinein und löse den lanzenförmigen, durchsichtigen Knorpel. Die Fangarme werden vom Kopf getrennt. Man kann sie ebenfalls durch den Teig ziehen und ausbacken.

So zäh wie Autoreifen sind die meisten Calamares, wenn sie als goldgelb ausgebackene Ringe auf den Tisch kommen. Das Geheimnis: Calamares müssen vor der Zubereitung einige Stunden im Kühlschrank ruhen und kurz vorgekocht werden. Man kann auch tiefgekühlte Tintenfischringe verwenden. Vor dem Backen müssen sie allerdings im Kühlschrank aufgetaut werden.

# Pulpitos a la plancha
## Kleine gegrillte Tintenfische

Die Pulpitos vom Fischhändler säubern lassen. Eine Grillplatte oder Bratpfanne mit dem Olivenöl bestreichen und erhitzen. Die Tintenfische darauflegen. 15–20 Min. grillieren. Inzwischen den gehackten Knoblauch mit der Petersilie im Mörser zerreiben. Die Tintenfische salzen, mit viel Pfeffer, dem Knoblauch und der Petersilie bestreuen. Gut durchrühren, in kleinen Schalen anrichten und mit etwas Zitronensaft beträufeln.

**Tips**

- Für diese Tapa eignen sich nur ganz kleine Tintenfische mit kurzen Fangarmen (Kraken).
- Die Hitze der Grillplatte soll zu Beginn groß sein, damit die Tintenfische anbraten. Bei kleiner Hitze geben sie sofort Saft ab und sehen danach gekocht statt gegrillt aus.
- Kleine, küchenfertige Tintenfischchen gibt es tiefgekühlt zu kaufen. Sie eignen sich gut für diese Tapa, müssen aber zuerst aufgetaut und gut getrocknet werden.

Kann vorbereitet werden
Arbeitsaufwand: 15 Min.
Grillzeit: 15–20 Min.

**Für 8 Personen**

400 g sehr kleine Tintenfische (Pulpitos)
1 EL Olivenöl
2 Knoblauchzehen
2 EL gehackte Petersilie
Salz, schwarzer Pfeffer aus der Mühle
wenig Zitronensaft

## Habas con jamón serrano
### Puffbohnen mit Rohschinken

Kann vorbereitet werden
Arbeitsaufwand: 30 Min.
Kochzeit: 15 Min.

**Für 8 Personen**
2 kg frische junge Puffbohnen (dicke Bohnen) mit Hülsen
200 g spanischer Rohschinken
200 g Frühlingszwiebeln
2 Knoblauchzehen, nach Belieben
3 EL Olivenöl
Salz, Pfeffer

Die Bohnen enthülsen, in Salzwasser etwa 5 Min. aufkochen lassen, abgießen, kalt abspülen und häuten. Den Schinken und die Zwiebeln in feine Streifen schneiden. 1 EL Olivenöl in einer Pfanne erhitzen. Den Schinken und die Zwiebeln mit den Bohnen und dem durchgepreßten Knoblauch im Öl 2–3 Min. anziehen lassen. Mit Salz und Pfeffer abschmecken, in kleine Schalen verteilen und mit dem restlichen Öl beträufeln.

**Tip** Die Kochzeit der Bohnen hängt von deren Größe und Alter ab. Nach dem Blanchieren eine Probe machen und falls nötig etwas länger im Salzwaser kochen lassen.

## Croquetas de gallina
### Kleine Kroketten aus Hähnchenfleisch

Kann weitgehend vorbereitet werden
Arbeitsaufwand: 35 Min.
Backzeit: etwa 3 Min. pro Portion

**Für 8 Personen**
250 g gekochtes oder gebratenes Hähnchenfleisch (evtl. Reste)
50 g gekochter Schinken
1 gehackte Zwiebel
50 g Butter
1 EL gehackte Petersilie
2–3 EL geriebenes Brot
6 EL Milch
Salz, Pfeffer
etwas Mehl
1–2 Eigelb
wenig Paniermehl
Öl zum Ausbacken

Das Hähnchenfleisch und den Schinken durch den Fleischwolf drehen oder mit dem Wiegemesser sehr fein hacken. Die Zwiebel in 1 EL Butter anziehen lassen. Die Petersilie und das Fleisch zufügen. 1–2 Min. dünsten, dann erkalten lassen. Mit dem geriebenen Brot und wenig Milch gut verrühren. Die restliche Butter darunterkneten. Mit Salz und Pfeffer abschmecken. Im Kühlschrank fest werden lassen. Zu kleinen, länglichen Kroketten formen, im Mehl wenden, durch das verquirlte Eigelb ziehen und im Paniermehl wenden. Kurz vor dem Servieren im heißen Öl portionenweise ausbacken. Kalt servieren.

**Tip** Man kann auch Lamm-, Kaninchen- oder Kalbfleisch, Fisch oder gehackte Wurst für die Kroketten verwenden.

# Empanadas de pimientos
## Krapfen mit Peperonifüllung

Die Peperoni im Ofen grillieren und anschließend häuten (s. S. 227). Die Tomaten kleinschneiden und im Olivenöl zu einem Mus kochen. Durch das Passiergerät treiben, wieder in den Topf geben und etwas einkochen lassen. Die geschälten Peperoni halbieren, entkernen und in kleine Würfel schneiden. Mit dem Tomatenmus mischen. Den Knoblauch dazupressen. Mit den scharfen Pfefferschoten, Salz und Pfeffer abschmecken. Den Teig etwa 1/2 cm dick ausrollen. Rondellen von etwa 5 cm Durchmesser ausstechen, etwas Füllung daraufgeben und zu Krapfen falten. Die Ränder gut andrücken. Die Krapfen nach Belieben mit verquirltem Eigelb bestreichen, mehrmals mit einer Gabel einstechen und im Ofen bei 200 °C etwa 15–20 Min. goldgelb backen. Lauwarm servieren.

**Tip** In Südspanien werden diese Krapfen meistens fritiert. Im Ofen gebacken sind sie wesentlich leichter und ebenso gut.

Kann vorbereitet werden
Arbeitsaufwand: 30 Min.
Backzeit: 20 Min.

**Für 8 Personen**

250 g rote Paprikaschoten
250 g reife Tomaten
2 EL Olivenöl
2 Knoblauchzehen
1/2 TL gehackte scharfe Pfefferschoten oder Harissa (s. S. 289)
Salz, Pfeffer
500 g geriebener Teig (s. S. 305)
2 Eigelb, nach Belieben

# Escalivada
## Geschmortes Gemüse

Die Peperoni, die Auberginen, die Zwiebeln und die Tomaten mit wenig Öl bestreichen und im Ofen oder auf dem Grill so lange erhitzen, bis sich die Haut verfärbt. Die Peperoni brauchen die größte Hitze. Man sollte sie deshalb allein grillieren, dann die Temperatur herabsetzen und die anderen Gemüse rösten. Die Gemüse mit einem Tuch abdecken, damit der austretende Dampf die Haut löst. Die Gemüse schälen, entkernen und in Streifen schneiden. Mit Salz, Pfeffer, feingehacktem Knoblauch und der Petersilie bestreuen und mit dem Olivenöl begießen.

Kann vorbereitet werden
Arbeitsaufwand: 25 Min.

**Für 8 Personen**

4 rote Peperoni (Paprikaschoten)
2 Auberginen
4 Zwiebeln
4 feste Tomaten
Salz, Pfeffer
1 1/2 EL Olivenöl
1 EL gehackte Petersilie
2 Knoblauchzehen
Olivenöl zum Begießen

# Boquerones al vinagre
## Marinierte Sardellen

Kann vorbereitet werden
Arbeitsaufwand: 35 Min.
Marinierzeit: 12 Std.

**Für 8 Personen**
400 g sehr frische Sardellen
2 dl Weißweinessig
Salz, Pfeffer
2 Knoblauchzehen
2 EL feingehackte flache Petersilie
2 EL kaltgepreßtes Olivenöl

Die Sardellen mit einer kleinen Schere längs aufschneiden. Den Kopf mitsamt dem Darminhalt und der Mittelgräte herausziehen. Die Filets unter fließendem Wasser abspülen und auf Küchenpapier gut abtropfen lassen. Die Sardellen in ein Gefäß legen, mit dem Essig begießen und mindestens 12 Std. kühl stellen. Durch die Säure des Essigs werden die Fischchen ganz weiß. Die Sardellen vor dem Servieren gut abtropfen, in kleine Schälchen verteilen, mit wenig Salz und viel Pfeffer aus der Mühle bestreuen. Den Knoblauch sehr fein hacken, mit der Petersilie mischen und über die Fischchen streuen. Mit dem Olivenöl beträufeln und mit Zahnstochern zum Aufpicken servieren.

**Tips**
- Dazu paßt ein trockener Fino oder ein Manzanilla sehr gut.
- Man kann diese Fischchen in etwas größerer Menge zubereiten, in ein hohes Glas schichten und mit Essig übergießen (sie müssen bedeckt sein). In diesem Fall kommen Knoblauch, Petersilie und Öl erst vor dem Servieren dazu. So können sie gut verschlossen einige Wochen aufbewahrt werden.

# Kleine Überraschungen aus dem Balkan

In Griechenland und in der Türkei haben die kleinen Vorspeisen einen etwas anderen Charakter. Da gibt es gefüllte Weinblätter, Muscheln, Salätchen mit Feta, Gurken mit Joghurt und Knoblauch und vieles mehr, je nach Region, in der man sich befindet. Dazu darf natürlich das Fladenbrot nicht fehlen.

## Spanakotyropita
## Kleine Spinatkrapfen mit Feta

Kann vorbereitet werden
Arbeitsaufwand: 30 Min.
Backzeit: etwa 25 Min.

**Für 8 Personen**

| | |
|---|---|
| 500 g | Blattspinat |
| | Salz |
| 1 EL | Olivenöl |
| 1 | gehackte Schalotte |
| 250 g | Feta |
| 1 | Ei |
| | Pfeffer |
| 1 EL | Dillspitzen |
| 500 g | Blätterteig (bereits ausgerollt) |
| 1 | Eigelb |

Den Spinat putzen, waschen und 1–2 Min. in kochendem Salzwasser überbrühen (blanchieren). In ein Sieb abgießen und etwas abkühlen lassen. Gut auspressen und hacken. Das Olivenöl erwärmen, die Schalotte und den Spinat darin unter Wenden leicht anziehen lassen, die Pfanne von der Herdplatte wegziehen. Den Fetakäse fein zerbröckeln, das Ei verquirlen und beides unter den Spinat mischen. Salzen, pfeffern und die Kräuter zufügen. Den Teig in Vierecke von etwa 5 cm Seitenlänge schneiden. Etwas Füllung in die Mitte geben und die Teigstücke zu Dreiecken falten. Die Ränder mit Hilfe einer Gabel dekorativ zusammendrücken. Das Eigelb mit 1 TL Wasser verrühren, die Krapfen damit bestreichen und mehrmals mit der Gabel einstechen. Die Krapfen 10 Min. bei 220 °C backen, dann die Temperatur auf 180 °C reduzieren und etwa 15 Min. weiterbacken. Sollten die Krapfen zu schnell Farbe annehmen, mit einer Aluminiumfolie locker abdecken. Noch lauwarm oder unmittelbar nach dem Auskühlen servieren.

**Tips**

- In Griechenland werden diese Krapfen auch nur mit Feta oder Spinat gefüllt.
- Man kann sie auch größer backen und als Vorspeise servieren oder ein rechteckiges Kuchenblech mit Teig und Füllung belegen, mit Teig abdecken und nach dem Backen Portionen schneiden. In diesem Fall reichen die erwähnten Zutaten nur für 4 Personen.

## Dolmadákia
### Gefüllte Weinblätter

Kann vorbereitet werden
Arbeitsaufwand: etwa 15 Min.
Kochzeit: etwa 1 Std.

**Für 6 Personen**
2 große Zwiebeln
1/8 l Olivenöl
120 g Reis
Salz, Pfeffer
1 EL Dillspitzen
30 Weinblätter (unbehandelte frische oder aus der Dose)
Saft von 1 Zitrone

Die Zwiebeln fein hacken und in 1 EL Olivenöl anziehen lassen. Den Reis zufügen und kurz mitdünsten, bis er glasig ist. Zugedeckt bei kleinstem Feuer mit 6 EL Wasser etwa 10 Min. dünsten. Mit Salz und Pfeffer abschmecken, die Dillspitzen zugeben. Werden frische Weinblätter verwendet, diese etwa 3 Min. in kochendem Wasser blanchieren, abgießen und sofort mit kaltem Wasser abspülen. Dann gut abtropfen lassen. Blätter aus der Dose gründlich kalt spülen und abtropfen lassen. Die Weinblätter mit der glänzenden Seite nach unten auf der Arbeitsfläche auslegen. Je 1 gehäuften TL Reis in die Mitte geben. Die beiden Seiten einschlagen, dann locker einrollen und mit dem Verschluß nach unten in einen breiten Topf legen. Wenn nötig eine zweite Lage vorsichtig darauf anordnen. Den Zitronensaft mit 1/8 l warmem Wasser mischen. Über die Röllchen gießen. Das restliche Olivenöl darüber verteilen. Das Ganze mit einem passenden umgekehrten Teller beschweren. Zudecken und bei kleinster Hitze 1 Std. leise schmoren lassen. Im Sud erkalten lassen. Zum Servieren vorsichtig aus dem Topf heben.

**Tips**

- Es ist wichtig, daß die Röllchen locker gerollt und beschwert werden, da der Reis beim Garen noch aufquillt und sich sonst die Päckchen öffnen können.
- In der Türkei wird die Füllung mit Rosinen, Pinienkernen und Tomatenwürfelchen angereichert. Außer mit Dill oder Pfefferminze wird sie mit Zimt, Knoblauch und Piment gewürzt.

Interessante vegetarische türkische «Würstchen», deren Rezept ich einer Kursbesucherin verdanke.

## Köftesi

Kann vorbereitet werden
Arbeitsaufwand: 25 Min.

**Für 8 Personen**

| | |
|---|---|
| 100 g | rote Linsen |
| 100 g | Bourghoul, gekocht (s.S. 47) |
| 150 g | gehackte Zwiebeln |
| 50 g | Butter |
| | Salz, Pfeffer |
| 4 | Frühlingszwiebeln |
| 3 EL | gehackte flache Petersilie |
| 100 g | grobgemahlener roter Pfeffer |

Die Linsen in 0,2 l Wasser gar kochen (je nach Qualität 15–25 Min.), abgießen, in eine Schüssel geben und mit dem Bourghoul mischen. Die Zwiebeln in der Butter hellgelb dünsten. Zufügen und alles gut zu einer festen, formbaren Masse verarbeiten. Mit wenig Salz und Pfeffer abschmecken. Aus der Masse Bällchen oder kleine Würstchen formen. Die Frühlingszwiebeln putzen und samt dem zarten Teil des Stieles in dünne Ringe schneiden. In eine kleine Schüssel geben. Die Petersilie und den roten Pfeffer ebenfalls in Schälchen geben. Jeder Gast taucht seine «Würstchen» nach Belieben in die Schälchen.

**Tip** Sollte die Masse zu trocken sein, wenig Wasser zufügen, bis sie sich gut formen läßt.

## Tzatzíki
## Gurken mit Knoblauchjoghurt

Kann vorbereitet werden
Arbeitsaufwand: 15 Min.

**Für 6 Personen**

| | |
|---|---|
| 1 | mittelgroße Gurke |
| | Salz |
| 1–3 | Knoblauchzehen |
| 1/2 l | Joghurt nature |
| 1 EL | kaltgepreßtes Olivenöl |
| 1 TL | Dillspitzen |
| 1 TL | Weißweinessig oder Zitronensaft |
| | weißer Pfeffer |

Die Gurke schälen und mit dem Kartoffelmesser längs in feine Streifen schneiden. In eine Schüssel legen, mit wenig Salz mischen und 10 Min. stehenlassen. Den Knoblauch ganz fein hacken oder durchpressen. Den Joghurt, das Olivenöl und den Knoblauch mit dem Schneebesen gut verrühren. Die Gurkenstreifen auspressen, auf ein Brett legen und mit einem Wiegemesser etwas hacken oder mit einem Messer in feine Streifen schneiden. Mit dem Knoblauchjoghurt mischen und mit Salz, dem Dill, dem Essig oder Zitronensaft und Pfeffer abschmecken.

**Tips**

- In den meisten Rezepten wird empfohlen, die Gurken zu raffeln, was aber den Joghurt unnötig verdünnt. Wie oben beschrieben wird dieses Gericht viel delikater.
- Tzatzíki ist nicht nur eine erfrischende Vorpeise. Man kann es auch zu gegrilltem Fisch oder zu einer Gemüseplatte servieren.

# Pitarudia (Revithokeftedes)
## Kleine Kroketten aus Kichererbsen und Feta

Kann vorbereitet werden
Arbeitsaufwand: etwa 35 Min.
Einweichzeit der Kichererbsen: etwa 12 Std.
Fritierzeit: etwa 3 Min. pro Portion

**Für 6 Personen**

| | |
|---|---|
| 400 g | getrocknete Kichererbsen |
| 600 g | altbackenes Weißbrot ohne Kruste |
| 1 | große, reife, geschälte Tomate |
| 160 g | Feta (Sorte, die noch gerieben werden kann) |
| 2 | feingehackte Zwiebeln |
| 4 EL | gehackte flache Petersilie |
| 5–6 EL | Olivenöl |
| | Salz, Pfeffer |
| 1/2 TL | gehackter Origano |
| 3 EL | Sesamsamen |
| 2 EL | Kreuzkümmel |
| | Öl zum Ausbacken |

Die Kichererbsen am Vorabend in kaltes Wasser einweichen. Das Brot in kleine Würfel schneiden und mit wenig Wasser begießen. Die Kichererbsen abtropfen lassen und das Brot gut ausdrücken. Beides zusammen im Mixer pürieren. Die Tomate halbieren, entkernen, ausdrücken und hacken. Den Fetakäse reiben. Alle Zutaten gut mischen und zu einer festen Masse verarbeiten. Mit Salz, Pfeffer, dem Origano, dem Sesam und dem Kreuzkümmel abschmecken. Zu mittelgroßen Kugeln formen. Im Öl bei etwas 160 °C langsam schwimmend ausbacken. Auf Küchenpapier abtropfen lassen und noch lauwarm servieren. Sie schmecken so am besten. In Syphnos, wo ich sie gegessen haben, waren sie allerdings kalt.

**Tip** Man kann diese Kroketten mit feingeschnittenem Zwiebelgrün bestreuen und mit halbierten Cherrytomaten garnieren.

Mein erster Eindruck von der türkischen Küche in einem Beizlein unter der Galatha-Brücke in Istanbul.

## Midya dolmasi
## Gefüllte Muscheln

Die Zwiebeln hacken, den Knoblauch pressen, das Zwiebelgrün in feine Röllchen schneiden. 2 EL Olivenöl in einem Topf erhitzen. Die Zwiebeln darin dünsten, bis sie glasig sind. Die Pinienkerne zufügen und leicht anrösten. Den Reis beifügen und etwa 3 Min. dünsten. Mit den Korinthen, dem Zimt, dem Kreuzkümmel, dem Paprika und wenig Salz bestreuen. Mit $^{1}/_{4}$ l Wasser begießen, aufkochen, die Hitze reduzieren und bei tiefster Temperatur 16 Min. ziehen lassen. Ab und zu umrühren.

Die Muscheln gut abbürsten, den Bart herauszupfen, mit 1 EL Olivenöl in einen hohen Topf geben und zugedeckt erhitzen, bis sich die Schalen öffnen. Die Muscheln abgießen und den Sud auffangen. Von den Muscheln je eine Schalenhälfte entfernen, dabei noch austretenden Saft ebenfalls auffangen. Den Muschelsaft, die Petersilie und das Zwiebelgrün zum Reis geben, mit Salz und Pfeffer abschmecken. Die halben Muscheln einzeln bergartig mit dem Reis füllen. Die entfernte Schalenhälfte wieder aufsetzen und jede Muschel mit Küchenschnur binden. Eine weite Pfanne mit dem restlichen Öl ausstreichen. Die Muscheln nebeneinander hineinsetzen und $^{1}/_{4}$ l warmes Wasser beigeben. Aufkochen, danach bei kleinster Hitze etwa 10 Min. ziehen lassen. Von der Herdplatte nehmen und 5 Min. ruhen lassen. Die Schnüre und die oberen Schalenhälften entfernen. Die Muscheln in kleinen Schalen servieren.

**Tip** Anstelle von Wasser kann man den Muscheln trokkenen Weißwein zufügen, was allerdings nicht türkisch ist.

Kann vorbereitet werden
Arbeitsaufwand: 40 Min.
Garzeit: 10 Min.

**Für 4 Personen**

| | |
|---|---|
| 3 | mittelgroße Zwiebeln |
| 1–2 | Knoblauchzehen |
| 4 EL | Olivenöl |
| 2 EL | Pinienkerne |
| 80 g | Rundkornreis |
| 2 EL | Korinthen (kleine getrocknete schwarze Weinbeeren) |
| $^{1}/_{2}$ TL | Zimt |
| 1 Prise | Kreuzkümmel |
| 1 TL | Paprika |
| | Salz |
| 24 | große Miesmuscheln (Moules) |
| 1 EL | gehackte Petersilie |
| | Pfeffer |

# Taramosalata
## Griechische Vorspeise aus Meeräschenrogen

Kann vorbereitet werden
Arbeitsaufwand: 15 Min.

**Für 6 Personen**

2 Weißbrotscheiben ohne Kruste vom Vortag
1/8 l Milch oder Wasser
2 kleine Schalotten
200 g Meeräschenrogen (Tarama)
8 EL kaltgepreßtes Olivenöl
Salz, Pfeffer
1 Zitrone, Saft

Das Brot in lauwarmer Milch oder Wasser einweichen. Die Schalotten fein hacken. Nach 10 Min. das Brot auspressen. Brot, Schalotten und Rogen 1/2 Std. kühl stellen. Danach zusammen im Mixer pürieren. Zum Schluß das Olivenöl zufügen und ganz kurz weitermixen. Mit Salz, weißem Pfeffer und dem Zitronensaft abschmecken.

**Tips**

- Zusammen mit knusprigem Weißbrot, Toast oder Crakkers servieren.
- Ist kein Tarama erhältlich, kann man diesen durch Lachsrogen oder geriebenen «Bottarga» (Poutargue) ersetzen. Diese beiden Produkte sind sowohl in Süditalien wie auch in Südfrankreich erhältlich, bei uns in Feinkostläden.
- Das Brot läßt sich durch 2 kleine, frischgekochte und pürierte Kartoffeln ersetzen.
- Hübsch präsentieren kann man diese kleine Vorspeise, indem man eine große Gurke quer in Stücke schneidet, diese aushöhlt, das Taramosalata mit Hilfe eines Spritzbeutels einfüllt und mit einer kleinen schwarzen Olive garniert.

# Kleine orientalische Salate und Häppchen

In Marokko oder Tunesien freue ich mich immer auf den farbenfrohen, würzigen Auftakt einer orientalischen Mahlzeit. Kaum hat man sich an den Tisch gesetzt, werden kleine Schälchen mit allerlei ungewohnten Köstlichkeiten aufgetischt, die man mit arabischem Brot aufnimmt, immer aufs neue überrascht von der Vielfalt der Gewürze, die manchmal pikant, manchmal leicht süßlich sind.

## Salade d'aubergines à la mode de Sfax
Auberginensalat wie in Sfax

Kann vorbereitet werden
Arbeitsaufwand: etwa 30 Min.
Garzeit: 25–30 Min.

**Für 8 Personen**
4 Auberginen
2 kleine Zucchetti
2 EL Olivenöl
2–4 Knoblauchzehen
1 El edelsüßes Paprikapulver
2 geschälte Tomaten
2 gelbe oder grüne Peperoni, gegrillt und geschält (s. S. 227)
1 Prise scharfes Paprikapulver
1 TL Ras el-hanut (s. S. 194)
Salz

Die Auberginen und Zucchetti waschen und ungeschält in kleine Stücke schneiden. Im heißen Öl anziehen lassen. Den durchgepreßten Knoblauch und den süßen Paprika dazugeben, kurz anziehen lassen. Mit Wasser bedecken und etwa 10 Min. bei kleiner Hitze garen. Die Tomaten vierteln, entkernen, leicht auspressen. Die Peperoni ebenfalls entkernen, beides in kleine Würfel schneiden und in den Topf geben. 5–10 Min. ungedeckt weitergaren, bis die Flüssigkeit verdampft ist. Mit dem scharfen Paprika und dem Ras el-hanut sowie wenig Salz abschmecken. Lauwarm oder gekühlt servieren.

**Tip** Man kann scharfes Paprikapulver separat dazu servieren, falls jemand den Salat pikanter wünscht.

## Salade de carottes marocaine
### Marokkanischer Karottensalat

Kann vorbereitet werden
Arbeitsaufwand: 10 Min.
Marinierzeit: 1 Std.

**Für 8 Personen**
- 0,1 g Safranfäden
- 1/8 l frischgepreßter Zitronensaft
- 1/2 TL Kreuzkümmel
- Salz
- 1–2 EL Zucker
- 500 g junge Karotten

Die Safranfäden mit dem Zitronensaft mischen und etwa 1 Std. marinieren lassen. Mit dem Kreuzkümmel, etwas Salz und dem Zucker abschmecken. Die Karotten fein raffeln und mit der Sauce mischen. In kleinen Schalen servieren.

**Tip** In Marokko gibt man diesem Salat mehr Zucker zu, was unserem Geschmack vielleicht nicht ganz entspricht. Deshalb nach persönlicher Vorliebe abschmecken.

## Salade de betteraves à la mode de Fès
### Roter Rübensalat nach Art von Fes

Kann vorbereitet werden
Arbeitsaufwand: 15 Min.

**Für 8 Personen**
- 500 g vorgekochte rote Beten (Randen)
- 2 EL Orangenblütenwasser
- 3 EL Orangensaft
- 1 EL brauner Zucker
- 1/2 EL Zimtpulver
- 1 Messerspitze Harissa (s. S. 289)
- 1/2 TL Ras el-hanut (s. S. 194), nach Belieben
- 2 Orangen

Die Rüben schälen und kleinwürfeln. Mit dem Orangenblütenwasser, dem Orangensaft, dem Zucker und den Gewürzen mischen. Die Orangen heiß waschen, in dünne Scheiben schneiden und diese halbieren. Den Salat in Schälchen füllen und ringsum mit den halbierten Orangenscheiben garnieren.

# Salade de poivrons à la marocaine
## Peperonisalat nach Art von Marrakesch

Die geschälten Peperoni halbieren, entkernen und in kleine Würfel schneiden, salzen und in eine Schüssel geben. Die Gewürze mit dem Olivenöl und dem Zitronensaft gut verrühren. Mit wenig Salz nachwürzen und mit den Peperoni mischen. Nach Belieben den durchgepreßten Knoblauch dazumischen. In kleine Schalen anrichten und mit der Petersilie bestreuen.

Kann vorbereitet werden
Arbeitsaufwand: etwa 20 Min.

**Für 8 Personen**

| | |
|---|---|
| 500 g | rote Peperoni (grilliert und geschält, s. S. 227) |
| | Salz |
| 1 TL | Kreuzkümmel |
| ½–1 TL | Harissa (s. S. 289) |
| 2 EL | gehackte Petersilie |
| 2 EL | kaltgepreßtes Olivenöl |
| 3 EL | Zitronensaft |
| 1 | Knoblauchzehe, nach Belieben |

# Briouats aux saucisses rouges
## Rote Würstchen im Knusperteig

Die Brikblätter vierteln, beidseitig etwas zurechtschneiden, je 1 Würstchen darauflegen und die Päckchen gut verschließen. Allseitig mit Öl oder flüssiger Butter bestreichen. Eine Backfolie auf ein großes Kuchenblech legen. Die Päckchen darauf anordnen und etwa 10–15 Min. bei 200 °C backen. In Marokko werden sie meistens schwimmend im heißen Öl gebacken, bis sie hellbraun und knusprig sind.

**Tips**
- Für dieses Rezept mit den hausgemachten Merguez erübrigt sich die Verwendung von Därmen. Man kann die Masse zu Würstchen rollen und diese in die Teigblätter einlegen.
- Nach Belieben eine mit Harissa (s. S. 289) gewürzte Tomatensauce dazu servieren.

**Variation** Man kann die Wurstzutaten auch zusammen im Mixer pürieren und 1–2 EL geriebene Walnüsse darunterziehen. Diese Masse auf Brot streichen, mit Nüssen garnieren und mit Petersilie bestreuen.

Kann vorbereitet werden
Arbeitsaufwand: 20 Min.
Backzeit: 10–15 Min.

**Für 8 Personen**

| | |
|---|---|
| 2 | Feuilles de brik (s. S. 15) |
| 8 | Merguez (s. S. 152) |
| 1 EL | Olivenöl oder Butterschmalz |

## Ratatouille marocaine
### Ratatouille nach marokkanischer Art

Kann vorbereitet werden
Arbeitsaufwand: etwa 20 Min.
Garzeit: etwa 30 Min.

**Für 8 Personen**

- 500 g gemischte rote, gelbe und grüne Peperoni
- 500 g geschälte Tomaten
- 2 feingehackte Knoblauchzehen
- 3 EL gehackte flache Petersilie
- 1 EL gehackte Korianderblätter
- 1 1/2 EL edelsüßes Paprikapulver
- 1 TL Harissa (s. S. 289)
- 1/2 TL Kreuzkümmel
- Salz

Die Peperoni halbieren, entkernen und in kleine Würfel schneiden. Die Tomaten vierteln, entkernen, etwas auspressen und ebenfalls kleinwürfeln. Beides mit den Kräutern und Gewürzen gut mischen, in einen Topf geben und etwa 30 Min. schmoren lassen. Die Flüssigkeit soll dabei verdampfen. In Schälchen füllen und lauwarm oder kalt servieren.

## Brochettes à la menthe
### Orientalische Spießchen mit Pfefferminze

Kann vorbereitet werden
Arbeitsaufwand: etwa 25 Min.
Marinierzeit: 6 Std.
Grillierzeit: 10–15 Min.

**Für 8 Personen**

- 800 g Lammfleisch (Gigot oder Schulter) ohne Knochen

**Marinade**

- 2 große, gehackte Zwiebeln
- 4 EL Olivenöl
- 4 gehackte Korianderblätter
- 6 gehackte Pfefferminzblätter
- 2 TL Kreuzkümmel
- Salz, Pfeffer

Das Fleisch in gleichmäßige Würfel schneiden. Alle Zutaten für die Marinade mischen. Über das Fleisch gießen, gut mischen. Mindestens 6 Std. im Kühlschrank marinieren lassen. Die Fleischwürfel abgießen und auf 8 Spießchen stecken. Unter öfterem Wenden auf der Holzkohlenglut oder unter dem Grill hellbraun braten.

# Amuse-bouches

In Südfrankreich und manchmal auch in Italien kommt zum Empfang ein kleiner Gruß aus der Küche, um die Wartezeit zu verkürzen und den Gast in gute Laune zu versetzen. Je nach Restaurant, ob rustikal oder vornehm, können die Amuse-bouches vom Wursträdchen über Muscheln und Fische bis hin zu den raffiniertesten Kreationen variieren.

## Baguette grillée aux truffes
### Toastbrotscheiben mit Trüffeln

Die Trüffeln unter fließendem Wasser kurz abbürsten. Gut abtrocknen und die Hälfte in hauchdünne Scheiben schneiden. Die restlichen Trüffeln in sehr kleine Würfel schneiden und mit dem Olivenöl in ein kleines Pfännchen geben. Bei kleiner Hitze ganz schwach erwärmen (etwa handwarm). Die Brotscheiben auf ein Blech legen und bei Oberhitze im Backofen einige Minuten toasten. Sie dürfen nur wenig Farbe annehmen. Die Trüffeln mit dem Olivenöl auf die Brotscheiben verteilen. Mit den Trüffelscheiben garnieren, mit wenig Fleur de sel bestreuen.

**Tips**

- Meistens werden Trüffeln für Vorspeisen nur roh verwendet. Ich finde, daß sie leicht in Olivenöl oder Butter erwärmt viel mehr Aroma abgeben. Deshalb erwärme ich einen Teil davon.
- Will man diese Amuse-bouches weitgehend vorbereiten, kann man ruhig die geschnittenen Würfelchen im Öl belassen, sollte aber die Trüffelscheiben erst vor dem Servieren schneiden und anrichten.
- Ein Glas Champagner oder gehaltvoller Weißwein passen gut dazu.

Kann teilweise vorbereitet werden
Arbeitsaufwand: 25 Min.

**Für 8 Personen**

2–3 kleine schwarze Trüffel
2 EL kaltgepreßtes Olivenöl (vorzugsweise Tropfenöl, s.S. 53)
1 dünne Baguette aus Halbweißmehl (Baguette de campagne)
Fleur de sel (s.S. 98)

# Amuse-bouches im Löffel

Bei einem Stehapéro hat man höchstens eine Hand frei, um ein Häppchen möglichst pannenfrei zum Mund zu führen. Neustens gibt man deshalb Zubereitungen ohne Toast oder Teigunterlagen genußbereit in Löffel. Dazu eignen sich z.B. chinesische Porzellanlöffel, aber auch Gourmet- oder Dessertlöffel. Sie lassen sich füllen mit Tartare aus Fisch oder Fleisch, Austern oder Muscheln mit oder ohne Sauce, kleinen, eingelegten Sardellen, Wachteleiern mit Pesto oder anderen weichen, kalten Vorspeisen. Der Phantasie sind keine Grenzen gesetzt. Die Löffel ordnet man auf einem mit Serviette belegten Serviertablett an, nach Belieben gemischt mit anderen, stabileren Amuse-bouches. Will man sie am Tisch als Auftakt eines raffinierten Menüs servieren, legt man drei davon auf die Vorspeisenteller und garniert sie mit einem kleinen Salat- oder Kräuterbouquet.

## Mini-Pizze

Kann vorbereitet werden
Arbeitsaufwand: 20 Min.
Backzeit: 10–15 Min.

**Für 8 Personen**

- 500 g Blätterteig, bereits ausgerollt
- 30 g Pancetta (Bauchspeck), fein geschnitten
- 50 g getrocknete Tomaten aus dem Öl (s.S. 318)
- 1 kleine Dose Sardellenfilets
- 100 g frischer Ziegenkäse oder Provolone
- wenig Origano
- schwarzer Pfeffer aus der Mühle

Aus dem Teig runde Plätzchen von etwa 5 cm Durchmesser ausstechen. Jede Rondelle mit einem kleinen Stück Pancetta, 1/4 getrockneter Tomate, 1/2 Sardellenfilet und einem kleinen Würfel Käse belegen. Mit etwas Origano und schwarzem Pfeffer bestreuen und 10–15 Min. bei 200 °C backen. Noch warm servieren.

**Tip** Man kann die Pizze auch etwa 10 Min. vorbacken und vor dem Servieren nochmals für 5 Min. in den Ofen schieben.

**Variation** Sehr dünn ausgerollten Pizzateig verwenden, den Speck weglassen und dafür mehr Tomaten nehmen und anstelle von Sardellen etwas Tapenade (s.S. 290) auf die Pizze legen.

Hier mein erfolgreichstes Apérogebäck, von dem ich nie genug zubereiten kann.

## Kleine Apéropizze

Den Blätterteig etwa $^1/_2$ cm dick ausrollen. Runde Plätzchen von 5–6 cm Durchmesser ausstechen. Ein großes Backblech mit Backpapier auslegen. Die Rondellen darauf anordnen. Den Speck in kleine Stücke schneiden. Die Sardellenfilets dritteln. Den Käse in kleine Vierecke teilen. Die Tomaten halbieren, auspressen und so gut wie möglich entkernen, dann in kleine Stücke schneiden. Die Basilikumblätter kleinschneiden. Die Rondellen mit je einem Stück der Zutaten belegen, dabei die Tomate mit Basilikum unterlegen. Das Blech $^1/_2$ Std. kühl stellen. Im vorgeheizten Ofen bei 220 °C etwa 10–15 Min. goldgelb backen. Lauwarm schmecken sie am besten.

**Tips**

- Am besten kauft man für dieses Gebäck bereits ausgerollten Blätterteig.
- Die Pizze können vorgebacken und unmittelbar vor dem Servieren nochmals kurz in den Ofen geschoben werden.

Kann vorbereitet werden
Arbeitsaufwand: 20 Min.
Backzeit: 10–15 Min.

**Für 16–18 Stück**

500 g Blätterteig
100 g Pancetta oder Frühstücksspeck
1 Dose Sardellenfilets
100 g Käse (Greyerzer, frischer Ziegen- oder Schafskäse, Camembert, Brie oder anderer würziger französischer Weichkäse)
2 reife Tomaten
einige Basilikumblätter

Nicht alltägliche Amuse-bouches, die auch zu einem Apéro passen.

## Kleine neue Kartoffeln in Variationen

Kann vorbereitet werden
Arbeitsaufwand: 40 Min.
Kochzeit: 35 Min.

**Für 4–6 Personen**

1 kg kleine Kartoffeln mit gut geputzter Schale, in der Schale gekocht und heiß längs halbiert

**Füllung 1**

3 kleine frische Ziegen-, Schafs- oder Kräuterkäse, z. B. Cantadou
1 EL kaltgepreßtes Olivenöl
4–5 schwarze Oliven
1 durchgepreßte Knoblauchzehe
Salz, Pfeffer
1 EL gehacktes Bohnenkraut

**Füllung 2**

12 frische, marinierte Sardellen (s. S. 22)
4–6 hartgekochte Wachteleier
2–3 EL Pesto (s. S. 297)
schwarzer Pfeffer aus der Mühle

**Füllung 3**

100 g Poutargue (s. S. 370)
einige Basilikumblätter
100 g dicke Crème fraîche
Salz, Pfeffer
1 EL kaltgepreßtes Olivenöl

*Füllung 1* Den Käse mit dem Olivenöl zerdrücken. Die Oliven entsteinen, kleinschneiden und mit dem Knoblauch dazumischen. Mit Salz und Pfeffer abschmecken. Die Mischung auf die Kartoffelhälften geben und mit dem Bohnenkraut bestreuen.

*Füllung 2* Die abgetropften Sardellen auf den noch warmen Kartoffelhälften anordnen. Je 1 geschältes, längs halbiertes Wachtelei darauflegen, etwas Pesto über das Ganze geben und mit Pfeffer bestreuen.

*Füllung 3* Die Poutargue 1 Std. in den Kühlschrank stellen. Aus der Wachshülle lösen. Die Poutargue raffeln. Das Basilikum mit der Schere fein schneiden. Mit der Crème fraîche und wenig Salz und Pfeffer mischen. Auf die warmen Kartoffelhälften geben. Mit der geraffelten Poutargue bestreuen und mit dem Olivenöl beträufeln.
**Tip** Hübsch, aber etwas aufwendig ist die Zubereitung aller drei Arten. Man kann aber auch nur eine oder zwei Füllungen vorbereiten. Wichtig ist, daß die Kartoffeln frisch gekocht sind. Abgestanden schmecken sie nicht gut.

# Fritierte Muscheln

Kann weitgehend vorbereitet werden
Arbeitsaufwand: etwa 40 Min.
Marinierzeit: 1 Std.
Fritierzeit: 1–2 Min. pro Portion

**Für 30 Stück**

| | |
|---|---|
| 30 | Miesmuscheln (Moules) |
| | Saft von 1 Zitrone |
| 3 EL | Olivenöl |
| | Pfeffer aus der Mühle |
| | Öl zum Fritieren |

**Weinteig**

| | |
|---|---|
| 25 g | Hefe |
| 1/2 TL | Zucker |
| 150 g | Mehl |
| 30 g | Maisstärke |
| 3 dl | Weißwein |
| 5 | Eiweiß |
| | Salz |

Die geputzten Miesmuscheln über dem Dampf oder in einem gut verschließbaren Topf erhitzen, bis sich die Schalen öffnen. Muscheln, die geschlossen bleiben, wegwerfen! Das Fleisch aus den Schalen lösen und in eine Schüssel legen. Den Zitronensaft, das Olivenöl und viel Pfeffer mischen und über die Muscheln geben. 1 Std. im Kühlschrank ziehen lassen. Für den Teig die Hefe mit dem Zukker verrühren. 10 Min. stehenlassen. Das Mehl mit der Maisstärke mischen und in eine Schüssel sieben. In der Mitte eine Vertiefung anbringen, die aufgelöste Hefe hineingeben. Den Wein zugießen und alles rasch zu einem Teig mischen. Er soll fingerdeckend, aber weder dick noch zäh sein. Die Teigschüssel mit einem Tuch bedecken und den Teig 1 Std. an der Wärme (etwa 35 °C) gehenlassen. Unmittelbar vor Gebrauch die mit Salz steifgeschlagenen Eiweiße unterziehen. Das Öl auf 180 °C erhitzen. Kurz vor dem Servieren die Miesmuscheln gut abtropfen lassen, durch den Teig ziehen und portionenweise 1–2 Min. ausbacken. Auf Küchenpapier abtropfen lassen und auf Papierservietten mit kleinen Holzstäbchen servieren.

**Tips**

- Miesmuscheln müssen sofort nach dem Kochen aus den Schalen genommen und mariniert werden, sonst trocknen sie aus.
- Fritierte Muscheln schmecken nur gut, wenn man sie unmittelbar nach dem Ausbacken servieren kann.
- Man kann Zitronenviertel dazu reichen.
- Durch Beigabe von etwas Maisstärke wird der Teig stabiler.

**Variationen**

- Kleine Fischstücke, z.B. Seeteufel oder kleine, zarte Tintenfische, können ebenfalls in diesem Teig fritiert werden.
- Man kann die Muscheln auch durch ein verquirltes Ei ziehen und in Paniermehl wenden.

# Sardines farcies au brocciù
## Sardinen nach korsischer Art

Kann vorbereitet werden
Arbeitsaufwand: 35 Min.
Backzeit: 30 Min.

**Für 8 Personen**

| | |
|---|---|
| 16 | kleine frische Sardinen |
| 300 g | Mangoldblätter |
| | Salz |
| 2 EL | Olivenöl |
| 200 g | Frischkäse (vorzugsweise «brocciù» aus Korsika) |
| 1 | Ei |
| 1 | Knoblauchzehe |
| 1 EL | gehackter Origano |
| | Pfeffer, Muskatnuß |
| | Origanozweige für die Garnitur |

Die Sardinen am besten im Abwaschbecken mit der stumpfen Seite eines Messers oder mit dem Schuppenschaber schuppen. Die Sardinen auf der Bauchseite aufschneiden, dabei das Schwänzchen stehenlassen, und ausnehmen. Den Kopf entfernen, wobei gleichzeitig auch die Rückengräte herauskommen sollte. Die Filets kalt abspülen und auf Küchenpapier trocknen.

Die Mangoldblätter waschen, dabei die Rippen entfernen. Die Blätter 2 Min. in kochendes Salzwasser geben, abgießen, kalt abspülen und gut abtropfen. Den Mangold grob hacken und in $^1/_2$ EL Olivenöl kurz anziehen lassen. Den Frischkäse in einer Schüssel mit einer Gabel zerdrükken. Die Mangoldstreifen, das verquirlte Ei, den durchgepreßten Knoblauch und den Origano daruntermischen. Mit Salz, Pfeffer und wenig Muskatnuß abschmecken. Die Sardinen auf die Hautseite legen und mit etwas Füllung belegen. Von der Kopfseite her aufrollen. Nach Belieben mit einem Zahnstocher befestigen. Ein Backblech mit Backfolie belegen. Die gefüllten Sardinen mit dem Schwänzchen nach oben darauf verteilen. Mit dem restlichen Öl beträufeln und etwa 30 Min. bei 200 °C backen. Sofort anrichten und nach Belieben mit einem Zweiglein Origano garnieren.

# Kalte Vorspeisen

Ein erfrischender, origineller Salat, leichte Vorspeisen aus Gemüse oder würzige südliche Antipasti geben auch einfachen Menüs eine besondere Note. Außerdem eignen sich die Gerichte dieses Kapitels als kleine Mahlzeit oder einfaches Abendessen.

Es muß nicht immer Fleisch oder Fisch sein.

## Gemüseterrine mit Basilikum

Kann vorbereitet werden
Arbeitsaufwand: 1 Std.
Grillzeit: 10 Min.
Kühlzeit: 2–3 Std.

**Für eine Terrinenform von etwa $1^{1}/_{2}$ Liter Inhalt (6–8 Personen)**

- 2 große rote, geschälte Peperoni (s. S. 227)
- 2 große gelbe, geschälte Peperoni
- 1 große schlanke Aubergine
- 2 mitttelgroße Zucchetti
- 4–6 EL kaltgepreßtes Olivenöl
- Salz, Pfeffer aus der Mühle
- 4 Frühlingszwiebeln, in Scheiben geschnitten
- 4 Blatt Gelatine
- 6 große, geschälte Tomaten
- 12 Basilikumblätter
- 1 Knoblauchzehe
- 1 EL Aceto balsamico tradizionale (s. S. 168)

Die geschälten Peperoni vierteln. Die Aubergine und die Zucchetti längs in dünne Scheiben schneiden. Ein großes Backblech mit wenig Olivenöl bestreichen. Die Gemüsescheiben darauf anordnen. Mit Olivenöl bepinseln, leicht salzen und pfeffern. Etwa 10 Min. unter der Grillschlange des Ofens leicht Farbe annehmen lassen. Das Blech aus dem Ofen nehmen und die Scheiben wenden. Wieder einschieben und nochmals etwa 5 Min. grillieren. Die Auberginen sollten dabei gar werden. Die Zwiebelscheiben 2–3 Min. in 1 EL Olivenöl dünsten. Die Gelatine in kaltem Wasser einweichen. Die Tomaten halbieren und auspressen. Mit 2 EL Wasser in einen Topf geben und etwa 10 Min. schmoren lassen, bis sie gar sind. Etwas abkühlen. Die Hälfte der Basilikumblätter von Hand zerzupfen. Mit den Tomaten im Mixer pürieren. Nochmals erwärmen, dann in eine Schüssel geben. Die Gelatineblätter ausdrücken und in der warmen Tomatensauce schmelzen lassen. Die Sauce mit dem durchgepreßten Knoblauch, Salz und dem Aceto balsamico abschmecken.

Die Terrinenform mit einer Klarsichtfolie auslegen, dabei die Folie beidseitig etwa 5–6 cm vorstehen lassen. Die Folie mit wenig Olivenöl bestreichen. Den Boden der Form mit eine Lage roter Peperoni auskleiden. Etwas Tomatencoulis darübergeben. Mit Auberginenscheiben belegen. Wieder etwas Tomatencoulis darübergeben, danach gelbe Peperoni einschichten, mit Tomatencoulis und Zwiebelscheiben bedecken. Den Rest der Gemüse schichtweise darüberlegen und jede Schicht mit Tomatencoulis beträufeln. Mit roten Peperoni abschließen. Diese mit Olivenöl bestreichen und die überlappende Klarsichtfolie darüberlegen. Alles mit den Fingern etwas zusammenpressen. Die gefüllte Form 2–3 Std. kalt stellen. Die Terrine vor dem Servieren stürzen, in etwa $1^{1}/_{2}$–2 cm dicke Scheiben schneiden, anrichten und mit den ganzen Basilikumblättern garnieren.

**Tips**

- Die Terrinenscheiben können mit etwas Rucola garniert werden.
- Auberginenkaviar (s. S. 44), hausgemachte Tapenade (s. S. 290) oder Rouille (s. S. 291) passen gut dazu.
- Man kann auch etwas Frischkäse mit wenig Crème fraîche verrühren, mit Salz und gehackten Kräutern abschmecken und mit servieren.

**Variationen** Diese Terrine kann beliebig variiert werden. So kann man z. B. nur geschälte Peperoni mit Basilikumblättern und frischen Ziegenkäse einschichten und jede Lage mit in Gemüsebrühe aufgelöster Gelatine bestreichen. Bei dieser Variante den Tomatencoulis weglassen.

## Nicolas Antipasto

Nicola aus den Abruzzen kam vor vielen Jahren als Gastarbeiter in die Schweiz. Nach jedem Besuch in seiner Heimat brachte er wunderbares Öl aus den Olivenhainen seiner Eltern mit. Mit der Zeit konnte er nie genug davon bringen. Heute lebt er davon und läßt es sich nicht nehmen, die halbwilden Oliven von Hand ablesen zu lassen und sie persönlich zu pressen. Wenn Nicola seine Freunde, die inzwischen sehr zahlreich geworden sind, in sein Bauernhaus in der Nähe von Zürich einlädt, gibt es als Auftakt seiner italienischen Mahlzeit sein traditionelles Antipasto: Er würzt sein kaltgepreßtes Olivenöl mit Salz und schwarzem Pfeffer aus der Mühle und gießt es in Suppenteller, die er mit rohen Fenchelscheiben und Bauernbrot auf den Tischen verteilt. Jeder Gast tunkt die beiden Zutaten von Hand ins herrliche Öl und führt sie zum Mund. Einfacher geht es nicht mehr – versuchen Sie es. Ihre Gäste werden es lieben!

Mit knusprigem Brot zusammen eine bäuerliche Delikatesse.

# Terrine aux herbes
## Kräuterterrine

Kann vorbereitet werden
Arbeitsaufwand: 30 Min.
Garzeit: 1 Std.

**Für eine Terrine von etwa 1 l Inhalt**

- 1 Schweinsnetz
- 500 g Schweinefleisch (vorzugsweise Schweinebacke)
- 250 g Schweineleber
- 200 g Spickspeck
- 500 g Mangold oder Spinat
- 2 EL Olivenöl
- 2 gehackte Salbeiblätter
- 1 TL Thymianblättchen
- 1 TL gehacktes Bohnenkraut
- Salz, Pfeffer Muskatnuß
- 1/2 TL Korianderpulver
- 2 Lorbeerblätter

Das Schweinsnetz in kaltes Wasser einlegen. Das Schweinefleisch, die Schweineleber und den Spickspeck kleinschneiden und durch die mittlere Scheibe des Fleischwolfes drehen. Den Mangold oder den Spinat in einem hohen Topf ohne Zugabe von Flüssigkeit bei mittlerer Hitze zusammenfallen lassen, abgießen, dann gut auspressen. Das Olivenöl erhitzen, den Mangold oder den Spinat zufügen und unter Wenden anziehen lassen, bis keine Flüssigkeit mehr vorhanden ist. Die Kräuter zufügen und kurz mitdünsten. Erkalten lassen und mit der Fleischmasse gut mischen. Mit Salz, Pfeffer, Muskatnuß und Koriander abschmecken. Die Terrinenform mit dem gut ausgepreßten Schweinsnetz auslegen. Die Fleischmasse einfüllen. Die gefüllte Form auf einem gefalteten Tuch mehrmals aufstoßen, damit sich keine Luftlöcher bilden. Die Füllung mit den beiden Lorbeerblättern belegen und das Netz so darüberziehen, daß sich die Seiten überlappen. Damit wird die Oberfläche beim Backen geschützt. Die Terrine im Backofen bei 180 °C ungedeckt 1 Std. backen. Lauwarm oder kalt servieren.

**Tip** Mit Cornichons und eingelegten Silberzwiebeln oder eingemachten Perlzwiebeln (s. S. 323) sowie frischer Baguette servieren.

Kleines südliches Gemüse-Horsd'œuvre.

# Légumes à l'aïoli et à la tapenade
## Gekochtes Gemüse mit Knoblauch- und Olivensauce

Kann vorbereitet werden
Arbeitsaufwand: 35 Min.
Garzeit: etwa 40 Min.

**Für 4 Personen**

| | |
|---|---|
| 500 g | Spargeln |
| 400 g | grüne Bohnen |
| | Salz |
| 400 g | neue Kartoffeln |
| 2 Bund | neue Karotten |
| 1/2 TL | Zucker |
| 2 | Peperoni (rot und gelb), geschält (s. S. 227) |
| 4 | Wachteleier |
| | Aïoli (s. S. 207) |
| 1 EL | gehackter Kerbel |
| 1 EL | gehackte Petersilie |
| 1 EL | feingeschnittener Schnittlauch |
| | Tapenade (s. S. 290) |

Die Spargeln schälen, die Bohnen fädeln und beides separat in Salzwasser etwa 15 Min. kochen. Die Gemüse sollen gar werden, müssen aber noch etwas knackig sein. Abgießen und sofort mit kaltem Wasser abschrecken. Die Kartoffeln ungeschält etwa 15–20 Min. im Dampf garen. Die Karotten schaben, waschen und in Salzwasser mit dem Zucker je nach Größe etwa 10 Min. kochen, dann abgießen. Die geschälten Peperoni in breite Streifen schneiden. Die Wachteleier 2 Min. in kochendes Wasser geben, abgießen und kalt abschrecken. Den Aïoli mit den Kräutern mischen. Alle Gemüse wenn möglich noch lauwarm auf einer großen Platte anrichten. Die Wachteleier schälen, längs halbieren und dazulegen. Aïoli und Tapenade separat dazu servieren.

**Tip** Je nach Saison kann man auch andere Gemüse verwenden, z. B. Brokkoli, Romanesco, Blumenkohl, Kohlrabi, gekochte Schwarzwurzeln, Topinambur oder Navets (kleine weiße Rüben).

Eine vielseitig verwendbare Spezialität – vom «Amuse-bouche» bis zur Beilage für Fisch und Fleisch.

# Caviar d'aubergines
## Auberginenkaviar

Kann vorbereitet werden
Arbeitsaufwand: 25 Min.
Schmorzeit: 1 Std.

**Für 4 Personen**
500 g Auberginen
3 Knoblauchzehen
3 Basilikumblätter
4 EL kaltgepreßtes Olivenöl
1 TL Zitronensaft
Salz, Pfeffer

Ein Backblech mit Aluminiumfolie auskleiden. Den Stielansatz der Auberginen entfernen und die Früchte halbieren. Die Folie mit wenig Öl bestreichen und die Auberginenhälften mit der Schnittfläche nach unten darauflegen. Bei 150 °C 1 Std. langsam schmoren lassen. Das Fruchtfleisch sollte ganz weich werden. Das Auberginenfleisch mit einem kleinen Löffel aus den Schalen kratzen und im Mixer pürieren. Den Knoblauch durchpressen und mit dem Olivenöl und dem Zitronensaft unter das Auberginenpüree mischen. Mit Salz und Pfeffer abschmecken.

**Variationen**

- Der Auberginenkaviar kann auch in doppelter Menge zubereitet und als Gericht mit Toast und Butter serviert werden.
- Der Knoblauch kann durch gehackte Zwiebeln ersetzt werden.
- Kleine Baguettescheiben mit Butter bestreichen, im Ofen toasten, mit dem Auberginenkaviar belegen und kurz überbacken. Heiß zu einem Gemüseteller servieren.
- Cherrytomaten aushöhlen und mit Auberginenkaviar füllen.

Dieser nordafrikanische Salat ist besonders aromatisch und erfrischend. Er paßt auch gut auf ein sommerliches kaltes Buffet.

## Taboulé à ma façon

Kann vorbereitet werden
Arbeitsaufwand: etwa 30 Min.
Quellzeit: etwa 1 Std.

**Für 4 Personen**

250 g Couscous-Spezialweizengrieß
Salz
3 große, reife Tomaten
1 Sträußchen frische Pfefferminzblätter
1 Sträußchen Petersilie
1 grüner Peperone
3 Frühlingszwiebeln mit Grün oder Schalotten
Saft von 1 1/2–2 Zitronen
1/8 l kaltgepreßtes Olivenöl
Pfeffer aus der Mühle

Den Couscousgrieß nach Grundrezept (s. S. 308) zubereiten. Die Tomaten kurz in heißes Wasser tauchen, schälen, halbieren, entkernen und sehr klein würfeln. Die Pfefferminzblätter und die Petersilie mit der Schere fein schneiden, nicht hacken. Mit dem Couscousgrieß gut mischen. Den Peperone halbieren, entkernen und in winzig kleine Würfel schneiden. Mit den feingeschnittenen Zwiebeln unter den Grieß mischen. Den Zitronensaft und das Olivenöl über das Gericht verteilen, alles gut durchmischen und mit Salz und Pfeffer abschmecken. Vor dem Servieren 1 Std. ziehen lassen.

**Tips**

- Couscousgrieß wird unter dieser Bezeichnung in Pakkungen angeboten. Hier erübrigt sich die Vorarbeit und Quellzeit (Gebrauchsanweisung beachten). Couscous ist nichts anderes als feines Weizenschrot. In Tunesien verwendet man für dieses Rezept oft Bourghoul (s. S. 47).
- Das Gericht mit Pfefferminzblättern garnieren.

**Variationen**

- Goldhirse in Gemüsebrühe kochen, abgießen und erkalten lassen. Auf dieselbe Art zubereiten.
- Den Peperone durch feingeschnittene schwarze Oliven ersetzen.

Eine tunesische Spezialität.

## Taboulé aux pois chiches et au concombre
## Taboulé mit Kichererbsen und Gurken

Kann vorbereitet werden
Arbeitsaufwand: 40 Min.
Quellzeit: 20 Min.
Marinierzeit: 1–3 Std.

**Für 4 Personen**

| | |
|---|---|
| 200 g | Bourghoul (s. S. 47) |
| | Salz, Pfeffer |
| 2 | Gurken |
| 200 g | gekochte Kichererbsen (s. S. 199) |
| 2 | Zitronen |
| 4 | Frühlingszwiebeln |
| 2 EL | gehackte flachblättrige Petersilie |
| 8 | Pfefferminzblätter |
| 2 | Limetten |
| 4–5 EL | Olivenöl |
| 1 Bund | flachblättrige Petersilie |

Den Bourghoul in kochendes Salzwasser geben und 15 Min. bei kleiner Hitze kochen. Von der Herdplatte wegziehen und 10 Min. quellen lassen, dann abgießen und unter gelegentlichem Umrühren erkalten lassen. Von der ungeschälten Gurke mit dem Kartoffelschäler von oben nach unten Streifen abziehen, bis die Kerne sichtbar werden. Die Streifen in 2 cm lange Stücke schneiden, in eine Schüssel geben und mit etwas Salz bestreuen. 10 Min. ruhen lassen, dann leicht auspressen. Die Kichererbsen, falls aus der Dose, abgießen und kalt abspülen. 1 Zitrone so schälen, daß auch die weiße Haut entfernt wird. Aus den Trennhäuten der Frucht mit einem scharfen Messer Filets herauslösen. Die Frühlingszwiebeln hacken und den zarten Teil des Stieles in Rädchen schneiden.

Die Gurken, die Kichererbsen, die halbierten Zitronenfilets und die Zwiebeln mit der Petersilie, den kleingeschnittenen Pfefferminzblättern und dem Bourghoul in einer Schüssel mischen. Die Limetten auspressen. Nach und nach das Olivenöl unter Rühren zum Limettensaft gießen. Die Sauce mit Salz und Pfeffer abschmecken. Mit dem Taboulé gut vermischen. 1–2 Std. im Kühlschrank ziehen lassen. In kleine Schalen anrichten und mit Zitronenscheiben und Petersilienblättern garnieren.

**Tip** Es gibt Bourghoul (geschroteten Weizen) in verschiedenen Variationen auf dem Markt. Deshalb vor der Zubereitung die Gebrauchsanweisung studieren.

# Taboulé und Bourghoul

In Südfrankreich und teilweise auch in Marokko wird das Taboulé aus feinem oder mittelfeinem Couscousgrieß (Weizen) zubereitet. In Tunesien, Algerien, Jordanien und den Nachbarländern will man davon nichts wissen. Man verwendet geschrotete Weizenkörner, die man «bourghoul» nennt und nach einem uralten Verfahren seit 6000 Jahren herstellt. Die schönsten erlesenen Weizenkörner werden zuerst in Wasser aufgeweicht, dann sorgfältig gekocht, abgetropft, an der Sonne getrocknet und erst danach geschrotet – bis vor ungefähr 50 Jahren zwischen zwei Mühlsteinen. Bourghoul gibt man auch in Fleischragouts oder ißt es in Sauermilch, und man kann es in das orientalische Tatar (s. S. 55) mischen.

Eine festliche Vorspeise, die mit dem aparten Rouget gekrönt werden kann.

## Taboulé mit Zucchinisalat und Rougetfilets

Taboulé und Zuchinisalat in je zwei Häufchen auf den Tellern anrichten. Die Rougetfilets salzen, pfeffern und auf der Hautseite mit etwas Öl bestreichen. Ein Backblech mit Backfolie auslegen, mit wenig Olivenöl bestreichen. Die Filets mit der Hautseite nach oben darauflegen. Unter der Grillschlange 1–2 Min. grillieren, ohne zu wenden. Den Ofen abstellen und die Fischfilets nach etwa 1 Min. herausnehmen. Noch warm auf den Salaten anrichten. Mit Basilikumblättchen garnieren.

**Tip** Besonders wichtig ist, daß die zarten Fischfilets nur ganz kurz gegart werden. Man kann sie auch auf der Hautseite rasch in Olivenöl fritieren.

**Variation** Die Fischfilets lassen sich durch gutgewürzte, kurz gebratene Riesengarnelen ersetzen.

Kann weitgehend vorbereitet werden
Arbeitsaufwand: 10 Min. plus die Vorbereitung der Salate

**Für 4 Personen**
- 4 Portionen Taboulé à ma façon (s. S. 45)
- 4 Portionen Zucchinisalat (s. S. 59)
- 4–8 Rougetfilets (Meerbarben) mit Haut
- Salz, Pfeffer
- 1 EL kaltgepreßtes Olivenöl
- Basilikum zum Garnieren

Sehr delikate Vorspeise mit Edelfisch.

# Tartare marin
## Tatar aus Loup de mer und Jakobsmuscheln

Kann vorbereitet werden
Arbeitsaufwand: 25 Min.
Marinierzeit: 10 Min.

**Für 4 Personen**

- 300 g Wolfsbarschfilets (Loup de mer)
- Fleur de sel (s. S. 98) oder gewöhnliches Meersalz
- 8 schöne Coquilles Saint-Jacques (Jakobsmuscheln) ohne Rogen
- 2 EL Zitronensaft
- 1 TL sehr fein gehackte Frühlingszwiebeln
- 2 EL Crème fraîche
- 1 TL feingeschnittener Schnittlauch
- 2 TL Limettensaft
- weißer Pfeffer aus der Mühle
- 2 geschälte Tomaten
- 1 TL kaltgepreßtes Olivenöl

Die Wolfsbarschfilets in sehr kleine Würfel schneiden. Leicht salzen, in Klarsichtfolie wickeln und in den Kühlschrank stellen. Die Jakobsmuscheln quer in dünne Scheiben schneiden. Leicht salzen und auf 4 vorgekühlte Teller auslegen. Mit dem Zitronensaft beträufeln. Mit Folie abdecken und etwa 10 Min. ziehen lassen. Nach dieser Zeit die Fischwürfelchen aus dem Kühlschrank nehmen, mit den Zwiebeln, der Crème fraîche und dem Schnittlauch mischen. Mit dem Limettensaft und Pfeffer abschmecken. In 4 Häufchen teilen und diese mit Hilfe von zwei Löffelchen auf die Mitte der Muschelscheiben setzen. Die Tomaten halbieren, entkernen und in sehr kleine Würfel schneiden. Die Tomatenwürfelchen über die Jakobsmuscheln streuen. Mit dem Olivenöl beträufeln.

**Tip** Dazu frische Baguette oder Toast mit Butter reichen.

Eine kleine, delikate Vorspeise, die ich in der Nähe von Venedig kennengelernt habe.

## Grancevola alla veneziana
### Meerspinne nach venezianischer Art

Kann vorbereitet werden
Arbeitsaufwand: etwa 1 Std.
Kochzeit: etwa 20 Min.

**Für 4–6 Personen**
Salz
6 große Meerspinnen
1 Lorbeerblatt
6 Zitronen
Pfeffer
2 EL gehackte flache Petersilie
6 EL kaltgepreßtes Olivenöl

**Garnitur**
flache Petersilie
wenig Trevisanasalat
Mayonnaise (evtl. frisch zubereitet)
Kapern

Einen sehr hohen Topf mit gesalzenem Wasser aufkochen. Die Meerspinnen hineingeben und mit dem Lorbeerblatt etwa 20 Min. kochen. Sobald ein graufarbener Schaum aufsteigt, den Topf von der Herdplatte wegziehen und die Meerspinnen im Sud erkalten lassen. Die Schalen aufbrechen, wenn nötig mit dem Nußknacker oder der Hummerschere nachhelfen, und das Fleisch sorgfältig herauskratzen. Die graufarbenen und harten Fasern entfernen. Den Rogen, falls vorhanden, aufheben. Die Zitronen auspressen und den Saft mit etwas Salz und Pfeffer, der Petersilie und dem Olivenöl verrühren. Mit dem Meerspinnenfleisch und dem gehackten Rogen mischen. Mit Salz und Peffer abschmecken. In Portionen teilen, auf die Tellermitte geben und nach Belieben garnieren.

**Tip** Das Auslösen des Krabbenfleisches benötigt etwas Geduld, kann aber mehrere Stunden vor dem Essen gemacht werden. Man kann das Krabbenfleisch bereits mit der Sauce mischen und im Kühlschrank einige Zeit aufbewahren. Etwa 15 Min. vor dem Servieren aus dem Kühlschrank nehmen, damit es nicht eiskalt auf den Tisch kommt.

In Ampurdán, in der Gegend von Pals (Costa Brava), wächst Reis.

## Ensalada de arroz con gambas
## Reissalat mit Gambas nach Art von Pals

Kann vorbereitet werden
Arbeitsaufwand: 25 Min.
Kochzeit: 18 Min.

**Für 4 Personen**

- 100 g Reis
- Salz
- 12 Gambas (große, dunkelrote Crevetten)
- 80 g Zuckerschoten (Kefen) oder grüne Erbsen
- 1 roter Peperoncino
- 2 geschälte Tomaten
- 1 geschälte Frühlingszwiebel
- Saft von 1 1/2 Limetten
- Pfeffer
- 4 EL kaltgepreßtes Olivenöl
- einige Pfefferminzblätter

Den Reis in kochendes Salzwasser geben und nach Anweisung auf der Verpackung kochen. Mit kaltem Wasser abschrecken und gut abtropfen lassen. Die Gambas in kochendes Salzwasser geben, 1 Min. sieden lassen und zum Auskühlen beiseite stellen. Den Kopf, die Krusten und Därme entfernen. Die Zuckerschoten fädeln, knapp garen, kalt abschrecken und trockentupfen. Den Peperoncino sowie die Tomaten entkernen und in kleine Würfel, die Zwiebel in feine Scheiben schneiden. Aus dem Limettensaft, Salz, Pfeffer und dem Olivenöl die Marinade zubereiten. Den Reis mit den Gambas, den Zuckerschoten, dem Peperoncino, den Tomaten und der Marinade mischen. Einige Minuten marinieren lassen, anrichten und mit der Pfefferminze bestreuen.

**Tip** Die Gambas können durch Scampi oder Crevetten ersetzt werden.

Grüner Salat nach Art der Provence, auf meine Art zu einer Vorspeise avanciert.

## Mesclun aux pétoncles
## Gemischter Blattsalat mit kleinen Pilgermuscheln

Die Salate, die Rucola und den Löwenzahn putzen, waschen, abgießen und ausschwingen. Die Kräuter nicht hakken, sondern nur abzupfen und die Blätter ganz belassen. Die Muscheln etwa 6 Std. wässern, dabei das kalte Wasser ab und zu auswechseln. Durch das Wässern kann in den Muscheln enthaltener Sand austreten. Für die Sauce den Essig mit dem Senf, Salz und Pfeffer gut mischen. Den Knoblauch dazupressen und das Öl unterrühren. Die Blattsalate mit den Kräutern mischen, mit wenig Salz bestreuen, gut durcheinandermengen und unmittelbar vor dem Servieren mit der Sauce mischen. Die Muscheln abgießen und öffnen. Das Muschelfleisch herausnehmen und vom Darm und den Unreinheiten befreien. Den Rogen entfernen. Die Muscheln ganz kurz in Olivenöl anziehen lassen. Den Salat mit den noch lauwarmen Muscheln bestreuen.

**Tips**

- In Frankreich sind diese Muscheln meistens ohne Schalen erhältlich. In diesem Fall nur noch putzen und in wenig Olivenöl anziehen lassen.
- Die Pétoncles sehen aus wie Coquilles Saint-Jacques (Pilgermuscheln). Sie sind kleiner, aber ebenso zart und um einiges billiger.
- Knuspriges Weißbrot dazu servieren.

Kann vorbereitet werden
Arbeitsaufwand: 35 Min.
Kochzeit: 3–4 Min.
Wässern der Muscheln: etwa 6 Std.

**Für 4 Personen**

| | |
|---|---|
| 200 g | verschiedene Blattsalate |
| 50 g | Rucola (Roquette, Rauke) |
| 50 g | Löwenzahn |
| 1/2 | Bund flachblättrige Petersilie |
| | einige Pfefferminz- oder Basilikumblätter |
| 1 kg | kleine Pilgermuscheln (Pétoncles) |
| | Salz |
| 2 EL | Olivenöl |

**Sauce**

| | |
|---|---|
| 2 EL | Schalottenessig |
| 1 TL | Dijon-Senf |
| | Salz, Pfeffer |
| 1 | Knoblauchzehe |
| 5 EL | kaltgepreßtes Olivenöl |

Eine erfrischende Vorspeise aus Israel.

## Avocadosalat mit Riesencrevetten

Kann vorbereitet werden
Arbeitsaufwand: 25 Min.
Garzeit: 4–5 Min.

**Für 4 Personen**

12 rohe Riesencrevetten ohne Kopf, evtl. tiefgekühlt
2 schöne, reife Avocados
Saft von 1 Limette
Saft von 1 Zitrone
Meersalz
3 EL kaltgepreßtes Olivenöl
Cayennepfeffer
1 EL gehackter Kerbel

Etwa 2 1/2 l Wasser in einem hohen Topf aufkochen. Etwas Meersalz zufügen. Die Crevetten hineingeben, die Temperatur etwas reduzieren und die Crevetten 4–5 Min. garen lassen. Den Topf beiseite stellen. Die Avocados schälen, halbieren, den Stein entfernen und die Hälften in schöne, etwa 3 mm dicke Scheiben schneiden. Sofort mit dem Limettensaft mischen, damit sie sich nicht verfärben. Die Crevetten abgießen, etwas auskühlen lassen und von den Krusten befreien. Jede Crevette längs halbieren und den Darm (schwarzer Faden) sorgfältig entfernen. Den Zitronensaft mit etwas Meersalz verrühren, das Öl unter Rühren mit dem Schneebesen beigeben. Mit wenig Cayennepfeffer abschmecken. Die Avocadoscheiben und die Crevetten mit der Schnittseite nach unten abwechslungsweise auf Teller anrichten. Mit der Sauce beträufeln und mit dem Kerbel bestreuen.

**Tip** Man kann kleine Salatbouquets dazulegen und diese mit der gleichen Sauce beträufeln. In diesem Fall etwas mehr Sauce zubereiten.

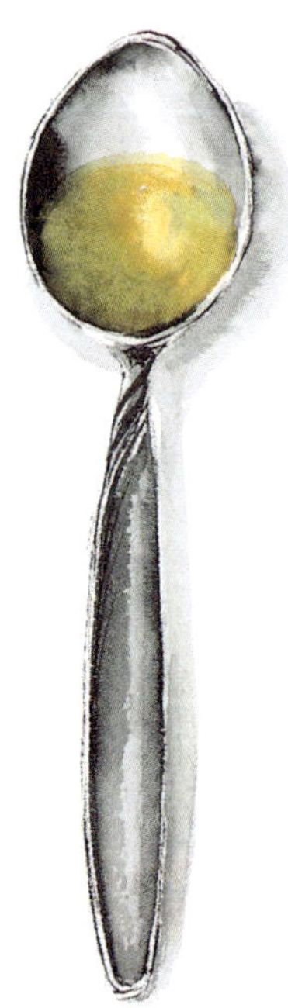

# Olivenöl – das Gold des Südens

Welch ein Genuß ist doch Olivenöl für das Auge, die Nase und den Gaumen! Es gibt wohl kein anderes Grundnahrungsmittel, das Feinschmeckern soviel Freude macht. Daß Olivenöl zudem gesund ist, weiß man heute mit Sicherheit. Es wirkt sich günstig auf den Cholesterinspiegel aus, reduziert die Magensäure und vermindert das Risiko von Gallensteinen. Tatsache ist, daß die Bewohner des Mittelmeerraumes seltener an Kreislaufkrankheiten leiden. Bereits 3000 v. Chr. wurde der Olivenbaum in Ägypten, Palästina und Phönizien kultiviert und verbreitete sich danach im ganzen Mittelmeergebiet.

Diätetisch gesehen ist das kaltgepreßte Olivenöl ein äußerst wertvolles Nahrungsmittel. Es ist reich an Chlorophyll, Karotin, Vitamin A und E, Lezithin sowie einfach und mehrfach ungesättigten Fettsäuren. Laut EG-Norm wird seine Qualität folgendermaßen deklariert:

Olio extravergine di oliva (franz. Huile d'olive extravierge): Kaltgepreßtes Olivenöl von einwandfreiem Geschmack, dessen Säuregehalt 1 g pro 100 g nicht überschreiten darf. Es wird am Produktionsort abgefüllt, was eine Garantie darstellt. Olio di oliva vergine (franz. Huile d'olive vierge): Mit Hilfe mechanischer Prozesse gewonnenes Öl, welches keine Wärmeeinflüsse oder andere Behandlungen erfahren darf; es gibt verschiedene Sorten mit unterschiedlichem Säuregrad.

Olio d'oliva (Huile d'olive) kann nicht mehr als kaltgepreßt bezeichnet werden. Meistens ist es ein Gemisch von kaltgepreßtem Olivenöl mit höherem Säuregehalt und raffinierten Ölen. Daneben gibt es noch rein raffinierte Olivenölsorten.

Olivenöl wird wegen seines typischen Geschmacks von Feinschmeckern besonders geschätzt. Es gibt aber Konsumenten, die ein Öl mit neutralerem Geschmack vorziehen. Das ist schade, weil das Olivenöl gerade südlichen Gerichten das gewisse Etwas verleiht. Wer es trotzdem nicht mag, kann z. B. Rapsöl verwenden, das ernährungsphysiologisch ähnliche Eigenschaften hat und geschmacksneutral ist.

Die Pfirsiche geben diesem Salat die besondere Note.

## Salade verte au canard fumé et aux pêches
## Grüner Salat mit geräucherter Entenbrust und Pfirsichen

Kann vorbereitet werden
Arbeitsaufwand: 30 Min.

**Für 4 Personen**

200 g Blattsalate (junger Spinat, Löwenzahn, Rucola, Frisée oder andere Sorten, je nach Saison)
150 g geräucherte Entenbrust, fein geschnitten
2 Pfirsiche oder Nektarinen
1–2 EL Sherryessig
Saft von 1 Orange
1 TL Dijon-Senf
1 TL Honig
Salz
1 Prise Zimtpulver
4 EL kaltgepreßtes Olivenöl
Pfeffer aus der Mühle
Cayennepfeffer

Die Salate putzen, waschen und gut ausschwingen. Die Entenbrust in Vierecke schneiden. Die Pfirsiche kurz in kochendes Wasser tauchen, die Haut abziehen, die Früchte halbieren und den Kern entfernen. Die Pfirsichhälften in sehr dünne Scheiben schneiden und diese halbieren. Vier etwas dickere, ganze Schnitze zurückbehalten. Den Essig, den Orangensaft, den Senf, den Honig, wenig Salz und das Zimtpulver gut mischen. Das Olivenöl darunterrühren. Mit Salz, Pfeffer und Cayennepfeffer abschmecken.

Die Salatblätter mit der Entenbrust und den Pfirsichscheiben mischen. Die Sauce darüber verteilen, in Teller anrichten und mit je einem Pfirsichschnitz garnieren.

**Tips**

- Getoastete Briochescheiben passen gut zu diesem Salat.
- Im Winter kann man die Pfirsiche durch Birnen ersetzen.

Ein orientalisches Tatar.

## Kefta nayeh
### Rohes Lamm- oder Rindfleisch nach orientalischer Art

Kann vorbereitet werden
Arbeitsaufwand: 40 Min.

**Für 4 Personen**

400 g zartes Lamm- oder Rindfleisch
2 große, milde Zwiebeln, fein gehackt
2 EL gehackte flache Petersilie
1 EL gehackte Pfefferminze
1 Tl Harissa (s. S. 289)
1 TL Olivenöl
1 Prise Zimt
1 Prise Kreuzkümmel
Salz, Pfeffer

**Beilagen**
Pfefferminzblätter
Frühlingszwiebeln
Olivenöl
Radieschen
Zitronenviertel
Harissa
Brot, vorzugsweise arabisches Fladenbrot (s. S. 309)

Das Fleisch wenn möglich von Hand hacken, andernfalls durch die mittlere Scheibe des Fleischwolfs drehen. Mit Hilfe einer Gabel mit den Zwiebeln, der Petersilie, der Pfefferminze, der Harissa, dem Olivenöl und den Gewürzen gut mischen. Pikant abschmecken. Zu 4 Kugeln formen, diese auf vorgekühlte Teller setzen und zu Fladen flachdrücken. Mit etwas Pfefferminze, Radieschen und einem Zitronenschnitz garnieren. Mit einer Klarsichtfolie abdekken und bis zum Servieren kühl stellen. Die aufgeführten Beilagen in kleinen Schalen dazustellen. Wer das Fleisch besonders pikant will, kann es mit Harissa nachwürzen.

**Tips**

- Dieses Tatar kann auch zu verschiedenen rohen Gemüsen oder in Kleinportionen als Mezze serviert werden.
- Hackfleisch sollte nicht länger als etwas 2 Std. vor dem Servieren im Kühlschrank aufbewahrt werden.

Ein feiner Blattsalat kann, je nach Menü, eine üppige Vorspeise vorteilhaft ersetzen.

## Blattsalat nach südlicher Art

Kann vorbereitet werden
Arbeitsaufwand: etwa 30 Min.

**Für 4 Personen**

| | |
|---|---|
| je 50 g | Friséesalat, Rucola, grüner Cicorino, zarte Spinatblätter |
| 8 | ganze Basilikumblätter |
| 8 | ganze Pfefferminzblätter |
| | feines Meersalz (Fleur de sel, s. S. 98) |
| 2 EL | Rotweinessig |
| 1 TL | Aceto balsamico tradizionale (s. S. 168) |
| | Salz |
| | schwarzer Pfeffer aus der Mühle |
| 1 TL | scharfer Dijon-Senf |
| 1 | Knoblauchzehe |
| 5 EL | kaltgepreßtes Olivenöl |
| | Knoblauchcroûtons (s. S. 325), nach Belieben |

Vom Friséesalat den Strunk entfernen und den unteren Teil der Blätter etwas kürzen. Nur den schönsten Teil für diesen Salat verwenden (den Rest am nächsten Tag in einem gemischten Salat weiterverwenden). Die restlichen Salate putzen. Alles zusammen mit den ganz belassenen Kräutern kurz in gesalzenes Wasser legen und anschließend gut ausschwingen. Mit wenig Meersalz bestreuen. Für die Sauce die beiden Essigsorten mischen, Salz, Pfeffer, den Senf und den durchgepreßten Knoblauch untermischen. Das Olivenöl nach und nach darunterrühren. Unmittelbar vor dem Servieren die Salatblätter und die Kräuter gut mit der Sauce und nach Belieben mit Knoblauchcroûtons mischen.

**Tip** Besonders schön wirkt dieser Salat, wenn helle und dunkelgrüne Blätter darin enthalten sind. Je nach Saison kann dies anstelle von Rucola auch Löwenzahn oder Bärlauch sein.

**Variationen**

- Anstelle von Knoblauchcroûtons kann man den Salat mit Parmesanspänen bestreuen oder mit Wachtelspiegeleiern garnieren.
- Kleine Muscheln, z. B. Pétoncles oder Vongole, erhitzen, bis sie sich öffnen, aus den Schalen lösen, in wenig kaltgepreßtem Olivenöl erhitzen und noch lauwarm über den Salat geben.

Dies ist keine Süßspeise, trotz Orangen und Datteln.
Die Zwiebeln bilden den Kontrast dazu.

# Salat mit Orangen und Datteln

1 Orange gut waschen. Die Schale dünn abschälen und in sehr feine Streifen schneiden. Die Orangenstreifen kurz in kochendes Wasser geben, dann abgießen. Beide Orangen so schälen, daß auch die weiße Haut entfernt wird. Aus den Trennhäuten der Orange Filets herausschneiden. Den Saft dabei auffangen. Den Salat und die Pfefferminzblätter waschen und gut trockenschleudern. Die Zwiebel schälen, putzen und in etwa 2 cm lange Streifen schneiden. Den Staudensellerie wie Rhabarber abziehen und in sehr kleine Würfel schneiden. Die Datteln längs aufschlitzen, den Stein entfernen und das Fruchtfleisch in Streifen schneiden. Für die Sauce die Orangenschale und den Orangensaft mit dem Essig und Salz verrühren. Dabei auch den aufgefangenen Orangensaft dazugeben. Das Olivenöl dazumischen und die Sauce mit Pfeffer abschmecken. Die Salatblätter, die Zwiebeln, den Sellerie, die Orangenfilets, die Hälfte der Pfefferminzblätter und die Datteln mit der Sauce mischen und auf Tellern anrichten. Mit den Orangenschalenstreifen bestreuen und mit den restlichen Pfefferminzblättern garnieren.

Kann vorbereitet werden
Arbeitsaufwand: 25 Min.

**Für 4 Personen**

| | |
|---|---|
| 2 | unbehandelte Orangen |
| 1 | großer Kopfsalat oder andere Blattsalate |
| 8 | Pfefferminzblätter |
| 1 | große Zwiebel |
| 1 | Stange Staudensellerie |
| 100 g | frische Datteln |

**Sauce**

| | |
|---|---|
| 1 TL | abgeriebene, unbehandelte Orangenschale |
| 1–2 EL | Orangensaft |
| 1 EL | Weißweinessig |
| | Salz |
| 4 EL | kaltgepreßtes Olivenöl |
| | frischgemahlener schwarzer Pfeffer |

Erfrischend und interessant gewürzt.

# Fattouche
## Orientalischer Tomaten-Gurken-Salat

Kann vorbereitet werden
Arbeitsaufwand: 30 Min.

**Für 4 Personen**

500 g schöne, feste Tomaten
500 g Salatgurken
2 große Scheiben Halbweißbrot
200 g Blattsalate (Rucola, Portulak, Löwenzahn oder zarter Spinat)
12 Pfefferminzblätter
4 Frühlingszwiebeln oder 1 mittelgroße Zwiebel
2–3 EL Zitronensaft
Salz
4 EL kaltgepreßtes Olivenöl
1 EL Thymianblättchen
$^1/_2$ TL Sumak (s. S. 377), nach Belieben
3 EL gehackte flache Petersilie
2–3 Knoblauchzehen

Die Tomaten halbieren, auspressen und in kleine Würfel schneiden. Die Gurken ungeschält in kleine Stäbchen schneiden. Die Brotscheiben von der Kruste befreien. Im Backofen oder Toaster leicht grillieren. In etwa 3 cm lange, fingerdicke Stücke schneiden. Die Blattsalate und die Pfefferminze putzen, waschen und gut ausschwingen. Die Zwiebeln in feine Scheiben schneiden. Den Zitronensaft mit etwas Salz gut verrühren. Das Olivenöl, den Thymian, den Sumak, die Petersilie, die durchgepreßten Knoblauchzehen und die Zwiebeln dazugeben. Alles sehr gut mischen. Die Tomaten, die Gurken, das Brot, die Blattsalate und die Pfefferminzblätter mit der Sauce gut vermengen und sofort servieren.

**Tip** Den Salat nach Belieben mit Radieschenscheiben, Korianderblättern und Zitronenscheiben garnieren.

Besonders knackig und frisch ist dieser aus rohen Zucchini zubereitete Salat.

## Zucchinisalat mit Basilikum

Die Zucchini ungeschält in dünne Scheiben, dann in zündholzdicke Stäbchen schneiden. Sofort mit dem Zitronensaft mischen. Den Knoblauch dazupressen. Das Basilikum in Streifchen schneiden. Alles gut mischen und mit Salz und Pfeffer würzen. 1–2 Std. im Kühlschrank ziehen lassen. Vor dem Servieren zum Abtropfen in ein feines Sieb geben. Zum Schluß mit dem Olivenöl mischen.

**Tips**

- Reduzieren läßt sich der Arbeitsaufwand mit einem Spezialhobel, mit dem sogenannte Gemüsespaghetti geschnitten werden können, z. B. mit einer «Légumette».
- Der Knoblauch gibt diesem Salat eine besonders pikante Note. Wer ihn nicht mag, kann gehackte Frühlingszwiebeln verwenden.

Arbeitsaufwand: etwa 30 Min.
Marinierzeit: 1–2 Std.

**Für 4 Personen**

4 kleine, feste Zucchini
1–2 EL Zitronensaft
2 Knoblauchzehen
1 Büschel Basilikum
Salz, Pfeffer
2 EL kaltgepreßtes Olivenöl

## Rfissa
## Marokkanischer Bohnensalat

Die Bohnen enthülsen, 1–2 Min. in Salzwasser aufkochen, kalt abspülen und von den Häutchen befreien (s. S. 235). Die Bohnen auf einen Siebaufsatz legen und über dem Dampf etwa 5–6 Min. garen. Inzwischen den Zitronensaft mit etwas Salz, dem Knoblauch, Pfeffer, dem Paprikapulver, dem Kreuzkümmel und nach Belieben mit den Pfefferschoten mischen. Das Olivenöl darunterschwingen. Die dicken Bohnen noch lauwarm zugeben, mit der Sauce mischen und mit den abgezupften Korianderblättern garnieren. Sofort servieren.

**Tip** Wem Pfefferschoten zu scharf sind, der kann 1 Prise Cayennepfeffer zugeben oder gewürztes Olivenöl (Olio santo, s. S. 63) verwenden.

Kann vorbereitet werden
Arbeitsaufwand: 40 Min.
Garzeit: 10 Min.

**Für 4 Personen**

1 kg Fèves (dicke Bohnen, s. S. 235)
Salz, Pfeffer
Saft von 1 kleinen Zitrone
2 feingehackte Knoblauchzehen
½ TL feingehackte scharfe rote Pfefferschote, nach Belieben
½ TL Paprikapulver
1 TL Kreuzkümmel
0,1 l kaltgepreßtes Olivenöl
1 Sträußchen Koriander

Salat einmal anders – an einer Joghurt-Gemüse-Sauce.

## Griechischer Salat mit «Tarato»

Kann vorbereitet werden
Arbeitsaufwand: etwa 35 Min.
Backzeit der Paprikaschote und Aubergine: etwa 45 Min.

**Für 4 Personen**

**Tarato**

- 1 rote Paprikaschote
- 1 Aubergine
- 3 EL kaltgepreßtes Olivenöl
- 4 EL Joghurt nature
- 1–2 Knoblauchzehen
- 1 EL Zitronensaft
- Salz, Pfeffer

**Salat**

- 4 Frühlingszwiebeln
- 4 mittelgroße, feste Tomaten
- 1 Salatgurke
- Salz
- 8 schwarze Oliven
- Saft von 1/2 Zitrone
- 4 EL kaltgepreßtes Olivenöl
- 1/2 TL feingehackte scharfe Pfefferschote (Chili), nach Belieben
- Pfeffer

Die Paprikaschote unter der Grillschlange allseitig grillieren, bis die Haut dunkel wird und Blasen wirft. In ein Gefäß legen, mit einem Tuch 5–10 Min. abdecken, danach die Haut abziehen. Die Frucht halbieren und entkernen. Gleichzeitig im Ofen die halbierte Aubergine mit der Hautseite nach oben grillieren. Das Auberginenfleisch herausschaben und mit der Paprikaschote und 1 EL Olivenöl im Mixer pürieren. Mit dem Joghurt, dem durchgepreßten Knoblauch, dem Zitronensaft und dem restlichen Olivenöl mischen. Mit Salz und Pfeffer abschmecken. 1–2 EL kochendheißes Wasser zufügen, alles gut mischen und mindestens 2 Std. in den Kühlschrank stellen.

Die Frühlingszwiebeln in Ringe schneiden, die Tomaten in je 6 Schnitze teilen. Die Gurke schälen, dann mit dem Schälmesser Streifen abziehen. Diese mit wenig Salz mischen, etwas ruhen lassen, dann ausdrücken. Die Oliven entsteinen und kleinschneiden. Alles mischen und mit dem Zitronensaft, dem Olivenöl und nach Belieben mit der Chilischote sowie Salz und Pfeffer abschmecken. Den Salat zusammen mit dem kühlen «Tarato» servieren.

**Tip** Man kann diesem Salat auch Löwenzahn oder Brennnesseln beigeben.

# Warme Vorspeisen

Delikate Kompositionen oder pikantes Gebäck auf Gemüsebasis, mit Kräutern oder Gewürzen raffiniert abgeschmeckt, sind ganz besondere Gaumenfreuden. Sie können anstelle einer Suppe serviert werden. Die aromatischen Gemüsekuchen machen sich auf einem Buffet besonders gut und schmecken herrlich zu einem Glas Wein.

Eine originelle Vorspeise aus Spanien.

## Empanadas de datiles con chorizo
## Panierte Datteln mit Chorizofüllung

Kann vorbereitet werden
Arbeitsaufwand: 35 Min.
Fritierzeit: 3 Min. pro Portion

**Für 4 Personen**

70 g Chorizo (spanische Paprikawurst)
20 frische Datteln
10 dünne Magerspeckscheiben (Frühstücksspeck)
2–3 EL Mehl
2 kleine Eier
Salz
100 g Paniermehl
100 g Blattsalate
Saft von ½ Zitrone
½ TL Aceto balsamico
1½ EL Olivenöl
Erdnußöl zum Ausbacken

Den Chorizo schälen, in 2 cm dicke Scheiben und dann in ungefähr 20 gleiche Teile schneiden. Die Datteln auf einer Längsseite aufschneiden und entsteinen. Jede Dattel mit einem kleinen Stück Chorizo füllen. Je ½ Speckscheibe darumwickeln und mit einem Zahnstocher befestigen. Das Mehl auf einen Teller sieben. Die Eier mit wenig Salz verquirlen und das Paniermehl auf eine Aluminiumfolie geben. Die Datteln zuerst im Mehl, dann im Ei und zuletzt im Paniermehl wenden. Dieses gut andrücken. Die Salatblätter waschen und ausschwingen. Den Zitronensaft mit dem Balsamico, wenig Salz und dem Olivenöl mischen. Die panierten Datteln im 180 °C heißen Öl portionenweise schwimmend goldgelb ausbacken. Die Salatgarnituren auf Teller anrichten und mit etwas Sauce beträufeln. Die panierten Datteln dazu anrichten. Sie sollten noch warm sein. Die Zahnstocher vor dem Servieren entfernen.

**Tip** Man kann die Datteln im Backofen bei etwa 60 °C warm halten, bis alle fritiert sind.

# Olio santo

Dieses «heilige Öl», wie man es in Italien nennt, gibt südlichen Speisen eine pikante Note. Kaltgepreßtes Olivenöl wird mit getrockneten, entkernten Peperoncini und nach Belieben mit 1–2 Lorbeerblättern in eine gut verschließbare Flasche abgefüllt, die man kühl und dunkel aufbewahrt. Am besten überzieht man sie mit Aluminiumfolie, um sie vor Licht zu schützen. Industrielles Olio santo oder in Frankreich erhältliche ähnliche Produkte werden mit Traubenkern- oder Sonnenblumenöl hergestellt, weil diese länger haltbar und nicht so lichtempfindlich sind. Olio santo gibt man tropfenweise auf Pizza, Grillfleisch und viele andere südliche Gerichte, die man besonders pikant wünscht.

Klein, aber fein.

## Croûtons de rougets à la tapenade
## Meerbarbenfilets mit Olivenpaste auf Toast

Kann vorbereitet werden
Arbeitsaufwand: 20 Min.
Backzeit: 2–3 Min.

**Für 4 Personen**

- 4 Scheiben Toastbrot ohne Kruste
- 1 EL Olivenöl
- 1 Knoblauchzehe
- 4 TL Tapenade, wenn möglich hausgemacht (s. S. 290)
- Salz
- 1 TL «Olio santo» (s. oben)
- 4 kleine Basilikumzweige

Die Brotscheiben mit dem Olivenöl und dem durchgepreßten Knoblauch beträufeln. Ein Backblech mit Backfolie belegen. Die Brotscheiben darauflegen, im oberen Teil des Backofens bei etwa 250 °C hellgelb toasten (2–3 Min.). Die noch warmen Toasts mit Tapenade bestreichen. Die Ofentemperatur auf 220 °C zurückschalten. Die Rougetfilets auf das Backblech legen, mit wenig Salz bestreuen und mit etwas «Olio santo» bestreichen. Je nach Größe 1–1½ Min. unter der Grillschlange rösten. Aus dem Ofen nehmen und auf die Toasts setzen. Mit dem Basilikum garnieren.

**Tip** Man kann auch andere Fischfilets mit festem Fleisch oder rohe, geschälte Scampi auf diese Art zubereiten und auf den Tapenade-Toasts anrichten.

Von Marokko inspiriert und für liebe Freunde ausgedacht.

## Taboulé aux crevettes en robe verte
## Taboulé mit Crevetten im grünen Kleid

Kann weitgehend vorbereitet werden
Arbeitsaufwand: etwa 40 Min.
Kochzeit: etwa 1 Std.
Garzeit: 15–20 Min.

**Für 4 Personen**

200 g Couscous-Spezialgrieß (vorbehandelt)
4 große rote, geschälte Paprikaschoten (s.S. 227)
8 große Mangold- oder Salatblätter
Olivenöl für die Förmchen
8–12 mittelgroße Crevetten (Garnelen)
2 Frühlingszwiebeln mit Grün
1 kleiner Zucchetto
2 EL kaltgepreßtes Olivenöl
4–6 Basilikumblätter
1 Knoblauchzehe
Salz, Pfeffer
1/2 l Krustentierfond (s.S. 286)
1 durchgepreßte Knoblauchzehe
Zucker, Salz, Cayennepfeffer
30 g frische Butter

Den Couscousgrieß nach Grundrezept (s.S. 308) zubereiten. Die Paprikaschoten halbieren, entkernen und so einschneiden, daß man sie flachlegen kann. Mit einem Ausstechring von 8 cm Durchmesser 4 Rondellen ausstechen. Diese auf eine Platte legen und mit Folie abdecken. Die Mangold- oder Salatblätter 1–2 Min. in kochendes Salzwasser tauchen, bis sie zusammenfallen, abgießen und sehr kalt abspülen. 4 Soufflétförmchen von 8 cm Durchmesser mit Olivenöl auspinseln und mit den gut abgetropften Mangold- oder Salatblättern auskleiden. 4 Crevetten schälen und kleinschneiden. Die Frühlingszwiebeln und den Zucchetto in sehr kleine Würfel schneiden. Die Abschnitte der Paprikaschoten ebenfalls sehr klein würfeln. Das Zwiebelgrün in dünne Röllchen schneiden.

Alle Gemüse und die geschnittenen Crevetten in 1/2 EL Olivenöl 2–3 Min. anziehen lassen und mit dem Couscousgrieß mischen. Das Basilikum in Streifen schneiden und mit dem durchgepreßten Knoblauch dazumischen. Mit Salz und Pfeffer abschmecken, in die Souffléformen füllen und gut pressen. Die restlichen Crevetten so schälen, daß das letzte Glied mit Schwänzchen ungeschält bleibt.

Die Souffléformen in ein Wasserbad stellen und im Ofen bei 150 °C 15–20 Min. garen, dann auf vorgewärmte Teller stürzen. Die restlichen Crevetten kurz in Olivenöl braten. Die Taboulékopfchen mit den Paprikarondellen decken und mit je einer ganz belassenen Crevette belegen. Den Krustentierfond auf die Hälfte einkochen und mit wenig Knoblauch, Zucker, Salz und Cayennepfeffer abschmecken. Die Butter würfeln und darunterschlagen. Die Köpfchen mit der Sauce umgießen.

Ein apartes tunesisches Häppchen mit überraschendem Inhalt.

# Brik à l'œuf
## Ei im Brikblatt

Kann teilweise vorbereitet werden
Arbeitsaufwand: etwa 30 Min.
Backzeit: etwa 6 Min.

**Für 8 Personen**

| | |
|---|---|
| 8 | Feuilles de brik |
| 8 | sehr frische Eier |
| | Salz, Pfeffer |
| ½ TL | Harissa (s. S. 289) |
| 2 EL | gehackte flache Petersilie |
| 1 EL | Olivenöl oder Butterschmalz |

Die runden Brikblätter zu großen Vierecken zurechtschneiden und auf ein mit Alufolie oder Backpapier belegtes Blech legen. Die Ränder der Vierecke ringsum 1 cm umlegen. Die Eier einzeln in eine Tasse aufschlagen. Jeweils 1 TL Eiweiß wegnehmen und damit den umgelegten Rand des Brikblattes bestreichen. Das Ei in eine Ecke des Teigblattes geben, mit Salz und Pfeffer bestreuen und etwas Harissa und Petersilie darauf verteilen. Das Teigblatt so zurückfalten, daß ein Dreieck entsteht. Die Ränder sehr gut andrükken. Die Dreiecke mit etwas Öl oder flüssiger Butter bestreichen und im Backofen bei 200 °C etwa 6 Min. knusprig backen.

**Tips**
- In Tunesien werden diese Teigdreiecke im Erdnußöl schwimmend ausgebacken.
- Diese Krapfen müssen vom Teller gegessen werden, weil beim Öffnen das Ei ausfließt.

**Variationen** (bei diesen Füllungen je 2 Brikblätter aufeinanderlegen)
- Etwas Ratatouille nach marokkanischer Art (s. S. 32) unter das aufgeschlagene Ei mischen.
- Gehackte Zwiebeln und grobgehackte Sardellenfilets in wenig Olivenöl anziehen lassen und unter das Ei legen.
- Als europäische Variante etwas Schinkenwürfel und gut schmelzenden Käse mit Kräutern mischen und als Unterlage verwenden.
- Originell ist es auch, wenn man anstelle von Hühnereiern Wachteleier verwendet. So werden die Dreiecke viel kleiner und können von Hand gegessen werden, zum Beispiel bei einem Apéro.

Delikate grüne Gemüseflans mit Kräutern.

# Petits flans aux herbes et au coulis de tomates
## Kräuterflans mit Tomatencoulis

Kann vorbereitet werden
Arbeitsaufwand: 30 Min.
Garzeit: 25 Min.

**Für 4 Personen**

| | |
|---|---|
| 2 | zarte Lauchstengel |
| 150 g | Spinat- oder Mangoldblätter |
| 100 g | Sauerampferblätter |
| | Salz |
| 2 EL | Olivenöl oder Butter |
| 1/2 | Knoblauchzehe |
| | Butter für die Förmchen |
| 4 | große, frische Eier |
| 1/8 l | Crème fraîche |
| 2 EL | gehackter Kerbel |
| | Pfeffer |
| | Tomatencoulis (s. S. 317) |
| 4 | Kerbelzweige als Garnitur |

Den Lauch putzen, waschen und in feine Streifen schneiden. Die Spinat- oder Mangoldblätter und den Sauerampfer 1 Min. in kochendes Salzwasser geben, abtropfen, auspressen und feinschneiden. Das Olivenöl oder die Butter erhitzen. Das Gemüse und den durchgepreßten Knoblauch beigeben, etwa 10 Min. unter häufigem Wenden dünsten. Die Flüssigkeit sollte vollständig verdampfen. Kleine Auflaufförmchen mit flüssiger Butter ausstreichen. Die Eier verquirlen. Mit dem noch lauwarmen Gemüse mischen. Die Crème fraîche und die Hälfte des Kerbels zugeben. Mit Salz und Pfeffer abschmecken. In die Förmchen einfüllen, diese in ein Wasserbad stellen und etwa 25 Min. bei 170 °C im Ofen garen. Die Masse sollte fest werden (am besten eine Nadelprobe machen). Die Flans auf warme Teller stürzen, mit dem erwärmten Tomatencoulis umgießen, mit dem restlichen Kerbel bestreuen und mit einem Kerbelzweig garnieren.

**Tip** Der Sauerampfer kann durch Bärlauch ersetzt werden. In diesem Fall den Knoblauch weglassen.

Eine ganz besondere Vorspeise nach Art des «Tigullio», der Mittelmeerküste bei Portofino und Santa Margherita.

## Flan di bietole e borraggine con salsa di noci
## Mangoldflan mit Borretsch und Nußsauce

Kann vorbereitet werden
Arbeitsaufwand: 30 Min.
Garzeit: 25 Min.

**Für 4 Personen**

| | |
|---|---|
| 400 g | Mangoldblätter |
| 200 g | Borretschblätter |
| | Salz |
| 50 g | geriebener Grana Padano |
| 4 | Eigelb von großen Eiern |
| 10 g | Butter |
| 10 g | Mehl |
| 3–4 EL | Milch |
| 1 EL | kaltgepreßtes Olivenöl |
| 2 EL | grobgehackte Walnußkerne |
| | Butter und Paniermehl für die Formen |
| 2 | Eiweiß |
| | Pfeffer |
| | Salsa di noci (s. S. 296) |

Die Mangold- und Borretschblätter etwa 2 Min. in kochendem Salzwasser blanchieren, abgießen, kalt abspülen, gut auspressen und hacken oder durch das Passiergerät drehen. Wieder in den Topf geben und bei mäßiger Temperatur unter Rühren verdampfen lassen. Mit dem Käse und den verquirlten Eigelben mischen. Die Butter in einem kleinen Pfännchen erwärmen, das Mehl dazumischen, kurz dünsten und mit der Milch zu einer dicken Sauce kochen. Mit dem Gemüsepüree mischen. Das Olivenöl und die gehackten Nüsse zur Masse geben. Kleine Auflaufförmchen mit Butter ausstreichen und mit Paniermehl ausstreuen. Die Eiweiße steif schlagen, unter die Masse ziehen und diese mit Salz und Pfeffer abschmecken. Die Förmchen bis etwa 1 cm unter den Rand damit füllen. In ein Wasserbad stellen und im Ofen etwa 25 Min. bei 170 °C garen.

**Tips**

- In Italien wird dieser Flan meistens nur mit Borretsch, der in Ligurien wie Unkraut wild wächst, zubereitet.
- Grana Padano ist ein Hartkäse, der in der Lombardei und auch im Piemont hergestellt wird. Er hat Ähnlichkeit mit dem Parmesan und wird vorwiegend gerieben verwendet.

Ein einfaches, attraktives Gericht, kennengelernt in der «Maison de Marie» in St-Tropez und mit Erfolg zu Hause auf meine Art nachgekocht.

## Aubergines farcies au chèvre frais
## Auberginen, gefüllt mit frischem Ziegenkäse

Kann vorbereitet werden
Arbeitsaufwand: etwa 35 Min.
Erwärmzeit: etwa 10 Min.

**Für 4 Personen**

4 mittelgroße, schlanke Auberginen
Salz
2 EL Olivenöl
4 kleine, reife, geschälte Tomaten
120 g frischer Ziegenkäse
2 EL Pinienkerne
1 EL gehackte flache Petersilie oder einige zerzupfte Basilikumblätter
Pfeffer

**Salat**

100 g Rucola
1 TL kaltgepreßtes Olivenöl
1 TL Zitronensaft
$^1/_2$ TL Aceto balsamico
Salz, Pfeffer

Die Auberginen seitlich etwas flachschneiden, danach längs in möglichst dünne Scheiben schneiden, bis die Kerne von beiden Seiten sichtbar werden. Die Scheiben mit Salz bestreuen, nach 5 Min. mit Küchenpapier abtupfen. Das Olivenöl in einer großen Bratpfanne erhitzen und die Scheiben beidseitig leicht rösten, gut abtropfen, auf Küchenpapier legen und mit der Bratschaufel etwas pressen, um überschüssiges Öl austreten zu lassen. Die Tomaten in $^1/_2$ cm dicke Scheiben schneiden, entkernen und salzen. Je zwei Auberginenscheiben kreuzweise auf die Arbeitsfläche legen, eine leicht ausgepreßte Tomatenscheibe auf die Mitte des Auberginenkreuzes legen. Den Ziegenkäse etwas zerdrücken und je $^1/_8$ davon auf die Tomaten geben. Je 3 Pinienkerne eindrücken, mit der Petersilie oder dem Basilikum bestreuen und mit einer zweiten Tomatenscheibe bedecken. Die Enden der Auberginenscheiben so darüberlegen, daß Pakete entstehen. Diese in eine Gratinplatte legen. Mit Pfeffer bestreuen. Mit Aluminiumfolie abdecken und etwa 10 Min. bei 180 °C erwärmen. Lauwarm servieren. Die Rucola dazulegen. Das Olivenöl, den Zitronensaft und den Balsamico mit wenig Salz und Pfeffer gut mischen und über den Salat träufeln.

**Tips**

- Das Schneiden der Auberginenscheiben braucht etwas Übung. Am besten schneidet man die Rundung beidseitig ab, hält die Aubergine mit der einen Hand fest und schneidet mit einem guten Messer vorsichtig längs Scheiben von etwa 3 mm Dicke ab. Voraussetzung für gutes Gelingen sind frische, feste Auberginen. Man kann sie auch mit einer Aufschnittmaschine schneiden.
- Wer den Ziegenkäse nicht mag, kann einen Kräuterkäse aus Kuhmilch (z.B. Boursin) verwenden.

- Man kann die Auberginen im voraus rösten, in der Bratpfanne belassen und vor dem Servieren bei kleiner Hitze wieder leicht erwärmen. Alle anderen Zutaten müssen kalt sein, damit der Ziegenkäse nicht zerläuft.
- Die Auberginenabschnitte lassen sich für ein anderes Gericht verwenden, evtl. zusammen mit anderen Gemüsen (z.B. für Tortilla de verdura, s.S. 272)

Kartoffeln schmecken im Süden einfach besser.

## Neue Kartoffeln mit Kräuterfrischkäse

Die Kartoffeln gut waschen, ungeschält auf einen Siebaufsatz legen und über dem Dampf etwa 35 Min. garen. Inzwischen den Senf mit den gehackten Kräutern und der durchgepreßten Knoblauchzehe mischen. Den Frischkäse und die Crème fraîche zugeben. Mit Salz und Pfeffer abschmecken. Die Kartoffeln warm servieren, wenn nötig schälen, im Teller in Scheiben schneiden und die Sauce darübergeben.

**Tip** Passend dazu reife Zweigtomaten achteln, salzen und mit wenig Aceto balsamico und Olivenöl beträufeln.

Kann vorbereitet werden
Arbeitsaufwand: 15 Min.
Kochzeit: 35 Min.
(im Schnellkochtopf etwa 12 Min.)

**Für 4 Personen**

| | |
|---|---|
| 800 g | kleine neue Kartoffeln |
| 1/2 El | scharfer Senf (Dijon) |
| 1 EL | gehackter Kerbel |
| 1 EL | feingeschnittenes Basilikum |
| 1 TL | gehackter Rosmarin |
| 2–3 | gehackte Pfefferminzblätter |
| 1 | Knoblauchzehe |
| 3 EL | Fromage frais (Frischkäse) |
| 3 EL | Crème fraîche |
| | Salz, weißer Pfeffer |

# Basilikum – unvergleichlich im Geschmack

In den letzten Jahren ist dieses wunderbar duftende Kraut auch bei uns überaus beliebt geworden.
Im Mittelmeerraum ist es jedoch mehr als nur ein Gewürz. Man schreibt ihm viele heilende Eigenschaften zu. Es wirkt gegen Nervosität, Schlaflosigkeit und Angstzustände – in Form eines Aufgusses, von dem täglich 3–4 Tassen empfohlen werden, oder auch als Extrakt, den man auf Rohrzuckerwürfel träufelt. Letzterer soll auch bei Migräne, Magenschmerzen und gegen Würmer wirken, und gemischt mit Olivenöl soll er die Verdauung fördern. Gemischt mit Lavendelöl, Alkohol und Mandelöl und eingerieben hält Basilikum Insekten fern. In der Provence stellt man ein mit frischem Basilikum gefülltes Glas auf den Fenstersims, um Fliegen und Mücken zu vertreiben. Ganz wunderbar ist ein warmes Bad mit Basilikumöl. Es duftet herrlich, und man schläft danach wie ein Murmeltier.

Bei uns wird vor allem das großblättrige Basilikum angepflanzt, wie man es auch in Italien findet.
In Südfrankreich gibt es eine Sorte mit sehr kleinen Blättern in Strauchform und mit etwas anderem, aber auch sehr gutem Aroma. Basilikum ist sehr empfindlich. Im Garten wird es ungeschützt garantiert von den Schnecken gefressen, aber auch in der Küche muß man vorsichtig damit umgehen. Einmal abgeschnitten bleibt es nur kurze Zeit frisch, liebt die Kälte des Kühlschranks nicht und wird sehr rasch feucht und schwarz. Es läßt sich auch weder trocknen noch tiefkühlen. Am besten bewahrt man es in Öl eingelegt (s. S. 326) oder in Form von Pesto, jedoch ohne Knoblauch und Käse, im Kühlschrank auf, oder man kauft es konserviert als Paste in Olivenöl. Bei frischer Verwendung sollte man Basilikum nicht hacken, sondern bestenfalls in Streifchen schneiden oder von Hand zerzupfen. Im Süden verwendet man es meistens ungewaschen, weil es so empfindlich ist, was ich nicht unbedingt empfehlen möchte, da man ja in der Regel nicht weiß, woher es kommt.

Sollten Sie auf einem südlichen Markt einmal Mönchsbart finden, verwenden Sie ihn für diesen pikanten Kuchen.

## Tarta con barba di frate
## Quiche mit Mönchsbart

Das Mehl in eine Schüssel sieben und eine Vertiefung anbringen. Das leicht geschlagene Ei, die kleingeschnittene Butter, die Milch, das Olivenöl und wenig Salz hineingeben. Sehr rasch zu einem Teig verarbeiten. Eine Kugel formen, in Klarsichtfolie wickeln und 1 Std. kühl ruhen lassen. Die Barba di frate waschen, halbieren und 3 Min. in kochendes Salzwasser geben, dann kalt abspülen und gut abtropfen. 1 EL Öl in einer Bratpfanne erhitzen, die Zwiebeln darin anziehen lassen. Das Gemüse zufügen, mit dem Thymian, der Petersilie, Salz und Pfeffer bestreuen und 5 Min. bei kleiner Hitze garen lassen. Den Teig ausrollen, das Kuchenblech damit auslegen. Ein Backtrennpapier darauflegen und mit den Hülsenfrüchten beschweren. 15 Min. bei 200 °C vorbacken. Die Eier mit dem Rahm schlagen. Mit Salz, Pfeffer und dem Parmesan abschmecken. Die Folie mit den Hülsenfrüchten vom Teigboden nehmen und das erkaltete Gemüse darauf verteilen. Den Guß darübergeben und die Quiche 20 Min. bei 200 °C backen. Warm servieren.

**Tips**

- Mönchsbart gibt es nur im Mai/Juni. Es ist ein typisch italienisches, schön grünes Gemüse mit langen, schmalen Blättern.
- Dieser Kuchen läßt sich auch mit gelbem Löwenzahn, Mangold- oder Trevisanastreifen zubereiten.

Kann vorbereitet werden
Arbeitsaufwand: 40 Min.
Ruhezeit des Teiges: 1 Std.
Backzeit: 35 Min.

**Für ein Backblech von 26 cm Durchmesser**

**Teig**

200 g Mehl
1 Ei
90 g Butter
2 EL Milch
3 EL Olivenöl
Salz

**Füllung**

300 g Barba di frate (Mönchsbart)
Salz, Pfeffer
1 EL Olivenöl
1/2 gehackte Zwiebel
1 TL Thymian
1 EL gehackte flache Petersilie
Hülsenfrüchte zum Beschweren des Teiges
4 Eier
0,3 l Halbrahm
80 g frischgeriebener Parmesan

Bei uns wirft man die Blätter der Krautstiele meistens weg. Im Süden ergeben sie ausgezeichnete Spezialitäten, zum Beispiel diesen Kuchen.

## Tourte niçoise
## Mangoldfladen nach Art von Nizza

**Für ein rechteckiges Backblech von etwa 40 × 32 cm**

- 600 g Blätterteig

**Füllung**

- 250 g Zucchini
- 250 g Mangoldblätter (von Krautstielen) oder Schnittmangold
- 250 g Spinatblätter
- 2 große Zwiebeln
- 4 EL Olivenöl
- 2 EL feingeschnittenes Basilikum
- 1 TL gehackter Thymian
- 1 EL gehackte flache Petersilie
- 1 TL gehacktes Bohnenkraut
- 3 Knoblauchzehen
- 2 Eier
- 2 EL Sahne
- Salz, schwarzer Pfeffer aus der Mühle
- 2 Eigelb zum Bestreichen
- 1 EL Milch

Die Zucchini waschen, schälen und in sehr kleine Würfel schneiden. Den Mangold und den Spinat waschen, 1–2 Min. in kochendes Salzwasser geben, abtropfen, ausdrücken und mit dem Messer fein hacken. Die Zwiebel hacken und im Olivenöl anziehen lassen. Den Spinat, den Mangold, das Basilikum, die anderen Kräuter und die sehr fein gehackten Knoblauchzehen zugeben. Weiterdünsten, bis die Zucchini und die Blätter weich sind und die Flüssigkeit verdampft ist. In eine Schüssel geben, stark auspressen und mit einer Gabel leicht zerdrücken. Die Eier mit der Sahne verquirlen. Unter das Gemüse ziehen und die Masse mit Salz und Pfeffer abschmecken. 10 Min. abkühlen lassen.

Den Teig halbieren und zu zwei Rechtecken in der Größe des Bleches ausrollen, dabei bei einem Rechteck ringsum einen Rand von etwa 5 cm zugeben. Das Blech kalt abspülen, das größere Teigstück hineinlegen und einen Rand hochziehen. Die Füllung unmittelbar vor dem Backen auf den Teigboden verteilen. Die Teigränder etwas über die Füllung zurückbiegen und mit Wasser bestreichen. Das zweite Teigstück darauflegen und die Ränder gut anpressen. Mit einer Gabel auf dem Teigdeckel gitterartige Rillen ziehen. Darauf achten, daß der Teig dabei unverletzt bleibt. Die Eigelbe mit 1 EL Milch verrühren und den Fladen damit bestreichen. 25–30 Min. bei 200 °C in der Ofenmitte bakken. Sollte die Oberfläche zu schnell braun werden, mit Aluminiumfolie locker abdecken. In Vierecke schneiden und lauwarm servieren.

**Tips**

- Den Kuchen hellbraun vorbacken und vor dem Servieren bei 220 °C während etwa 5–10 Min. bei Unterhitze wieder aufbacken.
- Der Kuchen läßt sich auch in mundgerechte Stücke schneiden und lauwarm zum Apéro servieren.
- Bei Verwendung von Krautstielen die Stangen für ein anderes Gericht aufheben, z.B. für einen Gratin (s. S. 240).

**Variation** Manchmal werden der Füllung 100 g Rosinen oder entsteinte schwarze Oliven beigegeben. Allerdings ist dies Geschmackssache. Ich ziehe meine Version vor.

So schmeckt sardisches Brot besonders gut.

## Pane fratàu
## Sardisches Fladenbrot mit Tomatenfüllung

Die Brotfladen sofort nach dem Backen und dem Erkalten kurz in kaltes Salzwasser tauchen und gut abtropfen. Pro Person 3 Fladen mit dickem Tomatencoulis bestreichen und dicht mit Pecorino bestreuen. Die Fladen aufeinanderlegen und das oberste Blatt mit einem Eigelb krönen. Die gefüllten Fladen nochmals in den Ofen schieben und 4–5 Min. backen. Sofort servieren.

**Tips**

- Man kann den Tomatencoulis mit Basilikumstreifen bestreuen.
- Ein sardischer Rotwein paßt gut dazu.

Kann weitgehend vorbereitet werden
Arbeitsaufwand: 10 Min.
Backzeit: 4–5 Min.

**Für 4 Personen**

2 frischgebackene sardische Brotfladen (Pane carasàu, s. S. 312)
Salz, Pfeffer
300 g Tomatencoulis (s. S. 317)
150 g geriebener Pecorino romano (s. S. 277)
4 Eigelb

Dieser rustikale, aromatische Kuchen aus der Haute Provence eignet sich zum Apéro oder kann, mit einem grünen Salat als Vorspeise, ein fleischloses Hauptgericht sein.

## Tarte au chèvre et aux bettes
## Gedeckter Hefekuchen mit Mangold und Ziegenkäse

Kann vorbereitet werden
Arbeitsaufwand: etwa 30 Min.
Backzeit: etwa 25–30 Min.

**Für eine Springform von 26 cm Durchmesser**

| | |
|---|---|
| 1 kg | Mangoldblätter oder Spinat |
| 2 EL | Olivenöl |
| 250 g | frischer Ziegenkäse, z. B. Brousse |
| 100 g | Comté oder Gruyère |
| 2 | Eier |
| 0,2 l | Halbrahm oder Milch |
| 500 g | einfacher Hefeteig (s. S. 306) |
| | Öl für die Form |
| | Salz |
| 1 Ei | zum Bestreichen |

Die Blätter im Olivenöl anziehen lassen, bis keine Flüssigkeit mehr austritt, dann fein hacken und ausdrücken. Den Ziegenkäse mit einer Gabel gut zerdrücken, den Hartkäse reiben. Beides mit den Eiern und dem Rahm oder der Milch mischen. Den Teig etwa $^{1}/_{2}$ cm dick ausrollen und die mit Öl bestrichene Form damit auslegen. Dabei einen Rand von etwa 3 cm hochziehen. Den Teigboden mit einer Gabel mehrmals einstechen. Die Käsemasse mit den gehackten Blättern gut mischen, mit Salz abschmecken und auf dem Teigboden verteilen. Aus dem restlichen Teig einen passenden Deckel formen. Die Teigränder mit etwas Wasser bestreichen. Den unteren Rand leicht über die Füllung zurückbiegen, den Deckel aufsetzen und gut andrücken. Die Oberfläche des Kuchens mit einer Gabel mehrmals einstechen und mit dem verquirlten Ei bestreichen. Bei 220 °C etwa 25–30 Min. backen. Warm servieren.

**Tips**

- Der Kuchen läßt sich vor dem Essen im Ofen wieder aufwärmen.
- Statt Brousse aus der Provence kann man anderen frischen Ziegenkäse verwenden oder den Kuchen mit verschiedenen Käseresten zubereiten.
- Bei Verwendung von Spinat eine Sorte mit festen Blättern nehmen.

**Variation** Blätterteig verwenden. Den Mangold oder Spinat auf den Teigboden geben und sehr kleine Ziegenkäse (evtl. Chèvre cendré) in Kreisform und in der Mitte in den Mangold oder Spinat hineindrücken. 1 durchgepreßte Knoblauchzehe und $^{1}/_{4}$ l Rahm darüber verteilen. 50 g Magerspeck in Streifen schneiden und kurz anziehen lassen. 2 EL Pinienkerne und den Speck über den Kuchen geben und ihn ohne Teigdeckel backen. Mit Folie abdecken. Der Käse soll nur zerfließen.

Ein unvergeßlicher Kuchen, den ich an der Riviera dei fiori entdeckt habe.

## Tarta di funghi porcini
## Pikanter Steinpilzkuchen

Kann vorbereitet werden
Arbeitsaufwand: 35 Min.
Backzeit: 20–25 Min.

**Für 4 Personen (Kuchenblech von 26 cm Durchmesser)**

300 g Blätterteig oder geriebener Teig (s. S. 305)
Öl für das Blech
weiße Bohnen zum Beschweren
250 g frische Steinpilze
4 EL kaltgepreßtes Olivenöl
2 Frühlingszwiebeln oder 2 große Schalotten
2 Knoblauchzehen
1 Büschel Basilikumblätter
1 TL gehackter Origano
1 TL gehackter Thymian
100 g echter Fontinakäse
Meersalz, schwarzer Pfeffer aus der Mühle

Den Teig ausrollen und das mit Öl bestrichene Kuchenblech damit auslegen. Mit einer Gabel mehrmals einstechen. Mit Backtrennpapier belegen und mit weißen Bohnen beschweren. 10 Min. bei 230 °C blind backen. Die Steinpilze mit Küchenpapier gut abreiben, die erdigen Füsse um etwa 1/2 cm kürzen. Die Stiele aus den Pilzen herausdrehen und fein scheibeln. Die Pilzköpfe in etwa 3 mm dicke Scheiben schneiden. Die Frühlingszwiebeln mit dem zarten grünen Teil in feine Scheiben schneiden oder die Schalotten fein hacken. Mit dem durchgepreßten Knoblauch und den gescheibelten Pilzstielen in 2 EL Olivenöl anziehen lassen. Das Basilikum zerzupfen und nach etwa 2 Min. zufügen, die Pilze wenden, etwas abkühlen lassen und abschmecken. Die Mischung auf den Kuchenboden verteilen. Mit den Steinpilzscheiben belegen. Mit dem Origano, dem Thymian sowie Salz und Pfeffer bestreuen. Den Käse in sehr feine, kleine Scheiben schneiden. Den Kuchen in den Ofen schieben und etwa 30 Min. bei 190 °C backen. Nach etwa 10 Min. mit einer Aluminiumfolie locker abdecken. Den Käse 5 Min. vor Ende der Backzeit über den Kuchen streuen und ungedeckt backen, bis er schmilzt. Er sollte nur leicht Farbe annehmen.

**Tips**

- Den Kuchen am Tisch nach Belieben mit «Olio santo» (s. S. 63) beträufeln. Dadurch wird die Füllung schön pikant.
- Auch Pizza kann mit dieser Füllung belegt werden. In diesem Fall den Fontina durch Mozzarella ersetzen.

Ideal für ein Picknick oder als attraktive Zwischenverpflegung.

## Fougasse provençale
## Gefüllte Fougasse

Arbeitsaufwand:
etwa 40 Min.
Koch- und Backzeit:
1 Std.

**Für 4 Personen**

500 g Fougasse-Hefeteig (s. Rezept Fougasse au lard, S. 314)
1 kleine Aubergine
1 Tomate
1 kleiner Zucchetto
1/2 grüner oder roter Peperone
1 EL gehackte Zwiebeln
1 Knoblauchzehe
1 Lorbeerblatt
1 Zweig Thymian
3 EL Olivenöl
Salz, Pfeffer

Die Gemüse putzen und in kleine Stücke schneiden. Die Knoblauchzehe hacken. Alles in der Hälfte des Olivenöls mit dem Lorbeerblatt und dem Thymian anziehen lassen, zudecken und etwa 20 Min. bei sehr kleiner Hitze schmoren lassen. Nach dieser Zeit das restliche Olivenöl zufügen und nochmals 20 Min. weitergaren. Das Lorbeerblatt entfernen. Das Gemüse im Mixer pürieren, wieder in den Topf geben und unter Rühren etwas ausdämpfen, bis ein festes Püree entsteht, welches als Füllung verwendet werden kann. Mit Salz und Pfeffer abschmecken. Den Teig zu einer großen Rondelle ausrollen. Die Hälfte der Rondelle mit der Füllung belegen, dabei einen Rand von etwa 1 cm frei lassen. Den Rand mit kaltem Wasser bestreichen und den Teig zu einem Krapfen falten. Wie bei der Fougasse au lard Schnitte anbringen. Etwa 30 Min. bei 250 °C backen. Sollte die Fougasse zu rasch braun werden, mit Aluminiumfolie abdecken, die Temperatur nach 20 Min. auf 160 °C reduzieren und 15–20 Min. weiterbacken.

**Tips**

- Wer's gerne pikant hat, kann wenig feingehackten Peperoncino unter die Füllung mischen.
- Man kann auch kleine Rondellen ausschneiden, füllen und zu Krapfen zusammenfalten. Die Ränder gut zusammendrücken und ringsum mit einer Gabel zusammenpressen.
- Die Fougasse kann man auch mit Käse und Schinken oder Sardellen füllen. Wenn Sie Reste von einer Ratatouille haben, können Sie sie pürieren und für die Füllung verwenden.

Pizza – einmal anders.

# Pizza alle melanzane
## Pizza mit Auberginen

Die Auberginen waschen, trocknen und zuerst in Scheiben, dann in sehr kleine Würfel schneiden. Die Tomaten halbieren, entkernen und ebenfalls sehr klein würfeln. 3 EL Olivenöl erhitzen. Die Auberginen hineingeben und unter ständigem Wenden etwa 4 Min. leicht rösten. Die Tomaten und das Basilikum sowie den durchgepreßten Knoblauch zugeben. 4–5 Min. bei kleiner Hitze weiterdünsten. Den Teig ausrollen, zu einer Rondelle formen, dabei am Rand etwas hochziehen. Die Auberginenmasse mit Bohnenkraut, Salz und Pfeffer abschmecken, etwas erkalten lassen und auf dem Pizzaboden verteilen. Die Ziegenkäse quer halbieren, dann vierteln und auf der Pizza verteilen. Den Käse mit Origano bestreuen. Die Pizza mit dem restlichen Öl beträufeln und mit 2–3 Umdrehungen Pfeffer würzen. Etwa 20 Min. bei 250 °C backen. Vor dem Servieren nach Belieben mit wenigen Tropfen «Olio santo» beträufeln.

**Tip** Damit die Pizza besonders knusprig wird, gibt es spezielle Pizzableche und auch Schamottsteinplatten, die man in den Ofen auf das Gitter legt.

Kann vorbereitet werden
Arbeitsaufwand: 30 Min.
Backzeit: 20 Min.

**Für 4 Personen**

| | |
|---|---|
| 3–4 | feste Auberginen |
| 2 | kleine, reife, geschälte Tomaten |
| 4 EL | kaltgepreßtes Olivenöl |
| 1 EL | feingeschnittenes Basilikum |
| 1 | Knoblauchzehe |
| 250 g | Pizzateig (s. S. 307) |
| 1 TL | Bohnenkraut |
| | Salz, Pfeffer |
| 3 | kleine, frische Ziegenkäse |
| 1 TL | Origano |
| | wenig «Olio santo» (s. S. 63), nach Belieben |

Ein Rezept aus Kalabrien.

## Meeresfrüchte-Pizza

Kann vorbereitet werden
Arbeitsaufwand: 25 Min.
Koch- und Backzeit: 40–45 Min.

**Für 4–6 Personen**

| | |
|---|---|
| 500 g | Tintenfisch |
| 500 g | Muscheln (Vongole oder kleine Miesmuscheln) |
| 200 g | Scampischwänze ohne Schale oder Crevetten |
| | Salz, Pfeffer |
| 250 g | Pizzateig (s. S. 307) |
| 1 kg | geschälte Tomaten |
| 1 | gelber Peperone |
| 1 | Knoblauchzehe |
| 200 g | Mozzarella, wenn möglich «di bufala» |
| 1 TL | gehackter Origano |
| 1 EL | kaltgepreßtes Olivenöl |

Den Tintenfisch auf einem Siebeinsatz im Schnellkochtopf unter Druck 20 Min. kochen. Die Muscheln in einem Siebeinsatz über dem Dampf einige Min. erhitzen, bis sich die Schalen öffnen. Die Scampischwänze mit Salz und Pfeffer würzen und über dem Dampf 2–3 Min. garen. Die Muscheln aus den Schalen nehmen. Den Tintenfisch und die Scampischwänze in etwa 1 cm große Stücke schneiden. Ein Kuchenblech mit dem ausgerollten Teig belegen. Den Boden gut einstechen und 15 Min. kühl stellen. Die Tomaten in einer Pfanne bis zur Dickflüssigkeit einkochen lassen. Den Peperone in kleine Würfel schneiden und kurz mitkochen. Mit dem durchgepreßten Knoblauch, Salz und Pfeffer würzen und erkalten lassen. Auf dem Teig verteilen und mit den Meeresfrüchten und dem Mozzarella belegen. Mit Origano bestreuen, mit einer Alufolie locker abdecken und im vorgeheizten Backofen bei 250 °C 15–20 Min. backen. Aus dem Ofen nehmen, mit wenig Olivenöl beträufeln und auf einer Platte anrichten.

**Varation** Mit diesen Zutaten 10 Minipizze zubereiten. In diesem Fall Blätterteig verwenden. Diese Minipizze eignen sich gut zum Apéro oder als Kleinigkeit zwischendurch.

# Suppen

Nicht alltägliche, gehaltvolle Suppen ergeben, zusammen mit knusprigem Brot und einem kleinen Salat zuvor, eine vollständige Mahlzeit. Besonders feine, exquisite Süppchen, in hübschen Tassen serviert, sind beliebte Vorspeisen.

Eine deftige Suppe, wenn der Mistral bläst.

# Soupe d'épeautre à la provençale
## Dinkelsuppe nach Art der Provence

Kann vorbereitet werden
Arbeitsaufwand: 20 Min.
Kochzeit: $2^1/_2$ Std.

**Für 6 Personen**

| | |
|---|---|
| 100 g | Dinkelkörner |
| 1 | Lauchstange |
| 2 | Zweige Stangensellerie |
| 2 | Karotten |
| 1 | große Zwiebel, gespickt mit Lorbeerblatt und Gewürznelke |
| 1 | Zweig Thymian |
| 1 | Schweinshaxe |
| 2 EL | Olivenöl |
| 2 l | Gemüse- oder Fleischbrühe oder Wasser |
| 1 | Schweinswurst |
| | Salz, Pfeffer |
| 1 TL | gehackter Thymian |

Den Dinkel in ein Sieb geben und kalt abspülen, bis das ausfließende Wasser klar wird. Den Lauch putzen und mit dem Sellerie in sehr kleine Würfel schneiden. Die Karotten schälen und in Rädchen schneiden. Die Gemüse, die gespickte Zwiebel, die Dinkelkörner und den Thymian zusammen mit der Schweinshaxe im Olivenöl anziehen lassen. Mit Brühe oder Wasser begießen, zudecken und bei kleiner Hitze etwa $1^1/_4$ Std. garen lassen. 30–40 Min. vor Ende der Kochzeit die Schweinswurst zugeben. Nach Beendigung der Kochzeit die Wurst und die Haxe aus der Suppe nehmen, in kleine Würfel schneiden und wieder zugeben. Die Suppe mit Salz und Pfeffer abschmecken, anrichten und mit einer Prise Thymian bestreuen.

**Tips**

- Man kann dieser Suppe 2 kleingewürfelte weiße Rüben (Navets) oder Zucchini und etwas Knoblauch zufügen.
- Der Dinkel kann im Schnellkochtopf mit $1^1/_2$ l Brühe und der Haxe 15 Min. vorgekocht und danach mit dem Gemüse und der Wurst noch etwa 20 Min. ohne Druck gegart werden.

Ein erfolgreicher Auftakt zu einem Gourmetmenü.

## Crème de carottes à l'orange et aux germes d'oignon noir

## Karottensüppchen mit Orangen und Zwiebelsprossen

Die Orange heiß waschen und sehr dünn abschälen. Die Schale für etwa 1 Min. in kochendes Wasser geben, dann abtropfen lassen. Bei Verwendung von Kumquats diese halbieren. Die Schalotten hacken und in der Butter anziehen lassen. Die Karotten schälen und waschen. Etwa 150 g davon in sehr kleine Würfel schneiden (etwa 3 mm groß). Den Rest in Stücke schneiden und kurz mit den Schalotten dünsten. Die Orangenschale oder die Kumquats zufügen und alles mit der Bouillon weich kochen. Etwas abkühlen lassen und im Mixer pürieren. Mit dem Orangensaft mischen. Vor dem Servieren die Karottenwürfelchen zugeben, aufkochen und mit dem flüssigen Rahm verfeinern. Mit dem Grand Marnier, dem Noilly Prat, Salz, Pfeffer und etwas Cayennepfeffer abschmecken.

Die Suppe in kleine Suppenteller oder -tassen anrichten. Je 1 gehäuften TL steifgeschlagenen Rahm in die Mitte geben und mit wenig Zwiebelsprossen bestreuen.

**Tip** Die Zwiebelsprossen kann man kaufen oder zu Hause aus Samen ziehen (dauert etwa 8–10 Tage). Sie geben dieser Suppe eine besondere, pikante Note. Man kann die Suppe aber auch mit Kerbel garnieren.

Kann vorbereitet werden
Arbeitsaufwand: 35 Min.
Kochzeit: 20 Min.

**Für etwa 2 Liter**

| | |
|---|---|
| | Schale von 1 unbehandelten Orange oder 3 entkernte Kumquats |
| 2–3 | Schalotten |
| 1 EL | Butter |
| 800 g | Karotten |
| 1 l | Geflügelbrühe |
| | Saft von 3–4 Orangen |
| 2 EL | flüssiger Rahm |
| 1–2 EL | Grand Marnier |
| 1 EL | Noilly Prat (trockener Wermut) |
| | Salz, weißer Pfeffer |
| | Cayennepfeffer |
| 4 EL | Rahm, steif geschlagen |
| 50 g | Zwiebelsprossen |

Eine sehr alte Suppe, die man in der Provence «Aigo boulido» nennt und der, dank Knoblauch und Salbei, lebensrettende Kraft zugeschrieben wird.

## Soupe à l'ail
## Knoblauchsuppe

Kann vorbereitet werden
Arbeitsaufwand: 15 Min.
Kochzeit: 10–15 Min.

**Für 4 Personen**

5–6 Knoblauchzehen
3–4 Salbeiblätter
1/2 Lorbeerblatt
1 Thymianzweig
Salz, Pfeffer
4 Weißbrotscheiben vom Vortag
4 EL kaltgepreßtes Olivenöl
2 EL gehackte Petersilie

Die Knoblauchzehen mit einem großen Messer zerdrücken oder vierteln. 1 l Wasser aufkochen. Den Knoblauch, die Salbeiblätter, den Lorbeer und den Thymian zufügen. 15 bis 20 Min. bei Mittelhitze kochen. Mit Salz und Pfeffer abschmecken. Den Lorbeer und die Kräuter herausfischen. Die Brotscheiben in vorgewärmte Suppenteller legen und mit dem Olivenöl beträufeln. Die heiße Brühe über die Brotscheiben gießen. Mit Petersilie bestreuen.

**Tips**

- Oft wird vor dem Begießen mit der Suppe je 1 frisches Eigelb auf das Brot gegeben, oder man fügt der Brühe Fadennudeln bei.
- In Spanien ersetzt man das Wasser durch Fleischbrühe, gibt in Öl geröstetes Brot zu und pochiert pro Person 1 ganzes Ei in der Suppe. Mit etwas rotem Pfeffer wird sie pikant abgeschmeckt.
- Man kann zuletzt auch 4 Fischtranchen in dieser Suppe pochieren.

# Ein Hauch Knoblauch

Es gibt wohl kein Gewürz, das die Geschichte der Menschheit so geprägt hat wie diese Knolle. Ursprünglich aus den Steppen Mittelasiens in den Westen gekommen, spielte sie in der Antike eine wichtige Rolle. So habe Odysseus eine Knoblauchzehe zerkaut, um Circe zu entzaubern. In Ägypten wurde der Knoblauch besungen und auf der großen Pyramide eingraviert, weil er die Gesundheit der Erbauer dieses Weltwunders beschützt habe. Auch wurde er von allen berühmten griechischen und römischen Ärzten bereits als hervorragendes Heilmittel anerkannt.

Die Griechen verzehrten den Knoblauch auch als Kraftspender, und die olympischen Athleten machten damit wahre Kuren, um sich auf die Spiele vorzubereiten. Auch die Römer stärkten sich damit, bevor sie in den Kampf zogen. Während der Ernte aßen die römischen Bauern doppelt soviel Knoblauch wie sonst, um ihre Kräfte zu steigern und während der Siesta die Schlangen fernzuhalten. Während der Pestepidemie in Marseille ließ man die Toten durch verurteilte Räuber begraben. Diese schützten sich vor Ansteckung, indem sie regelmäßig Knoblauchwein tranken. So entkamen sie dem Tod, und ihr Wundertrunk wurde unter dem Namen «vinaigre des quatre voleurs» zu einem populären Heilmittel.

Auch heute weiß man die gesundheitlichen Vorteile des Knoblauchs zu schätzen, weniger hingegen die Geruchsbildung, die mit seinem Genuß verbunden und durch keine Tricks zu verhüten ist. Andere wiederum vertragen den Knoblauch schlecht oder mögen seinen Geschmack nicht. Das weiß man auch in südlichen Ländern. Deshalb entfernt man den Keim im Innern der Zehen oder kocht sie ungeschält und ißt danach das Püree mit Nußgeschmack, welches durch das Garen entsteht. Knoblauch gehört aber einfach in viele südliche Gerichte. Wer ihn nicht mag, kann ihn auf ein Minimum reduzieren, weglassen oder auch durch Schalotten ersetzen.

**Tips und Tricks rund um den Knoblauch**
Das Schälen von Knoblauch wird dank einem kleinen Gerät aus Gummi sehr einfach gemacht. Man gibt die Knoblauchzehe hinein und wälzt das Röhrchen ein paarmal hin und her, und schon liegt die Knoblauchzehe geschält auf der Arbeitsfläche, ohne daß die Hände danach riechen.

Messer, mit denen man Knoblauch geschnitten hat, sollte man mit kaltem Wasser abspülen; es entfernt den Geschmack besser als heißes Wasser.

Gehackter oder durchgepreßter Knoblauch, mit Olivenöl bedeckt, läßt sich in einem luftdichten Gefäß kurze Zeit im Kühlschrank aufbewahren.

Saucen oder Gerichte, die rohen Knoblauch enthalten, verändern durch den Kontakt mit Sauerstoff nach kurzer Zeit ihren Geschmack. Will man sie im voraus zubereiten, gibt man den Knoblauch mit Vorteil erst kurz vor dem Servieren dazu.

Knoblauch verliert durch das Kochen oder Braten in ungeschältem Zustand seinen aggressiven Geschmack. Das Innere der Zehen verwandelt sich in ein mildes, nußartiges Püree, das auch nach dem Essen keine Spuren hinterläßt. Versuchen Sie es, indem Sie das Püree ausdrücken und auf ein Toastbrot streichen, mit wenig Salz bestreuen und mit einigen Tropfen kaltgepreßtem Olivenöl beträufeln.

Etwas Besonderes ist diese griechische Suppe.

## Avgolemono soupa
## Zitronensuppe mit Ei

Kann weitgehend vorbereitet werden
Arbeitsaufwand: 20 Min.
Kochzeit: etwa 20 Min.

**Für 4 Personen**

1 l Geflügelbrühe
4 EL Reis
2 frische Eier
2 Eigelb
Saft von 1 großen Zitrone
Salz

Die Geflügelbrühe aufkochen. Den Reis zufügen und 18 bis 20 Min. bei Mittelhitze kochen. Den Topf von der Herdplatte wegziehen. Die Eier und die Eigelbe gut verrühren. Nach und nach den Zitronensaft unter ständigem Rühren zufügen. Etwa 1 Tasse Geflügelbrühe aus dem Topf nehmen, 2–3 Min. abkühlen lassen und danach langsam unter die Eier mischen. Die Mischung zur Suppe geben und mit dem Schneebesen gut durchschlagen. Nach Bedarf mit Salz nachwürzen. Sofort servieren.

**Tip** Auf dieselbe Art kann man eine griechische Zitronensauce zubereiten. In diesem Fall nur etwa $^1/_2$ l Brühe verwenden. Die Zitronensauce paßt gut zu gegrilltem Fisch.

Eine besonders nahrhafte Suppe, die in Marokko und in den Nachbarländern während des Ramadan nach Sonnenuntergang gegessen wird.

# Harira
## Hülsenfrüchtesuppe mit Gemüse und Reis

Kann vorbereitet werden
Arbeitsaufwand: 35 Min.
Einlegezeit der Kichererbsen: 12 Std.
Kochzeit: 1¼ Std.

**Für 4 Personen**

| | |
|---|---|
| 100 g | Kichererbsen |
| 100 g | rote Linsen |
| 1 | große Kartoffel |
| 1 | Karotte |
| 1 | Selleriestange |
| 2 | Knoblauchzehen |
| 200 g | Lammfleisch (Schulter) |
| 4 EL | Olivenöl |
| 1 | große, gehackte Zwiebel |
| 1 l | Fleischbrühe |
| 2 | geschälte Tomaten |
| 50 g | Reis |
| | Salz, Pfeffer |
| ½–1 TL | Harissa (s. S. 289) |
| | Saft von ½ Zitrone |
| 1 TL | gemahlener Kreuzkümmel |
| 1 TL | gemahlener Koriander |
| ½ TL | Kurkuma |
| ½ TL | gemahlener Ingwer |
| 2 EL | gehackte Petersilie |

Die Kichererbsen für 12 Std. in kaltes Wasser einlegen. Die Linsen waschen und abtropfen lassen. Die Kartoffel und die Karotte schälen und kleinwürfeln. Den Sellerie in kleine Stücke schneiden. Den Knoblauch fein hacken oder durchpressen. Das Lammfleisch in kleine Würfel schneiden. Im Olivenöl 2–3 Min. anziehen lassen. Die Zwiebeln und den Knoblauch zufügen, 2–3 Min. weiterdünsten. Die Kartoffeln, den Sellerie und die Karotten beigeben, gut wenden und mit der Brühe ablöschen. Die Kichererbsen abgießen und mit den Linsen zur Suppe geben. Zudecken und etwa 1 Std. bei kleiner Hitze garen lassen. Ab und zu kontrollieren. Sollte Schaum entstehen, diesen mit der Schaumkelle abschöpfen. Die Tomaten in kleine Stücke schneiden und zu einem Mus zerdrücken. Mit dem Reis zugeben und alles gut mischen. Zugedeckt weitergaren. Die Suppe mit Salz, Pfeffer, der Harissa, dem Zitronensaft und den Gewürzen pikant abschmecken. Mit der Petersilie bestreuen und heiß servieren.

**Tips**

- Dazu wird Pfefferminztee getrunken.
- Als Beilage zu dieser Suppe liebt man mit Sesamsamen bestreute Feigen und Datteln.

Eine deftige Linsensuppe für winterliche Tage.

# Chorba dess
## Linsensuppe nach algerischer Art

Die Kalbsknochen und den Kalbsfuß in einem hohen Topf im Olivenöl anziehen lassen. Die Zwiebeln kurz mitdünsten, 2 EL Korianderkraut beigeben und etwa 8 Min. weiterdünsten. Die Linsen in eine Schüssel geben, mit kochendem Wasser begießen und etwa 5 Min. aufweichen lassen. 1 l Wasser zu den Knochen gießen. Die Linsen abtropfen und zufügen. Die Kartoffel und die Karotte schälen und in kleine Würfel schneiden. Zur Suppe geben und etwa 30 Min. bei kleiner Hitze garen lassen, bis das Gemüse und die Linsen weich sind. Die Suppe mit Salz und Pfeffer abschmecken, anrichten und mit dem restlichen Korianderkraut bestreuen. Heiß servieren.

**Tip** Korianderkraut ist sehr intensiv im Geschmack. Deshalb nach Belieben weniger verwenden oder der Suppe nur 1 TL zerdrückte Korianderkapseln zugeben.

Kann vorbereitet werden
Arbeitsaufwand: 25 Min.
Garzeit: etwa 40 Min.

**Für 4 Personen**

| | |
|---|---|
| 400 g | Kalbsbrustknochen, in Stücke gehackt |
| 1/2 | Kalbsfuß |
| 2 EL | Olivenöl |
| 1 | gehackte Zwiebel |
| 3 EL | gehacktes Korianderkraut |
| 200 g | Linsen |
| 1 | große Kartoffel |
| 1 | Karotte |
| | Salz, Pfeffer |

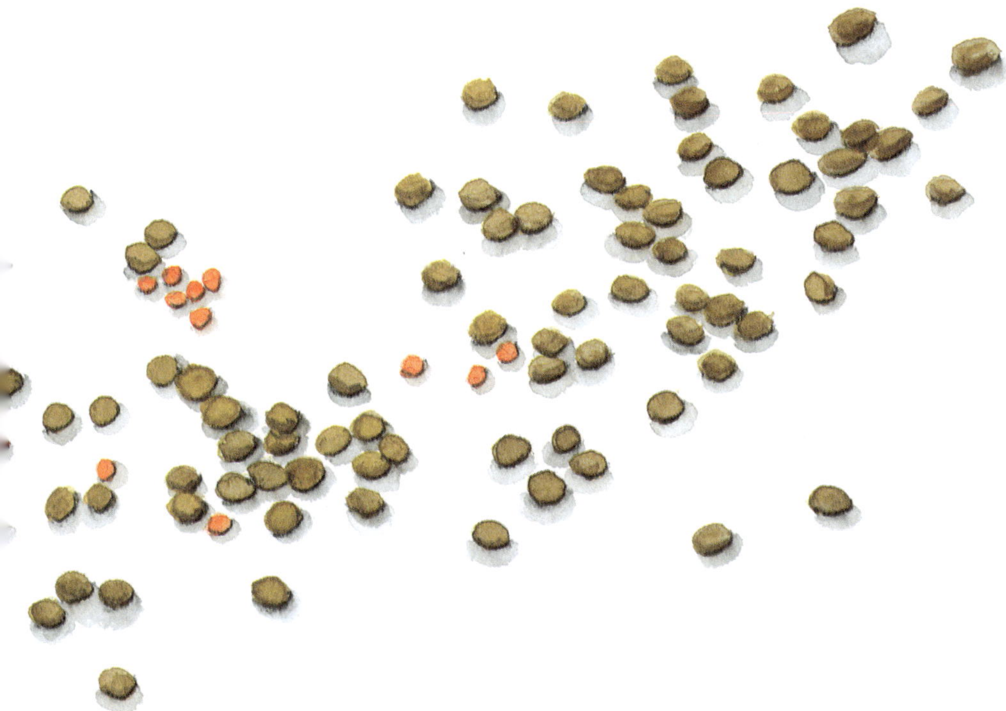

Eine besonders aromatische und farbenfrohe südliche Suppe.

## Zuppa di pomodoro al basilico
## Tomatensuppe mit Basilikum

Kann vorbereitet werden
Arbeitsaufwand: 35 Min.
Kochzeit: 10 Min.
Backzeit: 10 Min.

**Für 4 Personen**
- 1 kg reife Tomaten, vorzugsweise San Marzano (s. S. 294)
- 0,3 l Gemüse- oder Geflügelbrühe
- 8 kleine Weißbrotscheiben
- 2 EL kaltgepreßtes Olivenöl
- 100 g Caciocavallo oder Provolone
- 1 Handvoll Basilikumblätter
- 1 EL Aceto balsamico tradizionale (s. S. 168)
- 2 EL Tomatenpüree, nach Belieben
- 2 TL Zucker
- Salz, schwarzer Pfeffer aus der Mühle
- 100 g Mascarpone oder Crème fraîche

Die Tomaten 1/2 Min. in kochendes Wasser geben, abgießen, kalt abspülen und schälen. In Stücke schneiden und in einen hohen Topf geben. Die Gemüse- oder Geflügelbrühe dazugießen. Aufkochen und bei kleiner Hitze zugedeckt 10 Min. garen. Inzwischen die Brotscheiben beidseitig mit etwas Öl beträufeln. Ein großes Kuchenblech mit Backpapier belegen, die Brotscheiben darauf anordnen. Den Käse reiben und auf dem Brot verteilen. Im Backofen bei 200 °C überbacken, bis der Käse schmilzt. Er soll nur ganz leicht Farbe annehmen. Etwa 1/3 der Basilikumblätter für die Garnitur zurückbehalten. Den Rest etwas zerzupfen und zur Suppe geben. Die Suppe im Mixer pürieren, wieder in den Topf geben und nochmals erwärmen, ohne kochen zu lassen. Mit dem Aceto balsamico, dem Tomatenpüree, dem Zucker, Salz und Pfeffer abschmecken. Die Suppe in vorgewärmte Suppenteller anrichten. Je 2 Käseschnittchen darauflegen und mit Basilikumblättern und einem Löffel Mascarpone oder Crème fraîche garnieren.

**Tip** Chic ist es, wenn man den Mascarpone im Suppenlöffel separat dazu reicht.

So zaubert man mit einfachsten Zutaten eine der besten Suppen.

## La panà
## Brotsuppe nach Art von Vicenza

Kann vorbereitet werden
Arbeitsaufwand: 15 Min.
Kochzeit: etwa 35 Min.

**Für 4 Personen**

| | |
|---|---|
| 200 g | altbackenes italienisches Weißbrot oder ersatzweise Baguette |
| 0,8 l | Geflügelbrühe |
| 0,2 l | Weißwein |
| 3 EL | geriebener Grana Padano oder Parmesankäse |
| | Salz, weißer Pfeffer |
| 1 | Prise Zimtpulver |
| 3 EL | kaltgepreßtes Olivenöl |

Das Brot fein reiben und in einer großen, trockenen Bratpfanne unter Wenden hellgelb rösten. Die Geflügelbrühe aufkochen und das Brot unter Rühren zugeben. Bei kleiner Hitze etwa 30 Min. köcheln lassen. Den Weißwein zufügen und weiterkochen, bis die Suppe sämig wird. Von der Herdplatte nehmen, den Käse untermischen und mit Salz, Pfeffer und Zimt abschmecken. In gut vorgewärmte Teller anrichten und das Öl auf die Suppe träufeln.

**Tips**

- Ab und zu wird der Käse nicht in die Suppe gegeben, sondern separat serviert.
- Man kann beim Anrichten auch etwa 30 g frische Butter unter die Suppe rühren. Dies als spezieller Tip für Leute, die kein Olivenöl mögen.

**Variation** Früher, als die Suppe eine Hauptmahlzeit war, gab man in jeden Teller 1 aufgeschlagenes Ei und begoß es mit dieser «zuppa».

# Jedem Hafen seine Fischsuppe

Allen Mittelmeerküsten entlang werden Fischsuppen zubereitet. Die Basis ist immer ähnlich: ein Fond aus Fischen und Fischabfällen, Gemüse, Zwiebeln, Knoblauch, Olivenöl und Wasser. Je nach Gegend variieren die Fischsorten, die Meeresfrüchte und die weiteren Zutaten. Meistens ist die Suppe gebunden, manchmal bleibt sie auch klar. Fast alle Fischsuppen werden zusammen mit gerösteten Brotscheiben serviert.

**SPANIEN**
**Katalonien**
*Sopa de pescado a la catalana* (s. S. 94)
*Sopa bullavesa al estilo catalán* Ähnlich wie die französische Bouillabaisse, aber mit Kartoffeln und Krustentieren
**Südspanien**
*Sopa gaditana* (s. S. 95)

**FRANKREICH**
**Südfrankreich**
*Bouillabaisse* (s. S. 200) in vielen Variationen, u. a. auch mit Stockfisch
*Soupe de la Côte des Maures* Aus vielen Zwiebeln, kleinen Fischchen, die im Fischernetz hängenbleiben, Tomaten, Kartoffeln, gewürzt mit viel Fenchel und Thymian und durchpassiert

**ITALIEN**
**Ligurien**
*Ciuppin* Aus gemischten Fischen, Tintenfisch, Tomaten, Zwiebeln, Gemüse, Knoblauch, Weißwein, gewürzt mit Wacholderbeeren und Sardellenfilets
*Burrida alla genovese* Verschiedene Fische, Gamberetti, Pancetta, Gemüse, Basilikum und Sardellenfilets, Miesmuscheln
**Toskana**
*Cacciucco alla livornese* Eine der besten Fischsuppen Italiens aus Glatthai, Seeteufel, Meeraal, Muräne, Meeräsche, Tintenfischen, Bärenkrebsen und Gemüse

**Latium**

*Zuppa di pesce alla romana* Hauptsächlich aus Rascasse und Seeteufel, kleinen Kraken, Muräne, Muscheln, Zwiebeln, Gemüse, Knoblauch, Sardellenfilets

*Zuppa di baccalà alla romana* Aus Stockfisch, Tomaten, Kartoffeln, Gemüse, Knoblauch und Peperoncino

**Kampanien**

*Zuppa di pesce del golfo* Aus Goldbrasse, Aal, Muräne, Zahnbrasse, Vongole oder anderen kleinen Muscheln, Gemüse, viel Tomaten, Knoblauch, Olivenöl

*Zuppa di vongole veraci* Venusmuscheln, viel Knoblauch und Petersilie, Weißwein

**Kalabrien**

*Brodetto di pipitone* Meeraal mit viel Tomaten, Zwiebeln, Knoblauch, Peperoncino, Origano, Thymian, in Essigsud pochiert

**Sizilien**

*Zuppa di pesce alla trapanese* Aus verschiedenen Fischen, Tintenfischen, Muscheln, Krustentieren, Tomaten, Gemüse, viel Petersilie

*Capperata* Verschiedene Fische, passierte Tomaten, viel Knoblauch, Sultaninen, Kapern, Oliven, Basilikum, viel kaltgepreßtes Olivenöl

**Sardinien**

*Cassola* Viele verschiedene Fische, Tintenfische, getrocknete Tomaten, Weißwein, Zwiebeln, Peperoncini, Petersilie, kaltgepreßtes Olivenöl

*Zuppa di aragosta alla sarda* Langustenstücke, mit Zwiebeln, Knoblauch, Thymian, Lorbeer und Origano kurz gebraten, mit Wein abgelöscht und mit Tomaten gedünstet; wird auch mit anderen Krustentieren und Meeresfrüchten so zubereitet und heißt dann *Zuppa di frutti di mare*

**Apulien-Lukanien**

*Zuppa di cernia* Zackenbarsch, Tomaten, Zwiebeln, Knoblauch, Petersilie, Stangensellerie, Thymian, Lorbeer und Kartoffeln

*Zuppa di cozze alla tarantina* Verschiedene große Muschelsorten oder Miesmuscheln, Zwiebeln, Knoblauch, Weißwein, Olivenöl und Petersilie

**Marken**

*Brotedetto di sogliola all'anconitana* Seezungenfilets, Weißwein, Olivenöl, Zitronensaft, Gemüse, wenig Tomaten, Petersilie, Thymian, Lorbeer und Safran

**Abbruzzen und Molise**

*Brodetto delle coste abruzzesi* Seezunge, Wolfsbarsch (Loup de mer), Meerbarbe, Zwergdorsch, Sepia, Bärenkrebse, Weißwein, wenig Essig, Tomaten, Zwiebeln und viel Peperoncini

*Brodetto alla pescarese* Ähnlich wie «Brodetto delle coste abruzzesi», aber mit verschiedenen Fischen und Krebsen

**Emilia-Romagna**

Vorwiegend Wolfsbarsch, Rascasse, viel Sepia, Gemüse, Knoblauch, Tomaten, Frühlingszwiebeln

**Venetien**

*Brodetto veneziano* Meeräsche, Seeteufel, Kraken, in Butter gebraten, mit passiertem Sud von Grundeln, Rascasse und Krebsen begossen, Zitrone, Tomaten

**Friaul–Julisch-Venetien**

*Brodetto di Trieste* Gebundene Suppe aus kleinen Fischen, Zwiebeln, Knoblauch, Tomaten und Sellerie

**Dalmatien**

*Suppe von Portoroz* Seezungenfilets und Crevetten in Fischfond mit Olivenöl, Zwiebeln, Knoblauch, Sellerie, Tomaten, Petersilie, Kartoffeln, Lorbeer, Thymian und Orangenschale

**JUGOSLAWIEN**

*Ciorba* Verschiedene kleine Fische, gekocht mit Gemüse und roten Peperoni, Sauce mit Essig und Ei gebunden

**GRIECHENLAND**

*Psarô soupa* Große Fische mit viel Zwiebeln, Karotten, Sellerie, Kartoffeln, Petersilie und Olivenöl

*Kakavià* Verschiedene Fische, viel Zwiebeln, Tomaten, Petersilie und Olivenöl

**SYRIEN**

*Schourabat el-Jabal* Fischfilets, im Sud pochiert, mit gedünsteten Zwiebeln; Suppe mit Ei und Zitronensaft abgebunden

Eine exquisite Suppe mit interessantem Meeraroma.

# Soupe de rougets aux moules
## Suppe mit Meerbarben und Miesmuscheln

Die Fischfilets kalt abspülen, auf Küchenpapier trocknen und in ein flaches Gefäß legen. Mit 2 EL Olivenöl begießen. Den Knoblauch dazupressen. Mit Klarsichtfolie abdecken und 30 Min. bei Küchentemperatur marinieren lassen.

Die Muscheln unter fließendem kaltem Wasser gut abbürsten und den Bart auszupfen. Mit dem restlichen Olivenöl in einen hohen Topf geben und zugedeckt aufkochen. Sobald sich die Muschelschalen öffnen, den Topf beiseite stellen.

Die Tomaten entkernen und kleinschneiden. Den Lauch längs halbieren, dann quer in feine Streifen schneiden. Die Fischfilets abgießen und die Marinade auffangen. Diese in einen hohen Topf geben, den Lauch, die Zwiebeln und die Tomaten zufügen und unter Wenden anziehen lassen. Mit dem Fischfond aufgießen. Das Kräutersträußchen, das Lorbeerblatt und die Orangenschale zugeben. 20 Min. kochen. Die Muscheln abgießen, den Sud auffangen. Das Muschelfleisch aus den Schalen lösen. Den Sud zur Suppe geben.

Die Fischfilets je nach Größe quer halbieren. Sehr kleine Filets können ganz belassen werden. Die Filets und die Muscheln in vorgewärmte Suppenteller verteilen. Kräutersträußchen, Loorbeerblatt und Orangenschale aus der Suppe entfernen, mit Salz und Pfeffer abschmecken und die Petersilie beigeben. Die Suppe am Tisch in die Teller gießen. So werden die delikaten Rougetfilets auf den Punkt gegart und nicht ausgelaugt. Die Baguettescheiben hellgelb toasten. Separat mit der Rouille servieren, von der jeder Tischgast nach Belieben auf die Toasts streicht.

**Tip** Fischfond kann getrocknet in Beuteln gekauft und in Wasser aufgelöst werden. Es gibt auch Fischfond im Glas.

Kann vorbereitet werden
Arbeitsaufwand: 45 Min.
Marinierzeit: 30 Min.
Kochzeit: 20 Min.

**Für 4 Personen**

500 g Meerbarbenfilets (Rougets)
3 EL kaltgepreßtes Olivenöl
2 Knoblauchzehen
1 kg Miesmuscheln
200 g reife, geschälte Tomaten
2 Lauchstangen (nur das Weiße)
1 große, gehackte Zwiebel
1 l Fischfond (s. S. 285)
1 Kräutersträußchen (Salbei, Basilikum, Thymian)
½ Lorbeerblatt
1 Stück dünn abgeschälte Orangenschale
Salz, Pfeffer
1 EL gehackte flache Petersilie
8 Baguettescheiben
Rouille (s. S. 291)

Eine typische Fischsuppe der Costa Brava,
die ich in Palamós oft gegessen habe.

## Sopa de pescado a la catalana
## Katalanische Fischsuppe

Kann vorbereitet werden
Arbeitsaufwand: 35 Min.
Kochzeit: 25 Min.

**Für 4 Personen**

| | |
|---|---|
| 500 g | Fischgräten und -köpfe |
| 1 | Zweig Sellerieblätter |
| 1 | Lorbeerblatt |
| 1 Prise | gehackter Thymian |
| ½ TL | Origano |
| 6 | Pfefferkörner |
| 500 g | Meerfischfilets (z. B. Seeteufel, Meeraal, Meerbrasse) |
| 100 g | Weißbrot |
| 1 | große Zwiebel |
| 3 | geschälte Tomaten |
| 3 EL | Olivenöl |
| 2 | Knoblauchzehen |
| 1 Prise | Safranfäden |
| | Salz, Pfeffer |

Die Fischgräten und -köpfe mit dem Sellerie, dem Lorbeerblatt, dem Thymian und dem Origano in einen hohen Topf geben. Die Pfefferkörner mit einem sauberen Pfannenboden zerdrücken und beifügen. Mit 1 l Wasser begießen, aufkochen und mehrmals abschäumen. 15 Min. bei kleiner Hitze kochen. 5 Min. vor Ende der Kochzeit 200 g Fischfilets in Stücke schneiden und zugeben.

100 g Weißbrot kleinschneiden, in eine Tasse geben und mit wenig Sud aus dem Topf begießen, damit es weich wird. Die Zwiebel hacken. Die Tomaten halbieren, ausdrücken und kleinschneiden. 2 EL Olivenöl erhitzen. Die Zwiebeln, 1 durchgepreßte Knoblauchzehe und die Tomaten darin langsam dünsten, bis ein dickes Mus entsteht. Den Fischsud durch ein feines Sieb gießen. Den mitgekochten Fisch mit dem eingeweichten Brot im Mixer pürieren. Das Tomatenmus zufügen und kurz mitmixen. Beides mit dem passierten Sud wieder in den Topf geben und aufkochen. 10 Min. unter öfterem Rühren kochen. Mit Salz, Pfeffer, 1 durchgepreßten Knoblauchzehe und Safran abschmecken. Die restlichen 300 g Fischfilets in kleine Würfel schneiden und in 1 EL Olivenöl ganz kurz anziehen lassen. Die Fischstücke in vorgewärmte Teller anrichten und mit der Suppe begießen.

**Tips**

- Man kann geröstete Brotwürfelchen dazu servieren.
- In Spanien werden meistens Fischköpfe im Sud mitgekocht und danach durch ein feines Sieb gestrichen und zur Suppe gegeben. Weil Köpfe in unseren Breitengraden selten erhältlich sind, werden sie durch Fischfleisch ersetzt. Zum Durchpassieren kann man einen preiswerten Fisch verwenden.

**Variation** In Andalusien gibt man dieser Suppe Reis bei und würzt sie mit wenig Paprika.

Ganz im Süden von Spanien liebt man die Fischsuppe ohne Tomaten.

## Sopa gaditana en blanco
## Weiße Fischsuppe nach Art von Cádiz

Die Pfefferkörner zerdrücken, mit dem Petersilienzweig, den geschälten und zerdrückten Knoblauchzehen und der Zwiebel in einem hohen Topf im Olivenöl anziehen lassen. 3/4 l Wasser zufügen, aufkochen und die Fische der Größe nach hineingeben. Etwa 5–7 Min. bei kleiner Hitze ziehen lassen. Den Topf beiseite stellen und einige Minuten ruhen lassen. Mit Salz und Pfeffer nachwürzen. Die Brotscheiben in Suppenteller verteilen. Die Fische aus dem Sud nehmen und die größeren in dicke Scheiben schneiden. Kleine Fische ganz belassen. Die Fische auf die Brotscheiben verteilen. Den Sud passieren. Die Fische mit dem heißen Sud begießen. Mit Petersilie bestreuen, mit halbierten Zitronen servieren.

**Tip** In die Schnittfläche der Zitronenhälften eine Vorspeisengabel einstechen. Jeder Gast kann dann seinen Fisch beträufeln.

Kann vorbereitet werden
Arbeitsaufwand: 10 Min.
Kochzeit: 5–7 Min.

**Für 4 Personen**

- 6 Pfefferkörner
- 1 Petersilienzweig
- 2 Knoblauchzehen
- 1 große, feingeschnittene Zwiebel
- 4 EL Olivenöl
- 1 kg Meerfische, pfannenfertig vorbereitet
- Salz, Pfeffer
- 8 dünne Weißbrotscheiben
- 2 EL gehackte Petersilie
- 2 Zitronen

Beim Öffnen des Teigdeckels entsteigt ein herrlicher Duft!

## Fischsuppe mit Blätterteighaube

Kann vorbereitet werden
Arbeitsaufwand: 40 Min.
Kochzeit: 30 Min.
Backzeit: 10–15 Min.

**Für 6 Personen**

**Sud**

300 g Fischgräten (am besten von Seezungen)
50 g gescheibelte Champignons
1 Lorbeerblatt
1 große, halbierte Zwiebel
4 Pfefferkörner
2 dl Weißwein
3 EL Olivenöl
1 große, gehackte Zwiebel
1 Lauchstange
2 große, geschälte Tomaten
Salz, Pfeffer
3 EL gehackte Kräuter (Basilikum, Kerbel Thymian, Rosmarin, Petersilie)
2–3 Fenchelsamen
1 Prise Safranfäden
1/2 Peperoncino (scharfe Pfefferschote)
2 Sardellenfilets
2 Knoblauchzehen
400 g Baudroiefilets (Seeteufel)
400 g Blätterteig
1 Eiweiß
1 Eigelb

Für den Sud die Fischgräten mit den Champignons, dem Lorbeerblatt, der Zwiebel und den Pfefferkörnern mit 1 l Wasser und dem Weißwein 10 Min. kochen, dann passieren. 2 EL Öl in einer großen Kasserolle erhitzen. Die Zwiebeln, den kleingeschnittenen Lauch und die in Stücke geschnittenen Tomaten darin anziehen lassen. 5 Min. dünsten. Mit dem Fischsud ablöschen. Salz, Pfeffer, die Kräuter, die Fenchelsamen und den Safran hineingeben. Etwa 15 Min. kochen. Danach auf kleinem Feuer 2–3 Min. ziehen lassen. Den Peperoncino längs öffnen, entkernen und die Schale in kleine Stücke schneiden. Zusammen mit den Sardellen und dem Knoblauch ganz fein hacken. Die Fischfilets in kleine Würfel schneiden. Im restlichen Öl anziehen lassen, mit den Gewürzen in 6 mittelgroße, feuerfeste Suppentassen verteilen und mit dem Fischsud begießen. Etwas erkalten lassen. Den Blätterteig 2 mm dünn ausrollen, 6 Rondellen (etwa 4 cm größer als der Durchmesser der Suppentassen) ausschneiden. Den äußeren Rand der Tassen mit dem Eiweiß bestreichen, die Teigrondellen locker darüberlegen und am Rand gut andrücken. Im letzten Moment vor dem Backen den Teig mit dem Eigelb bestreichen. Bei 220 °C 10–15 Min. überbacken und sofort servieren.

**Tips**

- Die Suppe mit der Teighaube sieht sehr attraktiv und festlich aus. Sie muß sofort nach dem Backen auf den Tisch kommen. Am besten setzt man das kleine Suppenschüsselchen auf einen mit Tortenpapier oder einem Spitzendeckchen belegten Unterteller.
- Die Suppe darf nicht mehr dampfen, wenn der Teig darübergelegt wird, sonst wird er weich!
- Diese Fischsuppe kann im voraus zubereitet und einige Stunden im Kühlschrank aufbewahrt werden. Wichtig ist bei diesem Vorgehen, daß der Fisch nicht verkocht, da er beim Aufbacken noch etwas weicher wird. Den Teigdekkel erst kurz vor dem Backen aufsetzen.

# Fische und Meeresfrüchte

Wer ans Mittelmeer fährt, freut sich natürlich vor allem auf Fischgerichte. Je nach Gegend trifft man auf eine recht große Vielfalt und die unterschiedlichsten Zubereitungen, von der regionalen rustikalen Spezialität über leichte, raffinierte Kompositionen bis hin zum einfachen Grillgericht. Man muß aber leider immer wieder feststellen, daß Mittelmeeranwohner die Fische und Meeresfrüchte zu heiß braten, grillen oder garen und, vor allem in der arabischen Küche, etwas zu intensiv würzen.

## Fleur de sel

Dies ist ein Meersalz, das bei Spitzenköchen seit einiger Zeit Furore macht. Deshalb versuchen es auch Hobbyköchinnen und -köche zu kaufen. «Fleur de sel» gibt es u.a. aus den Salinen der Camargue, z.B. aus Aigues-Mortes, wo sich frühmorgens auf der Oberfläche der Salzbecken unter Einwirkung der Sonne und des Windes eine weiße Kristallschicht bildet, welche mit größter Sorgfalt vom «Saunier», dem Salzmeister, geduldig abgeschöpft wird. Die «Fleur de sel» wird von ihm als Geschenk der Natur betrachtet, welches im richtigen Moment wahrgenommen werden muß, denn allzuschnell kann es wieder verschwinden. Weil das Erscheinen der «Fleur de sel» so selten ist, wird jede Packung mit dem Datum der Gewinnung und dem Namen des «Maître saunier» versehen. Verständlicherweise ist dieses Spezialsalz viel teurer als das gewöhnliche Meersalz, aber es hat auch ein spezifisches Meeraroma, das vor allem Fischen und Meeresfrüchten gut bekommt.

Bisher hatten die Salzproduzenten von Guérande, Ré und Noirmont das Monopol auf diesem Spezialsalz. Nun haben sie es zugunsten der «Salins du Midi» verloren. Wer die Camargue besucht, sollte diese eindrucksvollen Salinen bei Aigues-Mortes besichtigen.

Ein ganz exquisites Fischgericht für anspruchsvolle Gäste.

# Mousse de poisson en fleurs de courgette
## Fischmousse in Zucchettiblüten

Kann vorbereitet werden
Arbeitsaufwand: etwa 30 Min.
Garzeit: 10–15 Min.

**Für 4 Personen**

300 g Fischfilets (St-Pierre, Rascasse oder Loup de mer)
1 EL Noilly Prat
2 Eiweiß
0,2 l Rahm
Salz, Fleur de sel oder gewöhnliches Meersalz, weißer Pfeffer
8 schöne Zucchettiblüten
4 kleine Kerbelsträußchen
Krustentiersauce (s.S. 286) oder gelbe Peperonisauce (s.S. 298)

Die gewählte Sauce zubereiten. Sämtliche Zutaten für die Mousse 1 Std. in den Kühlschrank stellen. Den Cutter ebenfalls kühl stellen. Die Fischfilets kleinschneiden und mit dem Noilly Prat im Cutter pürieren. Die Eiweiße leicht schlagen, mit dem Rahm und wenig Salz zufügen. Nochmals ganz kurz cuttern. Die Masse mit Fleur de sel oder gewöhnlichem Meersalz und weißem Pfeffer abschmecken und bis zur weiteren Verwendung zugedeckt in den Kühlschrank stellen. Die Zucchettiblüten kurz kalt abspülen, öffnen und den Blütenstempel entfernen. Sollten noch kleine Zucchetti an den Blüten hängen, diese von unten her längs halbieren, damit sie anschließend beim Dämpfen gar werden.

Die Fischmousse etwa 20 Min. vor dem Servieren aus dem Kühlschrank nehmen und in 8 gleich große Portionen teilen. Die Zucchettiblüten mit der Masse füllen und die Blütenblätter über der Mousse wieder zusammenfügen. Die Mousse darf zwischen den einzelnen Blütenblättern sichtbar sein, das sieht besonders schön aus. Einen Topf $^1/_3$ hoch mit Wasser füllen. Aufkochen, einen Siebaufsatz daraufstellen, die gefüllten Blüten darauf anordnen und zugedeckt etwa 10–15 Min. im Dampf garen. Je 2 gefüllte Zucchettiblüten auf vorgewärmte Teller legen. Wenig Sauce dazugießen und mit einem Kerbelsträußchen garnieren.

**Tips**

- Kürbisblüten eignen sich ebenfalls für dieses Gericht.
- Dazu paßt Pistazienreis (s.S. 103, Tips) sehr gut.

Ein besonders festliches Gericht, das auch als Vorspeise serviert werden kann.

## Languste mit Avocadomayonnaise

Kann vorbereitet werden
Arbeitsaufwand: 15 Min.
Garzeit: etwa 13 Min.

**Für 2 Personen**

- 1 reife Avocado
- 1/2 Zitrone, Saft
- 150 g Mayonnaise (hausgemacht oder gekauft)
- 2 EL Mascarpone
- Salz, weißer Pfeffer
- 1 Prise Cayennepfeffer
- 1 Knoblauchzehe
- 2 gekochte Langusten zu je etwa 800 g
- 1 EL gehackter Kerbel

Die Avocado schälen und vom Kern lösen. Das Avocadofleisch in Stücke schneiden und sofort mit dem Zitronensaft mischen. Im Mixer pürieren und mit der Mayonnaise mischen. Den Mascarpone darunterziehen und mit Salz, Pfeffer, Cayennepfeffer und dem durchgepreßten Knoblauch abschmecken. In einer Saucière anrichten und mit dem Kerbel bestreuen.

Die Langusten längs halbieren, je 2 Hälften auf große Teller anrichten und die Sauce dazu servieren.

**Tips**

- Die Langusten schmecken lauwarm am allerbesten. Wenn Sie sie nicht selber kochen wollen und schon gekocht kaufen, nehmen Sie sie 20 Min. vor dem Servieren aus dem Kühlschrank.
- Wenn Sie aber den Mut haben, die Langusten kunstgerecht zuzubereiten, dann geben Sie die lebenden Tiere einzeln kopfvoran in einen großen Topf mit siedendem Salzwasser. Nach 30 Sek. kann man die Hitze etwas reduzieren. Nach etwa 8 Min. den Topf zudecken, beiseite stellen und 5 Min. nachziehen lassen. Man kann die Langusten bis zum Servieren im Sud belassen und, wie oben bereits erwähnt, lauwarm servieren.
- Als Vorspeise genügt eine halbe Languste pro Person.

Eine Variante der südfranzösischen Bourride.

## Les langoustines en bourride
## Scampi in raffinierter Aïolisauce

Die Scampi, falls tiefgekühlt, im Kühlschrank auftauen lassen. Die Krusten entfernen (s. unten), die Scampi waschen, auf Küchenpapier etwas trocknen lassen. Die Schalotten mit den Scampischalen in 1 EL Olivenöl anziehen lassen. Den Lauch fein schneiden und mit dem Fenchel und der Orangenschale zugeben. Mit dem Wein begießen, aufkochen und den Geflügelfond beifügen. Etwa 10 Min. kochen, dann abgießen. Die Baguettescheiben hellgelb toasten, etwas gehackten Knoblauch daraufgeben und mit wenig Olivenöl beträufeln. Das restliche Olivenöl in eine Bratpfanne geben. Die Scampi salzen, pfeffern und etwa 2 Min. leicht darin andünsten, wenden und 1 Min. weitergaren. Beiseite stellen und zudecken. Den passierten Fond in eine weite Pfanne geben, erwärmen, ohne kochen zu lassen, den Aïoli unter Rühren zugeben. Mit Salz, weißem Pfeffer, dem Noilly Prat und dem Safran abschmecken. Nicht mehr kochen lassen. Die Scampi auf vorgewärmte Teller anrichten und mit der Sauce umgießen. Mit Schnittlauch bestreuen. Die Brotscheiben dazu servieren.

Kann vorbereitet werden
Arbeitsaufwand: etwa 40 Min.
Garzeit: etwa 15 Min.

**Für 4 Personen**

12–18 große Scampi ohne Kopf, mit Schale (evtl. tiefgekühlt)
2 gehackte Schalotten
3 EL Olivenöl
1/2 Lauchstange
wenig Fenchelkraut oder einige Fenchelkörner
wenig dünn abgeschälte Orangenschale von einer unbehandelten Frucht
1/8 l trockener Weißwein
1/8 l heller Geflügelfond (s. S. 285)
4 Scheiben Pariserbrot (Baguette)
1 Knoblauchzehe
Salz, Pfeffer
4–5 EL Aïoli (s. S. 287)
1 EL Noilly Prat (trockener Wermut)
1 Prise Safranfäden
2 EL feingeschnittener Schnittlauch

## So schält man kleine Krustentiere

Den Kopf, falls noch vorhanden, durch Drehen entfernen. Danach den Scampo, Bärenkrebs oder die Crevette mit der einen Hand gegen das Schwanzende anfassen. Mit der andern Hand am Kopfende festhalten und den Körper in Gegenrichtung abdrehen. Auf diese Art bricht die Kruste, und das Fleisch läßt sich vorsichtig herausziehen. Sollte die Kruste besonders hart sein, kann man auf der Bauchseite mit einer Schere etwas nachhelfen.

Eine Erinnerung an Piräus.

## Riesencrevetten mit Feta

Kann weitgehend vorbereitet werden
Arbeitsaufwand: 30 Min.
Koch- und Backzeit: 40 Min.

**Für 4 Personen**

| | |
|---|---|
| 5 EL | Olivenöl |
| 1 | kleine, gehackte Zwiebel |
| 6 | geschälte Tomaten |
| 4 EL | trockener Weißwein |
| 1 | Knoblauchzehe |
| 2 EL | gehackte Petersilie |
| 600 g | große Crevetten ohne Schale und Darm |
| | Salz, Pfeffer |
| | Saft von 1/2 Zitrone |
| 100 g | Feta (griechischer Schafskäse) |

Für die Sauce 2 EL Olivenöl erhitzen, die Zwiebeln beifügen und kurz dünsten. 4 Tomaten vierteln, etwas auspressen, entkernen, kleinschneiden und zu den Zwiebeln geben. Etwa 3–4 Min. mitdünsten. Mit dem Weißwein ablöschen. Den Knoblauch sehr fein hacken und mit der Hälfte der Petersilie zufügen. Etwa 30 Min. kochen, bis eine konzentrierte Sauce entsteht. 2 EL Olivenöl in einer Pfanne erhitzen. Die Crevetten darin auf beiden Seiten ganz kurz dünsten, mit Salz und Pfeffer würzen, die restliche Petersilie dazugeben, sofort mit dem Zitronensaft beträufeln. Beiseite stellen. Eine nicht zu hohe Auflaufform mit wenig Öl ausstreichen. Die Tomatensauce hineingießen und die Krevetten darauf verteilen. Die restlichen Tomaten in Scheiben schneiden und darauflegen. Den Käse in sehr dünne Scheiben schneiden und darüber verteilen. In den vorgeheizten Backofen schieben und bei 220 °C überbacken, bis der Käse schmilzt. Es darf keine Kruste entstehen.

**Tips**

- Scampi lassen sich auf gleiche Art zubereiten.
- Man kann dieses Gericht auch in Portionenpfännchen zubereiten.

Bärenkrebse sind die Krustentiere mit dem zartesten Fleisch und dem besten Geschmack. Im Mittelmeerraum kommen sie meistens aus Korsika.

## Cigales de mer à l'huile d'olive au piment
## Bärenkrebse mit Olivenöl und Peperoncino

Arbeitsaufwand: 20 Min.
Bratzeit: 2–3 Min.

**Für 4 Personen**

- 16–20 kleine Bärenkrebse mit Schale, ohne Kopf (evtl. tiefgekühlt)
- 1 Peperoncino
- 1 Knoblauchzehe
- 2 EL gehackte flache Petersilie oder feingeschnittenes Basilikum
- Salz, Pfeffer
- 3 EL kaltgepreßtes Olivenöl

Tiefgekühlte Bärenkrebse im Kühlschrank auftauen lassen (6–8 Std.). Zum Trocknen auf Küchenpapier legen. Den Peperoncino längs öffnen, entkernen und in winzig kleine Würfelchen schneiden. Die Knoblauchzehe fein hacken oder durchpressen. Mit der gehackten Petersilie oder dem Basilikum mischen. Die Krebse salzen und pfeffern. 2 EL Olivenöl erhitzen und die Krebse auf der Rückenseite hineinlegen. $^{1}/_{2}$ TL gehackten Peperoncino beifügen. Die Krebse nach 2 Min. wenden und die Bratpfanne von der Herdstelle wegziehen. Mit dem Knoblauch und der Petersilie bestreuen. Mit dem restlichen Olivenöl beträufeln. Alles gut wenden und anrichten.

**Tips**

- Als Beilage eignet sich z.B. Couscous mit Gemüse (s.S. 308, Variante). Die Couscousmischung in ein mit Olivenöl bestrichenes Soufflëförmchen pressen und zu den Bärenkrebsen auf den Teller stürzen. Passend ist auch Pistazienreis (Trockenreis, in etwas Butter und gehackten Pistazien gedünstet), welcher sich ebenfalls auf diese Art anrichten läßt.
- Diese Bärenkrebse passen auch als Vorspeise auf ein Taboulé (s.S. 47) oder als Garnitur auf einen grünen Salat. In diesem Fall genügen 2 Stück pro Person.

Die Pfefferminze in der Salatgarnitur ist das Tüpfelchen auf dem i dieses Gerichtes. Sie harmoniert auch mit den Meeresfrüchten.

## Le trio de la mer au mesclun à la menthe
## Meeresfrüchte mit Blattsalaten und Pfefferminze

Kann weitgehend vorbereitet werden
Arbeitsaufwand: 40 Min.
Koch- und Bratzeit: 9–13 Min.

**Für 4 Personen**

- 4 große Gambas (rote spanische Crevetten), roh, mit Schale
- 4 Coquilles Saint-Jacques (Jakobsmuscheln)
- Salz, Pfeffer
- 1 Schalotte
- 2 EL Essig
- 2 große Rochenflügel
- 200 g grüne Salatblätter, z. B. Löwenzahn, Frisée, Feldsalat (Nüssler), Radicchio verde, Portulak usw.
- 2 EL Olivenöl
- 8 Pfefferminzblätter

**Sauce**

- 3 EL Rotweinessig
- Salz, weißer Pfeffer
- 1 durchgepreßte Knoblauchzehe
- 1/8 l kaltgepreßtes Olivenöl

Die Gambas schälen, dabei das Schwänzchen stehen lassen. Dem Rücken entlang aufschneiden und den Darm (schwarzer Faden) entfernen. Die Coquilles Saint-Jacques wenn nötig säubern, den Rogen entfernen und die Muscheln quer halbieren. Auf Teller auslegen und mit wenig Salz und Pfeffer bestreuen. Bis zum Gebrauch mit Klarsichtfolie abdecken und kühl stellen. 2 l Wasser in einem großen Topf zum Kochen bringen. Die grob geschnittene Schalotte, den Essig und etwas Salz zufügen. Die Rochenflügel hineingeben und je nach Größe 8–12 Min. bei Mittelhitze ziehen lassen. Von der Herdplatte wegziehen und im Sud belassen. Die Salate und die Pfefferminzblätter waschen, gut ausschwingen und noch feucht leicht salzen, dabei alle Sorten gut mischen. Die Salatblätter auf 4 Teller verteilen. Für die Sauce den Essig mit Salz, Pfeffer und dem Knoblauch verrühren. Das Öl beifügen.

Die Rochenflügel sorgfältig aus dem Sud heben und mit der Hautseite nach oben auf ein großes Brett legen. Das Fischfleisch mit dem Rücken eines Fischmessers dem Knochen entlang lösen. Die weiße, schleimige Haut sorgfältig abziehen, ohne das Fleisch zu verletzen. Dann die Rochenflügel mit einer Bratschaufel behutsam von den Gräten streifen und auf einen flachen Teller legen. Die Gräten wiederum mit der Bratschaufel vom restlichen Fischfleisch hochheben und entfernen. Dieses ebenfalls mit der Schaufel auf einen Teller legen und mit Folie abdecken. Unmittelbar vor dem Anrichten die Gambas und die Muscheln 1/2 Min. im heißen Öl anziehen lassen, wenden und 1/2 bis 1 Min. weiterbraten.

Die Fische zum Salat anrichten und sofort mit Salatsauce bepinseln. Die Salatblätter mit der restlichen Sauce beträufeln.

**Tips**

- Wichtig ist, daß die Gambas und die Muscheln lauwarm serviert werden.
- Die Fischauswahl läßt sich variieren, z.B. mit Rougets, Seeteufel, Rascasse usw.
- Manchmal serviere ich im Frühling zu diesem Salat eine Sauce aus ganz jungem Knoblauch: 1 EL Dijon-Senf mit 2 großen, frischen, durchgepreßten Knoblauchzehen, etwas Salz und Pfeffer, Zitronensaft und 6 EL kaltgepreßtem Olivenöl mischen.

Moules «Bar du soleil» nannte ich diese Muscheln, die ich, ähnlich zubereitet, oft an einem Strand von St-Tropez gegessen habe.

## Moules de Joseph
### Miesmuscheln im gewürzten Sud

Kann vorbereitet werden
Arbeitsaufwand: etwa 30 Min.
Kochzeit: etwa 4–5 Min.

**Für 4 Personen**

2 kg Moules (Miesmuscheln, vorzugsweise Bouchots oder die ebenfalls kleine Sorte aus der Provence)
2 Schalotten
2 große Knoblauchzehen
2 EL Butter oder Olivenöl
1 Lorbeerblatt
Salz, Pfeffer
4 kleine Thymianzweige
4 EL Crème fraîche

Die Muscheln unter fließendem kaltem Wasser gut abbürsten und dabei den Bart herauszupfen. Die Schalotten fein hacken, die Knoblauchzehen längs halbieren. Beides in einem hohen Topf in der Butter oder im Olivenöl unter Rühren dünsten. Den Lorbeer, den Pfeffer und den Thymian zufügen, 5 Min. weiterdünsten. Die Muscheln in den Topf geben und unter gelegentlichem Schütteln zugedeckt garen, bis sich die Schalen öffnen. Bei diesen kleinen Muscheln dauert das nur etwa 4–5 Min. Wenn nötig die Garzeit unter Aufsicht etwas verlängern. Die Muscheln durch ein feines Sieb abgießen und zugedeckt im heiß ausgespülten Topf warm halten. Den Fond bis auf 2–3 EL einkochen. Die Crème fraîche beifügen und weiterkochen, bis die Sauce leicht sämig wird. Gut umrühren und wenn nötig etwas nachsalzen. Die Sauce über die Muscheln gießen, im Topf oder in Suppentellern verteilt auf den Tisch bringen.

**Tips**

- Mit knuspriger Baguette servieren.
- Zum Essen der Muscheln zuerst eine Doppelschale sorgfältig öffnen, vom Fleisch befreien und als Zange verwenden, um die anderen Muscheln herauszuziehen und zum Mund zu führen.
- Im oben erwähnten Restaurant wurde der Muschelsud mit relativ viel Butter aufgeschlagen, was auch gut, aber sehr nahrhaft ist. Meine Version mit Rahm ist geschmacklich genauso fein.

Eine besonders leichte und farbenfrohe Vorspeise.

# Seiches et langoustines, salade de légumes grillés

## Sepia und Riesencrevetten mit grilliertem Gemüse

Kann weitgehend vorbereitet werden
Arbeitsaufwand: 45 Min.
Grillzeit: 15 Min.

**Für 4 Personen**

- 1 mittelgroßer gelber Zucchetto
- 1 mittelgroßer grüner Zucchetto
- 2 geschälte Tomaten
- je ½ geschälte rote und gelbe Paprikaschote
- Salz, Pfeffer aus der Mühle
- 5 EL kaltgepreßtes Olivenöl
- 1 Rosmarinzweig
- 1 Knoblauchzehe
- 120 g frischer Tintenfisch (Sepia)
- wenig Mehl
- 12 Riesencrevetten (Riesengarnelen), Grösse 20–30
- Meersalz, Pfeffer aus der Mühle
- 4 Olivencrostini
- Kräuter für die Garnitur: Basilikum, Thymian, Rosmarin
- 8 große, schwarze Oliven
- Saft von 1 Limette
- kaltgepreßtes Olivenöl zum Beträufeln

Die Zucchetti längs in dünne Scheiben schneiden. Die Paprikaschoten in 2 cm breite Streifen schneiden. Die Tomaten quer halbieren. Das Gemüse auf einer Platte auslegen, mit Salz bestreuen und 10 Min. ruhen lassen, damit es Wasser zieht. Mit Küchenpapier abtrocknen. 3 EL Olivenöl mit Pfeffer, den Rosmarinnadeln und dem durchgepreßten Knoblauch mischen. Das Gemüse damit beträufeln und kurz marinieren lassen. Die Tintenfische säubern, den Tintensack entfernen, die Tintenfische enthäuten und in feine Streifen schneiden. Durch ein Sieb mit wenig Mehl bestäuben. Die Crevetten schälen und den Darm (dünner brauner Faden) entfernen. Mit Meersalz und Pfeffer würzen. Die marinierten Gemüse auf dem Grill beidseitig grillieren und dekorativ auf Teller anrichten. Die Tintenfischstreifen in 1 EL Olivenöl bei guter Hitze braten, bis sie eine schöne Farbe bekommen. Die Crevetten im restlichen Olivenöl ebenfalls kurz anbraten. Beides auf das grillierte Gemüse anrichten.

Mit den Olivencrostini, den frischen Kräutern und den Oliven garnieren. Das Ganze mit etwas Limettensaft und dem kaltgepreßten Olivenöl beträufeln.

**Tip** Die Olivencrostini sind 1 cm dicke Baguettescheiben, die mit Tapenade belegt werden. Sie finden das Rezept unter Croûtons de rougets à la tapenade, S. 63.

Eine vorzügliche Spezialität, in zwei Gängen serviert, wie ich sie bei einem Fischer in Palamós gegessen habe.

## Suquet del pescador con fideos
## Eintopf nach Fischerart

Kann teilweise vorbereitet werden
Arbeitsaufwand: 40 Min.
Garzeit: 6–10 Min.

**Für 6 Personen**

**Picada**
1 Knoblauchzehe
50 g geschälte Mandeln
1 Scheibe Weißbrot
1 EL Olivenöl

400 g Miesmuscheln (Mejillones)
4 EL kaltgepreßtes Olivenöl
1 große, gehackte Zwiebel
1 l Fischfond
6 Scampi (Escamerlans)
6 große rote Crevetten (Gambas)
1 große, geschälte Tomate
2–3 Knoblauchzehen
Salz, Pfeffer
6 Scheiben Wolfsbarsch (Lubina) zu je 100 g
6 Scheiben Seeteufel (Rape) zu je 100 g
200 g «Fideos» (sehr dünne Nudeln, z. B. «Vermicelli»)
2 EL gehackte flache Petersilie

Zuerst die Picada vorbereiten: Die Knoblauchzehen sehr fein hacken. Die Mandeln in einer trockenen Bratpfanne hellgelb rösten. Die Brotscheibe ebenfalls kurz toasten. Diese Zutaten in einem Mörser mit dem Olivenöl zu einer Paste verarbeiten.

Die Muscheln unter kaltem Wasser gut abbürsten, den Bart auszupfen. 1 EL Olivenöl und 1 EL gehackte Zwiebeln in einem mittelgroßen Topf anziehen lassen. Die Muscheln zugeben, zudecken und aufkochen, bis sich die Schalen öffnen. Beiseite stellen und mit wenig Fischfond begießen, damit die Muscheln nicht austrocknen.

2 EL Olivenöl erhitzen. Die Langoustinen und Gambas kalt abspülen, trocknen und mitsamt der Schale im Öl beidseitig etwa 3 Min. leicht anbraten, dann herausnehmen und beiseite stellen. Das restliche Öl in einen großen Bräter geben, die restlichen Zwiebeln anziehen lassen. Die Tomate halbieren, entkernen, auspressen und kleinschneiden, zu den Zwiebeln geben. Kurz mitdünsten, den Knoblauch dazupressen, salzen und pfeffern. 6 Fischscheiben zugeben, kurz anziehen lassen, wenden und mit 2–3 EL Fischfond 2 Min. garen lassen. Herausnehmen, die restlichen Fischscheiben auf dieselbe Art garen. ¼ l Fischfond erhitzen, zufügen und die beseite gestellten Fischscheiben, Muscheln und Krustentiere dazulegen, zudecken und erwärmen. Die Picada mit 2–3 EL Fischfond verrühren und dazugeben. Die Fische und Meeresfrüchte aus dem Sud nehmen und auf warme Teller anrichten. Den zurückbleibenden Sud wieder in die Küche nehmen. Mit dem restlichen Fischfond auffüllen, nachsalzen und die «Fideos» darin 3–4 Min. kochen. In Suppenteller verteilen, mit der Petersilie bestreuen und als zweiten Gang servieren.

**Tips**

- Der Fischer in Palamós kocht die tagsüber gefangenen Fische persönlich in seinem kleinen, nur abends geöffneten Beizlein und hat mit diesem Gericht großen Erfolg.

Besonders die als zweiter Gang servierten Fideos, die durch den Sud den Geschmack der Fische und Meeresfrüchte aufnehmen, sind sehr beliebt. Allerdings kocht er die Fische nicht so sorgfältig, wie ich es beschrieben habe. Deshalb sind sie auch meistens verkocht, was sehr schade ist.
- Je nach Fang gibt es im Restaurant dieses Fischers nur einen großen Fisch – ohne Muscheln oder Krustentiere.

Eine Spezialität der Costa Brava.

## Parrillada
## Gegrillte Fische und Meeresfrüchte

Arbeitsaufwand: 15–20 Min.
Grillzeit: je nach Größe der Fische 10–15 Min.

**Für 4 Personen**

4 Scheiben Rape (Seeteufel), etwa 2 mm dick
4 Salmonetes (Meerbarben)
4 Gambas (große rote Crevetten)
4 Escamerlans (Scampi)
4 kleine Calamares (Kalmar)
Salz, Pfeffer
2–3 EL Olivenöl
Salsa romesco (s. S. 299)
Mayonnaise
2 Zitronen

Alle Fische beim Kauf pfannenfertig zurichten lassen. Rasch unter kaltem Wasser abspülen und mit Küchenpapier gut trocknen, mit Salz und Pfeffer einreiben und mit wenig Öl bestreichen. Eine Grillplatte, den Rost oder 2 große Bratpfannen erhitzen. Die Fische der Größe nach darauflegen, d. h. ganze Fische und Tintenfische zuerst, danach die Seeteufelscheiben und die Scampi und Gambas mitsamt den Krusten. Beidseitig grillieren und heiß mit Salsa romesco und Mayonnaise sowie Zitronenschnitzen servieren.

**Tips**
- Leider gehen Südländer, auch Meeranwohner, beim Grillen von Fisch sehr unsanft vor. Deshalb sind die Fische meistens etwas zu trocken und weisen verkohlte Grillspuren auf. Beim Grillen von Fisch und Meeresfrüchten bespanne ich den Rost mit Aluminiumfolie. So bleibt das Grillgut saftig.
- Da bei der Parrillada die Gambas und Scampi ganz serviert werden, ist eine Fingerschale unerläßlich.

Mittelmeerfische und Gemüse – ein Genuß, für den sich der Aufwand lohnt.

## Fisch-Potpourri mit Gemüse, Safran und Kartoffelgnocchi

Kann teilweise vorbereitet werden
Arbeitsaufwand: 55 Min.
Garzeit: 15–20 Min.

**Für 4 Personen**

- 600 g gemischte Fischfilets, z. B. Rouget (Rotbarbe), St-Pierre (Petersfisch), Turbot (Steinbutt), Loup de mer (Wolfsbarsch), Dorade (Goldbrasse oder andere, z. B. graue oder rosa Sorte), Grondin (Knurrhahn), evtl. auch Scampi und Moules (Miesmuscheln)
- 2 EL kaltgepreßtes Olivenöl
- Salz, Pfeffer

**Gemüse**

- 1 Zucchino
- 1 Aubergine
- je 1 rote und gelbe Paprikaschote, geschält (s. S. 227)
- 1 Knoblauchzehe
- 2 EL kaltgepreßtes Olivenöl
- Salz, Pfeffer aus der Mühle
- 6 Basilikumblätter
- 4 Portionen Kartoffelgnocchi (s. S. 242)

**Sauce**

- 1 gehackte Schalotte
- 3 EL kaltgepreßtes Olivenöl
- 2 geschälte Tomaten
- 6 EL trockener Weißwein
- 0,2 dl Fischfond (s. S. 285)
- 30 g schwarze Oliven
- 1 Prise Safranfäden
- wenig Fenchelkraut
- 1 EL Pernod (Anisaperitif)
- Salz, Pfeffer

2 EL Olivenöl mit viel Pfeffer mischen und die Fischfilets damit beidseitig bestreichen. Den Zucchino, die Aubergine und die Paprikaschoten in Würfel schneiden. Den Knoblauch fein hacken. Alle Gemüse in Olivenöl bei guter Hitze etwa 15 Min. anziehen lassen, bis sie gar, aber noch leicht knackig sind. Mit Salz, Pfeffer, dem Knoblauch und dem kleingeschnittenen Basilikum abschmecken.

Für die Sauce die Schalotten in 2 EL Olivenöl kurz dünsten. Die Tomaten kleinschneiden und kurz mitdünsten. Den Weißwein und den Fischfond aufkochen, dann auf die Hälfte einkochen lassen. Die Oliven entsteinen, kleinschneiden und mit dem Safran, dem Fenchel und dem Pernod zum Fond geben. Mit Salz und Pfeffer abschmecken. Die Fischfilets gut abtropfen, mit Olivenöl bestreichen und auf dem Grill oder in einer beschichteten Bratpfanne beidseitig sehr kurz braten. Die Sauce auf heiße Teller verteilen. Die Gemüse darauf anrichten und die Fischfilets darauf verteilen. Mit dem restlichen Olivenöl beträufeln und die Gnocchi dazulegen.

**Tip** Dieses Rezept stammt vom Küchenchef Seamus Egan, einem Irländer, der in die Mittelmeerküche verliebt ist. Ich habe es nachgekocht und für Hobbyköchinnen und -köche etwas ausführlicher beschrieben.

Mein liebstes Fischgericht.

## Turbot à la vapeur au cerfeuil
## Steinbuttfilet im Dampf mit Kerbel

Arbeitsaufwand: 10 Min.
Dämpfzeit: 1–2 Min.

**Für 4 Personen**
1 Kerbelsträußchen
600 g Steinbuttfilets
Salz, am besten «Fleur de sel» (s. S. 98)
1 EL kaltgepreßtes Olivenöl (vorzugsweise Tropfenöl)
schwarzer Pfeffer aus der Mühle

Einen Siebaufsatz mit der Hälfte der Kerbelzweige auslegen. Die Fischfilets darauf anordnen, mit wenig Salz bestreuen und mit dem restlichen Kerbel bedecken. Einen passenden Topf etwa 4 cm hoch mit Wasser füllen. Sobald Dampf entsteht, den Siebaufsatz auf den Topf stellen, zudecken und den Fisch 1–2 Min. dämpfen. Wenn die Fischfilets weiß werden, sind sie gar. Das Sieb vom Topf nehmen, gut abtropfen lassen und die Fischfilets auf warme Teller anrichten. Am Tisch mit wenig Olivenöl beträufeln und mit Pfeffer bestreuen.

**Tips**
- Unter «Tropfenöl» versteht man Olivenöl, welches durch das Eigengewicht der Oliven aus den Früchten träufelt.
- Dieses Rezept eignet sich für die meisten Fischarten, z. B. Rouget (Meerbarbe), St-Pierre (Petersfisch), Rascasse (Drachenkopf) usw.

Von Venedig über Genua bis nach Barcelona und Portugal findet man immer noch den gesalzenen Stockfisch, dessen Zubereitung je nach Gegend variiert.

## Baccalà alla vicentina
## Stockfisch mit Polenta

Kann vorbereitet werden
Arbeitsaufwand: etwa 1 1/2 Std.
Vorbereitung (Wässern): 48 Std.
Kochzeit: etwa 4 Std.

**Für 4 Personen**

| | |
|---|---|
| 1 kg | Stockfisch |
| 2 | Sardellen (aus dem Glas) |
| 5 EL | gehackte Petersilie |
| 1 | Knoblauchzehe |
| 2 | große Zwiebeln |
| 1/8 l | kaltgepreßtes Olivenöl |
| | Pfeffer, Salz |
| 1 1/2 EL | Weißmehl |
| 1/2 l | abgekochte Milch |

**Polenta**

| | |
|---|---|
| 1 l | Milch |
| 1 l | Wasser |
| | Salz |
| 200 g | feiner weißer oder gelber Maisgrieß |
| 2 EL | geriebener Parmesan |

Den Stockfisch etwa 48 Std. wässern. Das Wasser mehrmals ersetzen. Den Fisch danach enthäuten, halbieren und sorgfältig entgräten. Die Sardellen kalt abspülen und fein hacken. Mit der gehackten Petersilie und der zerdrückten Knoblauchzehe mischen. Die Zwiebeln hacken und im Olivenöl anziehen lassen, bis sie hellgelb sind. Die Sardellen mit der Petersilie und dem Knoblauch zufügen und weiterdünsten, bis eine weiche Masse entsteht. Abgießen und das austretende Öl auffangen. Die beiden Fischstücke mit Pfeffer bestreuen. Die Zwiebelmischung leicht salzen und auf die Fischstücke verteilen. Die Stücke falten und im Mehl wenden. Nebeneinander in einen engen Topf stellen und mit dem aufgefangenen Öl begießen. Mit der Milch bedecken. Bei kleinster Hitze etwa 4 Std. schmoren lassen. 40 Min. vor Ende der Kochzeit des Fisches die Milch für die Polenta mit dem Wasser und etwas Salz aufkochen. Den Maisgrieß einrieseln lassen und etwa 1 Std. unter öfterem Rühren kochen, dann den Parmesan darunterziehen. Die Polenta soll breiartig bleiben. Die Polenta in vorgewärmte Suppenteller anrichten. Den Fisch nach Bedarf mit etwas Salz und Pfeffer nachwürzen, in etwa 4 cm breite Streifen schneiden und auf der Polenta anrichten.

**Tips**

- Im Veneto liebt man den sehr fein gemahlenen Maisgrieß, der meistens weiß ist.
- Als Beilage wird die Polenta leicht flüssig serviert. In vielen Restaurants wird aus praktischen Gründen feste Polenta gekocht und danach portioniert serviert. Dieses Gericht schmeckt aber am allerbesten nach diesem Rezept.
- Oft wird der Fisch beim Anrichten in kleine Stücke zerzupft. So vermischt er sich beim Essen noch besser mit der Polenta, was dieses Gericht noch delikater macht.

An der Küste von Amalfi habe ich ein ähnliches Fischgericht gegessen. Das Resultat steht und fällt mit der Qualität der Tomaten.

## Dentice al forno
## Meerbrasse im Ofen

Das Olivenöl in einem großen, ovalen Bräter erhitzen. Die Tomaten in 8 Schnitze schneiden, etwas ausdrücken, zufügen und kurz andünsten. Den Knoblauch sehr fein hacken, beigeben und anziehen lassen. Den Wein dazugießen. Den Fisch innen und außen salzen und pfeffern. Die Tomaten mit Salz und Pfeffer abschmecken. Den Fisch salzen und darauflegen. Den Peperoncino längs halbieren, entkernen und mit dem Lorbeerblatt zufügen. Den Bräter zudecken und den Fisch im Ofen bei 180 °C etwa 20 Min. dünsten. Nach dieser Zeit prüfen, ob er gar ist. Die Seitenflosse sollte mühelos herausgezogen und eine Gabel ohne Widerstand in den dicksten Teil des Fisches eingestochen werden können. Wenn nötig die Garzeit etwas verlängern. Das Basilikum in feine Streifen schneiden und zugeben. Den Ofen abstellen und den Fisch noch etwa 3–4 Min. darin belassen. Am Tisch die Haut dem Rücken entlang einschneiden und seitlich abziehen. Von den Filets Portionen schneiden und abheben. Mit dem Saft begießen und die Tomaten dazu servieren.

**Tip** Auch Wolfsbarsch (Loup de mer), Seeteufel (Baudroie) und andere ganze Fische mit festem Fleisch können auf diese Art zubereitet werden.

Kann vorbereitet werden
Arbeitsaufwand: 15 Min.
Garzeit: 20–25 Min.

**Für 4 Personen**

5 EL Olivenöl
500 g reife Fleischtomaten
2 Knoblauchzehen
5 EL italienischer Weißwein
1 Meerbrasse, z. B. Großaugen-Zahnbrasse oder Goldbrasse (Dorade), zu 1,4 kg, pfannenfertig gekauft
Meersalz, Pfeffer
1 kleiner Peperoncino
1 Lorbeerblatt
10 große Basilikumblätter

Pikant gefüllt und nach südspanischer Art
im Salzteig gegart.

# Dorada rellena a la sal
## Gefüllte Goldbrasse im Salzmantel

Kann vorbereitet werden
Arbeitsaufwand: 40 Min.
Backzeit: 35 Min.

**Für 4 Personen**

- 1 Goldbrasse oder andere Brasse von etwa 1,5 kg, pfannenfertig ausgenommen, aber ungeschuppt
- 8 kleine Thymianzweige

**Füllung**

- 30 g Weißbrot ohne Kruste vom Vortag
- 80 g Chorizo (pikante spanische Paprikawurst)
- 1 EL Olivenöl
- 2 kleine, feingehackte Schalotten
- 2 EL gehackte Petersilie
- Salz, Pfeffer

**Salzteig**

- 2 kg grobes Meersalz
- 200 g Weißmehl
- 3 Eiweiß

Für die Füllung das Brot in wenig Wasser einweichen. Den Chorizo häuten, in Rädchen schneiden und mit einem großen Messer hacken. Im Olivenöl unter Wenden kurz anziehen lassen, dann aus der Pfanne nehmen und die Schalotten im ausgetretenen Saft 2–3 Min. dünsten. Die Petersilie zufügen und gut wenden. Das Brot gut ausdrücken, mit den Schalotten, der Petersilie und der Wurst mischen, mit Salz und Pfeffer abschmecken. Den Fischbauch damit füllen. Die Öffnung mit Zahnstochern verschließen oder mit Küchenfaden zunähen. Das Meersalz mit dem Mehl mischen. Die Eiweiße ganz kurz verquirlen, über die Salzmischung geben und alles gut verkneten. Ein großes Backblech mit einer Backfolie auslegen. Die Hälfte der Masse in Fischform auf das Blech geben. Die Thymianzweige darübergeben und den Fisch darauflegen. Mit der restlichen Salzmasse bedecken. An den Rändern alles gut zusammendrücken. Bei 230 °C für 35 Min. in den Ofen schieben. Vor dem Servieren etwa 5–10 Min. außerhalb des Ofens ruhen lassen. Den Salzmantel ringsum mit einem elektrischen Messer aufschneiden oder die Kruste mit einem Hammer am Tisch öffnen. Die Kruste sorgfältig wegnehmen. Die Haut und die Schuppen werden dabei mitgenommen. Von den Filets Portionen abheben und jeweils etwas Füllung dazugeben.

**Tips**

- Sehr fein schmeckt der Fisch, wenn man ihn auf dem Teller mit wenig sehr gutem, kaltgepreßtem Olivenöl beträufelt und mit Pfeffer aus der Mühle bestreut.
- Man kann das Olivenöl auch mit Zitronen- oder Limettensaft vermischen oder die ungebrauchten Eigelbe zu einer frischen Mayonnaise mixen und dazu servieren.

Dieser im Sud gegarte Fisch bekommt die besondere Note durch Olivenöl und Zitronensaft.

## Goldbrasse nach dalmatinischer Art

Den Fisch beim Kauf ausnehmen und schuppen lassen. Gut ausspülen. Ein Thymianzweiglein in den Bauch legen. Für den Sud alle Zutaten in eine Fischkasserolle oder in einen großen Topf geben. Aufkochen und falls nötig abschäumen. 10 Min. kochen. Die Temperatur etwas reduzieren und den Fisch hineingeben. Bei kleiner Hitze etwa 15 Min. ziehen lassen. Prüfen, ob der Fisch gar ist; die Kiemenflosse muß sich leicht herausziehen lassen. Falls nötig nochmals 3–4 Min. garen. Die Kasserolle von der Herdplatte wegziehen und den Fisch etwa 5 Min. nachziehen lassen. Das Olivenöl mit dem Zitronensaft zu einer sämigen Sauce schlagen. Mit etwas Salz und Pfeffer aus der Mühle würzen. Den Fisch anrichten, zerlegen und mit der Sauce beträufeln.

**Tips**

- Am besten passen Salzkartoffeln dazu.
- Man kann den Fisch im Sud erkalten lassen und kalt mit einer Vinaigrette aus Olivenöl, Zitronensaft und gehackter Petersilie servieren.

Kann vorbereitet werden
Arbeitsaufwand: etwa 20 Min.
Kochzeit: etwa 10–15 Min.

**Für 4 Personen**

1 Goldbrasse (Dorade) von etwa 1,2 kg
1 Zweiglein Thymian

**Sud**

1 l Wasser
1 TL Salz
6 zerdrückte Pfefferkörner
2–3 Petersilienzweige (flachblättrige Sorte)
1/2 Lauchstange
1 feingeschnittene Zwiebel
1 Zweig Stangensellerie
2–3 gescheibelte Champignons
2 EL kaltgepreßtes Olivenöl
1/4 l trockener Weißwein

**Sauce**

4 EL kaltgepreßtes Olivenöl
3 EL Zitronensaft
Salz, Pfeffer

In Marokko gibt es kaum ein Fischgericht ohne «Chermoula», die würzige Marinade.

# Dorade à la chermoula
## Goldbrasse im Ofen

Kann vorbereitet werden
Arbeitsaufwand: 30 Min.
Marinierzeit: 12 Std.
Garzeit: 35–40 Min.

**Für 4 Personen**

- 1 Dorade (Goldbrasse) von etwa 1,5 kg, pfannenfertig vorbereitet
- 2 Zitronen

**Chermoula**

- 1 1/2 EL Kreuzkümmel
- 1 1/2 EL Harissa (s. S. 289)
- 1/8 l Olivenöl
- 1 1/2 EL Weißweinessig
- 1 große, gehackte Zwiebel
- 4–6 feingehackte Knoblauchzehen
- 2 EL gehackte flache Petersilie
- 1 EL gehackte Korianderblätter
- Salz

Den Fisch kalt ausspülen und mit Küchenpapier trocknen. Für die Chermoula den Kreuzkümmel, die Harissa, das Öl und den Essig gut mischen. Den Fisch außen mit einem Teil dieser Mischung einreiben. Den Rest mit den Zwiebeln, dem Knoblauch, den Kräutern und wenig Salz mischen. Den Fischbauch damit füllen, mit Küchenfaden zunähen oder mit einem Backpapier umwickeln und verschnüren. Eine passende ovale feuerfeste Form mit wenig Olivenöl bestreichen, den Fisch hineinlegen und im Kühlschrank 12 Std. marinieren lassen. Die Form in den Ofen schieben und bei 180 °C etwa 35 Min. garen. Von Zeit zu Zeit mit dem ausgetretenen Saft begießen. Sollte nicht genug Flüssigkeit vorhanden sein, 1–2 EL heißes Wasser in die Form gießen. Sobald sich die Kiemenflossen herausziehen lassen, ist der Fisch gar. Den Ofen abstellen und den Fisch bei spaltbreit geöffneter Tür 10 Min. nachziehen lassen. Das Backpapier und die Schnüre entfernen. Am Tisch die Dorade dem Rückgrat entlang einschneiden und von den Filets Portionen abheben. Die Zitronen quer halbieren und in jede Hälfte eine Gabel stecken. Jeder Gast kann nach Belieben den Fisch mit Zitronensaft beträufeln.

**Tip** Die Dorade kann durch andere Brassensorten wie Pageot (Rotbrasse), Dorade grise (graue Brasse) oder auch durch einen Loup de mer (Wolfsbarsch) ersetzt werden.

Ein delikates Fischgericht, nordafrikanisch inspiriert.

# Loup de mer au citron confit
## Wolfsbarsch mit eingelegten Zitronen

Kann vorbereitet werden
Arbeitsaufwand: 20 Min.
Backzeit: 12–15 Min

**Für 4 Personen**

4 Loups de mer (Wolfsbarsche) in Portionengröße
Salz, Pfeffer
1 kleines Glas (100 g) Citrons confits
4 Thymiansträußchen
8 EL kaltgepreßtes Olivenöl

Die Fische schuppen, putzen, ausnehmen und kalt abspülen. Mit Küchenpapier trockentupfen. Innen und außen salzen. Die Zitronen abgießen und die Hälfte davon in kleine Würfel schneiden. Die Bauchhöhlen der Fische damit füllen. Je einen halben Thymianzweig dazulegen.

Die Hälfte des Olivenöls in eine passende feuerfeste Form geben. Die Fische darauf anordnen. Die restlichen Zitronen mit einem großen Messer hacken. Rund um die Fische in die Form verteilen. Restlichen Thymian zugeben und mit dem restlichen Öl begießen.

Die Form bei 200 °C in den Ofen schieben und 12 bis 15 Min. auf der zweitobersten Rille backen. Die Fische dürfen leicht Farbe annehmen. Nach 10 Min. Backzeit die Fische wenden und mit dem Bratfond begießen. Sobald sich die Kopfflosse herausziehen läßt, die Fische aus der Form nehmen und auf Teller anrichten. Den Fond im abgestellten Ofen warm halten. Am Tisch die Fischhaut quer beim Kopf und auf dem Rücken einschneiden und die Haut abziehen. Die Fische wenden und die untere Haut ebenfalls entfernen. Das obere Filet von der Gräte streifen. Die Gräte beim Schwanzende unterfassen, herausziehen, lösen und mit dem Kopf entfernen. Das Fischfleisch mit dem warmen Bratenfond beträufeln und mit Pfeffer aus der Mühle bestreuen. Die Thymianzweige aus der Form dazulegen.

**Tips**

- Mit frischer, knuspriger Baguette servieren.
- Citrons confits gibt es in gewissen Comestibles-Geschäften (Feinkostläden) zu kaufen oder lassen sich nach dem Rezept auf S. 316 selbst herstellen.
- Die Fische werden beim Kauf meistens pfannenfertig zugerichtet.
- Das Gericht gelingt auch mit Saiblingen oder Forellen.
- Man kann auch einen großen Loup de mer mit den Zitronen füllen. In diesem Fall die Backzeit je nach Größe des Fisches um 5–8 Min. verlängern.

Raffiniertes Fischgericht, gewürzt mit dem trockenen Wermut aus Marseillan.

## Filets de loup de mer au Noilly Prat
## Wolfsbarschfilets mit Wermutsauce

Kann weitgehend vorbereitet werden
Arbeitsaufwand: 20 Min.
Bratzeit: 2 Min.

**Für 4 Personen als Vorspeise**

4 Filets von Loup de mer (mit Haut)
Salz, weißer Pfeffer
1 gehackte Schalotte
2 EL Weißwein
4 EL trockener Wermut (Noilly Prat)
1/8 l Rahm
20 g Butterflocken
1 TL Zitronensaft
1 EL feingehackter Kerbel
4 Kerbelsträußchen
2 EL kaltgepreßtes Olivenöl

Die Fischfilets beidseitig mit Salz und Pfeffer bestreuen. Die Schalotten mit dem Weißwein bei kleiner Hitze kochen, bis nur noch etwa 2 TL Flüssigkeit zurückbleiben. Passieren und dabei die Schalotten gut auspressen. Das ausgepreßte Schalottenkonzentrat mit dem Wermut mischen und auf die Hälfte einkochen. Den Rahm zugeben und weiterkochen, bis die Sauce leicht gebunden ist. Die Butterflocken darunterschlagen und mit Salz, Pfeffer und Zitronensaft abschmecken. Die Filets auf der Hautseite dreimal quer einritzen und auf der Haut im Olivenöl knusprig braten. 2 Min. in der heißen Pfanne belassen, ohne zu wenden. Mit der Hautseite nach oben anrichten. Die Filets mit Sauce umgießen und mit Kerbel bestreuen. Nach Belieben mit je einem Kerbelsträußchen garnieren.

**Tips**

- Mit Blätterteigfleurons in Fischform garnieren.
- Besonders aromatisch werden Fischfilets, wenn man die Haut, wie in diesem Rezept beschrieben, daran beläßt und die Filets nur auf der Hautseite knusprig werden läßt. In Frankreich nennt man diese Zubereitungsart neuestens «à l'unilatérale».

Ein wunderbar leichtes Gericht, passend zum zarten Fleisch des Loup de mer.

## Loup de mer à la nage au fenouil
## Wolfsbarsch im eigenen Saft mit Fenchel

Kann vorbereitet werden
Arbeitsaufwand: 25 Min.
Garzeit: 15–20 Min.

**Für 4 Personen**

4 Loups de mer in Portionengröße (etwa 250 g) oder 2 mittelgroße (etwa 400–500 g), pfannenfertig vorbereitet
3 Fenchelknollen
4 reife, geschälte Tomaten
2 Frühlingszwiebeln
1 EL Olivenöl
1 Knoblauchzehe
Salz
weißer Pfeffer
1 Messerspitze Harissa (s.S. 289) oder Cayennepfeffer
150–200 g Auberginenkaviar (s.S. 44)

Die Fische unter fließendem Wasser kurz waschen und den Bauch ausspülen. Die Fenchelknollen putzen und in feine Streifen schneiden, das Kraut aufheben. Die Tomaten halbieren, entkernen und gut auspressen. Danach in kleine Würfel schneiden. Die Zwiebeln fein schneiden. Die Gemüse im Olivenöl kurz anziehen lassen. Mit 2–3 EL Wasser begießen und etwa 5 Min. bei kleiner Hitze garen. Den Knoblauch dazupressen. Mit Salz, Pfeffer und Harissa abschmecken. Das Gemüse in eine passende ovale Auflaufform verteilen. Die Fische innen und außen salzen und pfeffern und auf das Gemüse legen. Mit einer Alufolie lokker abdecken. 15–20 Min., je nach Größe der Fische, im Ofen bei 100 °C ziehen lassen. Sobald sich die Kiemenflossen herausziehen lassen, sind die Fische gar. Das Gemüse auf 4 große, wenn möglich tiefe Teller anrichten. Die Fische darauflegen. Große Fische am Tisch zerlegen, häuten und portionsweise verteilen. Mit dem Fenchelkraut garnieren. Den Auberginenkaviar als Beilage dazu reichen.

**Tips**

- Auch andere Fische mit festem Fleisch eignen sich für diese Zubereitungsart, z.B. Goldbrassen, Forellen, Saiblinge.
- Man kann auch Fischfilets mit Haut verwenden. In diesem Fall die Gemüse etwas länger vorgaren und die Garzeit im Ofen auf 5–6 Min. verkürzen.
- Besonders interessant wird der Sud, wenn man 2–3 Korianderblätter mitkocht oder etwas geriebenen Ingwer beigibt.

Aus meinem liebsten Restaurant in Palamós, das es leider nicht mehr gibt.

## Pescado al horno «Emilio»
## Emilios Fisch im Ofen

Arbeitsaufwand:
etwa 30 Min.
Garzeit: 20–30 Min.

**Für 4–6 Personen**

| | |
|---|---|
| 500 g | festkochende Kartoffeln |
| 1 | Steinbutt oder ein anderer, mittelgroßer, pfannenfertiger Mittelmeerfisch, z. B. Dorade oder Loup de mer |
| | Salz, Pfeffer |
| 7 EL | Olivenöl |
| 1/4 l | trockener Jerez (Sherry) |
| 250 g | frische, ausgehülste grüne Erbsen, evtl. auch tiefgekühlte |
| 2 | Zitronen, unbehandelt |
| 2 | große Zwiebeln |
| 500 g | kleine Tomaten, evtl. auch Cherrytomaten |
| 2 EL | gehackte Petersilie |

Die Kartoffeln schälen, waschen und in feine Scheiben schneiden. Mit 1/8 l Wasser 10 Min. vordünsten. Den Fisch innen und außen mit Salz und Pfeffer einreiben. Eine große feuerfeste Form mit wenig Olivenöl ausstreichen. Die Kartoffeln leicht salzen und hineinlegen. Den Fisch darauf setzen, 4 EL Olivenöl darüber verteilen. Etwa 10 Min. bei 200 °C braten. Danach den Jerez zufügen und die Erbsen über das Gericht verteilen. Die Zitronen in sehr dünne Scheiben schneiden und diese halbieren. Über die Kartoffeln und den Fisch verteilen. Etwa 15–20 Min. weiterschmoren lassen. Inzwischen die Zwiebeln in Rädchen schneiden. In 2 EL Olivenöl beidseitig hellbraun fritieren. Aus der Pfanne nehmen, das restliche Öl zufügen. Die Tomaten quer halbieren und mit der Schnittfläche nach unten bei starker Hitze rasch anbraten, dann wenden und mit Salz und Pfeffer bestreuen. Cherrytomaten können ganz gebraten werden. 5 Min. vor Ende der Bratzeit des Fisches die Form kurz aus dem Ofen nehmen. Die Tomaten rings um den Fisch legen und die fritierten Zwiebeln darüber anrichten. Vor dem Anrichten prüfen, ob Fisch und Kartoffeln gar sind. Mit der Petersilie bestreuen und in der Form auf den Tisch bringen.

**Tip** Am schönsten sieht dieses Gericht aus, wenn es in einem spanischen Tongefäß gebraten und serviert wird.

In Griechenland werden Fische meistens einfach ganz grilliert.
Hier zur Abwechslung eine andere Variante.

## Psari a la spetsiota
## Fisch nach Art von Spetsaï

Kann vorbereitet werden
Arbeitsaufwand: etwa 20 Min.
Garzeit: etwa 20–30 Min.

**Für 4 Personen**

| | |
|---|---|
| 800 g | Zackenbarschfilets |
| 2 | große Zwiebeln |
| 4 | große, reife Tomaten |
| | Salz |
| 4 EL | kaltgepreßtes Olivenöl |
| | Pfeffer |
| 2 EL | gehackte flache Petersilie |
| 1 TL | gehackter Origano |
| 2 | Knoblauchzehen |
| $^1/_8$ l | trockener Weißwein |
| 2 | Zitronen |

Die Zwiebeln in Ringe, die Tomaten in $^1/_2$ cm dicke Scheiben schneiden und mit etwas Salz bestreuen. In ein Sieb geben und abtropfen lassen. Eine große ovale Gratinform mit etwas Olivenöl bestreichen. Die Hälfte der Zwiebeln und Tomaten hineinlegen. Mit Salz, Pfeffer, der Hälfte der Petersilie und des Origano und nach Belieben mit dem durchgepreßten Knoblauch bestreuen. Die Fischfilets salzen, pfeffern und auf die Gemüseschicht legen. Die restlichen Zwiebeln, Tomaten und Kräuter darauf verteilen. Wiederum leicht salzen. Den Weißwein und das restliche Olivenöl darüber verteilen und das Ganze mit einigen Umdrehungen Pfeffer bestreuen. 20–30 Min. bei 200 °C im Ofen garen lassen. Mit Zitronenvierteln servieren.

**Tip** Dazu passen Salzkartoffeln.

Ein Rezept für Hobbyköchinnen und -köche, die den Aufwand nicht scheuen. Es lohnt sich!

## Rotbarbenfilets mit Artischocken an Oliven-Paprika-Vinaigrette

Kann teilweise vorbereitet werden
Arbeitsaufwand: 1 Std.
Kochzeit: 20 Min.

**Für 4 Personen**

- 4 große Artischocken
- Saft von 1/2 Zitrone
- 0,15 l trockener Weißwein
- 5 schwarze Pfefferkörner
- 1 Thymianzweig
- 5 EL Olivenöl
- 1 gehackte Schalotte
- 20 g Kapern
- abgeriebene Schale von 1 Zitrone
- 1/2 TL Aceto balsamico
- 10 g Butterflocken
- 8 Rotbarbenfilets (Rougetfilets) mit Haut zu je 50 g
- Meersalz, Pfeffer

**Vinaigrette**

- je 30 g rote, gelbe und grüne Paprikaschoten, geschält (s. S. 227)
- 60 g schwarze Oliven
- 30 g getrocknete Tomaten
- 1 Sardellenfilet
- 3 EL Champagneressig
- 6 EL kaltgepreßtes Olivenöl
- Meersalz, Pfeffer
- 4 Portionen Kartoffelpüree mit Olivenöl (s. S. 242)
- 3 Basilikumblätter zum Garnieren

Von den Artischocken den Stiel abbrechen, die Blätter und das Heu entfernen. Einige schöne Artischockenblätter in Salzwasser kochen und für die Garnitur beiseite legen. Die Böden schön zurechtschneiden. Sofort mit dem Zitronensaft einreiben. Mit dem Weißwein, den Pfefferkörnern, dem Thymianzweig und 3 EL Olivenöl in einen Topf geben. Mit Wasser auffüllen, bis die Artischocken bedeckt sind. Etwa 20 Min. kochen, abtropfen lassen, in kleine Würfel schneiden und in 1 EL Olivenöl mit den gehackten Schalotten, den Kapern und der Zitronenschale leicht anbraten. Mit dem Aceto balsamico und den Butterflocken abschmecken. Für die Vinaigrette die Paprikaschoten, die entsteinten Oliven und die Tomaten in sehr kleine Würfel schneiden. Das Sardellenfilet ebenfalls kleinschneiden. Alle Zutaten mit dem Essig und dem Öl zu einer Vinaigrette mischen und mit Salz und Pfeffer abschmecken.

Die Fischfilets salzen, pfeffern und in 1 EL Olivenöl auf der Hautseite 30 Sek. braten, wenden und rasch aus der Pfanne nehmen. Das warme Kartoffelpüree in einen Spritzbeutel geben und kranzförmig auf heiße Teller spritzen. Die warmen Artischockenwürfel in die Mitte geben. Die Fischfilets daraufsetzen und mit der Vinaigrette übergießen. Mit den Basilikumblättern und den gekochten Artischockenblättern garnieren.

**Tip** Dieses Rezept stammt vom Küchenchef Seamus Egan. Er versteht es meisterhaft, kreative südliche Gerichte zu kochen. Statt mit Artischockenblättern garniert er dieses Gericht mit Artischockenchips, d. h., er schneidet hauchdünne Scheiben aus einem Artischockenboden und fritiert sie. Beim Zubereiten dieses Rezepts habe ich statt dessen die schönsten Artischockenblätter separat gekocht und für die Garnitur verwendet.

Das Braten von kleinen Fischfilets ist eine «heiße» Sache. Oft geraten sie leider zu trocken.

# Filets de rouget rôtis
## Gebratene Meerbarbenfilets

Kann nicht vorbereitet werden
Arbeitsaufwand: 5 Min.

**Für 4 Personen**

| | |
|---|---|
| 4–8 | kleine Rougetfilets mit Haut |
| | Salz, Pfeffer |
| 1 EL | kaltgepreßtes Olivenöl |
| 1 TL | Olio santo (s. S. 63), nach Belieben |

Die kleinen Fischfilets auf Küchenpapier beidseitig kurz trockentupfen. Mit Salz und Pfeffer bestreuen. Das Olivenöl in einer beschichteten Bratpfanne erhitzen. Die Fischfilets mit der Hautseite hineinlegen und je nach Größe nach $^{1}/_{2}$–1 Min. herausnehmen. Das delikate Fischfleisch wird durch die Eigenhitze fertig gegart. Sollten größere Filets auf der Unterseite noch roh sein, kann man sie für 2–3 Sek. wenden. Die gebratene Hautseite mit einigen Tropfen Olio santo beträufeln.

**Tips**

- Größere Fischfilets, die auf der Haut gebraten werden, brauchen eine etwas längere Garzeit.
- Die Haut schont das zarte Fischfleisch und gibt dem Ganzen mehr Geschmack. Manche Köche in Frankreich lassen die Haut von Loup de mer oder Dorade bei großer Hitze knusprig werden oder trennen sie nach dem Braten ab, werfen sie in die Friture und setzen sie danach wieder auf das Filet. Das macht diese Fischgerichte interessant. Rougets haben eine zu delikate Haut für dieses Vorgehen.
- Fischfilets lassen sich aber auch unter der Grillschlange des Ofens rösten: Die Filets auf eine Brat- oder Alufolie legen, Hautseite nach oben. Diese mit etwas kaltgepreßtem Olivenöl oder nach Belieben mit wenig Olio santo bestreichen und etwa $^{1}/_{2}$–1 Min. grillieren. Die Filets herausnehmen, warm stellen und etwa 1 Min. nachgaren lassen, ohne sie zu wenden.

# Bohnen aus dem Meer

Mitte Juli erntet man in der Camargue grüne, bohnenähnliche Algen, die «Salicornes». Sie sind sehr schmackhaft und eignen sich ausgezeichnet als Beilage zu Fischgerichten oder auch, mit Vinaigrette angemacht, als Vorspeise. Die «Meerbohnen», wie sie bei uns genannt werden, gibt man 1–2 Min. in kochendes Wasser, gießt sie ab und taucht sie sofort in eiskaltes Wasser. So bleiben sie schön grün.

Interessant zu gedämpftem oder gebratenem Meerfisch schmeckt die Salicornesauce: Die Meerbohnen etwas länger kochen, abschrecken und im Mixer pürieren. Eine gehackte Schalotte in 4 EL Weißwein und 2 EL Weißweinessig 10 Min. kochen, durch ein Sieb streichen und die aufgefangene Flüssigkeit auf die Hälfte reduzieren. 2 EL Rahm dazugeben, nochmals etwas einkochen, das Meerbohnenpüree zufügen und mit etwa 20 g Butterflocken zu einer sämigen Sauce schlagen.

Ein Fischgericht mit ausgeprägtem Meergeschmack.

## Filets de sole au corail d'oursins
## Seezungen mit Meerigelrogen

Kann weitgehend vorbereitet werden
Arbeitsaufwand: 40 Min.
Garzeit: 2–3 Min.

**Für 4 Personen**

8 Seezungenfilets
Salz, weißer Pfeffer
1 EL gehackter Kerbel
200 g Meerbohnen (Salicornes, s. S. 124)

**Sauce**

2 feingehackte Schalotten
2 EL Weißwein
2 EL trockener Wermut (Noilly Prat)
3 EL Crème fraîche
4 Seeigel
40 g kalte, frische, kleingewürfelte Butter
4 Kerbelzweige für die Garnitur

Die Seezungenfilets beidseitig salzen und pfeffern. Mit der glänzenden Hautseite nach oben auf die Arbeitsfläche legen. Mit dem gehackten Kerbel bestreuen und einrollen. Mit je einem Zahnstocher die Röllchen befestigen. Einen Siebaufsatz mit den Meerbohnen auslegen und die Röllchen daraufsetzen. Für die Sauce die Schalotten mit dem Weißwein und dem Wermut bei kleiner Hitze weich kochen, dann passieren, den aufgefangenen Saft mit der Crème fraîche mischen. Handschuhe anziehen und von den Seeigeln mit einer Schere auf der etwas abgeflachten Seite einen Deckel wegschneiden. Die Seeigel umdrehen und die Flüssigkeit abgießen. Danach mit einem kleinen Löffel den Rogen herausnehmen und von allen Unreinheiten befreien. Den Siebaufsatz auf einen zu 1/4 mit kochendem Wasser gefüllten passenden Topf aufsetzen, zudecken und die Fischröllchen etwa 2–3 Minuten garen. Inzwischen den vorbereiteten Saucenfond in eine flache Pfanne gießen, aufkochen und die Butterstückchen darunterschwingen. Sobald die Sauce gebunden ist, den leicht zerdrückten Rogen zufügen, gut umrühren und nicht mehr kochen. Die Röllchen auf warme Teller anrichten, mit der Sauce umgießen und mit den Meerbohnen und den Kerbelsträußchen garnieren.

**Tips**

- Saft und Rogen von Seeigeln haben ein starkes Meer- und Jodaroma. Deshalb werden diese Meeresfrüchte nicht von jedermann akzeptiert. Milder wird die Sauce, wenn man etwas mehr Crème fraîche zufügt.
- Den Rogen kann man durch Poutargue (Meeräschenrogen, s. S. 370) oder roten Kaviar (Lachsrogen) ersetzen oder ganz weglassen.
- Nach Wunsch gehackten Kerbel in die Sauce geben.
- Zu diesem Gericht paßt Gurkengemüse sehr gut.
- Meerbohnen sind grüne Algen.

Eine leichte Vorspeise, inspiriert von Süditalien, besonders aromatisch dank Limettensaft und Olivenöl.

## Pesce spada marinato
## Marinierter Schwertfisch

Arbeitsaufwand: 30 Min.
Marinierzeit: 1–2 Std.

**Für 4 Personen**

300 g sehr frisches Schwertfischfilet
3 Limetten
1 Fenchelknolle mit Kraut
Salz, Pfeffer
6 EL kaltgepreßtes Olivenöl
1 Bund Basilikum

Das Fischfleisch in Tiefkühlfolie einpacken und für etwa 1 Std. in den Tiefkühler legen. Danach schräg in sehr feine Scheiben schneiden. In eine flache Platte legen und mit dem Saft von zwei Limetten begießen. Das Kraut von der Fenchelknolle schneiden, hacken und über den Fisch streuen. Salz und Pfeffer zugeben. Mit einer Klarsichtfolie abdecken und im Kühlschrank 1–2 Std. marinieren lassen. Den Fenchel putzen und in sehr kleine Würfel schneiden. 2 EL Fischmarinade mit 3 EL Olivenöl mischen, salzen, pfeffern und über die Fenchelwürfel gießen. Die Fischscheiben auf 4 Teller auslegen und mit dem restlichen Olivenöl beträufeln. Mit Pfeffer aus der Mühle bestreuen. Je ein Häufchen Fenchel in die Mitte geben. Die restliche Limette so schälen, daß auch die weiße Haut entfernt wird. Aus den Trennhäuten Schnitze herauslösen. Den Fisch mit den Limettenfilets und etwas Basilikum garnieren.

**Tip** Jakobsmuscheln, Thunfischfilet oder Meerfische mit festem Fleisch können auf die gleiche Art mariniert werden.

Ein wunderbarer Duft entströmt der Folie beim Öffnen.
So wurde mir dieser Fisch in einem Hafenrestaurant
in Palermo serviert.

## Pesce spada in cartoccio
## Schwertfisch mit Muscheln in der Folie

Pergamentpapier zu 4 großen Rondellen zurechtschneiden. Sie sollen so groß sein, daß die Fischtranchen mit den Zutaten darin bequem eingepackt werden können. Die Tomaten kurz in heißes Wasser tauchen, rasch in kaltem Wasser abkühlen, dann schälen, halbieren, entkernen und gut auspressen. Die Zwiebeln in 1 EL Olivenöl kurz dünsten. Die Tomaten kleinschneiden, die Hälfte davon zufügen und mitdünsten, bis die Flüssigkeit verdampft ist. Den Knoblauch dazupressen, 1 EL Petersilie, den Origano und den feingehackten Peperoncino beifügen und alles gut mischen. Die Muscheln im restlichen Olivenöl zugedeckt aufkochen lassen, bis sich die Schalen öffnen. Die Schalen entfernen und den Kochsaft zu den Tomaten geben. Die Folien auf dem Tisch ausbreiten und mit Olivenöl bestreichen. Wenig Tomatensauce auf die eine Seite der Folien verteilen. Die Ränder dabei etwas hochziehen, damit nichts auslaufen kann. Die Fischscheiben mit wenig Salz und Pfeffer würzen und darauflegen. Mit den restlichen Tomaten bedecken und die Muscheln darauf verteilen. Mit Pfeffer und der restlichen Petersilie bestreuen. Die Folie zusammenklappen und ringsum gut verschließen, dabei die Ränder nach oben einrollen. Die Folienpakete auf ein Backblech legen und etwa 10–15 Min. in der Mitte des Ofens bei 190 °C garen lassen. Die Pakete auf Teller legen. Vor dem Auftragen die Folie in der Mitte etwas aufreißen.
**Tip** Als Muscheln für dieses Gericht eignen sich auch Miesmuscheln oder andere kleine Muschelsorten.

Kann vorbereitet werden
Arbeitsaufwand: 20 Min.
Garzeit: 20 Min.

**Für 4 Personen**
- 4 Scheiben Schwertfisch zu etwa 200 g
- 4 geschälte, reife Tomaten
- 2 EL gehackte Zwiebeln
- 3 EL Olivenöl
- 2 Knoblauchzehen
- 2 EL gehackte Petersilie
- 1 TL gehackter Origano
- 1 kleines Stück Peperoncino
- 500 g Vongole
- Olivenöl zum Bestreichen der Folie
- Salz, Pfeffer

Eine Erinnerung an Marbella.

# Atun con pimientos
## Thunfisch mit Paprikaschoten

Kann vorbereitet werden
Arbeitsaufwand: 25 Min.
Garzeit: 30 Min.

**Für 4 Personen**

- 500 g geschälte Tomaten
- je 1 gelbe, grüne und rote Paprikaschote
- 50 g Jamón serrano (spanischer Rohschinken), dünn geschnitten
- 4 EL Olivenöl
- 1 große, gehackte Zwiebel
- 3 feingehackte Knoblauchzehen
- Salz, Pfeffer
- 2 Rosmarinzweige
- 800 g frischer roter Thunfisch oder Bonito

Die Tomaten halbieren, entkernen, ausdrücken und kleinschneiden. Die Paprikaschoten öffnen, entkernen und in etwa 1 cm breite Streifen schneiden. Den Schinken in feine Streifen schneiden. 3 EL Olivenöl in einer Bratpfanne erhitzen. Die Zwiebeln darin anziehen lassen. Die Tomaten, die Paprikastreifen und den Rosmarin zufügen. 2–3 Min. dünsten. Den Knoblauch beigeben. Zugedeckt 20 Min. schmoren lassen. Mit Salz und Pfeffer abschmecken. Das Thunfischstück in Scheiben schneiden und in eine feuerfeste Form legen, salzen und pfeffern. Das Gemüse ringsum anordnen und die Schinkenstreifen darüberstreuen. Den Fisch mit 1 EL Olivenöl beträufeln. 10 Min. bei 200 °C überbacken. Den Fisch mit etwas Gemüse bedecken. 5 Min. bei 150 °C weiterschmoren lassen. In der Form servieren.

**Tip** Bei Verwendung eines Bonitos den Fisch, wenn es sich um ein kleines Exemplar handelt, ganz belassen und mit schrägen Einschnitten versehen, die man mit dem Schinken spicken kann.

Ganz einfaches, aber gutes, neues katalanisches Rezept.

# Rape con hierbas
## Seeteufelmedaillons mit Kräutern

Die Medaillons beidseitig mit dem Öl bestreichen und in eine feuerfeste Form legen. Den Backofen oder den Elektrogrill auf 180 °C vorheizen. Die Form auf die zweitoberste Rille schieben. Den Fisch 5 Min. bei Oberhitze dünsten (bei Verwendung des Grills den Fisch mit Aluminiumfolie abdecken). Die Form kurz aus dem Ofen nehmen. Die Seeteufelmedaillons beidseitig mit Salz, Pfeffer, der Kräutermischung und der gehackten Pfefferminze bestreuen. Die Butter in Flocken darübergeben. Nochmals für einige Minuten unter die heiße Grillschlange schieben! Mit den Pfefferminzblättern garnieren.

**Tip** Nur vorsichtig mit Pfefferminze würzen, damit dieser Geschmack nicht vorherrscht!

**Variationen**

- Schalotten sehr fein hacken, in etwas Olivenöl vordünsten und mit den Kräutern auf die Fischscheiben verteilen, dann wie beschrieben grillieren.
- Die Kräuter durch 1 EL frisch gehackten Estragon ersetzen und die Pfefferminzblätter weglassen.

Kann vorbereitet werden
Arbeitsaufwand: 15 Min.
Grillzeit: 5–6 Min.

**Für 4 Personen**

1 EL Olivenöl
4 Scheiben Seeteufel (Baudroie) zu je 150–200 g
Salz, weißer Pfeffer aus der Mühle
2 EL gemischte gehackte Kräuter (Estragon, Salbei, Petersilie)
2 gehackte Pfefferminzblätter
40 g Butterflocken
Pfefferminzblätter zum Garnieren

Fisch mit Rohschinken liebt man in Spanien.

## Coda de rape con jamón al horno
## Seeteufel im Schinkenmantel

Kann vorbereitet werden
Arbeitsaufwand: 20 Min.
Bratzeit: 10 Min.

**Für 4 Personen**

- 6 EL gehackte flache Petersilie
- Salz, Pfeffer
- 1,2 kg Seeteufel (Schwanzstück), pfannenfertig
- 100 g Jamón serrano (spanischer Rohschinken), sehr dünn geschnitten
- 4 Knoblauchzehen
- 4 EL Olivenöl

Die Petersilie mit etwas Salz und Pfeffer mischen. Den Seeteufel mit der Hälfte davon einreiben und mit dem Schinken umwickeln. Die Knoblauchzehen schälen. Den Fisch mit den leicht zerdrückten Knoblauchzehen in eine feuerfeste Form legen. Mit 3 EL Olivenöl beträufeln, in den auf 220 °C vorgeheizten Ofen schieben. Nach 10 Min. wenden, mit der restlichen Petersilie bestreuen und 1 EL Olivenöl darüber verteilen. 15 Min. weiterbraten, dabei ab und zu mit dem ausgetretenen Saft begießen. 5 Min. im abgestellten Ofen ruhen lassen. In der Form an den Tisch bringen. Die beiden Filets mit einem Fischmesser vom Knochen lösen und in Scheiben schneiden. Mit dem Saft begießen.

**Tips**

- Am besten wählt man beim Kauf 2 mittelgroße oder, noch besser, 4 kleine Schwanzenden zu je 300 g. Auf diese Art wird das Fleischstück gleichmäßig gar, und das Tranchieren am Tisch erübrigt sich. Bei kleinen Stücken die Garzeit um etwa 10 Min. reduzieren.
- Natürlich kann man auch Rohschinken aus unseren Breitengraden verwenden.
- Als Beilage passen gebratene neue Kartoffeln.

**Variation** Den Schinken weglassen und den Fisch 5 Min. vor Ende der Bratzeit mit einer Mischung aus Salz, Pfeffer, einigen entsteinten, gehackten Oliven, Petersilie, Knoblauch und Tomatenwürfelchen belegen. Mit wenig geriebenem Brot bestreuen, mit Olivenöl beträufeln und leicht überbacken.

Ein interessanter Fisch, den man in Spanien gern mit Tomaten und Safran zubereitet.

# Ala de raya al horno
## Rochenflügel im Ofen

Die Zwiebeln in 3 EL Olivenöl anziehen lassen. Die Tomaten halbieren, entkernen, kleinschneiden und mit den Zwiebeln 20 Min. dünsten. Ab und zu wenden. Die Mischung leicht salzen und pfeffern. Den Knoblauch durchpressen und das Ganze in eine große feuerfeste Form geben. Die Rochenflügel kalt abspülen, mit Küchenpapier trocknen und beidseitig mit Salz und Pfeffer einreiben. Mit der Hautseite nach oben auf die Tomaten legen. Bei 230 °C im Ofen 10 Min. garen. Dann die Form kurz herausnehmen. Die Haut mit einem spitzen Messer am Knochenrand entlang einritzen und nach unten abziehen. Die Rochenflügel wieder in die Form legen. Den Wein mit den Safranfäden mischen, in die Form gießen und die Sauce mit Salz und Pfeffer abschmecken. Den Fisch mit etwas Sauce begießen und weitere 10 Min. braten. Die dünnen Enden der Rochenflügel mit je einem Aluminiumfolienstreifen abdecken. Den Ofen abstellen, den Fisch mit dem restlichen Olivenöl beträufeln und noch 5 Min. im Ofen ruhen lassen. Beim Servieren das Fischfleisch beim Knochenteil einschneiden, mit einer flachen Bratschaufel sorgfältig von den Gräten schieben und servieren. Die Gräten, die wie Korsettstäbchen aussehen, abheben, dabei mit einem Fischmesser nachhelfen. Danach das restliche Fischfleisch wiederum mit der Bratschaufel aus der Form heben. Das Gemüse auf Teller anrichten und den Fisch darauf verteilen.

**Tips**

- Das Servieren dieses Fisches habe ich mit Absicht so ausführlich beschrieben, weil das Rochenfleisch nicht kompakt ist, sondern streifenartig aussieht und leicht auseinanderfällt, was unschön ist.
- Beim Kauf der Rochenflügel muß man darauf achten, daß die schwarze Hautseite enfernt wurde. Die weiße Seite wird vom Fischhändler belassen. Man kann sie, wie beschrieben, nach dem Garen leicht entfernen.

Kann vorbereitet werden
Arbeitsaufwand: 30 Min.
Bratzeit: 20 Min.

**Für 4 Personen**

| | |
|---|---|
| 1 | große, gehackte Zwiebel |
| 4 EL | kaltgepreßtes Olivenöl |
| 1 kg | reife, geschälte Tomaten |
| | Salz, Pfeffer |
| 1–2 | Knoblauchzehen |
| 2 | große Rochenflügel zu je etwa 450 g |
| 2 EL | Weißwein |
| 1 Prise | Safranfäden |

Ein Fisch aus den Gewässern der Camargue.

# Sandre poché aux herbes
## Zander im Kräutersud

Kann teilweise vorbereitet werden
Arbeitsaufwand: 20 Min.
Garzeit: 4–6 Min.

**Für 4 Personen**

1 EL gehackter Estragon
1 TL gehacktes Eisenkraut
1 TL gehacktes Liebstöckelkraut
8 Fenchelsamen
1 EL gehackter Kerbel
1 TL gehacktes Korianderkraut oder 3–4 Korianderkörner
1 Knoblauchzehe
4 Zanderfilets zu etwa 200 g
Öl für die Form
Salz, Pfeffer
2 EL gehackte Petersilie
2 EL Olivenöl

Die Kräuter (außer die Petersilie), die Gewürze und den zerdrückten Knoblauch in ein Gefäß geben. Mit $^{1}/_{4}$ l kochendem Wasser begießen und etwa 30 Min. ziehen lassen. Die Zanderfilets schräg halbieren. Eine Gratinform mit wenig Öl bestreichen. Die Fischfilets salzen, pfeffern und in die Form legen. Mit dem passierten Sud begießen und im Ofen bei 180 °C 4–6 Min. garen lassen. Den Kräutersud abgießen. Die Petersilie mit dem restlichen Olivenöl rasch anziehen lassen und über den Fisch verteilen.

**Tips**

- Grünes Gemüse, z. B. Zuckerschoten oder grüne Erbsen, paßt gut dazu.
- Die Zanderfilets können durch andere Fischsorten mit festem Fleisch ersetzt werden.

# Fleischgerichte

In den meisten Mittelmeerländern bildet ein schönes Stück Lammfleisch, im Ganzen gebraten, den Mittelpunkt einer festlichen Mahlzeit. Geschnittenes oder gehacktes Lammfleisch wird, vor allem im Orient, vielfach zusammen mit Gemüse als Eintopf serviert. Außer in Südfrankreich liebt man Lamm durchgegart oder geschmort und stets kräftig gewürzt oder mariniert. Kalb- und Schweinefleisch kommt vor allem in Spanien, Frankreich und Italien auf den Tisch. Mit Hackfleisch und Innereien entstehen ebenfalls ansprechende und besonders preisgünstige Gerichte.

Auch in Marokko sind im Dampf gegarte Gerichte beliebt.

# Chaoua
## Lammschulter im Dampf

Kann vorbereitet werden
Arbeitsaufwand: 30 Min.
Garzeit: 1 Std.

**Für 4–5 Personen**

| | |
|---|---|
| 1 | Lammschulter |
| | Salz |
| 500 g | Zucchini |
| 500 g | Karotten |
| 500 g | Kartoffeln |
| | grobes Meersalz |
| | Kreuzkümmel |

Die Lammschulter beim Kauf entbeinen lassen. Mit wenig Salz einreiben und auf einen Siebaufsatz legen, diesen auf einen Topf mit kochendem Wasser stellen und die Lammschulter zugedeckt 30 Min. im Dampf garen. Inzwischen die Zucchini, die Karotten und die Kartoffeln schälen und in Stengelchen schneiden. Nach Ablauf der 30 Min. die Schulter kurz aus dem Sieb nehmen und die Gemüse hineinlegen. Das Fleisch wieder daraufsetzen und 30 Min. zugedeckt im Dampf weitergaren. Nach insgesamt 1 Std. sollte das Lammfleisch «rosé» und das Gemüse gar sein. Mit dem Fleischthermometer kontrollieren und wenn nötig die Garzeit etwas verlängern. Das aufgeschnittene Fleisch und die Gemüse am Tisch nach Belieben mit Meersalz und Kreuzkümmel bestreuen.

**Tip** In Marokko werden die Gemüse meistens unten im Topf im Wasser gekocht oder bereits zu Beginn mit dem Fleisch auf das Sieb gegeben. Dabei verkochen sie, aber in Nordafrika liebt man sehr weich gekochtes Fleisch und Gemüse. Deshalb eventuell die Garzeit nach Belieben verlängern.

Durch die interessante Marinade bekommt das Lamm eine orientalische Note.

## Epaule d'agneau aux aubergines et aux olives
## Marinierte Lammschulter mit Auberginen und Oliven

Das Butterschmalz oder den Smen bei Küchentemperatur weich werden lassen. Das Paprikapulver mit dem Knoblauch, dem Safran und dem Kreuzkümmel in einem Mörser gut vermischen. Nach und nach den Schmalz zufügen. Die Mischung salzen. Die Lammschulter beidseitig mit einem scharfen Messer kreuzweise etwas einritzen und mit der Gewürzmischung dicht bestreichen. Abdecken und mindestens 1–2 Std. marinieren lassen. Die Auberginen auf ein Backblech legen und bei 180 °C 40–45 Min. rösten. Danach schälen und das Fruchtfleisch in kleine Würfel schneiden. Die Tomaten halbieren, entkernen, etwas auspressen und ebenfalls würfeln. Den Knoblauch schälen und fein hacken. Das Öl in einem Bräter erhitzen und zuerst die Auberginenwürfel leicht anbraten, dann die Tomaten und den Knoblauch zufügen. Etwa 30 Min. bei kleiner Hitze schmoren lassen. Mit dem Zitronensaft, Salz und Pfeffer abschmecken. Die Lammschulter in eine Bratkasserolle legen und etwa 45–55 Min. bei 210 °C braten. Zugedeckt 5–8 Min. abstehen lassen. Die Oliven entsteinen und fein schneiden. Die Zitronen vierteln. Das Fleisch aufschneiden und auf dem Gemüse anrichten. Mit den Oliven bestreuen, mit dem Fleischsaft begießen und mit den Zitronenvierteln garnieren.

**Tip** Wer es mag, kann das Fleisch nach dem Aufschneiden mit etwas Kreuzkümmel bestreuen.

Kann vorbereitet werden
Arbeitsaufwand: 40 Min.
Marinierzeit: 1–2 Std.
Brat- und Schmorzeit: etwa 75 Min.

**Für 4 Personen**

- 1 mittelgroße Lammschulter (mit Bein)
- 60 g Butterschmalz oder Smen (s. S. 288)
- 1 TL Paprikapulver
- 4 durchgepreßte Knoblauchzehen
- 1 Prise Safranfäden
- ½ TL Kreuzkümmel
- Salz, Pfeffer

**Garnitur**

- 500 g Auberginen
- 250 g Tomaten
- 1 Knoblauchzehe
- 2 EL Olivenöl
- Saft von ½ Zitrone
- 6 schwarze Oliven (vorzugsweise kleine Sorte aus Nizza)
- 2 Zitronen

Kreuzkümmel und Safran sind die Gewürze, welche diesem Lammgericht einen besonderen Charakter verleihen. Man sollte aber vorsichtig damit umgehen, damit das Aroma des Fleisches noch zur Geltung kommt.

## Epaule d'agneau M'hammer
## Geschmorte Lammschulter mit Safran und Knoblauch

Kann vorbereitet werden
Arbeitsaufwand: 25 Min.
Marinierzeit: 1 Std.
Schmorzeit: 1 3/4 Std.

**Für 5–6 Personen**

- 100 g geklärte Butter oder Smen (s. S. 288)
- 2 Knoblauchzehen
- 1 TL Kreuzkümmel
- 1 TL Paprika
- 1/2 TL Safran
- 1 mittelgroße Lammschulter (mit Bein)
- Salz, Pfeffer aus der Mühle
- 2 EL Olivenöl
- 1 TL Mehl, nach Belieben

80 g Butter oder Smen weich werden lassen. Mit dem durchgepreßten Knoblauch und dem Kreuzkümmel mischen. Die Lammschulter mit der gewürzten Butter einstreichen. 1 Std. ruhen lassen. Die Schulter in einen Bräter mit gutschließendem Deckel legen, halbhoch mit Wasser bedecken. Mit wenig Salz und viel Pfeffer bestreuen und das Öl darübergeben. Zugedeckt bei kleiner Hitze etwa 1 3/4 Std. schmoren lassen. Das Fleisch soll ganz weich werden und sich von den Knochen lösen. Ab und zu mit dem Bratensaft begießen. Das Fleisch aus der Sauce nehmen und warm stellen. 20 g Butter mit dem Mehl zu einer Kugel verkneten, mit dem Paprika und dem Safran in die Sauce geben und unter Rühren darin auflösen. Sobald sie leicht gebunden ist, mit dem aufgeschnittenen Fleisch servieren.

**Tip** Die Sauce kann auch ungebunden über das geschnittene Fleisch gegossen werden, was ich besser finde. In diesem Fall die Mehlbutter weglassen.

Zu diesem Gericht ließ ich mich von dem verführerischen Kräuterangebot auf einem Markt in Südfrankreich verleiten.

## Epaule d'agneau farcie aux herbes
## Lammschulter mit Kräuterfüllung

Kann vorbereitet werden
Arbeitsaufwand: 20 Min.
Grillzeit: 55–60 Min.

**Für 4–6 Personen**

- 1 ausgebeinte, zum Rollen zugerichtete Lammschulter
- Salz, Pfeffer aus der Mühle
- 2 EL scharfer Senf
- 1 EL gehacktes Bohnenkraut
- 1 TL gehackter Origano
- 1 TL gehackter Thymian
- 1 TL gehackter Rosmarin
- 1 EL feingeschnittenes Basilikum
- 2 Rosmarinzweige
- 2 durchgepreßte Knoblauchzehen

Das Fleisch beidseitig mit Salz und Pfeffer bestreuen. Mit der Hautseite nach unten auf die Arbeitsfläche legen. Mit dem Senf bestreichen. Alle Kräuter und den Knoblauch mischen und darauf verteilen.

Das Fleisch von der schmalen Seite her aufrollen. Vorstehende Fleischzipfel nach innen biegen. Die Rolle mit Küchenschnur gut binden. Die Rosmarinzweige seitlich einstecken. Die Rolle an einen Drehspieß stecken und im Backofen oder im Grill etwa 55–60 Min. braten. Den Bratensaft auffangen und das aufgeschnittene Fleisch damit beträufeln.

**Tips**

- Man kann das Fleisch auch mit wenig Olivenöl bestreichen und in einem Bräter im Ofen zubereiten.
- Zu diesem Gericht passen Fèves oder Flageolets (s.S. 234/235) besonders gut.

## Für Knoblauchfans

Zu gebratenem, gegrilltem oder gekochtem Lammfleisch paßt die folgende «Crème à l'ail» ausgezeichnet. Ihre Zubereitungsart nimmt dem Knoblauch den allzu aufdringlichen Geschmack.

10 Knoblauchknollen in kochendes Wasser geben und 10 Min. garen. Das Wasser abgießen und die Knollen etwas abkühlen lassen, die Knoblauchzehen freilegen und schälen. Den Knoblauch anschließend im Mixer pürieren. Mit dem losgelösten und stark eingekochten Bratenfond des Fleisches mischen und mit Salz und Pfeffer abschmecken.

Im Mai, wenn es frischen Knoblauch zu kaufen gibt, kann man die Zehen ungeschält braten und auch einmachen – zu Fleisch eine herrliche Beilage (s.S. 324).

## Was ist eine «Tajine»?

Die Tajine ist sozusagen der Urtyp eines marokkanischen Kochgefäßes und besteht aus zwei Teilen: dem eigentlichen Topf in Suppentellerform und einem konischen, spitz zulaufenden Deckel. Einfache Tajines sind ockerfarben wie die Tonerde, aus der sie hergestellt wurden, und meist glasiert. Luxusvarianten sind mit klassischen arabischen Dekors bunt bemalt; sie werden allerdings nicht zum Schmoren, sondern zum Servieren der Gerichte verwendet.

Vielfach wird geglaubt, Couscous sei das arabische Nationalgericht. In den Ländern selbst wird man aber eines Besseren belehrt. Beinahe täglich wird aus wechselnden Zutaten, die gerade zur Verfügung stehen, ein «Tajine» genanntes Gericht gekocht, so benannt nach dem Topf, in dem es geschmort wird. Die Grundlage besteht aus Kartoffeln oder Gemüse, manchmal, wenn es festlich sein darf, kommt etwas Fleisch dazu, und als Beilage zu diesen Saucengerichten wird Fladenbrot oder Couscousgrieß gegessen. Im hohen, konischen Deckel der Tajine wird der aufsteigende Dampf wieder zu Wasser, tropft herunter und hält das Gericht feucht. Zudem können sich auf diese Weise die ätherischen Öle der Gewürze besonders gut entfalten.

Ein würziges Schmorgericht – dank Ingwer, Zimt und Safran.

## Tajine d'agneau Makfoul
## Geschmortes Lamm mit Zwiebeln

Kann vorbereitet werden
Arbeitsaufwand: 30 Min.
Schmorzeit: 1 1/4–1 1/2 Std.

**Für 4 Personen**

| | |
|---|---|
| 800 g | Lammfleisch am Stück, entbeint (Schulter, Keule) |
| 800 g | gehackte Zwiebeln |
| 1 | Zimtstange |
| 1 TL | Ingwerpulver |
| 1/2 TL | Kreuzkümmel |
| | Salz, Pfeffer aus der Mühle |
| 4 EL | Olivenöl |
| 0,4 l | Wasser |
| 3 | geschälte Tomaten |
| 1 | kleiner Zucchetto |
| 1 EL | Zucker |
| 1 TL | Safranpulver |
| 1/2 TL | Zimtpulver |
| 2 EL | gehackte flache Petersilie |
| 1 TL | gehackte Korianderblätter |

Das Fleisch in große Würfel schneiden. Mit der Hälfte der gehackten Zwiebeln, der Zimtstange, dem Ingwer, dem Kreuzkümmel, wenig Salz und dem Olivenöl mischen und mit dem Wasser begießen. Zugedeckt 1 Std. unter gelegentlichem Rühren bei kleiner Hitze schmoren lassen. Nach dieser Zeit prüfen, ob das Fleisch weich geworden ist, andernfalls die Schmorzeit etwas verlängern. Die Tomaten halbieren, ausdrücken und in kleine Würfel schneiden. Den Zucchetto ungeschält sehr klein würfeln. Das Fleisch aus der Sauce nehmen und warm stellen. Den Zukker, die restlichen Zwiebeln, den Safran, die Tomaten, die Zucchettiwürfel und das Zimtpulver in die Sauce geben. Etwa 15 Min. unter Wenden ungedeckt weiterschmoren, bis die Zwiebeln hellbraun werden. Das Fleisch wieder zufügen, mit der Petersilie und dem Koriander bestreuen und bei kleiner Hitze nochmals aufkochen. Die Sauce mit Salz und Pfeffer abschmecken. Die Zimtstange entfernen.

**Tip** Meistens sind nordafrikanische Saucengerichte eher mild und oft etwas süßlich. Deshalb gebe ich zum Schluß gerne etwas scharfe rote Pfefferpaste, z.B. Harissa, zu, obwohl dies nicht immer klassisch ist.

Quitten liebt man auch in Nordafrika. Sie geben diesem Gericht die süßliche Note, die in den meisten Fleischgerichten dort beliebt ist.

## Tajine d'agneau aux coings
## Geschmortes Lamm mit Quitten

Kann vorbereitet werden
Arbeitsaufwand: 30 Min.
Schmorzeit:
1 1/4–1 1/2 Std.

**Für 4 Personen**

| | |
|---|---|
| 800 g | Lammschulter, entbeint |
| 250 g | Zwiebeln |
| 50 g | geklärte Butter oder Smen (s.S. 288) |
| | Salz, Pfeffer aus der Mühle |
| 500 g | Quitten |
| 1 EL | Zucker |
| 1/2 TL | Safran |
| 200 g | Gombos (s.S. 368f.), evtl. aus der Dose |
| 2 EL | gehackte Korianderblätter |

Das Fleisch in etwa 3 cm große Würfel schneiden. 100 g Zwiebeln hacken, den Rest in feine Streifen schneiden. Die Butter erhitzen. Das Fleisch darin leicht anbraten, die gehackten Zwiebeln zufügen und einige Minuten mitdünsten. Salzen, pfeffern und mit Wasser bedecken. 1 Std. schmoren lassen. Die Quitten abreiben, schälen, in Schnitze schneiden. Die Fliege und das Kernhaus entfernen, dann quer in etwa 1/2 cm dicke Scheibchen schneiden. In einer großen Bratpfanne mit dem Zucker unter Wenden karamelisieren, mit 2 EL Wasser begießen und zugedeckt etwa 10 Min. garen. Mit den Zwiebelstreifen und dem Safran zum Fleisch geben und 15 Min. mitschmoren. Die Gombos abtropfen, in kleine Würfel schneiden, zufügen und in der Sauce erwärmen. (Frische Gombos müssen zuerst etwa 10 Min. in wenig Salzwasser vorgekocht werden.) Nochmals abschmecken. Mit dem Koriandergrün bestreuen und servieren.

**Tips**

- Die Gombos können durch Zuckerschoten (Kefen) oder vorgekochte Kichererbsen und das Koriandergrün durch flache Petersilie oder Pfefferminzblätter ersetzt werden.
- Hähnchenkeulen lassen sich auf die gleiche Art zubereiten.

Eine winterliche Tajine, in der Dörrfrüchte das frische Obst ersetzen.

## Tajine Barkouk
### Lamm mit Dörrpflaumen

Die Pflaumen am Vorabend im Tee einweichen. Die Butter im Schmortopf schmelzen lassen. Das Fleisch in Würfel schneiden. Mit den Zwiebeln und der Zimtstange hineingeben und leicht anziehen lassen. Mit Salz, Pfeffer und Ras el-hanut würzen. 1/4 l Wasser zugeben. Etwa 1 1/4–1 1/2 Std. zugedeckt schmoren lassen. Das Fleisch aus der Sauce nehmen und die abgetropften Pflaumen hineingeben. Den Honig und das Zimtpulver zufügen und 20 Min. bei kleiner Hitze garen. In einer trockenen Bratpfanne den Sesamsamen leicht rösten, dann herausnehmen. Das Öl in die Bratpfanne geben und die Mandeln darin hellbraun braten. Das Fleisch in der Sauce langsam erwärmen, mit den Pflaumen anrichten und mit den Mandeln und dem Sesam bestreuen.

**Variation** Man kann das Gericht mit 4 pflaumenweich oder hart gekochten Eiern bereichern und mit Pfefferminzblättern garnieren.

Kann vorbereitet werden
Arbeitsaufwand: 35 Min.
Schmorzeit: 1 Std. 50 Min.

**Für 4 Personen**

| | |
|---|---|
| 400 g | entsteinte Dörrpflaumen |
| 1/2 l | grüner Tee |
| 100 g | geklärte Butter |
| 750 g | entbeintes Lammfleisch |
| 2 | mittelgroße Zwiebeln, in Streifen geschnitten |
| 1 | Zimtstange |
| | Salz, Pfeffer aus der Mühle |
| 2 El | Ras el-hanut (s. S. 194) |
| 4 EL | Honig |
| 1 Prise | Zimtpulver |
| 1 EL | Sesamsamen |
| 1 EL | Olivenöl |
| 150 g | geschälte Mandeln |

Wenn der Lavendel so schön blüht, findet er den Weg auch in die Küche, vom Fleisch bis zum Dessert.

## Gigot d'agneau rôti à la lavande
## Lammkeule mit Lavendel

Kann vorbereitet werden
Arbeitsaufwand: 45 Min.
Backzeit: 40–45 Min.
Marinierzeit: 1 Std.

**Für 4 Personen**

| | |
|---|---|
| 1 kg | Kartoffeln (am besten kleine, gekrümmte «Rattes» aus der Ardèche) |
| 6 | Lavendelzweige |
| | Salz, Pfeffer aus der Mühle |
| 2 | große Knoblauchzehen |
| 1 | Lammkeule zu etwa 1,4 kg |
| 3 EL | Marc (Côtes-du-Rhône, z. B. aus Châteauneuf-du-Pape) |
| 1/8 l | kaltgepreßtes Olivenöl |

Die Kartoffeln in der Schale etwa 10 Min. im Dampf vorkochen. Die Lavendelblüten abzupfen, in ein Gefäß geben und Pfeffer aus der Mühle, 1 durchgepreßte Knoblauchzehe, den Marc und 2 EL Olivenöl zufügen. 1 Std. ziehen lassen. Die Lammkeule auf eine Aluminiumfolie legen und mit der passierten Mischung bestreichen. In die Folie einpacken und in den Kühlschrank legen. Die Folie zwei- bis dreimal öffnen und die Keule wiederum mit der Marinade aus der Folie bestreichen. Nach 1 Std. das Fleisch mit Küchenpapier abtupfen und mit 2–3 EL Olivenöl bestreichen. Einen großen Bräter ebenfalls mit Öl bestreichen. Die geschälten Kartoffeln in 3 mm dicke Scheiben schneiden und in den Bräter legen. Mit wenig Salz und Pfeffer bestreuen. Den Bräter unten in den Ofen stellen.

Den Rost des Backofens über dem Bräter plazieren und die Keule darauflegen. Bei 220 °C 15 Min. braten, dann wenden. Nach weiteren 15 Min. wiederum wenden. Das restliche Olivenöl mit der zweiten, ebenfalls durchgepreßten Knoblauchzehe mischen. Die Temperatur auf etwa 180 °C senken und 30 Min. weiterbraten. Ab und zu reichlich mit Knoblauchöl bestreichen und wenn möglich etwa zweimal wenden. Der Fleischsaft tropft in dieser Zeit auf die Kartoffeln und gibt ihnen einen wunderbaren Geschmack. Nach etwa 45 Min. Gesamtbratzeit (am besten Fleischthermometer verwenden) den Backofen abstellen und den Gigot etwa 10 Min. darin ruhen lassen. Das Fleisch aus dem Ofen nehmen, am Tisch tranchieren und die Scheiben auf den Kartoffeln servieren.

**Tips**

- In Frankreich liebt man Lammfleisch «saignant». Deshalb mit dem Thermometer kontrollieren, weil die Bratzeit je nach Größe und Qualität des Fleisches etwas variieren kann.
- Ein sich drehender Bratspieß ist für diese Zubereitung ideal.

- «Rattes» sind kleine, gekrümmte Kartoffeln, die besonders aromatisch sind. Man kann sie bei uns durch kleine neue Kartoffeln oder andere Sorten ersetzen.
- Wer den Lavendelgeschmack nicht mag, kann Rosmarin verwenden.

## Wie tranchiert man eine Keule?

Klassisch bringt man längs des Knochens bei der sogenannten Naht (dort, wo die beiden Muskelpakete zusammengewachsen sind) einen Einschnitt an und schneidet bei der Haxe beginnend die obere Nuß leicht schräg gegen sich in etwa 1 cm dicke Scheiben. Ist auf diese Weise die obere Nuß serviert, dreht man den Knochen um und fährt bei der unteren Nuß auf dieselbe Art fort.

Nach «Hausfrauenart» hält man den Knochen mit einer Serviette fest und löst die obere Nuß vom Knochen. Dabei bei der «Naht» einen schrägen Einschnitt anbringen, damit das Messer genau unterhalb des Gelenkes auf den Knochen trifft. Die Klinge dem Knochen entlanggleiten lassen und die obere Nuß abheben. Dann die untere Nuß unterhalb des Gelenkes rund um den Knochen loslösen, dabei mit der Messerfläche das Fleisch festhalten und den Knochen ruckweise herausziehen. Die beiden Fleischstücke leicht schräg in Scheiben schneiden.

Ein eigenwilliges Gericht aus Griechenland.

## Arni tu chartiu
## Lamm in der Folie

Kann vorbereitet werden
Arbeitsaufwand: 30 Min.
Bratzeit: 1 Std.

**Für 4 Personen**
4 dicke Scheiben Lammkeule mit Knochen (etwa 1,2 kg)
2 Knoblauchzehen
Salz, Pfeffer
Saft von 1 Zitrone
5 EL Olivenöl
150 g halbharter Käse, z. B. Kefalotiri oder Fontina
Pergamentpapier oder Aluminiumfolie zum Braten

Das Fleisch in ein flaches Gefäß legen. Die Knoblauchzehen schälen und mit etwas Salz in einem Mörser zerstampfen. Über das Fleisch verteilen und mit dem Zitronensaft begießen. Mit Pfeffer bestreuen und die Fleischstücke gut mit der Marinade einreiben. 1 Std. zugedeckt ruhen lassen. Aus Pergamentpapier oder Aluminiumfolie 8 zu den Fleischstücken passende Rechtecke schneiden. 4 Folienstücke auf einem feuchten Tuch ausbreiten und mit Olivenöl bestreichen. Je 1 Scheibe Fleisch in die Mitte geben und mit einer dünnen Käsescheibe belegen, mit dem restlichen Olivenöl beträufeln, dabei die Ränder der Folie anheben, damit nichts herausläuft. Die Folie gut verschließen. Die Pakete nochmals in ein unbeöltes Folienstück einpacken und am besten mit Küchenschnur zusammenbinden. Auf ein Backblech legen und 1 Std. bei 170 °C backen. Aus dem Ofen nehmen, etwa 5 Min. stehenlassen, danach die äußere Hülle und die Schnüre entfernen. Die Pakete auf Teller setzen und die beölte Folie zum Servieren leicht öffnen.

**Tip** Wichtig ist, daß man gut schmelzenden Käse verwendet. Wer den Geschmack liebt, kann auch Schafskäse nehmen.

Ein Lammgericht, das sich vorzüglich für den Grill eignet.
Es schmeckt auch kalt zu Salat sehr gut.

## Agnello al rosmarino
### Mariniertes Lamm mit Rosmarin

Kann vorbereitet werden
Arbeitsaufwand: 10 Min.
Grillzeit: etwa 15 Min.

**Für 4 Personen**
4 Scheiben Lammgigot (Keule) zu je 200 g

**Marinade**
1 EL gehackte Rosmarinnadeln
2 große Knoblauchzehen
2 EL gehackter Schinkenspeck (z.B. Pancetta)
4 EL Olivenöl
1/2 TL feingehackter Peperoncino, nach Belieben
Salz, Pfeffer

Die Rosmarinnadeln mit dem durchgepreßten Knoblauch, dem Speck, 3 EL Olivenöl und nach Belieben mit dem Peperoncino mischen. Das Fleisch beidseitig salzen und pfeffern. Ein flaches Gefäß mit dem restlichen Olivenöl auspinseln. Die Lammtranchen hineinlegen und mit der vorbereiteten Würzmischung bestreichen, wenden und die andere Seite ebenfalls damit würzen. Etwa 30 Min. ruhen lassen. Auf dem Holzkohlengrill unter mehrmaligem Wenden etwa 12–15 Min. grillen.

**Tips**
- Man kann dieses Fleisch auch unter der Grillschlange oder auf dem Kontaktgrill zubereiten. Empfehlenswert ist es, den Grillrost mit Aluminiumfolie abzudecken, damit die Kräuter der Marinade bei etwas längerer Grillzeit nicht schwarz werden.
- Lammkoteletts lassen sich ebenfalls mit dieser Marinade bestreichen und grillen. Allerdings benötigen sie nicht mehr als 5–8 Min., damit das Fleisch rosa bleibt.
- Als Beilage passen grillierte Auberginen.
- Zum Grillen im Freien kann man die Lammscheiben mit der Marinade in einer Plastikdose mitnehmen. Sie dürfen ohne weiteres länger in der Marinade liegen.

# Milchlamm

Um die Osterzeit gibt es ausschließlich mit Muttermilch ernährte Lämmchen, deren Fleisch ganz besonders zart ist. Besonders beliebt sind Milchmastlämmer, die nicht älter werden dürfen als 10–12 Monate und deren Fleisch kräftiger im Geschmack ist. Es wird wie gewöhnliches Lamm in folgende Teile zerlegt:

*Gigot (Keule)* Ein Milchlammgigot reicht für 3–4 Personen, während eine gewöhnliche Lammkeule von etwa 1,4 bis 1,6 kg für 5–6 Personen berechnet werden kann. Handelt es sich um eine ausgebeinte Keule, rechnet man mit etwa 180–200 g pro Person. Für 10–12 Personen kann man eine Keule mit daranhängendem Rücken (Baron d'agneau) zubereiten. In diesem Fall rechnet man pro Person 300–350 g Fleisch (mit Knochen).

*Lammrücken* Er besteht aus dem Sattel, dem hinteren Teil des ganzen Kotelettstückes und der Nierstücke. Dieses Fleisch ist besonders zart. Man benötigt etwa 350 g pro Person.

*Lammcarré* Meistens handelt es sich bei diesem Stück um den halbierten Lammrücken, d.h. das Kotelettstück. Dieses wird mit Knochen oder ausgebeint zubereitet und eignet sich besonders für eine kleinere Tischrunde. Beim Kauf sollte man den Kamm entfernen lassen, damit man nach dem Braten Portionen tranchieren kann.

*Schulter* Dieses Stück eignet sich ebenfalls zum Braten und Grillieren, ist allerdings etwas weniger zart und benötigt deshalb auch eine etwas längere Garzeit. Am besten läßt man die Schulter vom Metzger ganz oder teilweise ausbeinen, damit sie nach der Zubereitung gut in Scheiben geschnitten werden kann. Die Mengenberechnung ist dieselbe wie beim Gigot.

*Kleine Stücke vom Lamm* Wer allein oder zu zweit ist, kann Lammgigotsteaks (Keulenstücke), Koteletts oder Lammchops (aus dem Nierstück) kaufen. In Mittelmeerländern ißt man auch Lammhaxen und die Innereien, denen man in unseren Breitengraden meistens etwas skeptisch gegenübersteht. Mit Unrecht, denn es handelt sich um wirkliche Delikatessen.

Oft ist das Einfachste das Allerbeste.

# Ternasco
## Gebratenes Milchlamm

Kann vorbereitet werden
Arbeitsaufwand: 20 Min.
Marinierzeit: 2–3 Std.
Ruhezeit: 30 Min.
Backzeit: 50–65 Min.

**Für 4–6 Personen**

**Marinade**

- 1/4 l Wasser
- 1 Zwiebel
- 3 Lorbeerblätter
- 1 Zweiglein Thymian
- 2–3 Stengel Petersilie
- 2 Knoblauchzehen
- Saft von 2 Zitronen
- Pfeffer aus der Mühle

- 2 kg Milchlamm, in große Stücke geschnitten
- Salz, Pfeffer aus der Mühle
- 3 EL Olivenöl
- 4–5 EL trockener Jerez (Sherry) oder Weißwein
- 3 große grüne Paprikaschoten
- 2 ganze, ungeschälte Knoblauchknollen

Zuerst die Marinade zubereiten: Das Wasser, die grobgeschnittene Zwiebel, die Lorbeerblätter, den Thymian, die Petersilie und die geschälten Knoblauchzehen 10 Min. kochen. Erkalten lassen. Den Zitronensaft und viel grobgemahlenen Pfeffer zufügen. Die Lammstücke in eine Schüssel legen und mit der Marinade begießen. Mit Folie zudecken und 2–3 Std. im Kühlschrank ziehen lassen. Das Fleisch aus der Marinade nehmen, mit Küchenpapier trokkentupfen. Die Lammstücke salzen, pfeffern, mit dem Öl bestreichen, in ein großes Backblech legen und 30 Min. ruhen lassen. Das Fleisch mit Pergamentpapier abdecken, in den vorgeheizten Ofen (220 °C) schieben und 30 Min. braten. Mit wenig Jerez oder dem Weißwein begießen. Weiterbraten, bis das Fleisch Farbe annimmt. Die Paprikaschoten längs halbieren, entkernen und nochmals der Länge nach teilen. Die ungeschälten Knoblauchknollen quer halbieren.

Die Fleischstücke mit den Paprikaschoten und dem Knoblauch (Schnittfläche nach unten) in einen Tontopf legen und wieder in den Ofen schieben. Die Temperatur auf 180 °C reduzieren. Den Bratensaft im Blech mit dem restlichen Jerez und 2–3 EL Wasser gut lösen. Diesen Saft durch ein Sieb zum Fleisch geben. 15–20 Min. weiterbraten, bis das Lamm gar ist. Das Fleisch sollte so weich sein, daß es beinahe von den Knochen fällt. Im Tontopf servieren. Jedes Fleischstück mit Bratensaft begießen.

**Tip** Auch Gitzi (Kitz) läßt sich so zubereiten.

Einen Kontrast zu diesem Schmorgericht bildet der kühle Joghurt, den man am Tisch darübergibt.

## Lamm nach türkischer Art

Kann vorbereitet werden
Arbeitsaufwand: 30 Min.
Schmorzeit: 1 1/4 Std.

**Für 4–6 Personen**

- 1 kg Lammschulterwürfel
- 1 dl Olivenöl
- Salz, Pfeffer
- 2 große, gehackte Zwiebeln
- 6 geschälte Tomaten
- 1 EL Tomatenpüree
- 1 EL milder Paprika
- 3 Knoblauchzehen
- je 1/2 EL Majoran und Thymian
- 6 dl Fleischbrühe
- 500 g Zucchetti
- 2 EL Olivenöl
- 180 g Joghurt oder Sauerrahm
- Paprikapulver zum Bestreuen

Das Fleisch im Olivenöl anbraten, salzen und pfeffern. Die Zwiebeln beifügen und einige Minuten auf kleinem Feuer dünsten. Die kleingeschnittenen Tomaten, das Tomatenpüree, den Paprika, den durchgepreßten Knoblauch, die Kräuter und die Brühe zugeben. 60 Min. bei kleiner Hitze schmoren lassen. Die ungeschälten Zucchetti in Stäbchen schneiden, in Öl leicht anbraten, salzen und pfeffern. Halb zugedeckt gar dünsten. Dann das Fleisch anrichten. Die Sauce stark einkochen lassen, darübergießen und die Zucchetti über das Gericht verteilen. Separat dazu reicht man Joghurt oder Sauerrahm sowie Paprikapulver zum Nachwürzen.

**Tips**

- Als Beilage paßt Trockenreis.
- Wer dieses Gericht etwas pikanter wünscht, kann ein wenig getrocknete Pfefferschoten (Chilies) beifügen.

## Lamm ist rosa gebraten am besten!

Es wäre schade, Lammfleisch durchzugaren. Das ist allerdings meine Ansicht; auch in Frankreich ist man dieser Meinung. Hier die ungefähren Garzeiten, wobei sich die Verwendung eines Bratthermometers empfiehlt:

Für 500 g Gigot rechnet man 13–15 Min., für die ganze Keule 35–45 Min., zusätzlich etwa 10 Min. im abgestellten Ofen. Der Rücken ist schneller gar (pro kg 20 Min.). Diese Zeiten gelten bei 200 °C. Das Carré benötigt nur 15 Min. Die Schulter braucht etwas länger. Man kann den Lammgigot auch bei 80 °C etwa 2 Std. garen. Es entsteht dabei praktisch keine Kruste, aber die Garzeit kann beliebig verlängert werden, ohne daß das Fleisch durchgegart wird. Lammgigotsteaks benötigen im Ofen 10–15 und in der Pfanne etwa 20 Min. Koteletts und Chops werden beidseitig nur sehr kurz angebraten.

Auch in Süditalien liebt man Lamm. Ungewöhnlich ist die Kombination mit Ei, das man zum Schluß darübergibt.

## U'verdete
## Apulisches Osterlamm

Die Eier in einer Schüssel aufschlagen. Mit der Petersilie und dem Pecorino mischen. Mit Salz und Pfeffer abschmecken. Das Olivenöl in einem Bräter erhitzen. Das Fleisch in große Würfel schneiden, salzen und pfeffern, zufügen und unter Wenden hellbraun braten. Die Zwiebeln beigeben, weiterbraten, bis sie leicht Farbe annehmen. Mit dem Wein ablöschen und ihn bei mittlerer Hitze knapp verdampfen lassen. Einen gutsitzenden Deckel aufsetzen und bei 160 °C in die Mitte des Ofens schieben. 20 Min. schmoren lassen, dann die Erbsen beigeben. 15 Min. weiterschmoren. Den Bräter öffnen und die Eier-Käse-Mischung über das Fleisch gießen. Sobald die Eier stocken, das Gericht servieren.

**Tips**

- Am besten paßt knuspriges Landbrot dazu.
- Die grünen Erbsen können durch dicke Bohnen (Fave) ersetzt werden, was diese Spezialität noch schmackhafter macht.

Kann vorbereitet werden
Arbeitsaufwand: etwa 20 Min.
Schmorzeit: etwa 35–40 Min.

**Für 4 Personen**

| | |
|---|---|
| 2 | große Eier |
| 2 | EL gehackte Petersilie |
| 50 g | geriebener Pecorino romano |
| | Salz, Pfeffer |
| 4 EL | Olivenöl |
| 800 g | Lammfleisch, entbeint (Keule oder Schulter) |
| 1 | große, gehackte Zwiebel |
| 0,15 l | italienischer Weißwein |
| 400 g | grüne Erbsen (evtl. tiefgekühlt) |

Der Kreuzkümmel verleiht diesem Spießchen das gewisse Etwas.

## Schisch Kebab
### Lammfleischspießchen

Kann vorbereitet werden
Arbeitsaufwand: 20 Min.
Grillzeit: 10–15 Min.

**Für 4 Personen**

| | |
|---|---|
| 600 g | Lammfleisch (Schulter) |
| 4 | Metall- oder Holzspieße |
| 2 | Zwiebeln |
| 2 | grüne Peperoni |
| 8 | große Champignonköpfe |
| 1 EL | Olivenöl |
| | Salz, Pfeffer |
| 1 TL | Kreuzkümmelpulver |
| | Auberginensauce (s. S. 298) |

Das Fleisch in Würfel von 3 cm schneiden. Abwechslungsweise mit Zwiebel- und Peperonistücken aufspießen, mit je einem Champignonkopf abschließen. Die Spieße mit Olivenöl bepinseln und mit Salz und Pfeffer würzen. Auf den Grill legen. Während des Grillierens beidseitig mit Kreuzkümmel bestreuen. Die Sauce separat dazu servieren.

**Tip** Auf Trocken- oder Safranreis anrichten.

Diese hausgemachten Würstchen sind ideal
als Ergänzung bei einer Grillparty.

# Ćevapčići

Arbeitsaufwand: 40 Min.
Kühlzeit: 1 Std.
Grillzeit: 6–8 Min.

**Für 6–8 Personen**

| | |
|---|---|
| 4 | Knoblauchzehen |
| 1 | große Zwiebel |
| 2 1/2 EL | Olivenöl |
| 500 g | Lammfleisch (Schulter) |
| 500 g | Rindfleisch |
| | Salz, schwarzer Pfeffer aus der Mühle |
| 1 EL | edelsüßer Paprika |

**Garnitur**

| | |
|---|---|
| 2–3 | gehackte Zwiebeln |
| 3–4 | fleischige Tomaten |

Den Knoblauch und die Zwiebel hacken und in 1 1/2 EL Olivenöl anziehen lassen. Das Lamm- und Rindfleisch in Streifen schneiden. Die Zwiebeln und den Knoblauch nach dem Abkühlen mit dem Fleisch mischen. Durch die mittlere Scheibe des Fleischwolfes drehen und die Mischung gut durchkneten, mit Salz, Pfeffer und Paprika würzen. Zu 1 1/2 cm breiten und 5 cm langen, etwas flachgedrückten Würstchen formen. Bis zum Grillieren mindestens 1 Std. in den Kühlschrank stellen. Eine Alufolie über den Grill legen, die Ćevapčići darauf anordnen. Beidseitig 3–4 Min. grillieren. Sie sollen außen knusprig und innen noch leicht rosa sein. Mit den gehackten Zwiebeln und Tomatenschnitzen servieren.

**Tips**

- Dazu passen auch grillierte Paprikaschoten.
- Ich würze die Ćevapčići zusätzlich mit je 1 Prise Korianderpulver und Muskatnuß.
- Ganz perfekt werden sie, wenn man die Fleischmasse nach dem Kneten nochmals durch den Fleischwolf dreht.
- Wenn Sie das Fleisch beim Metzger hacken lassen, wählen Sie die Fleischstücke und lassen Sie sie vor Ihren Augen durch den Wolf drehen. Zu Hause müssen Sie dann den Knoblauch und die Zwiebeln ganz fein hacken und darunterziehen.
- Man kann das Rindfleisch durch Schweinefleisch ersetzen oder die Ćevapčići nur mit Lammfleisch zubereiten.

Ich liebe diese pikanten Würstchen, die man allerdings bei uns praktisch nicht kaufen kann. Aber bereits in der Westschweiz und natürlich in Frankreich sind sie sehr beliebt. Man kann sie mit Erfolg selbst herstellen. Grilliert schmecken sie am besten.

# Merguez
## Pikante tunesische Würstchen

Kann vorbereitet werden
Arbeitsaufwand: 35 Min.
Trocknungszeit: 24 Std.
Brat- oder Grillzeit: etwa 15 Min.

**Für etwa 10 Würstchen**

| | |
|---|---|
| 350 g | mageres Rind- oder Lammfleisch (oder gemischt zu gleichen Teilen) |
| 100 g | grobgehacktes Rinderfett |
| 2 | gehackte Knoblauchzehen |
| 3 EL | Wasser |
| | Salz, Pfeffer |
| 1 EL | Harissa (s. S. 289) oder scharfes Paprikapulver |
| je 2 | Prisen Zimt-, Koriander- und Kreuzkümmelpulver |
| ½ TL | getrocknete Pfefferminzblätter |
| 1,2 m | dünner, gereinigter Wurstdarm (beim Metzger vorbestellen) |

Das Fleisch in Würfel schneiden. Mit dem Rinderfett und dem Knoblauch mischen und durch den Fleischwolf drehen oder im Cutter nicht allzu fein hacken (es soll kein Wurstbrät entstehen). Die Masse mit wenig Wasser befeuchten. Mit Salz, Pfeffer, der Harissa, dem Zimt, dem Koriander, der Pfefferminze und dem Kreuzkümmel pikant abschmecken. Die Fleischmasse mit Hilfe eines Spritzbeutels und passender Tülle in den Wurstdarm einfüllen. In Abständen von etwa 6–8 cm durch Drehen abbinden, damit einzelne Würstchen entstehen. Die Würstchen etwa 24 Std. an einem luftigen, kühlen Ort zum Trocknen aufhängen. Die Merguez ohne Fett in der Bratpfanne allseitig etwa 15 Min. braten oder auch grillieren.

**Tips**

- Sind keine Wurstdärme erhältlich, kann man aus der Masse lange Rollen formen, diese in kleine Portionen teilen und ohne Darm in Olivenöl braten.
- Merguez sind nicht nur in Nordafrika fertig erhältlich. Man findet sie auch in der Provence und an der Côte von Menton bis Sète.

Diesen pikanten Fleischkugeln begegnet man von Marokko bis in die Türkei. Sie ergänzen viele Fleischgerichte, schmecken aber auch alleine vorzüglich.

# Kefta
## Kleine Fleischkugeln

Kann weitgehend vorbereitet werden
Arbeitsaufwand: 30 Min.
Bratzeit: 3–4 Min.

**Für 4 Personen**

| | |
|---|---|
| 500 g | gehacktes Schaf- oder Lammfleisch (ohne Fett) |
| 1 | große gehackte Zwiebel |
| 1 EL | gehackte Korianderblätter |
| 2 EL | gehackte Pfefferminzblätter |
| 1 TL | Paprika |
| 1 EL | Kreuzkümmel |
| 1 Prise | Zimtpulver |
| 50 g | Butter |
| 1 | Ei |
| | Salz, Pfeffer |
| ½ TL | scharfe rote Pfefferpaste (z. B. Harissa, s. S. 289) |
| 3–4 EL | Olivenöl |

Das Fleisch, die Zwiebeln, die Kräuter und alle Gewürze mit der weichen Butter und dem Ei in einer Schüssel gut mischen. Mit Salz und Pfeffer sowie Harissa pikant abschmecken. Die Hände benetzen und aus der Fleischmasse kleine Kugeln von 4–5 cm Durchmesser formen. Bis zum Servieren mit Klarsichtfolie abgedeckt im Kühlschrank aufbewahren (nicht länger als etwa 2 Std.). Das Olivenöl in einer großen Bratpfanne erhitzen und die Kugeln darin allseitig goldbraun braten.

**Variationen**

- Diese Hackfleischkugeln können auch mit verschiedenen Gemüsen geschmort werden, z. B. wie folgt: 500 g geschälte, kleingeschnittene Tomaten mit 1 gehackten Zwiebel, 50 g kleingeschnittenen Datteln oder getrockneten Aprikosen, 1 EL grobgemahlenen Mandeln und 1 EL gehackten Korianderblättern in 2 EL Olivenöl dünsten. Die rohen Fleischkugeln zugeben und 10 Min. in der Sauce garen lassen. Die Sauce mit Paprika, Ingwer, Kreuzkümmel, Salz und Pfeffer abschmecken. Dazu nach Belieben Couscousgrieß nature (s. Grundrezept S. 308) servieren.
- Anstelle von Lamm kann man auch Geflügelfleisch verwenden.

In Südfrankreich sind die Innereien vom Lamm eine Delikatesse.

## Foie, ris et rognons d'agneau au poivron doux

### Lammleber, -milke und -niere mit Tomaten-Peperoni-Sauce

Kann teilweise vorbereitet werden
Arbeitsaufwand: 20 Min.
Kochzeit: 45 Min.

**Für 4 Personen**

| | |
|---|---|
| 4 EL | Olivenöl |
| 1 | große weiße Zwiebel |
| 1 | roter Peperone, etwa 120 g |
| 500 g | geschälte Tomaten |
| 5–6 | Basilikumblätter |
| 0,2 l | Rotwein |
| 3 EL | Fleischbrühe |
| | Salz, Pfeffer |
| ½ | gelber Peperone |
| 4 | kleine Scheiben Lammleber zu 50 g |
| 4 | kleine Scheiben Lammmilke (Bries) zu 50 g |
| 4 | Scheiben Lammniere zu 50 g |

Für die Sauce die gehackten Zwiebeln in 2 EL Olivenöl anziehen lassen. Den roten Peperone putzen, in Stücke schneiden und mitdünsten. Die Tomaten ausdrücken, zerkleinern und ebenfalls beifügen. Die Basilikumblätter etwas zerzupfen und zugeben. Mit dem Rotwein ablöschen und die Brühe angießen. Etwa 10 Min. köcheln lassen. Inzwischen den gelben Peperone in kleine Würfel schneiden und diese bei mittlerer Hitze in 1 EL Olivenöl dünsten, bis sie gar sind. Die Fleischstücke mit Pfeffer bestreuen und im restlichen Öl beidseitig rasch braten. Mit wenig Salz bestreuen. Die Sauce mit dem Stabmixer pürieren, durch ein Sieb streichen und mit Salz und Pfeffer abschmecken. Die gelben Peperoniwürfelchen daruntermischen. Einen Teil der Sauce auf 4 vorgewärmte Teller verteilen. Die Fleischstücke auf die Teller geben und die restliche Sauce separat servieren.

**Tips**

- Polentaschnitten oder Kartoffelpüree mit Olivenöl (s. S. 242) passen gut dazu.
- Die Lamminnereien können durch Kalbsleber, -bries und -nieren ersetzt werden.

Eines der besten und einfachsten Rezepte für die Zubereitung von Nierchen.

## Riñones al Jerez
### Kalbsnieren an Sherrysauce

Die Trüffel schälen und die Schalen hacken. Den Saft aufheben. Das Fett der Kalbsnieren wegschneiden. In einer Bratpfanne erhitzen und auslassen. Die Rückstände aus der Pfanne nehmen und die Kochbutter oder das Olivenöl zufügen. Die Nieren in etwa $^1/_2$ cm dicke Scheiben schneiden. In der Buttermischung beidseitig rasch anbraten. Aus der Pfanne nehmen und zugedeckt warm stellen. Die Schalotten in die Pfanne geben und 2–3 Min. dünsten. Den Bratensatz mit Sherry ablöschen. Den Kalbsjus, den Trüffelsaft mit der gehackten Trüffelschale, die Orangenschale und die zerdrückten Wacholderbeeren zufügen. Die Sauce auf 6 EL einkochen lassen, dann passieren. Mit Salz, Pfeffer und dem Cayennepfeffer würzen. Die Trüffel in feine Scheiben schneiden, zugeben, wieder aufkochen und vom Herd nehmen. Die Butter in kleinen Stücken beigeben und unter die Sauce mischen, bis sie gebunden ist. Die Sauce über die Nieren geben und mit der Petersilie bestreuen.

**Tip** Trockenreis, gemischt mit grünen, roten und gelben Peperoniwürfelchen oder gehackten Pistazien, paßt gut dazu.

Kann vorbereitet werden
Arbeitsaufwand: 25 Min.
Bratzeit: 2–3 Min.

**Für 4 Personen**

| | |
|---|---|
| 1 | kleine schwarze Trüffel (evtl. aus der Dose) |
| 600 g | Kalbsnieren (mit wenig Fett) |
| 1 EL | Kochbutter oder Olivenöl |
| 2 EL | gehackte Schalotten |
| 2 dl | trockener Sherry |
| 1 dl | Kalbsfond (s. S. 284) |
| 1 TL | abgeriebene Orangenschale (von ungespritzten Früchten) |
| 4 | zerdrückte Wacholderbeeren |
| | Salz, Pfeffer |
| 1 Prise | Cayennepfeffer |
| 60 g | frische Butter |
| 1 EL | gehackte Petersilie |

Ein nicht alltägliches Fleischgericht – und ein garantierter Erfolg!

## Gefüllter Kalbshals mit Balsamicosauce

Kann vorbereitet werden
Arbeitsaufwand: 50 Min.
Schmorzeit: 2 1/2–2 3/4 Std.

**Für 6 Personen**
1,2 kg Kalbshals ohne Knochen (vom Metzger zum Füllen aufschneiden lassen)
Salz, Pfeffer
2 EL Olivenöl

**Füllung**
200 g Kalbfleisch (Schulter)
100 g Hähnchenfleisch ohne Knochen
1/8 l Marsala
4 EL Madeira
1 unbehandelte Zitrone
1 TL Rosmarinnadeln
schwarzer Pfeffer aus der Mühle
1 Eiweiß
200 g Mascarpone
40 g Butter
2 EL geschälte Pistazien
2 EL Pinienkerne
1 reife, geschälte Tomate
6 Basilikumblätter
1 EL gehackte flache Petersilie
1/4 TL gehackter Origano
Salz
1 TL Aceto balsamico tradizionale (s. S. 168)

**Sauce**
1/4 l Kalbsfond (s. S. 284)
4 EL Aceto balsamico tradizionale
Salz, Pfeffer

Für die Füllung das Kalb- und Hähnchenfleisch in kleine Stücke schneiden, in ein Gefäß geben und mit dem Marsala und dem Madeira begießen. Die Zitronenschale abreiben. Die Hälfte der Schale sowie die Rosmarinnadeln und 3–4 Umdrehungen schwarzen Pfeffer aus der Mühle zum Fleisch geben. Mit Klarsichtfolie abdecken und im Kühlschrank mindestens 2 Std. marinieren. Das Fleisch aus der Marinade nehmen, in Tiefkühlfolie wickeln und etwa 1/2 Std. in den Tiefkühler stellen. Die Marinade passieren. Das Eiweiß und den Mascarpone kalt stellen. Das leicht angefrorene Fleisch durch die mittlere Scheibe des Fleischwolfs drehen oder im Cutter hacken. Es soll aber nicht so fein wie Brät werden. Das Hackfleisch mit dem Eiweiß mischen. Eine Schüssel sehr kalt ausspülen, das Fleisch hineingeben und den kalten Mascarpone nach und nach darunterarbeiten. Die Butter in einem Pfännchen schmelzen, bis sie hellgelb wird, etwas abkühlen lassen und unter die Fleischmasse arbeiten. Die Pistazien- und Pinienkerne in einer trockenen Bratpfanne hellgelb rösten. Die Tomate halbieren, ausdrücken, entkernen und in kleine Würfel schneiden. Das Basilikum mit der Schere in Streifen schneiden und mit den gerösteten Kernen, der restlichen Zitronenschale, den Tomatenwürfelchen und den Kräutern gut mischen. Mit Salz, Pfeffer und dem Aceto balsamico pikant abschmecken. Sorgfältig unter die Fleischmasse mischen. Den Kalbshals aufklappen, etwas flachklopfen und mit Salz und Pfeffer einreiben. Mit der Masse füllen, zuklappen und mit Küchenfaden binden. Das Fleisch in einem Bräter im Olivenöl allseitig kräftig anbraten. Danach in den vorgeheizten Ofen schieben, mit der passierten und erwärmten Marinade begießen und 1 1/2–1 3/4 Std. bei 110 °C schmoren lassen. Ab und zu mit dem Bratenfond begießen. Das Fleisch anrichten und im abgestellten Ofen warm halten. Den Bräter auf die Herdplatte stellen, den Kalbsfond zugeben und den Jus bei guter Hitze stark einkochen, bis er sämig wird. Mit dem Aceto balsamico, Salz und Pfeffer abschmecken. Wenn nötig nochmals etwas einreduzieren lassen. Den Kalbshals am Tisch wenn möglich ganz präsentieren, auf ein Brett mit Rille legen, die Küchenschnur entfernen und das Fleisch in etwa 1–1 1/2 cm dicke Scheiben schneiden. Die Sauce separat dazu servieren.

**Tips**

- Den Kalbshals muß man in der Regel 2–3 Tage im voraus beim Metzger bestellen.
- Auf diese Art kann man auch eine Kalbsbrust füllen.
- Als Beilage passen hausgemachte Nudeln, Kartoffelpüree mit Olivenöl (s.S. 242) oder auch Polentaschnitten.

Eine würzige Abwechslung zum bekannten Wienerschnitzel.

## Costoletta alla siciliana
### Kotelett nach sizilianischer Art

Kann vorbereitet werden
Arbeitsaufwand: 10 Min.
Bratzeit: 6–8 Min.

**Für 4 Personen**
4 Kalbskoteletts, wenn möglich mit Knochen, etwa 1 1/2 cm dick geschnitten
2 kleine Eier
Salz, Pfeffer
100 g geriebenes, altbackenes Weißbrot
1 El frischgehackter Rosmarin
2 Knoblauchzehen
2 EL Olivenöl

Die Koteletts ringsum leicht einschneiden, damit sie sich beim Braten nicht zusammenziehen. Etwas flachklopfen. Das Ei gut verquirlen und mit Salz und Pfeffer abschmekken. Das geriebene Brot in einen großen, flachen Teller geben. Die Koteletts beidseitig durch das Ei ziehen, mit Rosmarin bestreuen und anschließend im geriebenen Brot sorgfältig wenden. Die Panade gut andrücken, damit das ganze Kotelett damit bedeckt ist. Die Knoblauchzehen quer halbieren, danach mit dem Messer plattdrücken. Das Öl in einer großen Bratpfanne erhitzen. Die Koteletts und den Knoblauch hineingeben und die Temperatur etwas reduzieren. Unter öfterem Wenden langsam goldbraun braten. Die Panierung darf nicht schwarz werden. Den Knoblauch, sobald er gelb wird, aus der Pfanne nehmen.

**Tips**

- Wer das Kotelett pikant wünscht, kann einen halbierten und entkernten Peperoncino mitbraten.
- Den Knoblauch durch Salbeiblätter ersetzen.
- Nach Belieben unmittelbar vor Ende der Bratzeit etwa 20 g frische Butter zugeben und die Koteletts nach dem Anrichten mit dem Bratenfond beträufeln. Schmeckt sehr gut, ist aber etwas nahrhafter.

**Variation** *Costoletta con acciughe:* Den Rosmarin durch eine Mischung aus 2 feingehackten Sardellen, 1 EL gehackter flacher Petersilie und 1 durchgepreßten Knoblauchzehe ersetzen. Man kann die Koteletts auch unpaniert braten und die in Olivenöl angezogene Mischung beim Anrichten über das Fleisch verteilen.

Zartes Kalbfleisch, mit Salbei sorgsam gebraten.

## Nodino di vitello con salvia
## Kalbs-T-bone-Steak mit Salbei

Kann teilweise vorbereitet werden
Arbeitsaufwand: 30 Min.
Bratzeit: 30–35 Min.

**Für 4–6 Personen**

4 Nodini (Kalbs-T-bone-Steaks)
2 EL Olivenöl
Pfeffer
Salz
8 Salbeiblätter
1/4 l Kalbsfond (s. S. 284)
1/2 TL Aceto balsamico tradizionale (s. S. 168)
30 g frische Butter
Saft von 1/2 Zitrone

Die Nodini etwa 1 Std. vor dem Zubereiten aus dem Kühlschrank nehmen. Mit Olivenöl bestreichen und mit Pfeffer bestreuen. Mit einer Folie abgedeckt bei Küchentemperatur ruhen lassen. Den Ofen auf 80 °C vorheizen. Das restliche Öl in einer großen Bratpfanne erhitzen. Die Nodini salzen und auf beiden Seiten goldbraun anbraten, die Salbeiblätter mitbraten. Das Fleisch aus der Pfanne nehmen und in eine große Gratinplatte legen, die Salbeiblätter aufheben. Das Fleisch in den Ofen stellen. Mindestens 30 Min. garen lassen. Den Bratenfond mit dem Kalbsfond aufkochen, auf die Hälfte einkochen lassen. Vor dem Servieren den ausgetretenen Fleischsaft zum Bratenfond gießen. Nochmals aufkochen und mit Salz, Pfeffer und Balsamico abschmecken. Die Butter in kleine Stücke schneiden und unter den Jus schwingen, bis er sämig wird. Das Fleisch anrichten, mit einigen Tropfen Zitronensaft beträufeln und den Jus neben die Nodini gießen. Die Salbeiblätter ganz kurz in der Bratpfanne erwärmen und dazulegen.

**Tips**

- Ein «Nodino» besteht aus dem Kotelett des Kalbes mit einer Scheibe daranhängendem Filet. Außer in Italien muß man dieses Fleischstück beim Metzger vorbestellen.
- Je nach Größe und Appetit genügen 2–3 Nodini für 4 Personen. Es schmeckt aber so gut, daß man ein ganzes Stück pro Person serviert, wenn man die Gäste nicht kennt.
- Man kann natürlich auch einfach Koteletts auf diese Art zubereiten.

Auf diese Art zubereitet bleibt Rindfleisch saftig und besonders aromatisch.

## Côte de «toro» en croûte de sel
## Rindsrippe in der Salzkruste

Arbeitsaufwand: 15 Min.
Bratzeit:
25–30 Min. bei 300 °C
35–40 Min. bei 250 °C

**Für 3–4 Personen**

3 kg grobes Meersalz
1 Sträußchen Thymian oder 2 Rosmarinzweige
2 Lorbeerblätter
2 TL grobgemahlener schwarzer Pfeffer
1 Rindsrippe von etwa 1 kg

Eine lange, tiefe Auflaufform etwa 3 cm hoch mit Salz füllen. 1–2 EL Wasser darüberträufeln, damit es gut befeuchtet ist. Die Thymianblättchen oder die Rosmarinnadeln abstreifen und die Lorbeerblätter in kleine Stücke schneiden. Mit dem Pfeffer mischen und die Hälfte davon auf das Salz verteilen. Das Fleisch darauflegen, die restliche Kräutermischung über das Fleisch geben und das Ganze bergartig mit Salz bedecken, dabei schichtweise mit etwas Wasser beträufeln. Zuletzt nochmals etwas befeuchten und das Salz gut zusammendrücken. Den Ofen auf 300 °C oder 250 °C vorheizen. Die Form einschieben und das Fleisch 25–40 Min. backen. Aus dem Ofen nehmen und etwa 15 Min. in der Kruste ruhen lassen. Die Salzkruste in der Küche so öffnen, daß man einen Deckel abheben kann. Das geschieht am besten mit einem breiten Schraubenzieher und einem Hammer. Das Fleisch in der Kruste an den Tisch bringen, den Deckel abheben, das Fleisch auf ein Brett legen und in etwa 1½ cm dicke Scheiben schneiden.

**Tips**

- Dazu paßt ein Gemüse- oder Kartoffelgratin oder eine Ratatouille.
- In Südfrankreich liebt man das Rindfleisch sehr blutig. Auf Anfrage beim Metzger gab er mir eine Backzeit von 15 bis höchstens 20 Min. an. Ich habe sie für unseren nördlichen Geschmack etwas verlängert.
- Wer Angst hat, daß das Salz zuwenig zusammenhält, kann es machen wie die meisten französischen Köche: Sie mischen etwas Mehl unter das Salz. Das kommt auch billiger zu stehen.

Ein schön gebratenes Fleischstück, das durch jungen Knoblauch eine besondere Note bekommt.

## Entrecôte double à l'ail nouveau
## Zwischenrippenstück mit jungem Knoblauch

Kann teilweise vorbereitet werden
Arbeitsaufwand: 15 Min.
Bratzeit: 10–12 Min.

**Für 2 Personen**

| | |
|---|---|
| 400 g | Entrecôte (Zwischenrippenstück) |
| | Salz, schwarzer Pfeffer aus der Mühle |
| 2 EL | Olivenöl |
| 6 | eingemachte Knoblauchzehen (s.S. 324) |
| 1/8 l | Rotwein, z.B. Côtes de Provence |
| 10 g | Butter |

Das Fleischstück mit einem flachen Gegenstand etwas flachklopfen. Die Sehnen und eventuell vorhandenes Fett ringsum einschneiden, damit sich das Stück beim Braten nicht zusammenzieht. Das Fleisch salzen und pfeffern. Das Olivenöl erhitzen. Das Entrecôte und die abgetropften Knoblauchzehen hineingeben, kurz anbraten und wenden. 10–12 Min. weiterbraten, dabei öfters wenden. Die Bratpfanne ab und zu etwas anheben und das Bratöl über das Fleisch schöpfen. Nach dieser Zeit ist das Fleisch innen noch rosa. Will man es «saignant» haben, muß die Bratzeit etwas verkürzt werden. Die Knoblauchzehen aus der Pfanne nehmen. Das Fleisch auf ein Abtropfgitter legen. Den Bratenfond etwas entfetten, dann mit dem Rotwein lösen und auf die Hälfte einkochen. Mit Salz und Pfeffer abschmecken, die Butter darunterschlagen. Das Fleisch leicht schräg in 1 cm dicke Scheiben schneiden. Zusammen mit den Knoblauchzehen auf Teller anrichten und mit dem Jus umgießen.

**Tips**

- Die Knoblauchzehen werden durch das Mitbraten knusprig und können mit dem Messer geöffnet werden. Das nussige Innere des Knoblauchs wird zusammen mit dem Fleisch gegessen.
- Man kann das Fleisch mit etwas Einlegeöl des Knoblauchs braten, was den exquisiten Geschmack noch erhöht.
- Dazu paßt ein guter Gemüsegratin, Ratatouille oder Peperonata (s.S. 226).

Schnell und pikant.

## Petits filets de bœuf aux anchois
## Kleine Rindsfilets mit Sardellen

Kann teilweise vorbereitet werden
Arbeitsaufwand: 15 Min.
Bratzeit: 5–8 Min.

**Für 4 Personen**

- 4 Rindsfiletscheiben vom Mittelstück zu je 180 g
- Salz, Pfeffer
- 2 Knoblauchzehen
- 4 Sardellenfilets
- 2 EL Olivenöl
- 50 g Butter
- schwarzer Pfeffer aus der Mühle

Die Fleischstücke 20 Min. vor der Zubereitung aus dem Kühlschrank nehmen. Vor dem Braten beidseitig salzen und pfeffern. Den Knoblauch durchpressen und die Sardellenfilets fein hacken. 4 Eierpfännchen gut vorwärmen. Die Filets in einer Bratpfanne beidseitig rasch im Olivenöl anbraten, dann unter öfterem Wenden kurz weiterbraten. Nach etwa 5 Min. sind sie saignant (blutig) und nach 7–8 Min. noch rosa. Man kann zur Kontrolle ein Fleischthermometer verwenden. Die Fleischstücke auf ein Gitter legen, dieses auf einen Teller stellen und locker mit Aluminiumfolie abdecken. Überschüssiges Fett aus der Bratpfanne abgießen. Den Knoblauch und die Sardellen mit der Butter in den Bratenfond geben und aufschäumen lassen. Wenig Salz und viel frischgemahlenen schwarzen Pfeffer zufügen. Die Filets in die vorgewärmten Pfännchen oder in Teller legen und mit der Butter begießen. Sofort servieren.

**Tip** Man kann die Pfännchen auf heiße Herdplatten stellen, damit die Filets brutzelnd auf den Tisch kommen. Zur Vorsicht die Filets nur saignant braten, damit sie durch die große Hitze nicht durchgebraten werden, was schade wäre.

Rustikales von der Côte d'Azur.

# Tripes à la niçoise
## Kutteln nach Art von Nizza

Die Kutteln in Vierecke von etwa 3 cm schneiden (man kann auch Kuttelstreifen verwenden). 2 EL Olivenöl erhitzen. Die gehackten Zwiebeln darin anziehen lassen, bis sie hellgelb werden. Die Tomaten kleinschneiden. Zu den Zwiebeln geben. So lange zusammen dünsten, bis ein trokkenes Mus entsteht. Die Kutteln, das Tomatenpüree, die ungeschälten Knoblauchzehen, 1 TL Provencekräuter, das Lorbeerblatt, Salz und Pfeffer beifügen. 1–2 Min. mitdünsten. Mit dem Rotwein ablöschen, aufkochen, dann die Brühe zugießen. 1½ Std. zugedeckt schmoren lassen. Ab und zu umrühren, damit die Kutteln nicht ansitzen. Wenn nötig etwas Rotwein nachgießen. Die restlichen Provencekräuter, die Petersilie und die durchgepreßte Knoblauchzehe mischen. Die ganzen Knoblauchzehen entfernen und die Kutteln in eine Tonform geben. Zuerst mit der Gewürzmischung, dann mit dem geriebenen Brot bestreuen. Mit dem restlichen Olivenöl begießen. Kurz im Backofen bei Oberhitze gratinieren, bis die Garnitur leicht Farbe annimmt. Sie darf nicht zu dunkel werden! In der Tonform servieren.

**Tips**

- Hübsch ist es, wenn jeder Tischgast sein eigenes Plättchen bekommt.
- Als Beilage Pariserbrot oder Salzkartoffeln servieren.
- Man kann dieses Gericht gut vorbereiten. Kommen die Kutteln kalt in den Ofen, muß man sie zuerst ohne Garnitur erhitzen und erst dann die Kräuter und das geriebene Brot darüberstreuen.
- Die Sauce darf keinesfalls wässerig werden, deshalb müssen die Tomaten gut eingekocht sein.

Kann vorbereitet werden
Arbeitsaufwand: 20 Min.
Schmorzeit: 1½ Std.

**Für 6 Personen**

| | |
|---|---|
| 1 kg | Kutteln, am Stück, vom Metzger vorgekocht |
| 4 EL | Olivenöl |
| 3 | Zwiebeln |
| 4 | große, reife, geschälte Tomaten |
| 1 EL | Tomatenpüree |
| 2 | ungeschälte Knoblauchzehen |
| 2 TL | gehackte Provencekräuter (Basilikum, Rosmarin, Salbei, Bohnenkraut, Fenchel, Majoran, Thymian) |
| 1 | Lorbeerblatt |
| | Salz, Pfeffer |
| 2½ dl | Rotwein |
| 2½ dl | Brühe |
| 2 EL | gehackte Petersilie |
| 1 | geschälte Knoblauchzehe |
| 2 EL | geriebenes Weißbrot (vom Vortag) |

Besonders würzig wird das Fleisch, wenn man sizilianischen Marsala verwendet.

## Maiale al marsala con funghi porcini
### Schweinefilet mit Marsala und Steinpilzen

Kann vorbereitet werden
Arbeitsaufwand: etwa 45 Min.
Bratzeit: 4–5 Min.

**Für 4 Personen**
30 g getrocknete Steinpilze
4 Knoblauchzehen
600 g Schweinefilet
1 EL Rosmarinnadeln
10 Wacholderbeeren
Salz, schwarzer Pfeffer aus der Mühle
2 EL Olivenöl
2 TL Aceto balsamico tradizionale (s. S. 168)
4 EL Marsala

Die Steinpilze in warmem Wasser einlegen. Die Knoblauchzehen ungeschält 10 Min. in kochendes Wasser geben, dann abtropfen. Das Schweinefilet in 1 cm dicke Scheiben schneiden. Die Steinpilze abgießen, das Einweichwasser passieren und aufbewahren. Die Knoblauchzehen öffnen, das Innere herausdrücken und mit den Steinpilzen und dem Einweichwasser, dem Rosmarin und den zerdrückten Wacholderbeeren in einen Topf geben und etwa 10 Min. kochen. Inzwischen die Fleischscheiben salzen, pfeffern und im Olivenöl beidseitig goldbraun braten. Mit dem Balsamico beträufeln, aus der Pfanne nehmen und warm stellen. Die Steinpilze zum Bratenfond geben, etwas einkochen lassen, den Marsala zufügen, nochmals 2–3 Min. reduzieren und die Sauce mit Salz und Pfeffer abschmecken. Die Fleischscheiben zugeben und bei kleiner Hitze kurz erwärmen.

**Tips**

- Schweinekoteletts oder -schnitzel lassen sich auf dieselbe Art zubereiten. In diesem Fall die Bratzeit des Fleisches etwas verlängern.
- Man kann auch eingemachte Knoblauchzehen (s. S. 324) verwenden und mit dem Fleisch mitbraten.

Ein würziger südspanischer Eintopf.

# Fricassea de cerdo con chorizo y verdura

## Schweinefrikassee mit Paprikawurst und Gemüse

Den Schweinehals in etwa 4 cm große Würfel schneiden. Das Olivenöl in einem Schmortopf erhitzen. Das Fleisch unter Wenden allseitig schön braun anbraten. Etwas Salz und Pfeffer zufügen. Die Zwiebel halbieren und leicht schräg in Scheiben schneiden. Die Knoblauchzehen schälen und plattdrücken. Die Tomaten entkernen und gut auspressen. Die Peperoni halbieren, entkernen und in Streifen, die Zucchetti in Rädchen schneiden. Alle Gemüse mit dem Knoblauch zum Fleisch geben und gut wenden. 10 Min. anziehen lassen. Die Lorbeerblätter zerzupfen und mit dem Paprika über das Fleisch streuen. Mit der Brühe begießen. Zugedeckt etwa 30 Min. schmoren lassen. Den Chorizo in kleine Würfel schneiden, zugeben und weitere 30 Min. garen. Nach dieser Zeit prüfen, ob das Fleisch weich ist, ansonsten die Garzeit etwas verlängern. Sollte die Sauce zu stark eingekocht sein, etwas warmes Wasser nachgießen. Vor dem Anrichten abschmecken, dabei berücksichtigen, daß der Chorizo dem Gericht eine gewisse Schärfe gibt.

Kann vorbereitet werden
Arbeitsaufwand: 30 Min.
Schmorzeit: 1 Std.

**Für 4 Personen**

| | |
|---|---|
| 750 g | Schweinehals |
| 2 EL | Olivenöl |
| | Salz, Pfeffer |
| 1 | große weiße Zwiebel |
| 2 | Knoblauchzehen |
| 2 | geschälte Tomaten |
| je 1 | roter und gelber Peperone |
| 2 | Zucchetti |
| 2 | Lorbeerblätter |
| 1 EL | Paprikapulver (edelsüß) |
| 1/2 l | Fleischbrühe |
| 200 g | Chorizo (spanische Paprikawurst) |

In Zypern ist die regionale Küche bereits etwas orientalisch gewürzt, so auch dieses Fleischgericht, welches mit ganz frischem Brot, Oliven und einem Salatsträußchen serviert wird.

# Afelia
## Schweineragout mit Koriander

Kann vorbereitet werden
Arbeitsaufwand: 30 Min.
Marinierzeit: 6 Std.
Schmorzeit: 1 Std.

**Für 4 Personen**

750 g Schweinefleisch (Schulter)
6 Korianderkapseln
1 TL Puderzucker
Salz, Pfeffer
3 EL Olivenöl
2 große, gehackte Zwiebeln
1/4 l kräftiger Rotwein
12 braune Oliven
1 EL gehackte Korianderblätter
4 Korianderzweiglein

Das Schweinefleisch in Würfel schneiden. Die Korianderkapseln im Mörser zerstoßen oder mit einem großen Messer zerdrücken. Den Koriander mit dem Puderzucker und etwas Salz und Pfeffer mischen. Diese Gewürze mit dem Fleisch mischen. Zugedeckt im Kühlschrank etwa 6 Std. marinieren lassen. 2 EL Olivenöl in einem Bräter erhitzen. Das Fleisch darin allseitig anbraten. Die Zwiebeln in der Zwischenzeit im restlichen Olivenöl anziehen lassen. Das Fleisch mit dem Wein begießen und wenige Minuten einkochen lassen. Die Zwiebeln beigeben. Alles gut mischen. Den Bräter in den Ofen schieben und das Ragout 1 Std. zugedeckt bei 150 °C schmoren lassen. Ab und zu kontrollieren, ob noch genügend Flüssigkeit vorhanden ist. Die Oliven entsteinen und kleinschneiden. Vor dem Servieren mit den gehackten Korianderblättern über das Gericht verteilen und mit den Korianderzweiglein garnieren.

**Tips**

- Man kann das Gericht auch auf kleinster Stufe auf dem Herd zubereiten.
- Saftiger wird das Ragout mit Schweinehals, allerdings auch etwas üppiger.

Einmalig im Geschmack war das im Ofen gebratene Capretto im Hotel «Al Camin» in Bassano del Grappa. Ich versuchte es nachzukochen.

## Capretto alla campagnola
## Gitzi (Kitz) nach ländlicher Art

Arbeitsaufwand: etwa 30 Min.
Marinierzeit: $1\frac{1}{2}$ Tage
Bratzeit: etwa 50 Min.

**Für 6 Personen**

| | |
|---|---|
| 1 kg | Gitzi (Kitz) |
| 1 | Handvoll Salbeiblätter |
| 2 | Knoblauchzehen |
| 1 EL | Rosmarinnadeln |
| | Salz |
| | Saft von 3 Zitronen |
| | Schale von 1 unbehandelten Zitrone |
| 7–8 | schwarze Pfefferkörner |
| 2 | Lorbeerblätter |
| $\frac{1}{8}$ l | kaltgepreßtes Olivenöl |

Das Gitzi in Stücke schneiden. Mit der Leber und dem Herz in ein Gefäß legen. Die Salbeiblätter, den Knoblauch und die Rosmarinnadeln hacken. Alles mit etwas Salz mischen und die Fleischstücke damit einreiben. Den Zitronensaft, die Zitronenschale, den Pfeffer und die Lorbeerblätter sowie 6 EL Olivenöl zufügen. Zudecken und etwa $1\frac{1}{2}$ Tage marinieren lassen. Die Fleischstücke mehrmals wenden. Das Fleisch aus der Marinade nehmen. Gut abtropfen lassen und in einem Bräter im Ofen bei 220 °C im restlichen Olivenöl gut anbraten. Nach etwa 10 Min. die Temperatur auf 140 °C reduzieren. Nach und nach die aufgehobene Marinade zufügen. Nach weiteren 30 Min. mit dem Fleischthermometer prüfen, ob das Fleisch gar ist. Es sollte durchgebraten, aber noch saftig sein. Sollte es zu wenig Farbe angenommen haben, noch etwa 5–7 Min. bei 220 °C braun und knusprig werden lassen. Beim Anrichten mit dem Fleischsaft begießen.

**Tips**

- Das Gitzi kann auch ganz am Spieß oder im Ofen gebraten werden. Im Veneto wird es gerne im Freien über aromatischem Holz, z.B. Wacholderzweigen, Kastanien- oder Pinienholz, grilliert. Ich finde dies fast schade, denn das delikate Fleisch erhält durch die Hölzer einen etwas bitteren Rauchgeschmack.
- Für dieses Gericht sollte das Gitzi nicht älter als 50 Tage sein. Milchlamm kann auf die gleiche Art zubereitet werden.

# Aceto balsamico

Der traditionell hergestellte Balsamessig aus Modena ist einzigartig im Aroma. Im Unterschied zum Essig, den man ausgehend von einer alkoholhaltigen Flüssigkeit erhält, stammt der Balsamico direkt vom Traubenmost ab, und zwar vom Most der typischen Reben, die seit Jahrhunderten im Herkunftsgebiet angepflanzt werden. Er wird in einem offenen Gefäß direkt auf offenem Feuer gekocht, dann in Fässer aus edlen Holzsorten gefüllt, wo er durch äußerst komplexe Oxidations- und Gärungsprozesse in Essig umgewandelt wird. In der Stille der Essigkellereien und dank der besonderen Technik beim Umfüllen erreicht er in langen Jahren der Verfeinerung und Alterung durch eine Vielzahl von mikrobischen und enzymatischen Prozessen ein überraschendes Gleichgewicht aromatischer und geschmacklicher Vielfalt. Zur Garantie und Wahrung der Tradition werden von einem Konsortium Kontrollen durchgeführt. Experten kosten den Essig und versehen ihn mit einem Qualitätssiegel.

Es sind verschiedene Typen erhältlich, von 12 Jahren bis zu 25 Jahren alt und darüber hinaus. Die älteren Produkte werden mit der Bezeichnung «extra-vecchio» versehen. Beim Kauf muß man auf die Etikette der Fläschchen achten. Der Vermerk «tradizionale» sollte darauf stehen, wenn man Wert auf einen hervorragenden Balsamico legt. Natürlich ist er bedeutend teurer als gewöhnliche, industriell hergestellte Sorten.

Der Aceto balsamico wird nicht nur zum Anmachen von Salaten verwendet, sondern verleiht vor allem Saucen die besondere Note und kann auch Fleisch- und Fischgerichte abrunden. Er ist eine Fundgrube für kreative Köche.

# Geflügel, Kaninchen, Wild

Geflügel und Kaninchen ist im ganzen Mittelmeerraum beliebt. Hähnchen werden gerne gefüllt oder, wie auch Kaninchen, zusammen mit Gemüse als Saucengericht serviert. Als Spezialität gelten Enten, Wachteln und Täubchen, besonders in Frankreich und Süditalien, aber auch in Spanien, wo sie in rustikaleren Varianten zubereitet werden. In den bewaldeten Gegenden der europäischen Mittelmeerküsten gibt es viele Wildschweine, die nach regionalen bäuerlichen Rezepten verarbeitet werden.

An einem schönen Sommerabend in Avignon entdeckt und mit Spaß nachgekocht.

## Crépinettes de poulet au jus persillé
## Gefüllte Hähnchenschenkel an Petersilienjus

Kann vorbereitet werden
Arbeitsaufwand: 45 Min.
Kochzeit: 50 Min.
Bratzeit: 6 Min.

**Für 4 Personen**

| | |
|---|---|
| 4 | Hähnchenschenkel |
| 1 | Schweinsnetz |
| 100 g | Champignons |
| 50 g | gekochter Schinken |
| 1 EL | Frischkäse |
| 1 | Knoblauchzehe |
| 1 EL | gehackte flachblättrige Petersilie |
| | Salz, Pfeffer |
| 1 EL | Olivenöl |

**Jus**

| | |
|---|---|
| $^{1}/_{4}$ l | Geflügelfond (s. S. 285) |
| 1 Bund | flachblättrige Petersilie |
| 4 EL | Marc aus Châteauneuf-du-Pape |
| 20 g | frische Butter |

Das Schweinsnetz in kaltes Wasser legen. Die Hähnchenschenkel seitlich aufschneiden und die Knochen entfernen. Ein Stück Beinknochen am dünneren Ende des Schenkels stehen lassen. Die Champignons und den Schinken mit dem Wiegemesser hacken. Mit dem Frischkäse, der durchgepreßten Knoblauchzehe und der gehackten Petersilie mischen. Mit Salz und Pfeffer abschmecken. Die Hähnchenschenkel mit dieser Masse füllen. Das Schweinsnetz ausdrücken, in vier Stücke schneiden und die Schenkel darin einwickeln. Den Knochen herausragen lassen. Das Netz auf der Unterseite verschließen. Den Geflügelfond auf die Hälfte einkochen. Die eingepackten Schenkel in 1 EL Olivenöl allseitig braun braten. 2 EL des vorbereiteten Jus zugeben. Halb zugedeckt 15 Min. garen lassen.

Inzwischen die Petersilie mit einer Schere kleinschneiden. Die Stiele entfernen. Den Bratenfond entfetten. Den restlichen Jus in die Pfanne geben und aufkochen. Die Hälfte der Petersilie sowie den Marc zufügen. Etwas eindicken lassen, dann die Butter in Flocken unterrühren und nachwürzen. Die Crépinettes auf warme Teller anrichten, mit dem Jus begießen und mit der restlichen Petersilie bestreuen. Mit einem Petersilienblatt garnieren.

**Tips**
- Als Beilage passen gebratene Topinamburs (s. S. 239, Tip) sehr gut.
- Wer den Geflügelfond nicht selbst zubereiten möchte, kann ihn im Feinkostgeschäft kaufen.

**Variation** Hähnchenoberschenkel oder -brüste verwenden. Den Knochen herausnehmen bzw. eine Tasche einschneiden, die Höhlung mit der Masse füllen und die Geflügelstücke wie beschrieben ins Schweinsnetz einpacken.

Hähnchen in einer für Südspanien typischen Sauce.

## Pepitorio de gallina
## Hähnchenfrikassee mit Piniensauce

Kann vorbereitet werden
Arbeitsaufwand: 40 Min.
Garzeit:
etwa 40–45 Min.

**Für 4 Personen**

| | |
|---|---|
| 3 EL | Olivenöl |
| 2 | Knoblauchzehen |
| 150 g | altbackenes Brot ohne Kruste |
| 1 | Hähnchen (etwa 1,4 kg) |
| | Salz, Pfeffer |
| 1/8 l | Geflügelbrühe |
| 1/8 l | trockener Sherry |
| 1 | Zwiebel, gespickt mit 1 Lorbeerblatt und 1 Nelke |
| 1 | Lorbeerblatt |
| 2 | Thymianzweige |
| 150 g | Pinienkerne |
| 1 Prise | Safranfäden |
| 3 EL | Zitronensaft |
| 2 EL | gehackte Petersilie |
| 1 | Zitrone für die Garnitur |

Das Olivenöl in einem großen Bräter erhitzen. Die Knoblauchzehen hineingeben und leicht anbraten. Danach wieder herausnehmen. Die Brotscheiben hineingeben und beidseitig goldgelb fritieren. Mit dem Knoblauch beiseite stellen. Das Hähnchen in 8 Stücke teilen. Mit Salz und Pfeffer einreiben. Im Bräter allseitig goldbraun anbraten. Herausnehmen und warm stellen. Das Öl aus dem Bräter gießen. Die Brühe, den Sherry, die gespickte Zwiebel, das Lorbeerblatt und den Thymian hineingeben. Erwärmen, dann die Hähnchenstücke mit dem ausgetretenen Saft zugeben. Etwa 30 Min. zugedeckt garen lassen. Die Pinienkerne in einer trockenen Bratpfanne leicht rösten. 1/4 davon ganz belassen, den Rest zusammen mit dem Knoblauch, dem Brot, dem Safran und dem Zitronensaft im Mixer pürieren. Die Hähnchenstücke aus dem Bräter heben und warm stellen. Die Zwiebel entfernen. Das Pinienpüree in den Bratenfond geben. Einige Minuten einkochen, bis die Sauce sämig wird. Über das Hähnchen anrichten und mit der Petersilie bestreuen. Mit den ganzen Pinienkernen und der in Scheiben geschnittenen Zitrone garnieren.

**Tips**
- In Andalusien wird dieses Gericht meistens mit Brot oder in Bouillon gekochtem Reis serviert.
- Auch Kaninchen läßt sich nach diesem Rezept zubereiten.
- Zur Abwechslung kann man die Pinienkerne durch geschälte Mandeln ersetzen.

Ein besonders würziges Hähnchen – dank Koriander, Kreuzkümmel und Pfefferschote.

## Coquelet aux épices marocaines
## Hähnchen marokkanisch gewürzt

Kann vorbereitet werden
Arbeitsaufwand: 25 Min.
Marinierzeit: 8–10 Std.
Bratzeit: 12–15 Min.

**Für 4 Personen**

2 Hähnchen von je 600 g
Salz
2 EL Olivenöl

**Marinade**

2 Knoblauchzehen
1 kleine rote, scharfe Pfefferschote
12 Korianderkapseln
1 TL Pfefferkörner
3 EL Hühnerbrühe
2 EL edelsüßer Paprika
1 TL Kreuzkümmel
3 EL Olivenöl
1 Zitrone

Den Knoblauch schälen und in Scheiben schneiden. Die Pfefferschote entkernen. Den Koriander, den Pfeffer, den Knoblauch und die Pfefferschote mit der Brühe mixen. Den Paprika, den Kreuzkümmel und 2 EL Olivenöl dazugeben und alles gut mischen. Die Hähnchen halbieren, den Rükkenknochen und den Hals entfernen, die Brüste von den Schenkeln trennen. Das Fleisch mit der Marinade bestreichen, in eine Schüssel legen, mit der restlichen Marinade begießen und 8–10 Std. bedeckt im Kühlschrank ziehen lassen. Die Hühnchenstücke abtropfen lassen, salzen und allseitig mit dem restlichen Olivenöl bestreichen. Auf dem Grill oder in der Pfanne goldbraun braten. Mit Zitronenschnitzen servieren.

**Tip** Wer gerne scharf gewürzt ißt, kann die Marinade mit einer Messerspitze Harissa (s. S. 289) nachwürzen.

Ein Gericht aus Südspanien, wo auch der Safran wächst.

## Pollo al azafran
### Safranhähnchen

Kann vorbereitet werden
Arbeitsaufwand: 30 Min.
Schmorzeit: 30 Min.

**Für 4 Personen**

| | |
|---|---|
| 1 | großes Hähnchen, etwa 1,4 kg |
| 2 EL | Olivenöl |
| 100 g | Jamón serrano (spanischer Rohschinken) |
| 2 | hartgekochte Eier |
| 2 | Scheiben Toastbrot |
| 1 EL | Butter |
| 1 | Knoblauchzehe |
| 1 | Zweig Petersilie |
| 1 dl | Weißwein |
| 6 EL | Hühnerbrühe |
| | Salz, Pfeffer |
| | wenig Muskatnuß |
| 200 g | frische oder tiefgekühlte grüne Erbsen |
| 1 Prise | Safranfäden |

Das Hähnchen in 8 Stücke schneiden, im Olivenöl braten. Den Schinken in Streifen schneiden. Das Eigelb durch ein Sieb drücken und das Eiweiß hacken. Das Brot in kleine Würfel schneiden und in der Butter goldgelb rösten. Die Schinkenstreifen, den gehackten Knoblauch und die Petersilie zum Hähnchen geben und mitdünsten. Mit dem Wein und der Brühe ablöschen. 30 Minuten schmoren lassen. Mit Salz, Pfeffer und Muskatnuß würzen, die Erbsen und den Safran zugeben. Nach etwa 10 Min. das verquirlte Eigelb beifügen. Nicht mehr kochen lassen. Mit den Brotcroûtons und dem gehackten Eiweiß garnieren.

**Tip** Man kann, z.B. für 2 Personen, Hähnchenbrüste auf diese Art zubereiten. In diesem Fall die Bratzeit auf etwa 15 Min. reduzieren und die Zutaten halbieren.

## Peperoni oder Peperoncini?

Die Capsicum-Familie ist unendlich groß und über die ganze Welt verstreut. Entsprechend groß ist die Zahl von Namen und Bezeichnungen. In Europa ist man sich über die Benennungen in der jeweiligen Landessprache nicht immer einig. In Italien sagt man Peperoni und Peperoncini, in Deutschland Paprika(schoten) und Chilies (nach der Ursprungssorte). In der Schweiz hält man sich an die Bezeichnungen des südlichen Nachbarn und des italienischsprachigen Landesteils, des Tessins. In Frankreich heißen die großen, milden Schoten «poivrons doux» und die kleinen roten, scharfen Sorten «piment oiseau» (s.S. 376).

In diesem Buch habe ich mich an die italienischen Bezeichnungen gehalten, weil Italien ein Mittelmeerland «par excellence» ist und weil Peperoni und Peperoncini in den Rezepten der italienischen Küche sehr häufig verwendet werden.

Auf spektakuläre Art präsentierte man mir im Veneto einen Kapaun, dem begeistert applaudiert wurde.

## Cappone alla canna d'India
## Kapaun in der Schweinsblase

Kann vorbereitet werden
Arbeitsaufwand: 30 Min.
Kochzeit: etwa 2 1/2 Std.

**Für 6–8 Personen**

- 1 große Zwiebel
- 4 Gewürznelken
- 2 Karotten
- 2 Zweige Stangensellerie
- 1–2 Knoblauchzehen
- Salz, Pfeffer
- 1/2 Zimtstange
- 1 Kapaun von etwa 3 kg
- 1 große, unverletzte Schweinsblase
- 1 Stück Bambus- oder Zuckerrohr von etwa 25–30 cm Länge

Die Zwiebel vierteln und jedes Stück mit einer Nelke spikken. Die Karotten fein hacken, den Sellerie wie Rhabarberstengel abziehen und kleinschneiden. Den Knoblauch hakken und alle Zutaten mischen. Mit Salz und Pfeffer würzen. Zusammen mit der Zimtstange in den Bauch des Kapauns geben. Die Öffnung mit Küchenfaden zunähen. Den Kapaun salzen und pfeffern und in die gut gewaschene Schweinsblase geben. Sorgfältig vorgehen, damit sie nicht verletzt wird. Das Bambusrohr hineinstecken, die Blase darum herum zusammenraffen und mit Küchenschnur gut verschließen. Einen großen Topf 3/4 hoch mit Salzwasser füllen, aufkochen und den Kapaun hineintauchen. Darauf achten, daß das Rohr nach oben gerichtet ist und kein Wasser eindringen kann. Den Kapaun 2 1/2 Std. bei Mittelhitze kochen lassen. Beim Anrichten den Kapaun sorgfältig aus der Blase nehmen und den Kochsaft auffangen. Den Kapaun zerlegen, auf Teller verteilen und mit dem eigenen Saft begießen.

**Tips**

- Das Rohr erlaubt den Abzug des Dampfes, welcher beim Kochen aus der Blase kommt. Dadurch wird das Fleisch und auch der Saft besonders aromatisch.
- Der Küchenchef des Restaurants «Molino cecia» in der Nähe von Vicenza zerteilte den Kapaun vor dem Kochen in Stücke ohne Knochen, mischte sie mit dem Gemüse und den Gewürzen und packte sie in Einzelportionen, die alle mit einem Röhrchen versehen wurden. Dies zur großen Freude der anwesenden Gäste. Dadurch erübrigte sich auch das Tranchieren vor dem Gast. Dazu wurde gedünsteter Löwenzahn serviert.
- Eine Poularde oder ein Perlhuhn läßt sich auch auf diese Art zubereiten.

Nach orientalischer Art gewürzt schmecken Geflügelspieße besonders gut.

## Truthahnspieße mit Gemüse und Peperonisauce

Kann vorbereitet werden
Arbeitsaufwand: etwa 35 Min.
Grillzeit: 5–6 Min.

**Für 4 Personen**

| | |
|---|---|
| 500 g | Truthahnbrust |
| 100 g | Magerspeck |
| 1 | durchgepreßte Knoblauchzehe |
| 1 TL | gehackter Origano |
| 1 TL | Kreuzkümmel |
| 1 TL | edelsüßer Paprika |
| | Pfeffer |
| 4 EL | Olivenöl |
| 1 | roter Peperone |
| 1 | mittelgroßer Zucchetto |
| 1 | große Zwiebel |
| | Salz |
| | gelbe Peperonisauce (s. S. 298, 1 1/2fache Menge) |

Das Truthahnfleisch und den Speck in 3 cm lange und etwa 1 1/2 cm dicke Stücke schneiden. Den Knoblauch, den Origano, den Kreuzkümmel, den Paprika und etwas Pfeffer mit 2 EL Olivenöl mischen. Das Fleisch damit bestreichen und 1–2 Std. marinieren.

Den Peperone vierteln, entkernen und in der Größe passend zu den Fleischscheiben in Stücke schneiden. Den Zucchetto in Rädchen teilen, die Zwiebeln schälen, vierteln und die einzelnen Schichten voneinander trennen. Die Peperoni- und Zwiebelstücke in kochendem Salzwasser 1–2 Min. blanchieren. Das Truthahnfleisch abtropfen, leicht salzen und abwechselnd mit dem Speck und den Gemüsestücken an Spieße stecken. Mit dem restlichen Olivenöl bestreichen. 5–6 Min. über der Holzkohlenglut grillieren. Die Sauce separat dazu servieren.

**Tips**

- Dazu paßt Pilawreis (s. S. 262) oder Trockenreis.
- Im Freien serviert man dazu Fladenbrot (s. S. 309) und nach Belieben Hot Ketchup oder Chilisauce.

Ein Rezept aus Venetien, auf meine Art zubereitet.

# Anatra al limone con salsa peverada
## Gebratene Ente mit Zitrone und Pfeffersauce

Kann vorbereitet werden
Arbeitsaufwand: etwa 20 Min.
Bratzeit: 50–60 Min.

**Für 4 Personen**

- 1 unbehandelte Zitrone
- 2 EL Olivenöl
- 1 große, fleischige Ente, etwa 1,8 kg, mit ihrer Leber
- Salz, Pfeffer
- 1 Salbeizweig
- 1–2 Knoblauchzehen
- $^1/_8$ l trockener Weißwein

**Sauce**

- 50 g «sopressa» (venezianischer Preßkopf) oder weiche Salami
- 2 EL Olivenöl
- Salz
- 4–5 Umdrehungen grobgemahlener schwarzer Pfeffer
- Saft von $^1/_2$ Zitrone
- 1 TL Aceto balsamico tradizionale (s. S. 168)
- 1 TL abgeriebene Zitronenschale
- 2 durchgepreßte Knoblauchzehen

Die Zitrone in etwa $^1/_2$ cm dicke Scheiben schneiden. Einen Bräter mit etwas Olivenöl ausstreichen und die Zitronenscheiben darin anordnen. Die Ente innen und außen salzen, pfeffern und auf die Zitronenscheiben legen. Den Salbeizweig und die ungeschälten Knoblauchzehen zufügen. Die Ente mit dem restlichen Olivenöl beträufeln, in den 220 °C heißen Ofen schieben. Nach 10 Min. die Temperatur auf 200 °C zurückstellen, die Ente mit dem Wein begießen und 40–50 Min. weiterbraten. Ab und zu mit dem Bratenfond begießen. Nach insgesamt 50–60 Min. sollte die Ente braun und knusprig sein.

Inzwischen die «sopressa» oder die Salami fein hakken, im Olivenöl anziehen lassen, beiseite stellen. Die Entenleber säubern, kleinschneiden und im Cutter pürieren. Die Ente aus dem Bräter nehmen, sobald sie gar ist, und bei 60 °C im Ofen warm halten. Den Bratenfond entfetten (Fett abgießen oder mit Küchenpapier aufsaugen). Den Satz mit 2–3 EL Wasser lösen und zur «sopressa» geben. Etwas einkochen lassen, passieren und mit Salz, dem grobgemahlenen Pfeffer, dem Zitronensaft, dem Aceto balsamico, der Zitronenschale und dem Knoblauch abschmecken. Die pürierte Entenleber zugeben, nicht mehr kochen.

**Tip** Dazu kann man weiße Polenta nach venezianischer Art (s. S. 268) servieren.

Etwas aufwendig in der Zubereitung, aber garantiert erfolgreich.

## Pigeons au porto et aux figues
## Täubchen mit Portweinfeigen

Kann weitgehend vorbereitet werden
Arbeitsaufwand: etwa 1 Std.
Koch- und Bratzeit: etwa 1 Std.

**Für 4 Personen**

| | |
|---|---|
| 5 | dunkle, reife, mittelgroße Feigen |
| 0,4 l | guter Portwein |
| 2 | Lorbeerblätter |
| 2 | Tauben zu je 500–600 g, pfannenfertig vorbereitet |
| | Salz, Pfeffer |
| 1 | Sträußchen Thymian |
| $2^1/_2$ EL | Olivenöl |
| 2 EL | gehackte Schalotten |
| 1 | reife, geschälte Tomate |
| 200 g | Gemüsewürfelchen (Zucchini, Karotten, Stangensellerie) |
| $^1/_4$ l | dunkler Geflügel- oder Kalbsfond (s.S. 284) |
| 2 | Knoblauchzehen |
| 1 | Prise Cayennepfeffer |
| 4 | Portionen zubereiteter Couscousgrieß (s.S. 308) |

Die Feigen waschen und nebeneinander in einen kleinen Topf stellen. Mit $^1/_4$ l Portwein und 1 Lorbeerblatt etwa 1 Std. bei sehr kleiner Hitze zugedeckt schmoren lassen. Die Tauben innen und außen salzen und pfeffern. Den Thymian in die Bauchhöhlen legen. Den Backofen auf 220 °C vorheizen. 1 EL Olivenöl und 1 Lorbeerblatt in einen Bräter geben, in den Ofen schieben und erhitzen. Die Temperatur auf 200 °C reduzieren, die Tauben zugeben und 20 Min. braten. Nach und nach 4 EL Portwein zufügen. Die Tauben mit dem Bratenfond begießen und bei 180 °C 10–15 Min. weiterbraten. Inzwischen die Schalotten in 1 EL Olivenöl anziehen lassen. Die Tomate ausdrücken, kleinschneiden, zufügen und etwa 5 Min. unter Wenden garen. Die Gemüsewürfelchen separat im restlichen Olivenöl 3–4 Min. dünsten. Die Feigen aus dem Portwein nehmen und diesen sirupartig einkochen. Danach 4 Feigen darin wenden und abtropfen lassen. Den Geflügel- oder Kalbsfond stark einkochen und mit dem Portweinsirup mischen. Die Tauben nach der angegebenen Bratzeit kurz aus dem Bräter nehmen. Den Bratfond wenn nötig etwas entfetten, dann mit 1–2 EL Portwein lösen und diesen Jus zur Portweinsauce geben. Die Tauben und die 4 Feigen im abgestellten Backofen warm halten. 1 Feige mit dem restlichen Portwein im Mixer pürieren und zur Sauce geben. Die Sauce durch ein Sieb passieren und mit dem durchgepreßten Knoblauch, Salz, Pfeffer und dem Cayennepfeffer abschmecken. Den Couscousgrieß mit den Gemüsewürfelchen mischen und anrichten. Die Tauben halbieren und darauflegen. Mit den kandierten Feigen garnieren und die Sauce separat dazu servieren.

**Tips**

- Als Beilage passen grüne Erbsen mit Pfefferminze (s.S. 232) ausgezeichnet.
- Anstelle von Tauben kann man Wachteln auf diese Art zubereiten. Als Hauptgericht 1 Wachtel pro Person berechnen und diese insgesamt etwa 25 Min. braten.

Ein Gericht aus dem südlichen Rhônetal, zubereitet mit schwarzen Trüffeln und Wein aus dieser Gegend.

# Cailles aux truffes du Tricastin
## Wachteln an Trüffelsauce

Kann weitgehend vorbereitet werden
Arbeitsaufwand: 25 Min.
Kochzeit: 50 Min.
Bratzeit: 6–8 Min.

**Für 4 Personen**

| | |
|---|---|
| 4 | frische Wachteln |
| 2 EL | Olivenöl |
| | Salz, Pfeffer |
| 400 g | Gemüse, z. B. Navets (kleine weiße Rüben), Karotten, Zucchini |
| 20 g | Butter |
| 10 g | Zucker |
| 1/2 TL | Salz |

**Jus**

| | |
|---|---|
| 0,2 l | Geflügelfond (s. S. 285) |
| | Salz, Pfeffer |
| 30 g | schwarze Trüffeln |
| 4 EL | kräftiger Rotwein, z. B. Gigondas |
| 20 g | frische Butter |

Die Rüben, die Karotten und die Zucchini putzen, schälen und in mundgerechte abgerundete Kegel oder Stäbchen schneiden. Die Gemüse in kochendes Salzwasser tauchen und knapp garen, dann kalt abspülen. In einer zweiten Pfanne 4 EL Wasser mit 20 g Butter, dem Zucker und Salz aufkochen. Die Karotten und die Navets einige Minuten darin glacieren, dann wenn nötig absieben. Für den Jus den Geflügelfond auf die Hälfte einkochen. Den Rotwein und die in kleine Würfelchen geschnittenen Trüffeln hineingeben. Den Jus erhitzen, mit Salz und Pfeffer abschmecken und die kalte, in kleine Stückchen geschnittene Butter im letzten Moment unterrühren.

Die Wachteln salzen und pfeffern. In einer größeren Bratpfanne 2 EL Olivenöl erhitzen und die Wachteln darin allseitig goldbraun braten (etwa 6–8 Min.). Die fertiggebratenen Wachteln auf 4 vorgewärmte Teller anrichten, mit etwas Jus umgießen und das warme Gemüse dazu anordnen.

**Tips**
- Navets sind kleine weiße Rüben. Sie können durch Kohlrabi ersetzt werden.
- Die Gemüseabschnitte können für eine Suppe verwendet werden.
- Im Tricastin (Bouches-du-Rhône) gibt es schwarze Trüffeln, die jenen aus dem Périgord ähnlich sind.

Eine attraktive Vorspeise, die sich auch auf Toast oder Salat präsentieren läßt.

## Cailles aux raisins
## Wachteln mit Trauben

Kann weitgehend vorbereitet werden
Arbeitsaufwand: 30 Min.
Bratzeit: 8–10 Min.

**Für 4 Personen**

| | |
|---|---|
| 120 g | Frischkäse |
| | Salz, Pfeffer |
| 1/2 TL | Thymian |
| 250 g | weiße Traubenbeeren |
| 4 | pfannenfertige Wachteln |
| 3 EL | Butterschmalz (Bratbutter) |
| 1 EL | feingehackte Schalotten |
| 5 EL | konzentrierter Geflügelfond (s. S. 285) oder Geflügelbrühe |
| 4 EL | Süßwein, z. B. Banyuls oder Portwein |
| 1 EL | Zitronensaft |
| 30 g | frische Butter |
| 1 Prise | Cayennepfeffer |

Den Frischkäse mit Salz, Pfeffer und 1 Prise Thymian mischen. 4 Traubenbeeren mit einer Nadel mehrmals einstechen. Den Frischkäse in vier Häufchen teilen. Je eine Beere hineinstecken. Die Wachteln innen und außen mit Salz und Pfeffer einreiben. Je 1 Traubenbeere mit Frischkäse in den Bauch legen. Die Öffnung mit Küchenfaden zunähen oder mit einem Zahnstocher verschließen. 2 EL Butterschmalz in einer feuerfesten Form im Ofen erhitzen. Die Wachteln hineinlegen und unter mehrmaligem Wenden rundum 8 bis 10 Min. goldbraun braten. Inzwischen die Schalotten in der restlichen Butter anziehen lassen. Mit dem Geflügelfond oder der Brühe ablöschen und auf die Hälfte einkochen lassen. Durch ein feines Sieb passieren. Die Wachteln 2–3 Min. im abgestellten Ofen belassen. Den Bratensatz mit dem Süßwein auflösen und zusammen mit dem Zitronensaft zum Fond geben. Die frische Butter kleinwürfeln und darunterschlagen. Mit Salz, Pfeffer und Cayennepfeffer abschmecken. Die restlichen Traubenbeeren in 10 g frischer Butter kurz erwärmen. Die Wachteln mit den Traubenbeeren anrichten und mit der Sauce beträufeln.

**Tips**

- Gedünstete Artischockenböden passen sehr gut als Beilage.
- Delikater wird das Gericht, wenn man die Traubenbeeren schält, was allerdings etwas aufwendig ist.

Ein typischer Eintopf aus Tarragona.

## Romesco de conejo
## Würziges Kaninchenragout mit Schnecken

Kann vorbereitet werden
Arbeitsaufwand: 40 Min.
Schmorzeit: 1 Std.
Einlegezeit der Ñoras: 2–3 Std.

**Für 4 Personen**

| | |
|---|---|
| 2 EL | Olivenöl |
| 1 | Kaninchen, pfannenfertig in 8 Stücke zerlegt (mit Leber) |
| 1 | gehackte Zwiebel |
| 1 EL | gehackte Kräuter (Thymian, Rosmarin, Majoran, Petersilie) |
| 1 | Lorbeerblatt |
| 1 | feingehackter Peperoncino oder 1 TL scharfer Paprika |
| 3 | geschälte, entkernte, kleingeschnittene Tomaten |
| 1/4 l | kräftiger spanischer Rotwein (Penedès) |
| 1/8–1/4 l | Geflügelbrühe |
| 400 g | kleine Kartoffeln |
| 1 Dose | Weinbergschnecken (ohne Häuschen) |
| | Salz, Pfeffer, Muskatnuß |

**Picada**

| | |
|---|---|
| 2 | Ñoras oder 1 rote, geschälte Paprikaschote (s. S. 227) |
| 12 | geschälte Mandeln |
| 12 | Pinienkerne |
| | Leber des Kaninchens, klein geschnitten |
| 1 Prise | Safran |
| 1 | Knoblauchzehe |
| 1 EL | Mehl |
| 1–2 TL | Weinessig |

Die Ñoras für die Picada 2–3 Std. vor der Zubereitung in kaltes Wasser einlegen. Das Olivenöl in einem Bräter mit Deckel erhitzen. Die Kaninchenstücke darin allseitig gut anbraten. Aus dem Bräter nehmen. Die Zwiebeln, die Kräuter, das Lorbeerblatt, den Peperoncino oder den Paprika und die Tomaten in den Bratenfond geben und anziehen lassen. Mit dem Wein begießen und auf die Hälfte einkochen. Die Fleischstücke wieder zugeben und so viel heiße Geflügelbrühe beifügen, bis sie davon bedeckt sind. Den Deckel aufsetzen und bei kleiner Hitze 15 Min. schmoren lassen. Die Kartoffeln schälen, waschen, falls nötig halbieren und beifügen. 30 Min. weiterschmoren.

Inzwischen die Picada zubereiten: Die Mandeln und Pinienkerne in einer trockenen Bratpfanne hellgelb rösten. Mit dem Safran, der geputzten Leber, dem Knoblauch, den Ñoras oder der geschälten Paprikaschote, dem Mehl und dem Essig im Mörser zu einer Paste zerstoßen oder im Cutter pürieren.

Kontrollieren, ob das Fleisch und die Kartoffeln gar sind. Den Inhalt des Bräters durch ein Sieb gießen, den Lorbeer entfernen und die Sauce wieder in den Bräter geben. Wenn nötig noch etwas einkochen, sie sollte leicht sämig sein. Ist sie zu dick, etwas Brühe zugießen. Die Schnecken aus der Dose abgießen und zugeben. Die Kaninchenstücke und die Kartoffeln sowie die Picada ebenfalls beigeben, das Gericht kurz erwärmen und mit Salz, Pfeffer und Muskatnuß abschmecken.

**Tip** Ñoras sind getrocknete runde, rote, besonders aromatische Paprikaschoten und eine Spezialität in der Gegend von Tarragona. Sie werden auch für die Zubereitung der Salsa romesco (s. S. 299) verwendet. Auf spanischen und südfranzösischen Märkten findet man diese Paprikaschote nicht nur getrocknet, sondern auch in gemahlener Form.

In Bassano del Grappa wird hervorragender Grappa nicht nur nach alter Tradition gebrannt, sondern auch als Würze in der Küche eingesetzt.

## Coniglio in tegame
## Kaninchen im Schmortopf

Das Kaninchen in Portionenstücke schneiden. In eine Schüssel legen und mit 1/8 l Wein und 1/8 l Wasser bedekken. 12 Std. marinieren lassen. Ab und zu wenden. Die Fleischstücke aus der Marinade nehmen und gut abtropfen. Mit Küchenpapier trocknen. Durch ein feines Sieb allseitig mit wenig Mehl bestäuben. 3 EL Olivenöl in einem Bräter erhitzen und die Kaninchenstücke darin auf allen Seiten gut anbraten. Mit dem Grappa begießen und flambieren, dann aus der Pfanne nehmen.

Die Karotte und den Sellerie grob hacken. Das restliche Olivenöl in den Bräter geben, die Zwiebeln, die Karotten und den Sellerie im Bratenfond anziehen lassen. Die Kaninchenstücke mit dem Bratsaft zugeben, alles kurz wenden und die Salbei- und Rosmarinzweige, das Lorbeerblatt, den durchgepreßten Knoblauch und die Zimtstange beigeben. Das Tomatenpüree zufügen und mit dem restlichen Wein begießen. Halb zugedeckt etwa 40 Min. bei kleiner Hitze schmoren lassen. Wenn nötig löffelweise etwas Geflügelfond oder Fleischbrühe zufügen. Vor dem Servieren mit Salz und viel Pfeffer abschmecken. Das Fleisch anrichten, die Sauce einkochen, bis sie sämig ist, und die Kaninchenstücke damit überziehen.

**Tip** Wird im Veneto mit gebratenen Kartoffeln serviert.

Kann vorbereitet werden
Arbeitsaufwand: 30 Min.
Marinierzeit: 12 Std.
Schmorzeit: etwa 40 Min.

**Für 6 Personen**

| | |
|---|---|
| 1 | junges, küchenfertiges Kaninchen von etwa 1,4 kg |
| 1/2 l | trockener Weißwein |
| 2 EL | Mehl |
| 4 EL | Olivenöl |
| 3–4 EL | Grappa tradizionale |
| 1 | Karotte |
| 1 | Selleriestange |
| 2 | gehackte Zwiebeln |
| 1 | Zweig Salbeiblätter |
| 1 | Zweig Rosmarin |
| 1 | Lorbeerblatt |
| 2 | Knoblauchzehen |
| 1 | Zimtstange |
| 1 EL | Tomatenpüree |
| 1/4 l | Kalbs- oder Geflügelfond (s. S. 284) oder Fleischbrühe |
| | Salz, schwarzer Pfeffer aus der Mühle |

## Frühlingszwiebeln

Frühlingszwiebeln, in der Provence «cébettes» genannt, sehen ähnlich aus wie junger Lauch, nur haben sie eine leicht rundliche Knolle. Bei uns werden sie oft mit Perlzwiebeln verwechselt, die klein und rund sind und ohne Röhrchen verkauft werden. Man kann Perlzwiebeln anstelle von Frühlingszwiebeln verwenden, allerdings nur frische oder solche aus der Salzlake, nicht in Essig konservierte.

Ein delikates Kaninchengericht aus dem Roussillon.

## Lapin sauté au Muscat de Frontignan
## Kaninchen in Muskatellerwein

Kann vorbereitet werden
Arbeitsaufwand: 20 Min.
Garzeit: 35–40 Min.

**Für 4 Personen**

| | |
|---|---|
| 2 EL | Olivenöl |
| 1 | Kaninchen, in 8 Stücke geschnitten |
| 1 | Kaninchenleber |
| | Salz, Pfeffer |
| 1/4 l | Muscat de Frontignan oder anderer Muskatellerwein |
| 800 g | zarte Karotten |
| 300 g | Frühlingszwiebeln |
| 1 EL | gehackte flache Petersilie |
| 1 | Orange, Schale dünn abgeschält |
| 1 | Prise Cayennepfeffer |
| 40 g | Butter |
| | Petersilie für die Garnitur |

Das Olivenöl in einem Bräter erhitzen. Die Kaninchenstükke salzen, pfeffern und allseitig anbraten. Mit dem Wein begießen und zugedeckt etwa 20 Min. bei kleiner Hitze schmoren lassen. Inzwischen die Karotten und die Zwiebeln schälen. Die Karotten in Scheiben schneiden und bei den Zwiebeln den Stiel bis auf 2–3 cm kürzen. Die Zwiebelröhrchen fein schneiden. Die Gemüse, die Petersilie und die Orangenschale nach der erwähnten Schmorzeit zum Kaninchen geben. Wenn nötig 2–3 EL Wasser beifügen. Sobald sie gar sind, die Kaninchenstücke herausnehmen und warm stellen. Die Sauce etwas einkochen, mit Salz, Pfeffer und 1 Prise Cayennepfeffer abschmecken. 20 g Butter in Flocken darunterschlagen. Die Kaninchenstücke anrichten, das Gemüse ringsum anordnen und mit der Petersilie garnieren. Die Kaninchenleber in Scheiben schneiden, sehr kurz in der restlichen Butter braten, salzen, pfeffern und mit servieren.

**Tips**

- Dazu passen Reis aus der Camargue oder Kartoffelgaletten (s. S. 241).
- Die Frühlingszwiebeln können längs halbiert werden, falls sie etwas größer sind.

Ein rustikales, sehr schmackhaftes Herbstrezept aus Katalonien.

## Perdiz a la col
### Rebhuhn mit Wirsing

Kann vorbereitet werden
Arbeitsaufwand: 40 Min.
Schmorzeit: 30–35 Min.

**Für 4 Personen**

- 1 großer Wirsing oder Grünkohl
- Salz, Pfeffer aus der Mühle, Muskatnuß
- 1 TL gehackter Thymian
- 2–4 pfannenfertige Rebhühner
- 4 Scheiben geräucherter Speck, dünn geschnitten
- 6 EL Olivenöl
- 1 große, gehackte Zwiebel
- 2 große, fleischige, geschälte Tomaten
- 1 Lorbeerblatt
- 1 Gewürznelke
- 2 Thymianzweige
- 1 Rosmarinzweig
- 3–4 Knoblauchzehen
- 0,4 l Geflügelbrühe
- 4 Scheiben Weißbrot

Den Wirsing oder Kohl vom Strunk befreien, die schönen Blätter loslösen und 5 Min. in kochendem Salzwasser blanchieren. Abgießen, kalt abspülen und gut abtropfen. Etwas frischgemahlenen Pfeffer, wenig Muskatnuß, den gehackten Thymian und etwas Salz mischen. Die Rebhühner innen und außen mit dieser Mischung einreiben und jedes mit einer Specktranche umwickeln. Mit einer Rouladennadel oder einem Hölzchen befestigen.

2 EL Öl in einem Bräter erhitzen. Die Rebhühner allseitig darin anbraten, dann herausnehmen. 1 EL Öl zum Bratenfond geben und die Zwiebeln darin anziehen lassen. Die Tomaten halbieren, ausdrücken, kleinschneiden und beifügen. Kurz mitdünsten. Das Lorbeerblatt, die Nelke, die Thymian- und Rosmarinzweige und den durchgepreßten Knoblauch beifügen. Die Wirsing- oder Kohlblätter grob zerreißen, beigeben, kurz mitdünsten und mit der Hälfte der Brühe ablöschen. Die Rebhühner auf den Kohl legen. Zugedeckt etwa 20 Min. bei 200 °C im Ofen schmoren lassen. Nach dieser Zeit den Deckel entfernen, etwas Brühe nachgießen, die Rebhühner mit 1 EL Öl beträufeln und etwa 15 Min. überbacken. Der Kohl darf etwas einschmoren. Die Rebhühner herausnehmen und warm stellen. Das Gemüse durch ein Sieb abgießen. Den Fond etwas einkochen, das Gemüse wieder zufügen, gut mischen und mit Salz und Pfeffer leicht nachwürzen. Die Brotscheiben im restlichen Olivenöl beidseitig braten. Das Gemüse in einem vorgewärmten Tongefäß anrichten und die Rebhühner daraufsetzen. Mit den gerösteten Brotscheiben garnieren.

**Tip** In Katalonien werden meistens ältere Rebhühner auf diese Weise zubereitet. Sie benötigen eine etwas längere Brat- und Schmorzeit.

Vor vielen Jahren in Barcelona gegessen und seither oft nachgekocht.

## Perdiz en escabeche
## Gebeiztes Rebhuhn

Kann vorbereitet werden
Arbeitsaufwand: 30 Min.
Kochzeit: 1–2 Std. (je nach Alter der Rebhühner)
Marinierzeit: 1–2 Tage

**Für 4 Personen**

4 kleine Rebhühner
1 1/2 dl Olivenöl
2 Zwiebeln
1 große, rote Paprikaschote
3 Knoblauchzehen
1 Zweig Selleriekraut
2 Lorbeerblätter
je 1/2 TL schwarze Pfeffer- und Pimentkörner
0,3 l Weißwein
0,15 l Wein- oder Sherryessig
0,15 l Brühe
Salz, Cayennepfeffer
1 Zweiglein Thymian

**Garnitur**

1 Zitrone
2 EL gehackte Petersilie

Die küchenfertig vorbereiteten Rebhühner in Olivenöl auf allen Seiten gut anbraten, dann in eine genügend große irdene Schüssel oder einen Bräter legen. (Nach Belieben die Vögel längs halbieren.) Die Zwiebeln und die Paprikaschote in Streifen schneiden und über das Fleisch geben. Die geschälten Knoblauchzehen, das Selleriekraut, den Lorbeer, die Pfeffer- und die Pimentkörner sowie den Wein und den Essig darübergeben. Den Bratenfond mit der Brühe aufkochen und ebenfalls zu den Rebhühnern gießen. Mit Salz, Cayennepfeffer und dem Thymian würzen. Zugedeckt bei kleiner Hitze oder im Ofen etwa 1–2 Std. langsam schmoren. Nach dem Erkalten 1–2 Tage im Kühlschrank ziehen lassen. In der Beize, am besten in einer irdenen Schüssel, auf den Tisch bringen. Nach Belieben mit dünngeschnittenen Zitronenscheiben garnieren und mit der Petersilie bestreuen. Die Beize wird nicht mitgegessen.

**Tips**

- In Katalonien werden für diese Zubereitungsart ältere Rebhühner verwendet, die sich nicht gut zum Braten eignen.
- Die Schmorzeit kann sehr unterschiedlich sein. Deshalb sollte man von Zeit zu Zeit kontrollieren, ob das Fleisch der Schenkel gar ist. Die Rebhühner sollten weich werden, dürfen aber nicht zerfallen.
- Man kann auch anderes Wildgeflügel, z.B. Fasane, Wachteln oder Wildenten, auf diese Art marinieren.
- Dieses Gericht eignet sich als Vorspeise oder als Tapas (Rebhuhn vierteln) und macht sich auch auf einem Buffet gut.

Ein Rezept aus dem «Mas de Tourteron» in Gordes.

## Râble de lapereau aux olives
## Wildhasenrücken mit Oliven

Kann vorbereitet werden
Arbeitsaufwand: 20 Min.
Bratzeit: 15 Min.

**Für 4 Personen**

- 2 Eier
- 2 kleine frische Ziegenkäslein
- 12 schwarze Oliven
- 1 EL gehacktes Bohnenkraut
- Salz, Pfeffer
- 2 entbeinte Hasenrücken
- 4 dünne Speckscheiben
- 2 EL Olivenöl
- 2 ungeschälte Knoblauchzehen
- 1/2 l Weißwein

Die Eier leicht schlagen und mit dem Frischkäse zu einer Creme mischen. Die Oliven entkernen, fein schneiden und mit dem Bohnenkraut zufügen. Mit wenig Salz und Pfeffer abschmecken. Die Hasenrücken bis zur Hälfte längs einschneiden, allseitig salzen und pfeffern und mit der Schnittseite nach oben flach ausbreiten. Die Füllung darauf verteilen, die Filets wieder schließen und mit den Speckscheiben umwickeln. Mit Küchenschnur wie einen Rollbraten zuschnüren. Das Olivenöl in einem Bräter erhitzen. Die Fleischstücke mit den Knoblauchzehen hineinlegen und beides allseitig schön anbraten. Den Wein zufügen und zugedeckt bei kleiner Hitze 15 Min. garen lassen. Das Fleisch herausnehmen, etwas 3–4 Min. ruhen lassen, dann in etwa 2 cm dicke Scheiben schneiden. Den Bratensaft etwas einkochen und das Fleisch damit beträufeln.

**Tip** Noch besser schmeckt dieses Gericht, wenn man jungen oder eingemachten Knoblauch (s. S. 324) verwendet. In diesem Fall pro Person 1–2 Zehen berechnen.

Ein interessantes Wildrezept aus Sardinien.

# Costolette di cinghiale con prugne secche
## Wildschweinkoteletts mit Dörrpflaumen

Die Pflaumen etwa 6 Std. in Grappa oder Wasser einlegen. Die Pancetta hacken und im Olivenöl anziehen lassen. Die Koteletts salzen und pfeffern, zufügen und beidseitig anbraten. Halb zugedeckt etwa 15 Min. bei kleiner Hitze garen. Nach und nach die Einlegeflüssigkeit der Pflaumen zugeben. Das Fleisch warm stellen, den Bratenfond auffangen. Den Zucker mit den Lorbeerblättern in einer Bratpfanne erhitzen, bis er leicht Farbe annimmt. Mit dem Essig ablöschen und den Bratensaft der Koteletts zufügen. Die Pflaumen hineingeben und etwa 10 Min. köcheln lassen. Die Schokolade in Stücke brechen, zur Sauce geben und bei sehr kleiner Hitze schmelzen lassen. Gut umrühren und mit Salz, Pfeffer, der Muskatnuß und dem Zimt abschmecken. Die Sauce separat zu den Koteletts servieren.

**Tip** Man kann die Sauce vorbereiten und erst unmittelbar vor dem Servieren die Schokolade zufügen und die Sauce abschmecken.

**Variationen**

- In einigen Gegenden Süditaliens werden die Pflaumen durch eingelegte Rosinen und etwas kandierte Früchte ersetzt. Dann heißt das Gericht «all'agri-dolce».
- Noch besser schmecken die Koteletts, wenn man den Essig durch Aceto balsamico ersetzt und sie auch beim Anrichten mit etwas Balsamico beträufelt.

Kann vorbereitet werden
Arbeitsaufwand: 35 Min.
Einlegezeit der Pflaumen: etwa 6 Std.
Bratzeit: etwa 15 Min.

**Für 4 Personen**

| | |
|---|---|
| 200 g | Dörrpflaumen |
| 1/8 l | Grappa oder Wasser |
| 50 g | Pancetta |
| 1 EL | Olivenöl |
| 4–8 | zarte Wildschweinkoteletts (wenn möglich Frischling) |
| | Salz, Pfeffer |
| 2 EL | Zucker |
| 2 | Lorbeerblätter |
| 2–3 EL | italienischer Rotweinessig |
| 80 g | schwarze Schokolade |
| 1 | Prise geriebene Muskatnuß |
| 1/2 | Mokkalöffel Zimt |

In der Maremma entdeckt, wo es im Herbst viele Wildschweingerichte gibt.

## Cinghialotto alla cacciatore
## Frischlingsragout nach Jägerart

Kann vorbereitet werden
Arbeitsaufwand: etwa 30 Min.
Marinierzeit: etwa 10 Std.
Schmorzeit: etwa 1 1/2 Std.

**Für 4 Personen**

- 1 kg Frischling (junges Wildschwein) vom Bratenstück
- 1/4 l guter Rotwein
- 1 Zwiebel
- 1 Lorbeerblatt
- 1 Zweig Rosmarin
- 1 Zweig Salbeiblätter
- 1 TL zerdrückte Pfefferkörner
- Salz, Pfeffer
- 2 EL Olivenöl
- 1 Karotte
- 1 Selleriestange
- 1 kg reife, geschälte Tomaten oder Pelati aus der Dose
- 1 gehackte Zwiebel
- 1–2 Knoblauchzehen, nach Belieben
- 1/8 l kalte Fleischbrühe

Das Fleisch in Würfel schneiden, in eine Schüssel legen und mit dem Wein bedecken. Die Zwiebel in Streifen schneiden und mit dem Lorbeerblatt, den Kräutern und den Pfefferkörnern zufügen. Etwa 10 Std. im Kühlschrank marinieren lassen. Das Fleisch ab und zu wenden.

Das Fleisch abgießen, mit Küchenpapier abtupfen, salzen, pfeffern und in einem Bräter im Olivenöl allseitig gut anbraten. Mit der passierten Marinade ablöschen. Die Karotte schälen, den Sellerie wie Rhabarber abziehen, beides fein hacken, zufügen und kurz mitdünsten. Die Tomaten ausdrücken, kleinschneiden und mit den gehackten Zwiebeln zufügen. Den Knoblauch nach Belieben dazupressen. Zugedeckt etwa 1 1/2 Std. schmoren lassen. Wenn nötig ab und zu etwas Fleischbrühe zugeben. Die Sauce soll schön sämig werden.

**Tip** Nicht immer bekommt man junges Wildschwein. Bei Fleisch von einem älteren Tier muß die Garzeit um 1/2–1 Std. verlängert werden.

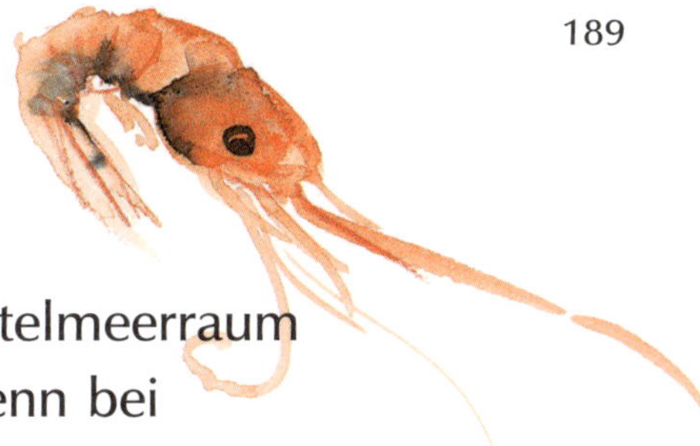

# Für größere Tischrunden

Die meisten Paradegerichte aus dem Mittelmeerraum sind für größere Tischrunden gedacht, denn bei Südländern werden Gastfreundschaft, Familie und Tradition besonders groß geschrieben. Bei festlichen Gelegenheiten versammelt man sich bei einer Paella, einem Couscous, einem Aïoli, um nur einige dieser Spezialitäten zu nennen. Wegen der etwas aufwendigen Zubereitung und der besonderen Zutaten lohnt es sich kaum, diese Gerichte nur für 4 Personen zu kochen.

# Méchoui

In Algerien, Tunesien und Marokko werden Lämmer bei festlichen Gelegenheiten gerne ganz am Spieß gebraten, und zwar im Freien und für mindestens 12 Personen. Mich haben zu diesem Spießbraten liebe Freunde, sogenannte «Pieds noirs», wie Algerienfranzosen heißen, eingeladen – es war ein Erlebnis. Das Rezept ist einfach, aber die dazu notwendige Grube und die Überwachung des Feuers erfordern Arbeit, Aufmerksamkeit und Geduld. Nun, wer Lust dazu hat und seine Gäste mit etwas Besonderem überraschen möchte, kann es immerhin einmal probieren, aber besser nicht auf Rasenboden!

Beim Metzger ein kleines Lamm küchenfertig vorbereiten und Leber und Nieren mitliefern lassen. Eine Grube von 1,2 m Länge, 50 cm Breite und 30 cm Tiefe ausheben. Danach ein Holzkohlenfeuer in der ganzen Länge der Grube anzünden. Brennen lassen, bis nur noch mit Asche bedeckte Glut vorhanden ist. Beidseits der Grube zwei starke gegabelte Äste in die Erde stecken. 1,5 kg geklärte Butter (Butterschmalz) weich werden lassen und mit Salz und Pfeffer mischen. 600 g Butter in die Bauchhöhle des Lammes geben und verstreichen. 300 g Knoblauch schälen, in die Öffnung geben und diese mit einem feinen Draht zunähen. (Küchenfaden ist ungeeignet, er würde in der Hitze verbrennen.) Zuerst die Vorderfüße, dann die Hinterfüße zusammenbinden. Das Lamm an einen passenden Metall- oder Holzspieß, der durch das ganze Tier gezogen wird und beidseitig vorstehen muß, stecken. Die Füße hochziehen und am Spieß befestigen. Den Spieß auf die beiden Astgabeln legen. Die restliche Butter in ein Gefäß geben und in die Nähe der Glut stellen. Einen Zweig an einem Ende mit einem Tuch umwickeln, um einen Pinsel herzustellen, der zum Bestreichen des Lammes mit Butter dienen soll. Das Lamm bei schwacher Glut ungefähr 3–4 Std. braten. Dabei das Fleisch immer wieder mit der gewürzten Butter bestreichen und den Spieß langsam drehen, damit die Hitze überall hinkommt. Sollte das Feuer zwischendurch zu stark werden, mit etwas Erde bestreuen.

Aus der Leber und den Nieren kann man kleine Spießchen zubereiten.

Ein Méchoui im Freien, nach allen Regeln der Kunst zubereitet, ist nur für eine größere Gesellschaft geeignet. Hier eine reduzierte Variante für etwa 8–10 Personen.

## Epaule d'agneau «façon Méchoui»
## Méchoui im Ofen

Den Hauptknochen der Schulter vom Metzger entfernen und in das Fleisch eine Tasche schneiden lassen. Die Butter weich werden lassen. Mit dem Paprika oder der Harissa, dem Kümmel, dem Knoblauch und etwas Salz gut mischen. Mit einem Spatel etwas gewürzte Butter in die Öffnung der Schulter schieben. Das ganze Fleischstück mit der restlichen Butter bestreichen. In den auf 250 °C vorgeheizten Ofen schieben (mit der Fleischseite nach oben). Ein Glas heißes Wasser zugießen. Sobald das Fleisch Farbe angenommen hat, immer wieder mit dem Bratensaft begießen. Nach 30 Min. das Fleischstück wenden und 20 Min. weiterbraten. Dabei das Rückenstück mit Alufolie abdecken, weil es schneller gar wird als die Schulter. Nach dieser Zeit ist das Fleisch noch «saignant», also blutig; will man es rosa oder gar durchgebraten, muß man die Bratzeit um 5 bis 10 Min. verlängern. Den Ofen abstellen und den Braten noch etwa 10 Min. im Ofen belassen.

**Tips**

- Für 4–6 Personen genügt entweder die Schulter oder das Rückenstück.
- Je nach Alter des Lammes kann die Bratzeit variieren. Am besten verwendet man ein Fleischthermometer.
- Die angegebene Bratzeit entspricht unseren heutigen Vorstellungen. In Nordafrika gart man Lammfleisch, bis es von den Knochen fällt.
- Zu diesem Méchoui paßt eine Ratatouille nach marokkanischer Art (s. S. 32) oder Courgettes à l'arlésienne (s. S. 216).

Kann vorbereitet werden
Arbeitsaufwand: 10 Min.
Bratzeit: 50–60 Min.

**Für 8–10 Personen**

| | |
|---|---|
| 1 | Lammschulter mit Rücken (etwa 4,5 kg) |
| 100 g | geklärte Butter (Butterschmalz) |
| 1 EL | Paprikapulver oder Harissa (s. S. 289) |
| 1 TL | Kreuzkümmel |
| 6–8 | durchgepreßte Knoblauchzehen |
| | Salz |

# Couscous – die bekannteste Spezialität aus Nordafrika

Der Name klingt für unsere Ohren fremdländisch. Couscous soll eine Lautmalerei sein, die das beim Kochen des Grießes entstehende blubbernde Geräusch wiedergibt. Vielleicht weist der Name aber auch auf das verwendete Kochgeschirr namens *kolkoou* (Couscoussier) hin oder geht zurück auf *keskes,* was zermalmt oder zerstoßen bedeutet. Man weiß es nicht genau. Couscous hat sich einfach als Begriff für gedämpfte Gerichte, die von den Berbern stammen, und auch für den Weizengrieß an sich eingebürgert. Zwischen marokkanischem, tunesischem und algerischem Couscous gibt es allerdings feine, aber charakteristische Unterschiede, auf die einzugehen aus Platzgründen nicht möglich ist. Zudem hat sich Couscous sowohl in Südfrankreich, nicht zuletzt dank den sogenannten «Pieds noirs» (Frankreich-Algerier, die in ihre Stammheimat zurückkamen) und Nordafrikanern, die sich dort niedergelassen haben, sowie auch im südlichen Teil Italiens, z. B. in Livorno, Sardinien und Sizilien, und auf Malta einen Platz erobert, was auf die historischen Völkerbewegungen im Mittelmeerraum zurückzuführen ist. Couscous ist ein umfangreiches Gericht, sozusagen ein Eintopf, der nicht gut in kleinen Mengen zubereitet werden kann, sondern meistens für eine große Runde gekocht wird. In seinen Ursprungsländern wird die gefüllte Platte auf den Boden gestellt, die Gäste hocken sich darum herum und bedienen sich mit den Fingern.

Hier ein einfaches Couscous mit Lammfleisch, welches man für eine fleischlose Variante durch hartgekochte Eier ersetzen kann.

# Couscous T'faya
## Lammcouscous mit Zwiebeln und Rosinen

Die Rosinen in kaltes Wasser einlegen. Das Fleisch würfeln und in einen Topf mit Siebaufsatz legen. Die Hälfte der Zwiebeln, den Koriander, den Kurkuma und etwas Salz und Pfeffer zufügen. Mit Wasser knapp bedecken. Einen gutschließenden Deckel aufsetzen und 50–60 Min. schmoren lassen. Für die T'faya die restlichen Zwiebeln mit 1/8 l Wasser 20 Min. dünsten, dann die abgetropften Rosinen beigeben. Nach Belieben mit dem Zucker bestreuen und die Mischung karamelisieren. Die Zwiebeln sollen hellbraun werden. Mit dem Zimt, dem Safran, Salz und Pfeffer abschmecken. Den vorgekochten Couscousgrieß mit der Butter oder dem Smen mischen, erwärmen, dann mit dem Fleisch anrichten und mit der Zwiebelmischung bedecken.

**Tip** In Marokko wird das Fleisch meistens in einer Tajine, einem Tontopf mit spitzem Deckel (s. S. 138), langsam geschmort. Der Grieß wird danach über Wasser gegart. Man benützt die Tajine oft auch nur als Serviergeschirr.

**Variationen**

- Besonders raffiniert wird dieses Gericht, wenn man für die Zubereitung der T'faya die Zwiebeln mit entkernten Rosinen oder Weinbeeren, Honig und Zimt schmort und nach Belieben etwas geriebenen Ingwer zugibt.
- Das Couscous ohne Fleisch zubereiten und die Zwiebeln dafür mit Kartoffeln schmoren. Zuletzt nach Belieben hartgekochte Eier noch warm längs halbieren und auf dem Couscous anrichten.
- Dieses Lammcouscous läßt sich zusätzlich mit entsteinten frischen, fleischigen Datteln garnieren, was es besonders attraktiv macht.

Kann vorbereitet werden
Arbeitsaufwand: 15 Min.
Kochzeit: 50–60 Min.

**Für 4–5 Personen**

| | |
|---|---|
| 150 g | Rosinen |
| 600 g | Lammfleisch (Schulter oder Keule) |
| 600 g | gehackte Zwiebeln, wenn möglich weiße Sorte |
| 4 | Korianderzweige |
| 2 Msp. | Kurkumapulver |
| | Salz, Pfeffer |
| 500 g | vorgekochter Couscousgrieß (s. S. 308) |
| 2 EL | Zucker, nach Belieben |
| 1 1/2 TL | Zimtpulver |
| 2 Msp. | Safranpulver |
| 1/2 TL | schwarzer Pfeffer aus der Mühle |
| 50 g | Butter- oder Smenflocken (s. S. 288) |

# Ras el-hanut

Diese marokkanische Gewürzmischung wurde früher immer vom Besitzer eines Kolonialwarengeschäftes persönlich zubereitet und trug deshalb den Namen «tête de la maison». Je nach Hausrezept setzt sich Ras el-hanut aus bis zu 30 verschiedenen Gewürzen zusammen. Unbedingt enthalten sein müssen Pfeffer, Zimt, Nelken, Muskat, Ingwer und gemahlene Rosenknospen. In Mischungen, die in Europa hergestellt wurden, findet man zudem Kreuzkümmel und oft auch scharfen roten Pfeffer. Ras el-hanut wird vor allem für die Sauce zum Couscous verwendet, ist aber in Marokko und den umliegenden Ländern so etwas wie ein Universalgewürz. Früher galt Ras el-hanut als Aphrodisiakum, weil auch gemahlene Cantharidfliegen daruntergemischt wurden.

Mein allererstes Couscous, das ich, von Marrakesch inspiriert, zu Hause für Freunde kochte.

## Festliches Couscous auf meine Art

Den Couscousgrieß nach Grundrezept (s. S. 308) vorbereiten. Die Lammscheiben in 1 EL Öl beidseitig anbraten und mit Salz bestreuen. 10–15 Min. (je nach Dicke der Scheiben) garen, herausnehmen und zugedeckt warm stellen. Danach die Merguez allseitig etwa 15 Min. braten. Die Hähnchenschenkel würzen, separat in 1 EL Öl anbraten und zugedeckt etwa 20 Min. garen. Die Zwiebeln, den durchgepreßten Knoblauch, die Auberginenwürfelchen, die Paprikastreifen, die Bohnen, die feingehackte Pfefferschote und die Tomaten (mit dem Saft) mit dem restlichen Öl in eine Pfanne geben und 4–5 Min. dünsten. Mit Paprika oder Ras el-hanut, dem Kreuzkümmel, den Rosinen, Harissa und Salz abschmecken. 10 Min. schmoren lassen. Nach und nach die Brühe zufügen. Inzwischen den Couscousgrieß in ein mit einem Tuch ausgelegtes Sieb geben und über dem Dampf aufquellen lassen, bis er heiß ist. Die Kichererbsen in der Dosen- oder Kochflüssigkeit erwärmen. Den heißen Couscousgrieß auf eine große, vorgewärmte Platte anrichten. Die Kichererbsen abgießen und in die Mitte geben. Die Gemüse aus dem Sud heben und ringsum anordnen. Mit den Butterflocken belegen. Das Fleisch dazu anrichten, mit etwas Gemüsesud begießen und den Rest separat dazu reichen. Ein Töpfchen mit Harissa zum Nachwürzen auf den Tisch stellen.

**Variationen**

- Nicht nur die ausgesprochen südländischen Gemüse wie Tomaten, Auberginen, Zucchini und Paprikaschoten bringen Farbe in das Couscous, geeignet sind auch eher derbere Gemüse wie Kohl, Rüben, Kartoffeln, Bohnen, Kürbis und Karotten.
- Viel Spielraum erlauben auch die Gewürze: Koriander, Honig (auch für pikante Gerichte), Safran und eine Extraportion Kreuzkümmel sorgen für Abwechslung.

Kann vorbereitet werden
Arbeitsaufwand: 40 Min.
Kochzeit: 40 Min.

**Für 6 Personen**

| | |
|---|---|
| 500 g | Couscous-Spezial-weizengrieß |
| 500 g | Lammgigot, in 4 gleich große Scheiben geschnitten |
| 6 | Merguez (s. S. 152) |
| 4 EL | Olivenöl oder Smen (s. S. 288) |
| | Salz, Pfeffer |
| 6 | Hähnchenschenkel |
| 2 | große, gehackte Zwiebeln |
| 2 | Knoblauchzehen |
| 1 | kleine Aubergine, in Würfelchen geschnitten |
| 1 | kleine grüne Paprikaschote, in Streifen geschnitten |
| 250 g | feine Bohnen |
| 1 | kleine rote, scharfe Pfefferschote |
| 3 | große, geschälte Tomaten |
| 1/4 l | Tomatensaft, evtl. Dosenflüssigkeit von Pelati |
| 2 TL | edelsüßer Paprika oder Ras el-hanut (s. S. 194) |
| 1/2 TL | Kreuzkümmel |
| 1 EL | Rosinen |
| 1/2 TL | Harissa |
| 2 dl | Brühe |
| 200 g | Kichererbsen (vorgekocht oder aus der Dose) |
| 20 g | frische Butter in Flocken |

Livorno, die Hafenstadt der Toskana, ist noch heute ein kulinarischer Schmelztiegel. Seefahrer, Eroberer und Einwanderer, vornehmlich aus Nordafrika, brachten ihre Spezialitäten mit. So auch das nebenstehende Couscous, das von Hebräern stammen soll. Ein ähnliches Couscousgericht findet man heute wiederum in Israel.

# Cuscussü alla livornese
## Couscous nach Art von Livorno

Die Kichererbsen im warmen Wasser einweichen und über Nacht stehenlassen. Das Hähnchen in 8 Stücke teilen, die Zwiebel schälen und in Scheiben schneiden. Die Tomaten schälen, halbieren und auspressen. Das geschälte Kürbisstück oder die Zucchini in Würfelchen schneiden. Von den Artischocken die äußeren Blätter entfernen, die restlichen Blätter mit einer Schere auf etwa halbe Höhe zurückschneiden. Die Artischocken mit einem scharfen Messer vierteln und das Heu entfernen. Von den Krautstielen die Blätter in Streifen und die Stiele in Stücke schneiden. Den Peperoncino sorgfältig entkernen und hacken. 3 EL Olivenöl in einer großen Pfanne erhitzen. Die Hähnchen- und die Lammfleischstücke hineingeben und allseitig anbraten. Die Zwiebelscheiben zufügen und kurz mitdünsten. Mit Salz und Pfeffer bestreuen und mit 6 EL Wasser ablöschen. Nach etwa 45 Min. die Tomaten, den Kürbis oder die Zucchini, die Artischocken, die Krautstiele und den Peperoncino zugeben. Zum Kochen bringen, dann die Temperatur stark reduzieren und das Gericht bei schwacher Hitze zugedeckt sehr langsam (etwa 30 Min.) weich schmoren. Etwas nachwürzen. Gleichzeitig den vorbereiteten Couscousgrieß auf ein Sieb geben und in die Pfanne hängen, wo er über dem Dampf erwärmt wird. Das Hackfleisch mit dem durchgepreßten Knoblauch, dem Ei, Salz und Pfeffer mischen. Kugeln daraus formen, im Mehl und nach Belieben im Paniermehl wenden. Im restlichen Olivenöl langsam braun braten. Zum Anrichten den Couscousgrieß in eine Schüssel geben und mit der geschmolzenen frischen Butter mischen. Auf eine große, flache Platte geben. Die Fleischstücke in die Mitte, das Gemüse darum herum anordnen. Zum Schluß die Hackfleischkugeln darüber verteilen. Die Kochflüssigkeit bei großer Hitze stark einkochen und pikant abschmecken. Separat servieren.

**Tip** Die im Rezept beschriebenen Fleischkugeln lassen sich durch die würzigeren Kefta (s. S. 153) ersetzen.

Kann vorbereitet werden
Arbeitsaufwand: 1 Std.
Brat- und Kochzeit: 1 Std. 15 Min.
Einweichzeit der Kichererbsen: etwa 8 Std.

**Für 8 Personen**

| | |
|---|---|
| 200 g | Kichererbsen |
| 1 | großes Hähnchen |
| 6 EL | Olivenöl |
| 1 kg | Lammfleisch, in Voressenstücke geschnitten |
| 1 | Zwiebel |
| | Salz, Pfeffer |
| 500 g | geschälte Tomaten (evtl. aus der Dose) |
| 300 g | Kürbis oder Zucchini |
| 4–5 | sehr kleine, zarte Artischocken |
| 2–3 | Krautstiele (Stielmangold) |
| 1 | Peperoncino (kleine rote, scharfe Pfefferschote) |
| 500 g | vorgekochter Couscous-Spezialweizengrieß (s. S. 308) |
| 400 g | gehacktes mageres Rindfleisch |
| 1 | Knoblauchzehe |
| 1 | Ei |
| 2 EL | Mehl |
| 2 EL | Paniermehl, nach Belieben |
| 50 g | frische Butter |

Die Eroberer früherer Zeiten hinterließen kulinarische Spuren in Sizilien und Sardinien. Deshalb ißt man dort heute noch Couscous.

## Cùscusu alla siciliana
## Couscous nach sizilianischer Art

Kann vorbereitet werden
Arbeitsaufwand: 1 Std.
Kochzeit: etwa 20 Min.

**Für 4 Personen**

250 g «Seppioline» (kleine, weiße Tintenfischchen)
250 g rohe Crevetten
500 g Moules (Miesmuscheln)
1 Knoblauchzehe
2 EL gehackte flache Petersilie
1 Zwiebel
3 EL Olivenöl
500 g geschälte Tomaten (evtl. aus der Dose)
2–3 Peperoncini
Salz, Pfeffer
250 g Baudroie (Seeteufel), in Würfel geschnitten
350 g vorgekochter Couscousgrieß (s.S. 308)
wenig Butter

Die Tintenfische putzen, den Tintensack und die Augen entfernen, die Tintenfische in gleichmäßige Streifen schneiden. Die Crevetten waschen, die Muscheln putzen und den Bart herauszupfen. Den gehackten Knoblauch, die Petersilie und die gehackte Zwiebel mit 1 EL Olivenöl in eine genügend große Pfanne geben und 3 Min. ohne Deckel dünsten. Die Tomaten grob zerkleinern (Pelati gut abtropfen) und mit den gehackten Peperoncini ebenfalls in die Pfanne geben. Mit Salz und Pfeffer würzen, mischen und weiterkochen, bis die Flüssigkeit der Tomaten verdampft ist. Die Tintenfischstreifen beifügen und 12 Min. bei schwacher Hitze weiterkochen. Dabei einmal umrühren. Die Fischwürfel, die Crevetten und die Muscheln beifügen und zugedeckt 3 Min. weitergaren. Vom Herd wegziehen und immer noch zugedeckt 10 Min. stehenlassen. Den Couscousgrieß vor dem Anrichten mit etwas Butter erwärmen und je nach Geschmack nachwürzen. Auf einer Platte zusammen mit den Meeresfrüchten anrichten.

**Variationen**

- Anstelle von Tintenfischchen kann man Seeteufel, Meeräsche und Goldbrasse verwenden.
- Die Muscheln und die Tintenfische lassen sich durch Scampi ersetzen – eine Variation, die ich in Kalabrien gegessen habe. Ergänzt wurde dieses Gericht mit Kichererbsen und Gemüse.

# Was sind Kichererbsen?

Diese haselnußgroßen hellbraunen oder gelblichen Hülsenfrüchte werden getrocknet und sind ein Grundnahrungsmittel der nordafrikanischen Länder und des Mittleren Ostens. Sie kommen oft in den Rezepten dieser Länder vor, so z.B. in vielen Varianten des Couscous. Kichererbsen sind im Gegensatz zu gelben Erbsen nicht ganz rund, sondern weisen an einem Ende einen kleinen Zipfel auf. Sie werden auch zu Mehl gemahlen, ganz geröstet oder nach dem Kochen püriert. Daraus entstehen dann interessante Gerichte, und zwar nicht nur in Nordafrika, sondern vor allem in Italien und Südfrankreich, wo man damit gerne Kuchen herstellt, die dank dem nußartigen Geschmack dieser Hülsenfrucht sehr beliebt sind. Aus Kichererbsen entstehen auch libanesische Spezialitäten wie Hummus und Falafel. Kichererbsen sind bereits gekocht als Konserven erhältlich.

In Südfrankreich gibt es von Banyuls bis Menton Bouillabaisse in allen Variationen. Traditionell zubereitet wird sie höchstens von Marseille bis Toulon. Dieses ursprüngliche Fischergericht, welches mit den unansehnlichen oder nicht verkauften Fischen zubereitet wurde, gibt vielfach Anlaß zu Diskussionen: Soll die Suppe klar bleiben oder gebunden sein, gibt man Kartoffeln hinein, sind außer den heute vorgeschriebenen Fischsorten auch Meeresfrüchte erlaubt? Nun, ich denke, jeder soll nach seiner Fasson selig werden. Deshalb hier ein einfaches, aber nicht minder gutes Grundrezept, das man nach Lust und Laune variieren kann.

## Bouillabaisse

Kann vorbereitet werden
Arbeitsaufwand: 40 Min.
Kochzeit für den Sud: 20 Min.
Kochzeit für die Fische: 5–15 Min., je nach Sorte und Größe

**Für 6–8 Personen**

- 1 kg kleine Bouillabaisse-Fische, Gräten und Köpfe für den Sud (vom Fischhändler zusammenstellen lassen)
- 1 Lauchstange
- 2 kleine Tomaten
- 1 1/2 EL Olivenöl
- 2 gehackte Zwiebeln
- 4 Knoblauchzehen
- 2 Lorbeerblätter
- 1 Zweig Thymian
- 1 Zweig Bohnenkraut
- 1/2 TL Fenchelsamen oder etwas Fenchelkraut
- 1 Stück Orangenschale
- 2 kleine rote Pfefferschoten
- 1 Prise Safran
- Salz, Pfeffer
- 1 Baguette

Den Lauch in Rädchen und die Tomaten in Viertel schneiden. Das Olivenöl in einem großen Topf erhitzen. Die kleinen Bouillabaisse-Fische samt Gräten und Köpfen, den Lauch, die Tomaten und die Zwiebeln zugeben und leicht Farbe annehmen lassen. Die Knoblauchzehen mit dem Messer zerdrücken. Mit dem Lorbeer, den Kräutern, dem Fenchel, der Orangenschale, den entkernten Pfefferschoten und dem Safran mischen. 2–3 Min. mitdünsten. 2 l Wasser zugeben und 20 Min. zugedeckt kochen lassen. Den Sud passieren. Je nachdem, ob man den Sud klar oder gebunden haben möchte, das Fischfleisch aus den gekochten Fischen lösen, durch das Passiergerät drehen und aufheben. Die Baguette in dünne Scheiben schneiden, auf ein Backblech legen und im Backofen leicht toasten.

Den Sud wieder aufkochen. Mit Salz und Pfeffer abschmecken. Die Hitze etwas reduzieren und die Fische der Größe nach in die Suppe geben – zuerst die ganzen Fische und nach ungefähr 8 Min. die Fischscheiben. 3–4 Min. ziehen lassen. Die Fische aus der Suppe heben, auf eine vorgewärmte Platte anrichten und auf einem Rechaud warm halten. Die Suppe falls nötig noch etwas einkochen lassen. Nach Belieben den passierten Fisch beigeben. In einer vorgewärmten Suppenschüssel gleichzeitig mit den Fischen auf den Tisch bringen. Die Rouille in einer Saucière servieren. Jeder Tischgast bestreicht seine Brotscheiben damit.

1 Drachenkopf (Rascasse, auch Chapon genannt)
2 Petersfische (Saint-Pierre)
2 Wittlinge (Merlan)
2 Knurrhähne (Rouget grondin)
2 Petermännchen (Vive) (insgesamt etwa 3 kg Fische, pfannenfertig vorbereitet)
4 große Scheiben Seeteufel (Baudroie)
3 Scheiben Meeraal (Congre)
2 Knoblauchzehen
Rouille (s. S. 291), doppelte Menge

**Tips**

- Wenn man die Fischgräten fürchtet, kann man alle Fische filetieren (Gräten und Köpfe für den Sud verwenden) und zuletzt nur noch 2–3 Min. in einem Teil des Sudes ziehen lassen. Dies ist zwar schade, denn mit Gräten gekochte Fische schmecken weitaus besser.
- Vielerorts bindet man die Suppe mit etwas angeschwitztem Mehl und kocht einige «étrilles» (Schwimmkrabben) im Sud mit, deren Fleisch auch durchgepreßt wird.

**Variationen**

- Nach Belieben Kartoffelscheiben mitkochen.
- Für eine Luxusbouillabaisse, wie z. B. an der Côte d'Azur, Langusten oder Scampi, Muscheln oder auch Riesencrevetten zufügen. Eventuell die Brotscheiben mit Seeigelrogen bestreichen.
- *Bouillabaisse nîmoise* In Nîmes ist man stolz, ein eigenes Rezept dieser Spezialität zu haben. Verschiedene Fische (Meerbarben, Aal, Seezungen, Brassen) und Langustenschwänze werden in Stücke geschnitten, mit einem Stück Butter und 2 gehackten Sardellenfilets in den Topf gegeben, mit vielen Kräutern bestreut und mit einem kräftigen Fischfond, Weißwein oder Madeira gekocht. Zuletzt wird die Leber eines Seeteufels in der Brühe gekocht, dann püriert, mit 3 EL kaltgepreßtem Olivenöl verrührt und, nachdem die Fischstücke serviert wurden, unter ständigem Rühren in den wieder etwas erwärmten Fond gegeben. Diese Sauce wird durch ein feines Sieb gestrichen und am Tisch direkt auf die angerichteten Fische gegeben.

# Patates douces
## Süße Kartoffeln

Zwei Jahrhunderte vor der Kartoffel gelangte diese Knolle durch Christoph Kolumbus aus der Neuen Welt nach Portugal und verbreitete sich sehr rasch auch in Nordafrika, von wo aus sie dann Asien eroberte. Im 18. Jh. unter Ludwig XV. wurde sie auch in Frankreich angebaut. Als aber die Kartoffel in Mode kam, fiel die Süßkartoffel mehr oder weniger in Vergessenheit. Heute schätzt man sie wieder im Mittelmeerraum, insbesondere in Nordafrika, Spanien und in der Provence. So gehört sie unbedingt zum «Grand aïoli» und bildet durch ihre Süße einen Kontrast zur gewöhnlichen Kartoffel, die auf derselben Platte liegt.

Die süße Kartoffel hat eine längliche, spitz zulaufende Form, eine hellrötliche Schale und je nach Sorte gelbes oder rotes Fleisch. Sie ist mehrere Wochen an der Kühle haltbar. Gekocht wird sie wie gewöhnliche Kartoffeln am besten mit der Schale in Wasser oder im Dampf. Man genießt sie salzig in Form von Püree oder Gratin, aber auch fritiert. Am schönsten kommt ihr an Kastanien erinnerndes Aroma bei der Zubereitung von Süßspeisen zur Geltung.

Am Karfreitag esse ich jeweils mit Freunden dieses umfangreiche und herrliche «Fastengericht» in einer Auberge bei Saint-Tropez.

## Le grand aïoli
## Das große Aïoli

Kann vorbereitet werden
Arbeitsaufwand: 45 Min.
Kochzeit: 50–60 Min.

**Für 6–8 Personen**

| | |
|---|---|
| 2 | mittelgroße Tintenfische (Kalmar) |
| 1,5 kg | «Morue» (Kabeljau), ohne Gräten |
| 12–18 | Strandschnecken («Bulots») |
| 12–16 | Weinbergschnecken, vorgekocht, evtl. aus der Dose |
| 500 g | grüne Bohnen oder Zuckerschoten (Kefen) |
| 500 g | Blumenkohl oder Brokkoli |
| 6–8 | kleine Zucchetti |
| 500 g | zarte Karotten |
| 3–4 | Fenchelknollen |
| 6–8 | kleine, zarte Artischocken |
| 3–4 | Süßkartoffeln |
| | Salz |
| 6–8 | mittelgroße Kartoffeln oder Topinamburs |
| 3 | vorgekochte Randen (rote Beete) |
| 6–8 | reife, rohe Tomaten |
| 8 | hartgekochte Eier |
| | Aïoli (s. S. 287), doppelte Menge |

**Sud**

| | |
|---|---|
| 2 | Karotten |
| 1 | Zwiebel, gespickt mit Lorbeerblatt und Nelke |
| 2–3 | Salbeiblätter |
| 1 | Thymianzweig |
| 1/4 l | Weißwein |
| | Meersalz |
| 5 | Pfefferkörner |

Die Tintenfische putzen, die Innereien und die Augen entfernen, die Tentakel belassen. Für den Sud die Karotten schälen. Mit der gespickten Zwiebel, dem Salbei, dem Thymian, dem Weißwein, etwas Salz und 1 l Wasser aufkochen. Die Pfefferkörner zerdrücken, mit dem Fisch und den Tintenfischen beigeben, die Hitze reduzieren und 15 bis 20 Min. leise ziehen lassen. Die Strandschnecken nur 5 Min. mitgaren. Die Bohnen oder Zuckerschoten fädeln, den Blumenkohl oder Brokkoli in mittelgroße Röschen teilen. Die Zucchetti in 1 cm dicke Rädchen und die geschälten Karotten in etwa 4 cm lange Stücke schneiden. Die Fenchelknollen längs halbieren und die Artischocken von den äußersten, eventuell etwas harten Blättern befreien. Die Süßkartoffeln schälen. Alle diese Gemüse in Salzwasser garen, dabei den Blumenkohl und die Zucchetti erst etwa 10 Min. vor Ende der Kochzeit beigeben. Die Gemüse sollen gar werden, dürfen aber nicht verkochen. Die Kartoffeln oder Topinamburs schälen und separat kochen. Die Randen und die Tomaten in dicke Scheiben schneiden. Die Eier schälen und längs halbieren. Die Dosenschnecken abgießen. Den Fisch abgießen, in Portionen schneiden und mit den Gemüsen, den Schnecken und den Eiern auf einer großen Platte dekorativ anrichten. Die Aïolisauce in Saucièren auf dem Tisch verteilen. Die Fische und Gemüse sollten warm serviert werden. Jeder Tischgast bedient sich nach Belieben.

**Tips**

- Sollte jemand keinen Knoblauch mögen, kann man auch eine Mayonnaise dazu servieren.
- Eigentlich sollte man anstelle von frischem Kabeljau gesalzenen Stockfisch verwenden und diesen mindestens 24 Std. wässern und dann entgräten.

Ein Fischgericht für Gäste, das sich am Tisch zubereiten läßt.

## Mittelmeerfondue

Kann vorbereitet werden
Arbeitsaufwand: 40 Min.

**Für 6 Personen**

- 2 Karotten
- 1 Navet (kleine weiße Rübe) oder Kohlrabi
- 2 junge Lauchstangen
- 3 Frühlingszwiebeln
- 1 Zweig Stangensellerie
- 1 Limette
- 1 Knoblauchzehe
- 2 l Fischbrühe (s.S. 285)
- 1 TL Korianderkapseln
- 200 g Meerbohnen (Salicornes, s.S. 124)
- 500 g Moules (Miesmuscheln)
- 2 gehackte Schalotten
- 2 EL kaltgepreßtes Olivenöl
- 1/4 l Weißwein, z.B. Muscadet oder Côtes de Provence
- 500 g Vongole
- 2 mittelgroße Tintenfische (Sepia), nach Belieben
- 400 g Seeteufel (Baudroie) ohne Mittelknochen
- 6 Rougetfilets (Meerbarbe)
- 6 Scampi
- 6 Riesencrevetten
- 200 g Eierschwämme (Pfifferlinge) oder Zuchtchampignons
- Salz, Pfeffer
- 1 EL gehackter Kerbel
- 1 EL gehackte Petersilie

Die Karotten und den Navet schälen und in dünne Scheiben schneiden. Den Lauch und die Frühlingszwiebeln in Ringe schneiden. Die Selleriestange wie Rhabarber abziehen, um die zähen Fäden zu entfernen, dann in kleine Stücke schneiden. Die Limette gut waschen und in dünne Scheiben schneiden. Die Knoblauchzehe schälen. Die Fischbrühe aufkochen und alle vorbereiteten Gemüse, den Knoblauch, die Limette, den Koriander und die halbierten Meerbohnen in die Bouillon geben. Etwa 15 Min. bei kleiner Hitze köcheln lassen.

Die Moules unter fließendem Wasser abbürsten und den Bart entfernen. Die Schalotten mit dem Olivenöl in einem Topf kurz anziehen lassen. Den Weißwein zufügen, aufkochen. Die Moules hineingeben, zudecken und kurz kochen, bis sich die Schalen öffnen, dann abgießen und den Saft auffangen. Diesen wieder in den Topf geben und darin die Vongole kochen, bis sie sich öffnen. Die Muscheln aus den Schalen lösen, je in ein kleines Gefäß geben und bis zum Servieren mit etwas Fischbrühe begießen, damit sie nicht austrocknen. Den Kochsud zur Brühe geben. Die Tintenfische in Ringe schneiden, dabei das Fangarmebüschel ganz belassen. In etwas Fischbrühe etwa 20 Min. garen. Im Kochsud erkalten lassen. Den Seeteufel in mundgerechte Würfel schneiden und die Meerbarbenfilets leicht schräg halbieren. Die Scampi und die Crevetten von den Krusten befreien und je nach Größe halbieren. Die Pilze putzen und je nach Größe halbieren.

Alle vorbereiteten Zutaten in Schälchen bereitstellen. Die Muscheln und die Tintenfischringe erst im letzten Moment aus der Brühe nehmen. Die Fischbrühe erhitzen und abschmecken. Einen gußeisernen breiten Topf oder Wok auf ein Spiritusrechaud in die Tischmitte stellen und die heiße Brühe hineingießen. Die Kräuter zugeben. Jeder Gast spießt die gewünschten Zutaten an einen spitzen Holzstab oder an eine Fonduegabel und läßt sie kurz in der Brühe garen. Praktisch sind auch kleine Netzlöffel zum Herausfischen. Die Begleitsaucen werden nach Belieben in kleine

Schälchen oder auf Teller geschöpft. Zuletzt kann man die Fischsuppe in Tassen anrichten und servieren.

**Tip** Dieses Rezept sieht komplizierter aus, als es ist. Der Fischfond läßt sich gut vorbereiten und kann nach Bedarf tiefgekühlt werden. Auch die Zutaten lassen sich einige Stunden zuvor bereitstellen und mit Folie abgedeckt im Kühlschrank aufbewahren. Wenn einmal alles auf dem Tisch ist, gibt es außer dem Weineinschenken nichts mehr zu tun.

**Garnitur, nach Belieben**
Aïoli (s.S. 287) oder Mayonnaise
Salsa romesco (s.S. 299)
Kräutervinaigrette (s.S. 302) oder
Pesto (s.S. 297)
Aceto balsamico (s.S. 168)
Zitronenöl (s.S. 317)
Meersalz, z.B. Fleur de sel (s.S. 98)

Jedes Jahr pilgern die Zigeuner nach Saintes-Maries-de-la-Mer in der Camargue. Früher machten sie zuerst eine Runde durch das Dorf, bettelten bei Bauern und Händlern um Fleisch und Gemüse und kochten damit einen Eintopf.

## Potée «Manouche»
## Zigeunertopf nach Art von Saintes-Maries

Kann vorbereitet werden
Arbeitsaufwand: 15 Min.
Einlegezeit: 6 Std.
Kochzeit: 1 Std.

**Für 6–8 Personen**
200 g getrocknete schwarze oder rote Bohnen
4 Lauchstangen
6 Karotten
6–8 Kartoffeln
1–2 Selleriestangen
8 Knoblauchzehen, geschält
1 Schinkenknochen
200 g Camargue- oder Rundkornreis
Salz, Pfeffer
6–8 Scheiben gekochter Schinken (je etwa 1 cm dick)

Die Bohnen etwa 6 Std. in kaltes Wasser einlegen. Die Lauchstangen putzen und die Karotten schälen. Beides in Stücke schneiden. Die Kartoffeln schälen und vierteln. Den Sellerie wie Rhabarber abziehen und in etwa 2 cm lange Stücke schneiden. Den Knoblauch hacken. Alle Gemüse mit dem Schinkenknochen in einen hohen Topf geben und mit 1½ l Wasser bedecken. Die Bohnen abgießen und zufügen. Aufkochen, dann die Temperatur reduzieren und 1 Std. bei kleiner Hitze garen lassen. Ab und zu abschäumen. Nach dieser Zeit die Kartoffeln beigeben. 10 Min. später den Reis und den Knoblauch beifügen. 15–20 Min. weitergaren. Mit Salz und Pfeffer abschmecken. Die Schinkenscheiben etwas zerkleinern und in den Topf geben. Kurz erwärmen und das Gericht in Suppenteller verteilen.

**Tip** Besser ist es natürlich, wenn man einen ganzen, noch rohen Schinken zuerst in Wasser etwa 30 Min. kocht, abgießt und dann mit den Gemüsen kocht. Die Zigeuner erhielten von den Einheimischen meistens nur Schinkenknochen und gaben eben das hinein, was sie hatten. Manchmal ergatterten sie auch ein Huhn für ihren Topf.

In Spanien bereitet man die Paella im Sommer gerne auf einem Zigeuneröfelchen im Freien zu.

## Paella «mar y montaña»
## Paella mit Fisch und Fleisch

Kann teilweise vorbereitet werden
Arbeitsaufwand: 1 Std.
Garzeit des Reises: 18–20 Min.

**Für 6 Personen**
200 g Schweine- oder Lammfleisch
1/8 l Olivenöl
6 Hähnchenschenkel
12 kleine, dunkle Bratwürstchen (Cipollata)
250 g kleine Tintenfische (Pulpitos)
300 g Meeraal oder Seeteufel, ohne Haut und Gräten
2 Knoblauchzehen
1 große, gehackte Zwiebel
3 reife, geschälte Tomaten
1 roter, geschälter Peperone (s.S. 227)
500 g Rundkornreis (spanische Sorte oder Risottoreis, z.B. Vialone)
1 l Geflügelbrühe
150 g grüne Bohnen (evtl. tiefgekühlt)
100 g grüne Erbsen (evtl. tiefgekühlt)
Salz
6 Scampi
6 Gambas (spanische Riesencrevetten)
1 Prise Safranfäden
Pfeffer
500 g Miesmuscheln (Moules) oder Almejas (Vongole)
3 Zitronen

Das Schweine- oder Lammfleisch in kleine Würfel schneiden. 2 EL Olivenöl in einer Paellapfanne oder einer großen Bratpfanne erhitzen. Die Hähnchenschenkel salzen und pfeffern und im heißen Öl etwa 15 Min. hellbraun braten. Inzwischen die Bratwürstchen 2–3 Min. in kochendes Wasser geben, dann abgießen. Die Hähnchenschenkel aus der Pfanne nehmen. 1 EL Olivenöl nachgeben und die Fleischwürfel und die gut abgetrockneten Würstchen darin unter Wenden hellbraun braten. Beides aus der Pfanne nehmen und mit den Hähnchenschenkeln warm stellen. Die Tintenfischchen putzen: die Innereien herausziehen, die Tentakel belassen, die Augen entfernen. Wiederum 1 EL Olivenöl in die Pfanne geben und die Tintenfischchen bei guter Hitze allseitig anbraten. Den Meeral oder Seeteufel in etwa 2 1/2 cm große Stücke schneiden. Die Knoblauchzehen fein hacken und mit den gehackten Zwiebeln, den Tomaten, dem Peperone und dem Reis unter Wenden anziehen lassen. Mit 1/4 l Brühe ablöschen. Die Bohnen fädeln, die Erbsen aushülsen. Die Scampi und die Gambas abspülen. Mit dem Fisch, den Bohnen und den Erbsen zum Reis geben. Nach Bedarf immer wieder etwas Brühe zugeben. Die Safranfäden in wenig Brühe 5 Min. stehenlassen, dann dem Reis beigeben und alles gut mischen. Mit Salz und Pfeffer abschmecken. Die Fleischwürfel ebenfalls zugeben. Die Muscheln unter fließendem Wasser putzen, den Bart entfernen. In einen hohen Topf geben und aufkochen, bis sie sich öffnen. Die Hähnchenschenkel und die Würstchen auf dem Reis anrichten. Die Muscheln samt den Schalen kreisförmig in den Reis stecken. Den Muschelfond über den Reis träufeln. Die Zitronen halbieren, eine Gabel in die Schnittfläche stecken und zur Paella servieren.

**Tips**

- Dieses Gericht verdankt seinen Namen der großen runden Paellapfanne, in welcher sich die Paella am besten zubereiten läßt. Paßt der Pfannenboden nicht auf Elektroplatten, kann man auch eine oder zwei große Bratpfannen verwenden (Fleisch und Gemüse evtl. separat kochen). Wichtig ist, daß alle Fleisch- und Gemüsesäfte in den Reis gegeben werden.
- Auf dem Lande ist die Paella ein beliebtes Restengericht und heißt ganz bescheiden «un arroz», Reisgericht.
- Eine Paella soll keinesfalls wie ein Risotto sein. Der Reis muß im Öl und Fleischfond leicht angebraten werden. Die Flüssigkeit sollte immer nach und nach beigefügt werden, damit sich der Reis mit den Säften vollsaugen kann, ohne zu weich zu werden.
- Man kann die Muscheln auch roh in den Reis stecken und etwa 5 Min. mitgaren lassen. In Spanien wird die Paella zu diesem Zweck meistens zuletzt in den Ofen gestellt.

**Variationen**

- Von Katalonien bis Andalusien und auch im Landesinnern gibt es von diesem Gericht unzählige Variationen: mit und ohne Fisch, als einfache bäuerliche Variante mit Kaninchenfleisch und den gerade zur Verfügung stehenden Gemüsen.
- Im Restaurant wird die Paella manchmal mit bereits geschälten Krustentieren und Muscheln ohne Schalen oder luxuriös mit Languste oder Hummer ergänzt.
- Neuestens gibt es auch vegetarische Paellas mit hartgekochten Eiern.

Ein delikates Fischgericht aus Barcelona.

# «Zarzuela»
## Fischoperette

Kann vorbereitet werden
Arbeitsaufwand: 40 Min.
Garzeit: 15–20 Min.

**Für 6 Personen**

- 2 große, gehackte Zwiebeln
- 4 EL kaltgepreßtes Olivenöl
- 12 Miesmuscheln (Moules)
- 6 kleine, pfannenfertige Tintenfische (Pulpitos oder Sepia)
- 2 geschälte Tomaten oder 3 EL Tomatenpüree
- 4 Knoblauchzehen
- 1/4 l trockener Weißwein
- 1/2 TL getrocknete rote Pfefferschoten
- 1/4 l Fischfond (s. S. 285)
- Salz, schwarzer Pfeffer aus der Mühle
- 10 geschälte Mandeln
- 4 Crackers (trockene, salzige Biskuits)
- 6 Scheiben Seeteufel
- 4 kleine Meerbarben
- 1/2 TL Aniskörner
- 2 EL spanischer Cognac
- 1 EL gehackter Rosmarin
- 6 Gambas (große, rote spanische Crevetten)
- 6 Scampi
- 2 EL gehackte Petersilie

Die Zwiebeln in 2 EL Olivenöl anziehen lassen, ohne daß sie Farbe annehmen. Die Muscheln unter fließendem Wasser kalt abbürsten, den Bart herauszupfen. Die Tintenfische zu den Zwiebeln geben, kurz dünsten. Die Tomaten durch ein feines Sieb streichen. Mit 3 durchgepreßten Knoblauchzehen, dem Wein und den Pfefferschoten zufügen und alles etwa 10 Min. garen. 0,2 l Fischfond zugeben und etwa um die Hälfte einkochen lassen, mit Salz und Pfeffer abschmecken. Die restliche Knoblauchzehe, die Mandeln und die zerbröckelten Crackers in einem Mörser zerstoßen oder im Cutter mahlen. Das restliche Olivenöl und 2–3 EL Fischfond zugeben und gut verrühren. Den Seeteufel und die Meerbarben beidseitig salzen und pfeffern. In eine große runde Tonform oder in ein anderes feuerfestes Gefäß legen. Die vorbereitete Sauce mit den Aniskörnern, dem Cognac, dem Rosmarin und der Mischung aus dem Mörser vermengen. Über die Fische geben. Die Gambas und Scampi darauflegen. Die Muscheln zufügen und das Ganze bei 180 °C in die Mitte des Ofens schieben. Etwa 15 bis 20 Min. garen lassen, bis sich die Muscheln geöffnet haben. Mit der Petersilie bestreuen und im Topf auf den Tisch bringen.

**Tips**

- Fingerbowlen zum Gedeck stellen. Wenn nötig die Sauce nachwürzen.
- Dazu paßt am besten knuspriges Weißbrot.

Würziges Spanferkel nach südspanischer Art.

# Cochinillo asado
## Gebratenes Spanferkel

Die Knoblauchzehen durchpressen. Mit dem Nelkenpulver, dem Origano und den Zwiebeln in einem Mörser zerstoßen. Den Weißwein zufügen und gut mischen. Das Spanferkel innen und außen mit dieser Marinade bestreichen und mit Salz und Pfeffer bestreuen. In Alufolie einpacken und 3–4 Std. marinieren lassen. Das Schweineschmalz bei Küchentemperatur weich werden lassen. Das Spanferkel damit bestreichen, Ohren und Schwanz mit Alufolie umwickeln. In eine große Bratkasserolle legen und etwa 2½–3 Std. bei 230 °C goldbraun braten. Ab und zu 1–2 EL Wasser in die Kasserolle geben und das Ferkel mit dem Fond begießen.

**Tip** Man kann das Spanferkel auch am Spieß braten.

Kann teilweise vorbereitet werden
Arbeitsaufwand: 20 Min.
Marinierzeit: 3–4 Std.
Bratzeit: 2½–3 Std.

**Für 10–12 Personen**

| | |
|---|---|
| 4 | Knoblauchzehen |
| 1 | Prise Nelkenpulver |
| 1 EL | gehackter Origano |
| 1 | feingehackte Zwiebel |
| ¼ l | Weißwein |
| 1 | Spanferkel (etwa 6 kg), pfannenfertig vorbereitet |
| | Salz, Pfeffer aus der Mühle |
| 200 g | Schweineschmalz |

Ein Paradepferd der neapolitanischen Küche.

# Sartù alla napoletana
## Reisring mit Fleischkugeln

Kann vorbereitet werden
Arbeitsaufwand: 50 Min. (ohne Zubereitung des Ragù)
Backzeit: 30 Min.

**Für 6–8 Personen**

| | |
|---|---|
| | Ragù alla napoletana (s. S. 295) |
| 25 g | getrocknete Steinpilze |
| 2 | frische Schweinswürste, z. B. Luganighe (je etwa 150 g) |
| 50 g | Rohschinken |
| 1 EL | Olivenöl |
| 1 EL | Olivenöl für die Form |
| 80 g | Paniermehl |
| 600 g | Rundkornreis |
| | Salz |
| 200 g | grüne Erbsen (evtl. tiefgekühlt) |
| 250 g | Mozzarella di bufala |
| | Pfeffer aus der Mühle |
| 150 g | geriebener Parmesan |
| 3 | hartgekochte Eier |

**Polpettine**

| | |
|---|---|
| 150 g | Weißbrot vom Vortag, ohne Kruste |
| 50 g | Pancetta |
| 1 EL | gehackte Petersilie |
| 1 EL | Olivenöl |
| 2 EL | gehackte Zwiebeln |
| 300 g | gemischtes Hackfleisch (Schweine- und Rindfleisch) |
| 1 | Ei |
| 1 | Knoblauchzehe |
| | Salz, Pfeffer aus der Mühle |
| 1 | Prise Muskatnuß |
| 1 TL | gehackter Origano |
| 2–3 EL | Mehl |
| 6 EL | Olivenöl zum Ausbacken |

Den Ragù alla napoletana nach Grundrezept zubereiten. Die Steinpilze etwa 1 Std. in lauwarmes Wasser einlegen. 1 Schweinswurst schälen und kleinschneiden. Den Rohschinken in Streifen schneiden. 1 Std. vor Ende der Kochzeit des Ragù 1 EL Olivenöl erhitzen. Die gut abgetropften Steinpilze, den Rohschinken und die Schweinswurst darin kurz anziehen lassen und zur Sauce geben.

Für die Polpettine das Brot in Stücke brechen und in Wasser einlegen. Sobald es aufgeweicht ist, gut auspressen und durch ein Sieb streichen. Die Pancetta hacken. Das Olivenöl erhitzen. Die Zwiebeln, die Pancetta und die Petersilie darin kurz anziehen lassen. Zum Hackfleisch geben und alles gut mischen. Das Brot, das Ei und die durchgepreßte Knoblauchzehe unter die Masse arbeiten. Mit Salz, Pfeffer, Muskatnuß und Origano abschmecken. Aus der Masse mit bemehlten Händen walnußgroße Kugeln formen. Das Olivenöl in einer großen Bratpfanne erhitzen und die Kugeln darin unter Wenden goldbraun fritieren. Eine große Ringform mit Olivenöl ausstreichen und mit Paniermehl ausstreuen. Den Reis in kochendes Salzwasser geben, nach etwa 10 Min. abgießen und kalt abspülen. Den Reis mit etwa $^1/_4$ l Ragù mischen und etwa $^1/_3$ davon in die Form einfüllen. Die zweite Schweinswurst aufschneiden, hacken und darübergeben. Mit der Hälfte der Erbsen und mit der Mozzarella zudecken. Mit Pfeffer und Parmesan bestreuen und mit dem restlichen Reis abschließen. Die Form bei 180 °C in den Ofen schieben und etwa 30 Min. überbacken. Nach der Hälfte der Backzeit mit einer Alufolie abdecken, damit der Reis nicht zu trocken wird. Die hartgekochten Eier schälen und vierteln.

Zum Anrichten die Polpettine und die restlichen grünen Erbsen mit dem restlichen Ragù mischen und langsam erwärmen. Die Form auf eine große runde Platte stürzen. Den Ragù in die Mitte gießen. Die Eierviertel um den Reis herum anordnen.

**Tips**

- Vereinfachen kann man das Rezept, indem man den vorblanchierten Reis mit dem vorbereiteten Ragù und allen anderen Zutaten lagenweise in eine große Auflaufform einschichtet, mit geriebenem Brot und Butterflocken bestreut und in der Mitte des Backofens bei etwa 180 °C etwa 45 Min. gratiniert. In dieser Zeit saugt der Reis die Flüssigkeit auf. Auch so schmeckt der Sartù sehr fein, präsentiert sich aber nicht so schön.
- Manchmal werden noch Hühnerlebern in kleine Stücke geschnitten, gebraten und dem Ragù beigegeben.

Ein etwas aufwendiges, aber erfolgreiches Gericht, welches warm oder kalt auf einem Buffet serviert werden kann.

# Cima al Tigullio
## Gefüllte Kalbsbrust nach Art des Tigullio

Kann vorbereitet werden
Arbeitsaufwand: 1 Std.
Kühlzeit: 1 Std.
Kochzeit: 2 Std.

**Für 6–8 Personen**

1,6 kg Kalbsbrust
1 kleine, gehackte Zwiebel
1 Knoblauchzehe
4 EL Butter
1 große Kalbsmilke (Bries)
Salz
50 g Weißbrot ohne Kruste
6 EL Milch
200 g gesalzene Kalbszunge
100 g grüne Erbsen, evtl. tiefgekühlt
200 g gehacktes Kalbfleisch
4 Eier
50 g geriebener Parmesan
Pfeffer
1 TL gehackter Majoran

**Sud**

2 l Wasser
1 Zwiebel
1 Karotte
1 Selleriestange
Salz

Die Kalbsbrust beim Kauf vom Metzger zum Füllen vorbereiten lassen.

Die gehackte Zwiebel mit der geschälten, noch ganzen Knoblauchzehe in 2 EL Butter 2–3 Min. dünsten. Die Kalbsmilke von allen Unreinheiten befreien. In Salzwasser geben und 5–6 Min. bei kleiner Hitze ziehen lassen, dann abgießen. Die restliche Butter zu den Zwiebeln geben. Die Milke in Stücke schneiden und darin unter Wenden 2–3 Min. anziehen, danach erkalten lassen. Das Brot in Stücke brechen. Mit der Milch begießen, gut auspressen. Zusammen mit der Milke im Cutter pürieren. Die Masse 1 Std. kühl stellen. Die Zunge in kochendes Wasser geben. 10 Min. ziehen lassen, abgießen und schälen. Das Fleisch in sehr kleine Würfel schneiden. Die grünen Erbsen 2–3 Min. in Salzwasser blanchieren, abgießen und mit kaltem Wasser abspülen. Das Milkenpüree mit dem gehackten Kalbfleisch, den Zungenwürfeln und den Erbsen mischen. Die Eier mit dem Parmesan gut verrühren und unter die Masse arbeiten. Mit Salz, Pfeffer und dem Majoran abschmecken.

Die Kalbsbrust mit der Masse füllen und mit Küchengarn zunähen. In ein Küchentuch straff einpacken und verschnüren. Für den Sud das Wasser aufkochen. Die Zwiebel in Ringe schneiden. Die Karotte schälen und den Sellerie in Stücke schneiden. Die Gemüse und etwas Salz beifügen und etwa 5 Min. kochen lassen. Die Temperatur etwas reduzieren und die Kalbsbrust hineingeben. 1 Std. bei kleiner Hitze garen lassen. Wenn nötig ab und zu abschäumen. Danach etwa 1 Std. weitergaren. Das Fleisch aus der Brühe nehmen, auf ein Brett legen, mit einem zweiten Brett belegen und mit einem Gewicht beschweren, z.B. mit einem mit Wasser gefüllten Topf. 3 Std. beschwert stehenlassen. Das Tuch und das Küchengarn entfernen. Auf der Aufschnittmaschine oder mit einem elektrischen Messer in sehr dünne Scheiben schneiden.

**Tips**

- Will man die Kalbsbrust warm servieren, erübrigt sich das Einwickeln und Pressen. Dann wird die «Cima» wie ein Braten mit Gemüse serviert.
- Nach älteren Rezepten wird anstelle von gehacktem Kalbfleisch Euter, manchmal auch Kalbskopf, in die Füllung gegeben.
- Der Fleischsud kann für eine Suppe oder ein Risotto verwendet werden.

Auberginenauflauf mit Hackfleisch – ein klassisches Gericht der griechischen Küche.

## Musakàs
## Moussaka

Kann vorbereitet werden
Arbeitsaufwand: 30 Min.
Backzeit: 15–20 Min.

**Für 6 Personen**

| | |
|---|---|
| 3 | große Auberginen |
| | Salz |
| 7 EL | Olivenöl |
| 400 g | gehacktes Lammfleisch oder je 200 g gehacktes Schweine- und Rindfleisch |
| 2 | Schalotten |
| 3 EL | Tomatencoulis (s. S. 317) |
| 1 TL | gehackter Origano |
| 1 Bund | flache Petersilie |
| 1 | Messerspitze Zimt |
| | Pfeffer |
| 3 | Eier |
| 1/8 l | Milch |
| 40 g | geriebener Parmesan oder «kefalotyri» |

Die Auberginen schälen und in etwa 1 cm dicke Scheiben schneiden. Mit Salz bestreuen und 10 Min. ziehen lassen. Die Scheiben mit Küchenpapier trocknen. 3 EL Olivenöl erhitzen und die Auberginen portionsweise auf beiden Seiten hellgelb backen. Beim Herausnehmen die Scheiben zwischen 2 Bratschaufeln pressen, um überschüssiges Öl herauszudrücken. Das Fleisch in 3 EL Öl anbraten, die feingehackten Schalotten zugeben und mitdünsten. Den Tomatencoulis, den Origano, die gehackte Petersilie, Zimt, Salz und Pfeffer beigeben. Den Boden einer Auflaufform mit Auberginenscheiben belegen. Die Hälfte des Fleisches darüber verteilen und mit Auberginen bedecken. Den Rest des Fleisches darübergeben. Die Eier mit der Milch verquirlen und leicht würzen. Die Hälfte über den Auflauf verteilen. Mit den letzten Auberginenscheiben zudecken und die restliche Eiermilch darübergießen. Den geriebenen Käse darüberstreuen und mit dem restlichen Olivenöl beträufeln. Den Auflauf im vorgeheizten Ofen bei 190 °C etwa 15–20 Min. überbacken. Heiß mit Trockenreis servieren.

**Tips**

- Wird das Gericht im voraus zubereitet und erkaltet in den Ofen geschoben, muß die Backzeit etwas verlängert werden.
- «Kefalotyri» ist ein griechischer Hartkäse. Er hat die Form eines griechischen Trachtenhutes, des «kefalo», und verdankt ihm seinen Namen. Denselben Käse gibt es auch in Syrien, hergestellt mit Ziegenmilch.

**Variation** Der Eierguß kann durch Béchamelsauce ersetzt werden: 25–30 g Butter mit gleich viel Weißmehl unter Rühren kurz dünsten, vom Feuer nehmen, mit 1/2 l Milch ablöschen, wieder aufsetzen und etwa 10 Min. weiterkochen. Mit Salz, Pfeffer und Muskatnuß abschmecken.

# Gemüsegerichte

Im Süden muß es nicht immer Fleisch oder Fisch sein. Man weiß dort nämlich hervorragend mit Gemüse umzugehen. Mit wenig Aufwand entstehen daraus herrliche, preisgünstige Hauptgerichte, Eintöpfe oder Beilagen. Die verwendeten Kräuter und Gewürze geben ihnen die besondere Note.

Eines meiner liebsten Zucchinigerichte. Zusammen mit gekochtem Reis eine ausgezeichnete vegetarische Mahlzeit.

## Courgettes à l'arlésienne
## Zucchini nach Art von Arles

Kann vorbereitet werden
Arbeitsaufwand: etwa 35 Min.
Schmorzeit: etwa 40 Min.

**Für 4 Personen**
4 kleine Zucchini
Salz, Pfeffer
2 große, reife, geschälte Fleischtomaten
1 mittelgroße weiße, gehackte Zwiebel
4 EL Olivenöl
1 EL gehackte Kräuter (Kerbel, Bohnenkraut, Petersilie, Majoran)
1 EL gehackte getrocknete Tomaten (s. S. 318)
2 Knoblauchzehen
3 EL Weißwein
1 EL gehacktes Basilikum

Von den Zucchini den Stielansatz entfernen, dann vom runden Ende her längs, in Abständen von etwa 1/2 cm, fächerartig einschneiden, so daß die Zucchini am anderen Ende noch zusammenhängen. Die Zucchini 1–2 Min. in kochendes Salzwasser tauchen, abgießen und sofort kalt abspülen. Die Tomaten würfeln, dabei die Kerne ausdrükken. Die Zwiebeln in 2 EL Olivenöl anziehen lassen. Die Tomaten, die gemischten Kräuter und die getrockenten Tomaten beifügen. 5–6 Min. mitdünsten, mit 1–2 EL Wasser begießen, zudecken und etwa 20 Min. schmoren lassen. Die Tomatenmischung zwischen die gefächerten Zucchini verteilen. Das restliche Öl erhitzen, die gefüllten Zucchini vorsichtig hineingeben und leicht anbraten lassen, sorgfältig wenden, salzen und pfeffern. Den Knoblauch im Mörser zerdrücken. Mit dem Basilikum über die Zucchini streuen. Etwa 20 Min. ungedeckt weiterschmoren lassen, bis die Zucchini gar sind. Wenn nötig ab und zu etwas Wein zufügen. Mit wenig Salz und Pfeffer abschmecken.

**Tips**

- Dieses Gericht kann kalt oder warm serviert werden.
- Die Zucchini schmecken am allerbesten, wenn man sie praktisch fertig gart und vor dem Servieren wieder aufwärmt.
- Besonders in unseren Breitengraden sind die getrockneten Tomaten eine Bereicherung für südliche Schmorgerichte. Durch diese Beigabe werden Saucen besonders gehaltvoll und erhalten das wunderbare Aroma der in der Sonne gereiften Tomaten, welches wir bei Winter- oder Treibhaustomaten vermissen.
- Kleine Auberginen können ebenfalls auf diese Art zubereitet werden. In diesem Fall beim Vorgaren den Saft von 1/2 Zitrone ins kochende Wasser geben.
- In Süditalien gibt man kleine Würfel von Cacciocavallo- oder Schafkäse oder gehackte Sardellen mit etwas Thunfisch zur Füllung.

Runde Zucchetti sind ideal zum Füllen.

# Courgettes rondes à la brouillade de tapenade
## Runde Zucchetti mit Rührei-Oliven-Füllung

Kann teilweise vorbereitet werden
Arbeitsaufwand: 35 Min.
Garzeit: etwa 10 Min.

**Für 4 Personen**

| | |
|---|---|
| 4 | runde Zucchetti |
| | Salz |
| 12 | kleine schwarze Oliven |
| 4 | frische Eier |
| 6 EL | Rahm |
| 1 EL | Olivenöl oder Butter |
| 4 TL | Tapenade (s. S. 290) |
| | Pfeffer |

Die Zucchetti gut waschen und abtrocknen. Einen Deckel abschneiden und an der Unterseite geradeschneiden, damit sie stehen. Die Zucchetti mit den Deckeln auf ein Sieb geben. Über dem Dampf zugedeckt etwa 15 Min. garen. Sie sollten weich werden, aber noch in Form bleiben.

Die Zucchetti sorgfältig aushöhlen, dabei ringsum einen Rand von etwa $1\frac{1}{2}$ cm stehen lassen. Das Innere mit Salz bestreuen und die Zucchetti umgekehrt auf ein Gitter stellen, damit sie gut abtropfen können. Danach wieder in den Dampf stellen, um sie warm zu halten. Die Oliven entsteinen und fein schneiden. Die Eier mit 4 EL Rahm leicht schlagen. Das Olivenöl oder die Butter in einer Bratpfanne zerfließen lassen, die Eier hineingießen und mit einem Holzspatel ständig rühren, bis die Eier stocken. Nach und nach den restlichen Rahm unterrühren. Die Tapenade unter das Rührei mischen. Wenn nötig salzen und pfeffern. Dabei beachten, daß die Tapenade bereits gesalzen ist! Die Mischung in die Zucchetti füllen und die Deckel aufsetzen. Die gefüllten Zucchetti auf vorgewärmte Teller stellen und ringsum mit den Oliven garnieren.

**Tips**
- Man kann dem Rührei noch etwas gehacktes Basilikum beimischen und den Boden der Zucchetti mit wenig Ziegenkäse belegen.
- Runde Zucchetti lassen sich auf viele Arten füllen, z. B. mit Ratatouille, Hackfleisch, Couscous, Reis mit Gemüse oder mit geschnetzeltem, gebratenem Geflügelfleisch, bedeckt mit etwas Béchamel und kurz überbacken.
- Beachten Sie immer, daß runde Zucchetti mehr Wasser enthalten als die länglichen. Deshalb immer gut abtropfen lassen und mit Vorteil vor dem Backen wie beschrieben zuerst im Dampf garen.
- Als Vorspeise kann man die Zucchetti quer halbieren und füllen.

Ähnlich wie in Südfrankreich werden im Orient Gemüsefrüchte gefüllt, man gibt aber der Farce Reis, Couscous oder Bourghoul zu und würzt mit arabischen Gewürzen.

## Koussha und Banadoura mahchi
## Gefüllte Zucchetti und Tomaten

Kann vorbereitet werden
Arbeitsaufwand: 35 Min.
Schmorzeit: etwa 25 Min.

**Für 4 Personen als Vorspeise**

4 runde Zucchetti
4 mittelgroße, feste Tomaten
2 EL Tomatenpüree
2 Knoblauchzehen
2 EL gehackte Pfefferminze
Saft von 1 Zitrone
1 EL kaltgepreßtes Olivenöl

**Füllung**

50 g Reis
1 große, gehackte Zwiebel
200 g gehacktes Lamm- oder Rindfleisch oder beides gemischt
2 EL Olivenöl
1 TL Ras el-hanut (s. S. 194)
Salz und Pfeffer

Von den Zucchetti und den Tomaten einen kleinen Deckel abschneiden. Die Früchte aushöhlen und das Fruchtfleisch mit dem Tomatenpüree mischen. Den Boden einer Bratkasserolle damit bedecken. Für die Füllung den rohen Reis mit den Zwiebeln, dem Hackfleisch und dem Öl mischen. Mit Ras el-hanut, Salz und Pfeffer abschmecken. Die Zucchetti und Tomaten mit dieser Mischung locker füllen und in der Kasserolle auf dem Fruchtfleisch anordnen. Die abgeschnittenen Deckel aufsetzen. Bis zur halben Höhe der Gemüsefrüchte Wasser einfüllen. Aufkochen, dann zugedeckt bei kleiner Hitze etwa 25 Min. schmoren lassen. Nach dieser Zeit den durchgepreßten Knoblauch, die Pfefferminzblätter und den Zitronensaft über das Gericht geben. Mit dem Olivenöl beträufeln und die gefüllten Gemüse nach 5 Min. anrichten. Die Sauce etwas einkochen lassen und über das Gericht verteilen. Lauwarm oder kalt servieren.

**Tips**

- Man kann auch Paprikaschoten oder Auberginen auf diese Art füllen.
- Für eine vegetarische Füllung kann man das Hackfleisch durch gehackte Pinienkerne oder Walnüsse ersetzen.

Interessant gewürzt mit Kreuzkümmel und Koriander.

## Gefüllte Auberginen nach ägyptischer Art

Das Hähnchenfleisch in sehr kleine Würfel schneiden. Mit Salz, Pfeffer, dem Koriander und dem Kreuzkümmel mischen und kühl stellen. Die Auberginen längs halbieren. Ein großes Backblech mit Backfolie belegen. Die Schnittflächen der Auberginen mit wenig Olivenöl bestreichen und die Früchte mit der Hautseite nach oben auf das Blech legen. Bei 200 °C im Backofen etwa 15–20 Min. schmoren, bis das Auberginenfleisch weich ist. Das Hähnchenfleisch im restlichen Olivenöl anbraten, dabei gut wenden. Aus der Pfanne nehmen. Den Peperone klein würfeln. Mit den Zwiebeln in den Bratenfond des Fleisches geben und 5–7 Min. bei kleiner Hitze garen. Die Tomate halbieren, auspressen, ebenfalls klein würfeln und zum Peperone geben. Das Auberginenfleisch mit einem Löffel aus den Schalen schaben, ohne die Schalen zu verletzen. Das Hähnchenfleisch mit dem Peperonigemüse und dem Auberginenfleisch mischen. Den Knoblauch dazupressen und die Petersilie beifügen. Mit Salz und Pfeffer abschmecken. Die Auberginen damit füllen und bei Oberhitze im Ofen 10 Min. gratinieren.

**Tip** Dazu paßt Trockenreis am besten.

Kann vorbereitet werden
Arbeitsaufwand: 30 Min.
Garzeit: 15–20 Min.
Gratinierzeit: 10 Min.

**Für 4 Personen**

| | |
|---|---|
| 200 g | Hähnchenfleisch |
| | Salz, Pfeffer |
| 1 TL | gemahlener Koriander |
| 1/2 TL | Kreuzkümmel |
| 4 | mittelgroße Auberginen |
| 2 EL | Olivenöl |
| 1 | roter Peperone |
| 1 | große, gehackte Zwiebel |
| 1 | große, reife, geschälte Tomate |
| 2 | Knoblauchzehen |
| 2 EL | gehackte flache Petersilie |

Eine Ofenvariante für diese Blüten, delikat mit Reis und Kräutern gefüllt.

## Fleurs de courgettes aux herbes
## Gefülle Zucchettiblüten mit Kräutern

Kann vorbereitet werden
Arbeitsaufwand: 30 Min.
Garzeit: 20–25 Min.

**Für 4 Personen**

- 12 Zucchettiblüten
- 4 kleine Zucchetti (Zucchini)
- $5^1/_2$ EL kaltgepreßtes Olivenöl
- 1 gehackte Zwiebel
- 2 Knoblauchzehen
- 4 EL gekochter Reis
- 40 g frischgeriebener Parmesan
- 3 EL gehacktes Basilikum
- 2 EL gehackte Petersilie
- 1 TL gehackter Thymian
- 1 kleines Ei
- 12 Cherrytomaten
- Salz, Pfeffer

Die Stiele der Zucchettiblüten etwas kürzen, die Stempel im Innern entfernen. Die Blüten kalt abspülen, abtropfen und auf Küchenpapier legen. Die Zucchetti waschen, gut trocknen und ungeschält in sehr kleine Würfel schneiden. 2 EL Olivenöl erhitzen. Die Zwiebeln, die durchgepreßten Knoblauchzehen und die Zucchetti darin glasig dünsten, dabei immer wieder gut wenden. 6–8 EL dieser Mischung in eine Schüssel geben, den Rest aufheben. Den Reis, den Parmesan, das Basilikum, die Petersilie und den Thymian zugeben und alles gut mischen. Das Ei verquirlen. Nach und nach unter die Masse mischen. Eventuell nicht das ganze Ei verwenden, damit die Masse nicht flüssig wird. 1–2 TL Olivenöl zufügen und etwa 5 Min. stehenlassen. Die Cherrytomaten vierteln und in 1 EL Olivenöl unter Wenden anziehen lassen, bis sie leicht karamelisiert sind. In der Bratpfanne belassen.

Die Zucchettiblüten sorgfältig öffen und mit Hilfe eines kleinen Löffels mit der Zucchettimasse füllen. Die Blütenspitzen zusammenfassen und leicht zudrehen. Eine flache Gratinform mit etwas Olivenöl bestreichen und die gefüllten Blüten darauf anordnen. Mit 1 EL Olivenöl beträufeln, mit Aluminiumfolie locker abdecken und etwa 20 bis 25 Min. bei 180 °C im Ofen garen. 5 Min. vor Ende dieser Zeit die aufgehobenen Zucchetti mit den Cherrytomaten unter Wenden nochmals erwärmen, mit Salz und Pfeffer abschmecken. Die Zucchettiblüten anrichten und die Gemüsegarnitur dazulegen.

**Tip** Sollten kleine Zucchini an den Blütenstielen sein, können Sie diese gewürfelt zur Füllung geben. In diesem Fall nur 3 statt 4 Zucchetti verwenden, damit das Mischverhältnis stimmt. Die Zucchini können aber auch an den Blüten belassen und fächerartig eingeschnitten werden.

**Variationen**

- 4 feingehackte Sardellenfilets unter die Füllung mischen.
- Die gefüllten Blüten im Dampf garen und beim Anrichten mit etwas kaltgepreßtem Olivenöl beträufeln. Die Zucchettiwürfel und Cherrytomaten separat wie beschrieben anziehen lassen und dazu servieren.
- Risottoreste verwenden oder den Reis durch in Milch eingeweichtes und ausgedrücktes Brot ersetzen.

## Berenjenas fritas
### Fritierte Auberginen

Die Auberginen in 1/2 cm dicke Scheiben schneiden, salzen, mit Küchenpapier abtupfen und in 3 EL Olivenöl in einer Bratpfanne beidseitig hellbraun backen. Den feingehackten Knoblauch und die Petersilie im restlichen Öl anziehen lassen und mit Pfeffer über die Auberginen streuen.

**Tips**

- Zucchinischeiben können auf die gleiche Art zubereitet werden.
- Man kann das Gemüse auch in etwa 1 1/2 cm dicke Stäbchen schneiden, durch Backteig ziehen und fritieren.

Kann vorbereitet werden
Arbeitsaufwand: 15 Min.
Backzeit: 10 Min.

**Für 4 Personen**

2 mittelgroße Auberginen
Salz, Pfeffer
3–4 EL Olivenöl
1 feingehackte Knoblauchzehe
1 EL gehackte Petersilie

Klein, fein, erfolgreich und erst noch einfach in der Zubereitung.

# Melanzane al formaggio
## Auberginen mit Käse

Kann vorbereitet werden
Arbeitsaufwand: 30 Min.
Backzeit: etwa 20 Min.

**Für 4 Personen**

| | |
|---|---|
| 700 g | feste, schlanke Auberginen |
| | Salz, Pfeffer |
| 200 g | echter Fontinakäse oder Greyerzer |
| 4 EL | Olivenöl |
| 1 Bund | Basilikum |

Die Auberginen schälen und längs in dünne Scheiben schneiden. Mit Salz bestreuen und 10 Min. ruhen lassen. Den Käse ebenfalls dünn scheibeln. Die Auberginenscheiben mit Küchenpapier abtupfen und beidseitig in etwas Olivenöl leicht anbraten. Vor dem Herausnehmen aus der Bratpfanne mit der Bratschaufel drücken, damit das überschüssige Öl herausgepreßt wird. Wieder etwas Öl zufügen und die nächste Lage Auberginen braten. 4 Portionen- oder Eierpfännchen mit Auberginenscheiben belegen. Eine Lage Käsescheiben und Basilikumblätter darübergeben. Mit Auberginenscheiben decken, mit Basilikum belegen und mit dem restlichen Käse abschließen. Im Ofen bei 220 °C 20 Min. überbacken. Nach 10 Min. mit Aluminiumfolie abdecken, damit sich keine Kruste bildet.

**Tips**

- Dieses Gericht eignet sich auch für die Verwertung von Weichkäseresten, z. B. Camembert, Brie, Schafs- und Ziegenkäse usw.
- Der Gratin läßt sich auch in einer rechteckigen Form zubereiten. Zum Servieren werden, wie bei Lasagne, viereckige Portionen ausgestochen.
- Ein Tomatencoulis (s. S. 317) paßt gut dazu.

Eine ideale Ergänzung zu grilliertem Fleisch, gebratener Entenbrust, als Vorspeise oder als Mittelpunkt einer vegetarischen Mahlzeit. Der Aufwand lohnt sich.

## Aubergines confites
## Karamelisierte Auberginen

Kann vorbereitet werden
Arbeitsaufwand: 30 Min.
Schmorzeit:
1 Std. 50 Min.

**Für 4 Personen**

- 4 mittelgroße, feste Auberginen
- Salz
- 2 mittelgroße Zwiebeln
- 4 EL Olivenöl
- 1 große, geschälte Tomate
- 1/2 Peperoncino oder
- 1/2 TL Harissa (s. S. 289)
- 2 Knoblauchzehen
- 1 TL gehackter Rosmarin
- 1 EL gehackte flache Petersilie
- 2 EL gehackte Pfefferminze
- Pfeffer aus der Mühle
- 2 EL Rotweinessig
- 2 EL Honig, z. B. Thymian- oder Rosmarinhonig
- 1 EL Aceto balsamico tradizionale (s. S. 168)
- 2 EL Pinienkerne

Die Auberginen waschen, trocknen, dann vom dicken Ende her in 1 cm dicke Scheiben schneiden, dabei darauf achten, daß sie unterhalb des Stielansatzes noch zusammenhängen. Die Scheiben fächerartig auseinanderziehen, die Auberginen auf ein Küchenpapier legen und mit Salz bestreuen. Die Zwiebeln hacken und in 2 EL Olivenöl 3–4 Min. hellgelb dünsten. Die Tomate halbieren, auspressen, entkernen und in kleine Würfel schneiden. Den Peperoncino ebenfalls entkernen und fein hacken, zu den Zwiebeln geben und kurz mitdünsten. 1 EL Wasser, den Knoblauch, die Tomatenwürfel und den Rosmarin zufügen und 10–15 Min. bei kleiner Hitze einkochen lassen. Die Kräuter darüberstreuen und die Pfanne von der Herdplatte nehmen. Mit Salz und Pfeffer abschmecken. Den Backofen auf 220 °C vorheizen. Die Auberginen abtupfen und die einzelnen Scheiben mit dem vorbereiteten Mus bestreichen, wieder zusammenfügen. Die Hälfte des restlichen Muses in eine große Gratinplatte geben, die Auberginen darauflegen und etwas Mus darüber verteilen. Mit dem restlichen Öl beträufeln und etwa 20 Min. schmoren lassen. Den Weinessig mit dem Honig und dem Balsamico gut verrühren. Die Auberginen damit bestreichen. Nach etwa 15 Min. die Auberginen sorgfältig wenden und wieder mit der Honigmischung bestreichen. Die Temperatur auf 180 °C senken. Nach weiteren 15 Min. auf 140 °C reduzieren und etwa 1 Std. weiterschmoren. Ab und zu abwechslungsweise mit der restlichen Marinade und der Honigglasur beträufeln. Die Haut der Auberginen soll karamelisieren und knusprig werden. Die Pinienkerne in einer trockenen Bratpfanne leicht rösten und beim Anrichten darüberstreuen.

**Tip** Damit die Auberginenscheiben gut zusammenhalten, kann man sie mit einem Lauchstreifen binden.

Für dieses Gericht braucht es schöne, reife und fleischige Tomaten.

## Berenjenas rellenas con tomates
## Auberginen mit Tomatenfüllung

Kann vorbereitet werden
Arbeitsaufwand: 30 Min.
Gar- und Backzeit: 20 Min.

**Für 4 Personen**

- 4 Auberginen
- 4 EL Olivenöl
- 1 große, gehackte Zwiebel
- 4 reife, geschälte Tomaten
- Salz, Pfeffer
- 2 TL gehackte Petersilie
- 1 TL gehackte Pfefferminze
- 2 EL kleingeschnittenes Basilikum
- 1 EL gehacktes Fenchelkraut oder 1/2 TL Fenchelsamen
- 1 Zitrone, nach Belieben

Die Auberginen mitsamt dem Stielansatz längs halbieren. Mit einem scharfen Messer das Auberginenfleisch der Haut entlang leicht lösen. Die Auberginenhälften mit der Schnittfläche nach oben auf ein Blech legen, mit 2 EL Olivenöl beträufeln und im Ofen bei 210 °C etwa 15 Min. garen. Inzwischen die Zwiebeln im restlichen Öl anziehen lassen. Die Tomaten halbieren, auspressen und kleinschneiden. Zu den Zwiebeln geben und etwa 10 Min. unter öfterem Wenden in der Bratpfanne dünsten. Mit Salz und Pfeffer abschmecken und mit der Hälfte der Petersilie, der Pfefferminze, dem Basilikum sowie mit dem Fenchel mischen. Das Mus auf die vorgegarten Auberginen verteilen und etwa 10 Min. weiterbraten. Das Auberginenfleisch soll dabei weich werden. Aus dem Ofen nehmen und mit der restlichen Petersilie bestreuen. Nach Belieben mit Zitronenvierteln garnieren.

**Tip** Dieses Gericht kann als Vorspeise oder als Beilage zu Lamm- oder Schweinebraten serviert werden.

Erinnerungen an Neapel.

## Melanzane e pomodoro al forno
### Auberginen-Tomaten-Gratin

Die Auberginen in 7–8 mm dicke Scheiben schneiden und auf Küchenpapier auslegen. Mit Salz bestreuen und etwa 10 Min. liegenlassen. Die Tomaten ebenfalls in Scheiben schneiden. Die Schalotten hacken und den Knoblauch durchpressen. Die Auberginen mit Küchenpapier abtupfen und im Olivenöl beidseitig braten. Sie sollen dabei knapp weich werden. Nach dem Braten auf Küchenpapier legen und mit der Bratschaufel drücken, damit das überschüssige Öl wieder austritt. Die Tomaten anschließend im restlichen Öl sehr rasch beidseitig leicht anbraten. Die Schalotten und den Knoblauch zugeben. Mit Salz und Pfeffer bestreuen. Die Basilikumblätter mit der Schere zerschneiden. Die Auberginenscheiben abwechslungsweise mit den Tomatenscheiben in eine mit Olivenöl bestrichene Form einschichten. Mit dem Basilikum bestreuen und mit den dünn geschnittenen Mozzarellascheiben belegen. Den Mozzarella mit schwarzem Pfeffer und Thymian bestreuen. Im Backofen bei 180 °C überbacken. Der Mozzarella darf nur zerfließen, er sollte praktisch keine Farbe annehmen. Wenn nötig mit Aluminiumfolie abdecken.

**Tip** Dieser Gratin kann auch in Portionenformen gebakken werden.

Kann vorbereitet werden
Arbeitsaufwand: 30 Min.
Backzeit: etwa 15 Min.

**Für 4 Personen**

| | |
|---|---|
| 500 g | Auberginen |
| | Salz, schwarzer Pfeffer aus der Mühle |
| 500 g | reife Tomaten |
| 2 | Schalotten |
| 4 | Knoblauchzehen |
| 3 EL | Olivenöl |
| 8 | Basilikumblätter |
| 150 g | Mozzarella di bufala |
| 1 TL | Thymianblättchen |

Geschälte Peperoni – eine Basis für köstliche Gerichte.

# Poivrons au four
## Peperoni aus dem Ofen

Kann vorbereitet werden
Arbeitsaufwand: 20 Min.
Grillzeit: 45–60 Min.

**Für 4 Personen als Beilage**

je 1 großer roter, gelber und grüner Peperone (Paprikaschoten)
2 EL kaltgepreßtes Olivenöl (je nach Weiterverarbeitung)

Ein großes Backblech mit Aluminiumfolie auslegen und die Ränder etwas hochziehen. Die Peperoni darauflegen und im Ofen bei 220 °C bei Ober- und Unterhitze grillieren. Die Peperoni wenden, damit sie durch das Rösten gleichmäßig dunkle Flecken bekommen. Nach 30 Min. die Temperatur auf 200 °C reduzieren und noch etwa 20–25 Min. weitergaren.

Die Peperoni aus dem Ofen nehmen. Auf dem Blech und der Folie belassen. Die Folie seitlich noch etwas mehr heraufziehen, damit der Saft erhalten bleibt. Mit Aluminiumfolie oder einem Tüchlein zudecken und etwas abkühlen lassen. Von den Peperoni die Haut abziehen, die Früchte halbieren, den Stiel entfernen und die Kerne im Inneren abstreifen. Am besten gelingt es, wenn die Peperoni noch lauwarm sind.

Die Peperoni in 2 1/2 cm breite Streifen schneiden, in eine längliche Schüssel legen. Den auf die Folie ausgelaufenen Saft durch ein Sieb auf die Peperoni verteilen.

Will man die Peperoni bis zu einer späteren Weiterverwendung noch aufbewahren, das Olivenöl darüberträufeln.

**Variationen**

- Die Peperonistreifen mit dem aufgefangenen Saft und 1–2 durchgepreßten Knoblauchzehen nur noch erwärmen und mit Salz und Pfeffer abschmecken. Das Peperonigemüse nach Belieben mit etwas frischgeschnittenem Basilikum mischen.
- Die Peperonistreifen mit wenig durchgepreßtem Knoblauch und kaltgepreßtem Olivenöl mischen. Mit Salz, Pfeffer und nach Belieben mit einem Schuß Weinessig oder einigen Tropfen Balsamico abschmecken. Paßt sehr gut zu Salami, Rohschinken, kaltem Fleisch usw.
- Für warme Saucengerichte die geschälten Peperoni nicht mitkochen, sondern erst gegen Ende der Schmor- oder Bratzeit mit dem aufgefangenen Saft zufügen.

# Peperoni schälen

Immer wieder lese ich in Zeitschriften Leserfragen über das Schälen von Peperoni, die meistens ungenügend beantwortet werden. Nachdem ich diese Gemüsefrüchte schon seit vielen Jahren auf die nebenstehende Art von der Haut befreie, möchte ich dazu noch einige Tips geben: Das Rösten im Ofen braucht etwas Geduld. Die genaue Grillzeit hängt von der Qualität der Peperoni und der Art des Ofens ab. Die Peperoni sollen ab und zu gewendet werden. Dazu müssen sie beobachtet werden. Sobald braune Flecken entstehen und die Haut Blasen wirft, sollte man sie wenden, damit sie ringsum gleichmäßig gar werden. Danach gibt man sie in eine Schüssel, deckt sie zu und läßt sie etwa 10 Min. stehen. Rote Peperoni lassen sich am besten schälen, gelbe ebenfalls recht gut, grüne hingegen brauchen oft eine etwas längere Grillzeit (45–60 Min.). Bei dieser Methode bleibt der ganze Geschmack der Peperoni erhalten. Deshalb hebe ich auch den ausgetretenen Saft auf, den man entweder für das Wiedererwärmen der Peperoni oder für eine Sauce oder Suppe verwenden kann.

Es gibt andere, etwas schnellere Methoden, um Peperoni zu schälen. Man kann sie kurz in kochendes Salzwasser geben oder im Dampf garen. Dadurch werden sie jedoch etwas wässerig und verlieren an Geschmack. In Großküchen werden sie aus Zeitgründen oft fritiert. Das macht sie allerdings fettig, und häufig bekommen sie durch diese Methode, je nach verwendetem Öl, einen Frituregeschmack. Man kann die Haut auch mit dem Kartoffelschäler entfernen. Dies ist empfehlenswert, wenn die Peperoni roh bleiben sollen, z. B. für einen knackigen Salat.

Peperoni enthalten viel Vitamin C und sind deshalb sehr wertvoll. Allerdings werden sie nicht von allen Leuten gut vertragen. Das liegt meistens an der Haut. Geschälte Peperoni sind viel verträglicher und außerdem milder und delikater im Geschmack.

Eine beliebte Gemüsebeilage aus Kampanien, die ich nach meinem Geschmack etwas verändert habe.

## Peperonata
### Geschmorte Peperoni mit Balsamico

Kann vorbereitet werden
Arbeitsaufwand: 15 Min.
Schmorzeit: 1 Std.

**Für 4 Personen**

3 große, gelbe Peperoni (oder auch gemischt rot, gelb, grün)
4 große, vollreife, fleischige, geschälte Tomaten (z.B. San Marzano, s.S. 294)
4 EL Olivenöl
2 große, gehackte Zwiebeln
Salz, schwarzer Pfeffer aus der Mühle
1 TL Aceto balsamico tradizior 12- bis
1 TL kaltgepr erstklas

Die Peperoni halbieren, entkernen und längs in schmale Streifen schneiden. Die Tomaten vierteln, entkernen und ebenfalls in Streifen schneiden. Das Olivenöl in einem Schmortopf erhitzen. Die Zwiebeln, Peperoni und Tomaten beifügen und mehrmals wenden. Zudecken und bei kleiner Hitze etwa 1 Std. schmoren. Mit Salz, viel Pfeffer, dem Balsamico und dem feinen Olivenöl abschmecken.

**Tips**

- Eine herrliche Beilage zu Fleisch, Reis, Teigwaren oder Mais.
- In Kampanien pflegt man diesem Gemüse gewöhnlichen Essig zuzufügen, was schade ist. Meine Version wird durch den Balsamico viel aromatischer und milder.

Frühlingshafte Gemüsebeignets – knusprig serviert.

# Légumes croquants
## Fritiertes Gemüse

Kann weitgehend vorbereitet werden
Arbeitsaufwand: 45 Min.
Fritierzeit: 3–12 Min.

**Für 4–6 Personen**

**Teig**

| | |
|---|---|
| 100 g | Weißmehl |
| 20 g | Speisestärke |
| 6 EL | Weißwein |
| 2 | Eiweiß |
| | Salz |
| 1 EL | Olivenöl |
| 12 | sehr dünne grüne Spargeln (evtl. Wildspargel) |
| 12 | Kefen (Zuckerschoten) |
| 6 | Frühlingszwiebeln |
| 6 | sehr kleine, violette Artischocken |
| 4 | Zucchettiblüten |
| | Erdnuß- oder Traubenkernöl zum Ausbacken |
| 2 | Zitronen, in Viertel geschnitten |

Das Mehl und die Speisestärke mit dem Wein gut verrühren und 1 Std. ruhen lassen. Vor der Verwendung die Eiweiße mit etwas Salz knapp steif schlagen. Zusammen mit dem Öl unter den Teig ziehen. Die Spargeln kürzen, damit nur die Spitze und der weiche Teil verbleiben. Die Kefen fädeln. Von den Frühlingszwiebeln $^2/_3$ des Stieles belassen, kleine ganz verwenden und größere längs halbieren. Die Blätter der Artischocken um ein Drittel kürzen, dann die Artischocken der Länge nach in dünne Scheiben schneiden. Die Zucchettiblüten leicht öffnen und den Blütenstempel entfernen. Sollten noch kleine Zucchetti am Stiel hängen, diese abtrennen und längs halbieren. Alle Gemüse waschen und auf Küchenpapier trocknen lassen. Das Öl auf 180 °C erhitzen, die Gemüse durch den Teig ziehen und portionenweise goldgelb fritieren, dann auf Küchenpapier abtropfen lassen. Sofort mit den Zitronenvierteln servieren.

**Tips**

- Die fritierten Gemüse lassen sich bestenfalls 5–6 Min. im Backofen bei 60 °C warm halten. Sie schmecken nur dann wirklich ausgezeichnet, wenn sie noch knusprig gegessen werden können.
- Man kann die Gemüseauswahl noch erweitern, z. B. mit Salbei-, Basilikum- oder Spinatblättern, Brokkoli- oder Romanescoröschen (diese zuerst kurz blanchieren), Stangensellerie usw.
- Diese fritierten Gemüse eignen sich als Vorspeise, als Amuse-bouches oder einzeln als Beigabe oder Dekoration.

Glaciertes Gemüse – hübsch präsentiert.

## Légumes de printemps en corolle
## Frühlingsgemüse im Körbchen

Kann weitgehend vorbereitet werden
Arbeitsaufwand: 30 Min.
Gar- und Backzeit: 25–35 Min.

**Für 4 Personen**

- 400 g junge Karotten
- 1 Bund Radieschen
- 400 g kleine Navets (weiße Rübchen)
- 8 Frühlingszwiebeln
- 500 g grüne Erbsen (mit Hülse)
- 50 g Butter
- 1 EL Zucker
- 1 TL gehackter Estragon
- 1 EL gehackter Kerbel
- 1 EL gehackte Petersilie
- Salz, Pfeffer
- 4 Feuilles de brik (s. S. 15), nach Belieben
- 1 EL flüssige Butter

Die Karotten, die Radieschen und die Navets mit 1–2 cm Kraut ganz belassen, sofern sie klein sind. Die Frühlingszwiebeln putzen und mit dem gekürzten Stiel längs halbieren. Die Erbsen enthülsen. Die Hälfte der Butter in einem Topf mit dickem Boden, am besten aus Gußeisen, zerfließen lassen. Das Gemüse zugeben, kurz wenden, dann 6 EL Wasser und den Zucker beifügen. Aufkochen lassen, anschließend die Temperatur auf die kleinste Stufe stellen. Zudecken und das Gemüse 15–20 Min. langsam garen lassen. Die Flüssigkeit sollte in dieser Zeit praktisch verdampfen. Zum Schluß die gehackten Kräuter und die restliche Butter untermischen. Das Gemüse mit Salz und Pfeffer abschmecken. Als Attraktion kann man das Gemüse in einem Brik-Körbchen präsentieren: 4 Feuilles de brik rund zuschneiden, mit flüssiger Butter bestreichen und mit der bestrichenen Seite in kleine Kuchenbleche legen, dabei einen etwa 3–4 cm hohen Rand formen. Etwa 10 Min. bei 190 °C im Ofen backen, auf Teller legen und das Gemüse darin anrichten.

**Tip** Auch bei diesem Rezept läßt sich die Gemüseauswahl nach Belieben zusammenstellen. Beim Servieren im Körbchen sollte es sich um Gemüse handeln, die praktisch keinen Saft abgeben, z. B. Bohnen, Kefen (Zuckerschoten), Brokkoli, dicke Bohnen, Zucchetti, Spargeln usw.

Erfrischendes kleines Gericht mit Kräuterduft.

# Méli-mélo de légumes au fromage blanc
## Gemüse mit Kräuterfrischkäse

Alle Gemüse putzen. Die Karotten, die Zwiebeln, den Spargel und den Sellerie in feine Streifen schneiden. Die Erbsen und die dicken Bohnen enthülsen, 3–4 Min. in kochendes Wasser geben, kalt abspülen. Die dicken Bohnen wenn nötig häuten. Alle Gemüse durcheinandermischen. Den Schnittlauch mit einer Schere kleinschneiden. Den Frischkäse mit der Crème fraîche und den Kräutern verrühren. Mit dem Zitronensaft, Salz und Pfeffer abschmecken. Separat zum Gemüse servieren.

**Tip** Dieser Frischkäse paßt auch zu grünem Salat, zu Wassermelone mit Pfefferminzblättern oder zu Pellkartoffeln.

Kann vorbereitet werden
Arbeitsaufwand: etwa 40 Min.
Kochzeit: 3–5 Min.

**Für 4 Personen**

| | |
|---|---|
| 200 g | Karotten |
| 2 | Frühlingszwiebeln |
| 250 g | weißer Spargel |
| 1 | Zweig Stangensellerie |
| 300 g | grüne Erbsen (mit Hülsen) |
| 500 g | dicke Bohnen (mit Hülsen) |
| | Salz, weißer Pfeffer |
| 1 Bund | Schnittlauch, gehackt |
| 250 g | Frischkäse |
| 2 EL | Crème fraîche |
| 1 Bund | Petersilie, gehackt |
| 1 TL | gehackter Estragon |
| 1 EL | gehackter Kerbel |
| | Saft von 1 Zitrone |

So einfach und so gut!

## Petits pois à la menthe
## Grüne Erbsen mit Pfefferminze

Kann vorbereitet werden
Arbeitsaufwand: 10–15 Min.
Garzeit: 5–10 Min.

**Für 4 Personen**
1 kg grüne Erbsen (mit Hülsen)
Salz, weißer Pfeffer
1 TL Zucker
40 g Butter
1 EL feingehackte Pfefferminzblätter

Die Erbsen enthülsen, 1 Min. in kochendes Salzwasser geben, abgießen und kalt abspülen. 2 EL Wasser mit dem Zucker auf die Hälfte einkochen. Die Butter zufügen und zergehen lassen. Die Erbsen zugeben, je nach Größe 5 bis 10 Min. bei kleiner Hitze garen. 2 Min. vor Ende der Kochzeit die Pfefferminze zugeben. Mit Salz und Pfeffer abschmecken.

**Tips**
- Paßt sehr gut zu Ente oder anderem Geflügel, zu Kalbfleisch oder Milchlamm.
- Am besten eignet sich die kräftige englische Pfefferminze für dieses Gericht.

**Variation** Etwas feingehackten Schinken zufügen.

Von Marokko inspiriert.

## Carottes à la cannelle
## Karotten mit Zimt

Kann vorbereitet werden
Arbeitsaufwand: 20 Min.
Kochzeit: 15–20 Minuten

**Für 4 Personen**
1 EL Rosinen
800 g junge Karotten
20 g Butter
1 1/2 EL Olivenöl
1 EL brauner Rohzucker
1/4 TL Zimtpulver
Salz, weißer Pfeffer

Die Rosinen in lauwarmes Wasser einlegen. Die Karotten schälen oder schaben und waschen. Wenn sie ganz klein sind, nur den Krautansatz wegschneiden, größere in Stäbchen schneiden. Die Butter und das Olivenöl erhitzen. Die Karotten und die abgetropften Rosinen darin anziehen lassen. Mit dem Zucker und dem Zimt bestreuen. Zudecken und bei kleiner Hitze je nach Alter der Karotten 15 bis 20 Min. garen lassen. Ab und zu kontrollieren und wenn nötig 1–2 EL Wasser zufügen. Mit Salz und Pfeffer abschmecken.

Ein Gericht, das von Süditalien über Frankreich bis Andalusien in Varianten zu finden ist. Hier die spanische Version.

## Espinacas con pasas
## Blattspinat mit Weinbeeren

Kann vorbereitet werden
Arbeitsaufwand: 25 Min.
Kochzeit: 10–15 Min.

**Für 4 Personen**
60 g Weinbeeren oder Rosinen ohne Kerne
1 EL Cognac oder herber Jerez (Sherry)
1 kg zarter Blattspinat
4 EL Olivenöl
4 Knoblauchzehen
1 TL Tomatenpüree
1 Lorbeerblatt
50 g Pinienkerne
Salz, wenig Cayennepfeffer

Die gewaschenen Weinbeeren oder Rosinen in Jerez oder Cognac einlegen. Den Spinat putzen, gut waschen und abtropfen lassen. Ohne Beigabe von Wasser dünsten, bis er zusammenfällt, aber erst halbgar ist. Abgießen und auspressen.

Das Öl erhitzen, den feingehackten Knoblauch hineingeben. Sobald er leicht Farbe annimmt, das Tomatenpüree zufügen. Kurz mitdünsten. Dann den Spinat und die Rosinen beigeben. Mit dem halbierten Lorbeerblatt unter ständigem Wenden anziehen lassen, bis keine Flüssigkeit mehr vorhanden ist. Inzwischen die Pinienkerne in einer trokkenen Bratpfanne hellgelb rösten. Den Lorbeer aus dem Spinat entfernen. Die Pinienkerne zugeben und nochmals kurz braten. Mit Salz und Cayennepfeffer abschmecken.

**Tip** Dieses Gericht läßt sich gut im voraus zubereiten: Den Spinat wie beschrieben vordünsten und zuletzt noch einmal ganz kurz in Öl anziehen lassen. (Pinienkerne rösten, aber erst ganz kurz vor dem Servieren zufügen, sonst werden sie weich!)

Meine liebste südliche Gemüsebeilage.

## Fèves à la sarriette
## Dicke Bohnen mit frischem Bohnenkraut

Kann vorbereitet werden
Arbeitsaufwand: 1 Std.
Kochzeit: 2–3 Min.

**Für 4 Personen**
1 kg frische dicke Bohnen (Fèves)
Salz, weißer Pfeffer
1 EL Zucker
20 g frische Butter
2 EL frischgehacktes Bohnenkraut

Die Bohnen enthülsen, in kochendes Salzwasser geben, abgießen und kalt abspülen. Die Bohnenhäutchen an einem Ende aufreißen und abstreifen. 2 EL Wasser mit dem Zucker aufkochen. Die Butter zufügen und etwa 2 Min. reduzieren. Die Bohnen mit dem Bohnenkraut zugeben und je nach Grösse 2–3 Min. bei kleiner Hitze unter Wenden fertiggaren. Die Fèves dürfen nicht zerfallen. Mit Salz und Pfeffer abschmecken.

**Tip** Die Garzeit hängt vom Alter, d.h. von der Zartheit und der Größe der Bohnen ab. Am besten nach der angegebenen Garzeit probieren und wenn nötig etwas länger dünsten. Eventuell noch etwas Wasser zufügen.

**Variationen**

- 1/2 roten, geschälten Peperone (s. S. 227) in Streifen schneiden und mit dem Bohnenkraut zugeben. Zucker und Butter weglassen.
- 1 kleine, feingehackte Schalotte mit 1 EL sehr fein gehackter Pancetta in 1 EL Olivenöl anziehen lassen, die Bohnen zufügen und fertiggaren.
- Butter und Wasser durch Rahm ersetzen, etwas einkochen und die Bohnen wie beschrieben beifügen.
- Fèves mit frischen grünen Erbsen und sehr feinen grünen Bohnen mischen, in Salzwasser blanchieren und in 30 g Butter fertiggaren. Die Gemüse müssen leicht knackig bleiben.
- Aus älteren, großen Fèves kann man ein delikates Püree machen: Wie beschrieben enthülsen und häuten. In Salzwasser etwa 10–15 Min. garen und im Mixer mit 1–3 EL Rahm pürieren, dann abschmecken.
- 100 g Speck aus dem Salz in 1 l Wasser aufkochen, herausnehmen, gut abtropfen und in sehr feine Streifen schneiden. In einer Bratpfanne knusprig rösten. Die Fèves, etwas Bohnenkraut, wenig Thymian und ein kleines Stück Butter zufügen. Auf sehr kleinem Feuer 4–5 Min. dünsten. 6 EL Crème fraîche mit einem Eigelb

verquirlen. Die Pfanne von der Herdplatte wegziehen, die Bohnen mit dem Eierrahm mischen und sofort anrichten.
- Flageolets (Kernbohnen) lassen sich auf dieselbe Art zubereiten. Sie müssen auch enthülst, aber nicht gehäutet werden.

## Fèves – die dicken, zarten Bohnen

Früher wurden diese Bohnen fast ausschließlich getrocknet verwendet. Heute sind sie, frisch gekocht, eine wahre Delikatesse. Aus der mediterranen Küche sind sie nicht mehr wegzudenken. Die Fèves kauft man in der Hülse, die lang und fest ist. Beim Kauf sollte man unbedingt darauf achten, daß sie sich auch so anfühlt und zudem prall und fleckenlos aussieht.

Frische Fèves halten sich in der Hülse, kühl aufbewahrt, 4–5 Tage. Vor der Zubereitung werden die Kerne ausgehülst, 1–2 Min. in Salzwasser aufgekocht, abgegossen und kalt abgespült. Danach kann man das feine Häutchen leicht abziehen. Junge, kleine Fèves sind so zart, daß man sie vor dem Servieren nur noch in etwas Olivenöl oder Butter leicht erwärmen muß. In Süditalien ißt man die dicken Bohnen auch sehr gerne roh (mitsamt dem Häutchen) zu verschiedenen Antipasti oder mit knusprigem Landbrot und einem Glas Rotwein.

Eine delikate Beigabe zu gebratenem Geflügel oder Wild.

## Purée de courge
## Kürbispüree

Kann vorbereitet werden
Arbeitsaufwand: etwa 30 Min.
Kochzeit: etwa 20 Min.

**Für 4 Personen**

700 g Kürbisfleisch
1 1/2 EL kaltgepreßtes Olivenöl
4 EL dicke Crème fraîche
Salz, weißer Pfeffer
1 Prise Zimtpulver, nach Belieben

Den Kürbis schälen, entkernen und in Würfel schneiden. Diese etwa 20 Min. in einem Sieb über Dampf garen, bis sie ganz weich sind. Abgießen und sehr gut abtropfen lassen. Mit 1/2 EL Olivenöl in einen Topf geben und unter Rühren kurz ausdämpfen lassen. Etwas abkühlen lassen, dann in den Mixer geben und pürieren. Nach und nach die Crème fraîche zufügen. Mit Salz, wenig Pfeffer und nach Belieben dem Zimtpulver abschmecken. Bei sehr kleiner Hitze langsam erwärmen, anrichten und das restliche Olivenöl darüberträufeln.

**Tip** Paßt ebenfalls zu Kalbsbraten, der mit seinem klaren Jus serviert wird.

Eine Pilzsammlerin hat mir mit diesem Rezept ihre Zubereitungsart verraten. So schmecken Pilze wirklich köstlich.

## Fricassée de champignons à la mode d'Uzès
### Pilzfrikassee nach Art von Uzès

Kann teilweise vorbereitet werden
Arbeitsaufwand: 40 Min.
Garzeit: 10–15 Min.

**Für 4 Personen**

| | |
|---|---|
| 400 g | gemischte Pilze, z. B. Eierschwämme (Pfifferlinge), Steinpilze, Herbsttrompeten (Trompettes des morts), Reizker |
| 3 EL | Olivenöl |
| 30 g | Butter |
| 100 g | Schalotten |
| 3 EL | gehackte Petersilie |
| 1/2 TL | Thymian |
| 2 | Knoblauchzehen |
| | Salz, Pfeffer |

Die Füsse der Pilze wegschneiden. Alle Unreinheiten mit einem Küchenpapier oder einem Tüchlein entfernen. Bei ganz trockenen Pilzen kann man einen Pinsel verwenden, um sie zu reinigen. Die Pilze je nach Größe längs halbieren oder vierteln. Eine große, beschichtete Bratpfanne erhitzen. Die Pilze hineingeben, zudecken und erhitzen. Auf diese Art geben sie überflüssiges Wasser ab. Den Deckel wegnehmen und die Flüssigkeit verdampfen lassen. Die Pilze danach im Öl bei guter Hitze unter Wenden dünsten. Die Butter in eine separate Pfanne geben, die Schalotten darin 2–3 Min. dünsten, dann die Kräuter und den durchgepreßten Knoblauch beifügen und 1 Min. mitdünsten. Mit den Pilzen mischen und mit Salz und Pfeffer abschmecken.

**Tips**

- In Südfrankreich, vor allem im Gard, in der Ardèche und im Var, findet man im Herbst sehr viele Pilzsorten. Dieses Rezept verdanke ich einer Pilzsammlerin aus Uzès, die mir mindestens 15 Pilzsorten zeigte und erklärte.
- Am schönsten ist es, wenn das Frikassee in vorgewärmten Eierpfännchen serviert wird.
- Kann sowohl als Vorspeise wie auch als Beilage serviert werden.
- Gut schmeckt dieses Frikassee auch auf Risotto oder Nudeln.

**Variante** Aus diesem Frikassee läßt sich eine *Quiche aux champignons des bois* zubereiten: Die Pilze wie oben beschrieben zubereiten. Ein Kuchenblech von 28 cm Durchmesser mit geriebenem Teig auslegen, mit Backpapier und weißen Bohnen beschweren, blind backen und mit dem Pilzfrikassee belegen. 2 Eier, 1 Eigelb und 200 g Crème fraîche mischen. Mit Salz, Pfeffer und Muskatnuß abschmecken und über die Pilze verteilen. Etwa 20 Min. bei 200 °C backen. Die Oberfläche der Quiche darf leicht Farbe annehmen.

Ein apartes Gericht für Knoblauchfans.

## Artichauts violets à l'ail nouveau
Kleine Artischocken mit jungem Knoblauch

Kann vorbereitet werden
Arbeitsaufwand: 40 Min.
Kochzeit: 20–25 Min.

**Für 4 Personen**
8 kleine, lilafarbene Artischocken
3 Zitronen
6 EL kaltgepreßtes Olivenöl
2 frische junge Knoblauchknollen
1 Lorbeerblatt
1–2 Thymianzweige
1 TL Zucker
2 EL Weißwein
Salz, Pfeffer

Von den Artischocken den Stiel herausbrechen. Ringsum die harten Blätter entfernen und das obere Drittel wegschneiden. Dann die Artischocken in Scheiben schneiden, sofort in kaltes Wasser legen und den Saft einer Zitrone zufügen. 2 Zitronen in Scheiben schneiden. Das Olivenöl in einem Bräter erhitzen. Die Knoblauchknollen quer halbieren und auf der Schnittfläche mit den Artischocken im Öl leicht anbraten lassen. Das Lorbeerblatt und die Thymianzweige zugeben. Die Artischocken, sobald sie Farbe angenommen haben, aus dem Öl nehmen und auf Küchenpapier abtropfen lassen. Den Knoblauch noch einige Minuten weiterrösten, dann herausnehmen. Das Lorbeerblatt und die Thymianzweige entfernen. Den Zucker in den Bratenfond geben, die Zitronenscheiben zufügen und diese leicht karamelisieren lassen. Die Artischocken und den Knoblauch wieder zufügen. Mit dem Weißwein begießen und etwa 15 Min. zugedeckt garen lassen. Das Gemüse abgießen und anrichten. Den Saft wieder in den Bräter geben, auf die Hälfte einkochen und über das Gericht verteilen. Die Artischocken mit je einer halben Knoblauchknolle auf Teller anrichten.

**Tips**

- Junger Knoblauch ist mild und wird durch das Braten nussig im Geschmack. Am besten gibt man in jeden Teller eine halbe Knolle als Garnitur.
- Man kann den weichgeschmorten Knoblauch mit einem Mokkalöffelchen aus den angeschnittenen Zehen herausholen, so essen oder unter das Gemüse mischen.
- Diese Artischocken schmecken auch kalt als Vorspeise sehr gut. In diesem Fall die Knoblauchknollen nach dem Dünsten entfernen.
- Diese kleinen Artischocken, die aus Südfrankreich, Italien, Nordafrika oder Ägypten stammen, gibt es nicht immer. Man kann sie durch Artischockenböden (tiefgekühlt oder aus Dose) ersetzen.

Ein vergessenes Gemüse, würzig gebraten.

## Topinambours sautés au thym et au fenouil
## Gebratene Topinamburs mit Thymian und Fenchel

Die Topinamburs schälen, waschen, abtropfen und in dünne Scheiben schneiden. Etwa 2 Min. in gut gesalzenes, kochendes Wasser geben, abgießen und mit Küchenpapier trocknen. Im heißen Olivenöl mit dem Thymian und dem Fenchel unter öfterem Wenden hellbraun braten. Den Knoblauch zufügen, kurz mitdünsten, die Topinamburs anrichten und mit der Petersilie bestreuen.

**Tip** Man kann auch Kartoffeln auf diese Art zubereiten. Sie müssen nicht blanchiert werden. Fügt man 2–3 EL Tomatenwürfelchen bei, erhält man «Pommes de terre à la provençale».

Kann vorbereitet werden
Arbeitsaufwand: etwa 25 Min.
Bratzeit: etwa 15 Min.

**Für 4 Personen**

| | |
|---|---|
| 500 g | Topinamburs |
| | Salz |
| 2 EL | Olivenöl |
| 2 | Zweiglein Thymian |
| 1 TL | frisches, gehacktes Fenchelkraut oder 1 Prise Fenchelkörner |
| 2 | feingehackte Knoblauchzehen |
| 2 EL | gehackte flache Petersilie |

## Topinambur

Diese in Vergessenheit geratene Knolle wird im Süden, aber auch bei uns wieder angebaut. Der Topinambur kam im 17. Jahrhundert aus Nordamerika nach Frankreich, wo er als Grundnahrungsmittel sehr geschätzt wurde. Später diente er nur noch als Viehfutter. Heute ist er dank seines zarten Artischockenaromas wieder «in». Da er ein Verwandter der Sonnenblume ist, nennt man ihn in Italien «girasole», weil sich die gelbe Blüte wie die Sonnenblume zur Sonne dreht. Die Topinamburknollen sind wegen ihrer unregelmäßigen Form und Struktur etwas mühsam zu schälen. Sie enthalten viel Kalium und Phosphor und sind sehr bekömmlich. Man kann sie wie Kartoffeln kochen, dämpfen oder gratinieren, und sie schmecken auch als Salat ausgezeichnet.

Eine einfache südliche Zubereitungsart für Mangoldstiele, deren Blätter für ein anderes Gericht benötigt wurden.

## Bettes en variations
## Krautstiele in Varianten

Kann vorbereitet werden
Arbeitsaufwand: etwa 20 Min.
Kochzeit: etwa 1 Std.

**Für 4–6 Personen**

| | |
|---|---|
| 1,8 kg | Krautstiele (Mangoldstiele) |
| 2 l | Wasser |
| 1 | kleine weiße Zwiebel, gespickt mit 1 kleinen Lorbeerblatt und 1 Gewürznelke |
| 2 | Petersilienzweige |
| 2–3 | Zweige Majoran |
| 4–5 | zerdrückte Pfefferkörner |
| 2 EL | Weißmehl |
| 2 | Knoblauchzehen |
| | Salz |
| 3 EL | Zitronensaft |

Die Krautstiele putzen und abfädeln. Breite Stangen längs halbieren, dann quer in 3 cm lange Stücke schneiden. Das Wasser mit der Zwiebel, den Kräutern, dem Pfeffer und dem mit Wasser angerührten Mehl aufkochen. Die Knoblauchzehen mit einem breiten Messer zerdrücken, beifügen und den Sud aufkochen. Etwas Salz und den Zitronensaft beigeben. Die Krautstiele zufügen und bei guter Hitze etwa 15 bis 20 Min. kochen. Nach dieser Zeit kontrollieren, ob sie gar sind. Sie sollen noch etwas Biß haben. Die Krautstiele abgießen, als Gemüsebeilage servieren oder beliebig weiterverwenden.

**Variationen**

- Warm mit einer der folgenden Saucen servieren: grüne Olivensauce (s.S. 291), Aïoli (s.S. 287), Roquefortsauce Tomaten-Vinaigrette (s.S. 302) oder rohe Tomatensauce, (s.S. 294).
- In Vierecke schneiden und mit Basilikumbutter überschmelzen.
- *Krautstielgratin* Die Krautstiele in eine gefettete Gratinplatte geben, mit leichter Béchamelsauce bedecken, mit frischgeriebenem Brot und Kräutern bestreuen und mit wenig Olivenöl oder Käse überbacken.

# Mangold – beliebt im Mittelmeergebiet

Die schönen, saftigen Blätter, die wir hier meistens von den Krautstielen wegschneiden und nicht verwenden, sind in Südfrankreich, an den Mittelmeerküsten Italiens sowie in Nordafrika ein beliebtes Gemüse, das in vielen Variationen zubereitet wird – von zarten gefüllten Röllchen über delikate Kuchenfüllungen bis hin zur Süßspeise. Die Stiele werden meistens mit Kräutern gedämpft oder gratiniert, wobei auch die Blätter mitverwendet werden. Im Süden gibt es eine feuerrote Variante dieses Gemüses, die «poirée», deren Blätter meistens intensiv grün oder manchmal ebenfalls rot sind.

Ein originelles Restengericht, das mir bei einem überraschenden Besuch einfiel.

## Galettes de fèves aux girolles
## Kartoffelfladen mit Pfifferlingen

Die dicken Bohnen enthülsen, abbrühen und von der Haut befreien, dabei die beiden Bohnenhälften teilen. Die Pilze gut waschen, auf Küchenpapier trocknen und kleinschneiden. Die Kartoffeln auf der groben Seite der Bircherraffel wie für Rösti raffeln. Alle Zutaten mit den Schalotten mischen und mit Salz, Pfeffer, dem Majoran und dem Thymian abschmecken. Aus der Masse 4 Fladen formen. Eine Bratpfanne mit dem Öl oder Butterschmalz erhitzen und die Fladen hineingeben. Dabei die Masse etwas glattstreichen. Beidseitg hellbraun backen. Im Ofen bei etwa 80 °C warm halten.

**Tips**
- Eine originelle Beilage zu Geflügel oder zu gebratenem oder grilliertem Fleisch.
- Sollte die Masse nicht genug zusammenhalten, etwas Rahm, Frischkäse und wenig Speisestärke zugeben.

**Variation** Die Bohnen oder Erbsen durch kurz blanchierte Mangoldstreifen ersetzen.

Kann weitgehend vorbereitet werden
Arbeitsaufwand: 25 Min.
Backzeit: 10–15 Min.

**Für 4 Personen**
150 g dicke Bohnen oder grüne Erbsen
150 g Eierschwämme (Pfifferlinge)
2 große Kartoffeln
1 gehackte Schalotte
Salz, Pfeffer
1 TL gehackter Majoran oder Thymian
2 EL Olivenöl oder Butterschmalz

Echt mediterran – aromatisches Olivenöl ersetzt die Butter.

## Purée de pommes de terre à l'huile d'olive
## Kartoffelpüree mit Olivenöl

Kann weitgehend vorbereitet werden
Arbeitsaufwand: etwa 20 Min.
Kochzeit: etwa 30 Min.

**Für 4 Personen**

1 kg Kartoffeln
Salz
1/2 l kochendheiße Milch
3 EL kaltgepreßtes Olivenöl
Muskatnuß

Die Kartoffeln schälen, waschen, vierteln, in einen Topf geben, leicht salzen und mit Wasser knapp bedecken. Aufkochen lassen, dann bei mittlerer Hitze etwa 30 Min. kochen, absieben und etwas ausdampfen lassen. Durch die Kartoffelpresse oder das Passe-vite in den Topf drücken. Die heiße Milch nach und nach mit einem Holzlöffel unter die noch heißen Kartoffeln mischen. Das Olivenöl unter kräftigem Rühren darunterschlagen. Mit Salz und Muskatnuß abschmecken. Sofort servieren.

**Tip** Am besten ist es, wenn man die Kartoffeln im Dampf gart.

## Gnocchi di patate
## Kartoffelgnocchi

Kann weitgehend vorbereitet werden
Arbeitsaufwand: 35 Min.
Gar- und Trockenzeit: 40 Min.

**Für 4 Personen**

500 g mehlige Kartoffeln
Salz, Pfeffer, Muskatnuß
1 Ei
80 g Mehl
1 EL Olivenöl

Die Kartoffeln schälen, vierteln und etwa 25 Min. in Salzwasser weich kochen. Die Kartoffeln abgießen und auf einem Blech im warmem Ofen (80 °C) trocknen lassen. Durch die Kartoffelpresse drücken und mit dem Ei, dem Mehl, Salz, Pfeffer und Muskatnuß zu einem Teig verarbeiten. So lange kneten, bis der Teig nicht mehr an den Händen klebt. Kleine Gnocchi formen und in kochendes Salzwasser geben. Sobald sie an die Oberfläche aufsteigen, herausheben und in kaltes Wasser legen, danach gut abtropfen. Vor dem Servieren kurz in Olivenöl schwenken.

**Tip** Dieses Rezept stammt von Küchenchef Seamus Egan (ergänzt das Rezept Fisch-Potpourri auf S. 110).

Abwechslung mit Kartoffeln dank Kreuzkümmel, Safran und Koriander.

## Tajine de pommes de terre nouvelles
## Neue Kartoffeln nach marokkanischer Art

Kann vorbereitet werden
Arbeitsaufwand: 25 Min.
Garzeit: 40 Min.

**Für 4 Personen**

| | |
|---|---|
| 800 g | kleine neue Kartoffeln |
| 6 | Frühlingszwiebeln |
| 30 g | Butter oder Smen (s. S. 288) |
| 2 EL | Olivenöl |
| 1 | Lorbeerblatt |
| 1 Prise | Safranfäden |
| 1 TL | Kreuzkümmel |
| 1 | Sträußchen frische Korianderblätter |
| | Salz, Pfeffer |

Die Kartoffeln schaben oder schälen, dann waschen. Die Frühlingszwiebeln wenn nötig schälen, dabei etwa 2–3 cm Stielansatz stehen lassen. Die Zwiebeln je nach Größe längs halbieren oder vierteln. Auf dem Herd die Butter und das Olivenöl schmelzen lassen. Die Zwiebeln und die Kartoffeln darin leicht Farbe annehmen lassen. $^{1}/_{2}$ l heißes Wasser in einen Römertopf, Bräter oder in eine Tajine gießen. Die Kartoffeln und die Zwiebeln, das Lorbeerblatt, den Safran, den Kümmel und einige Korianderblätter hineingeben. Salzen, pfeffern, zudecken und etwa 40 Min. bei 200 °C im Ofen schmoren lassen. Die Kartoffeln müssen weich werden, und der Saft sollte aufgesaugt sein. Wenn nötig nachwürzen. Einige Korianderblätter mit der Schere zerkleinern und unter die Kartoffeln mischen. Mit ganzen Korianderblättern garnieren.

**Tips**

- Diese Kartoffeln passen sehr gut als Beilage zu Lammfleisch oder Schweinebraten. Man kann sie aber auch zu gedünsteten, ganzen Fischen servieren.
- Wer den Geschmack der Korianderblätter nicht mag, kann sie durch Petersilie oder Basilikum ersetzen.
- Die Tajines verdanken ihren Namen dem typischen Tongefäß, in welchem sie in Nordafrika, vor allem in Marokko, geschmort werden (s. S. 138).

# Schwarze Kartoffeln

Diese originelle Kartoffelsorte kam ursprünglich von Südamerika nach Europa und ist im Mittelmeergebiet sehr beliebt. In Südfrankreich nennt man sie ab und zu «truffe noire», obwohl sie mit diesem Pilz nicht viel gemeinsam hat, oder auch liebevoll «petite négresse» oder «coloniale». Sie ist von länglicher Form und meistens etwa 10–12 cm lang. Ihr Fleisch ist süßlicher als das der normalen Kartoffel und hat ein leichtes Nuß- und Kastanienaroma.

Ein etwas ungewohnter Anblick: schwarzviolette Kartoffeln.

## Patate nere con vinegretta di balsamico

## Schwarze Kartoffeln mit Balsamico-Vinaigrette

Kann vorbereitet werden
Arbeitsaufwand: 25 Min.
Garzeit: 25 Min.

**Für 4 Personen**

- 800 g schwarze Kartoffeln
- 1 EL Aceto balsamico tradizionale (s. S. 168)
- 3 EL kaltgepreßtes Olivenöl
- 1 TL Origano
- 2 EL gehackte flache Petersilie
- Salz, Pfeffer

Die Kartoffeln in der Schale etwa 25 Min. kochen, abgießen und noch lauwarm schälen, dann längs vierteln und warm stellen. Den Balsamico-Essig und das Olivenöl unter ständigem Rühren mit dem Schneebesen leicht erwärmen. Den Origano und die Petersilie zufügen, salzen, pfeffern und über die noch warmen Kartoffeln gießen. Sofort servieren.

**Tip** Diese schwarzen Kartoffeln passen als Beilage zu gebratenem Fisch oder gekochtem Fleisch.

# Pasta, Reis, Mais

Überall schätzt man Pastaspezialitäten, etwa feine Makkaroni, Ravioli wie in Capri oder gefüllt mit Kürbis, Fadennudeln nach Art von Palamós. Reis gedeiht auch in einigen südlichen Gegenden, z. B. in Venetien und in Ägypten. Beliebt sind Reisgerichte auch in der Türkei. Polenta gibt es nicht nur im Norden Italiens, sondern auch in Süditalien und in Venedig, wo mit weißem Maisgrieß gekocht wird.

Eines der würzigsten Makkaronigerichte mit italienischem Einschlag.

## Les maccaronis à la Monte-Carlo
## Makkaroni nach Art von Monte Carlo

Kann vorbereitet werden
Arbeitsaufwand: 30 Min.
Koch- und Backzeit: 60 Min.

**Für 4 Personen**

| | |
|---|---|
| 1,5 l | Wasser |
| | Salz, Pfeffer |
| 300 g | Makkaroni mit Schrägschnitt (Penne) |
| 1 | große Zwiebel |
| 5 EL | Olivenöl |
| 1 kg | reife, geschälte Tomaten (evtl. 800 g Pelati mit Saft) |
| 1 TL | Zucker |
| 1 | große Aubergine |
| 1 | großer roter Peperone |
| 1 | großer grüner Peperone |
| 2–3 | Knoblauchzehen |
| 50 g | Frühstücksspeck oder Pancetta, in feine Streifen geschnitten |
| 4 EL | gehackte Kräuter (Origano, Thymian, Rosmarin, Bohnenkraut) oder 2 TL getrocknete Provencemischung |
| 30 g | schwarze Oliven (am besten kleine Sorte von Nizza), nach Belieben |
| | etwas Öl für die Form |
| 100 g | geriebener Greyerzer Käse |

Das Wasser aufkochen, 1 TL Salz und die Makkaroni hineingeben. Nach Gebrauchsanweisung al dente kochen. Etwas abkühlen lassen. Die Zwiebel schälen, halbieren und in feine Streifen schneiden. In 3 EL Olivenöl dünsten. Die Tomaten kleinschneiden, mit 3 EL Wasser zugeben und zugedeckt etwa 45 Min. bei kleiner Hitze schmoren. Es soll ein konzentriertes, konfitürenartiges Mus entstehen. Mit Salz, Zucker und Pfeffer abschmecken. Die Aubergine ungeschält in 1 cm große Würfel schneiden. Die Peperoni halbieren, entkernen und in 1 cm breite Streifen schneiden. Die Knoblauchzehen schälen und mit einem großen Messer zerdrücken. Den Speck im restlichen Öl leicht rösten. Die Gemüse und den Knoblauch zufügen, zudecken und bei kleiner Hitze weich garen. Die Kräuter dazumischen und mit Salz und Pfeffer nachwürzen. Zum Schluß nach Belieben die entkernten und kleingeschnittenen Oliven zugeben. Das vorbereitete Tomatenconfit mit dem Gemüse mischen. Eine Auflaufform mit Öl bestreichen. Die Hälfte der Makkaroni einfüllen. Mit $^2/_3$ des Gemüses bedecken. Die restlichen Makkaroni darübergeben, mit Gemüse abschließen. Mit dem Käse bestreuen. Bei 220 °C im Ofen überbacken, bis der Käse geschmolzen ist. Es soll keine Kruste entstehen.

**Tips**

- Das Gericht läßt sich gut vorbereiten. Die Makkaroni und die Gemüsemischung separat im Kühlschrank aufbewahren. Zum Erwärmen die Makkaroni mit 2–3 EL Wasser befeuchten. Wie im Rezept beschrieben, die Hälfte davon zusammen mit $^2/_3$ des Gemüses in die Form geben und mit Alufolie bedeckt etwa 10 Min. im Ofen erwärmen. Dann die restlichen Lagen einfüllen, mit Käse bestreuen und fertigbacken.
- Wichtig für das gute Gelingen ist, daß die Sauce und die Gemüse separat zubereitet werden.

Makkaroni mit Pfiff wie in Napoli.

# Bucatini con salsa alla napoletana
## Makkaroni mit pikanter neapolitanischer Sauce

Die Tomaten in kleine Stücke schneiden. Den Peperoncino entkernen. Den Sellerie kleinschneiden und den Speck hacken. Das Olivenöl erhitzen. Den Speck darin anziehen lassen. Den Sellerie, die Zwiebel und den Kalbsfuß zufügen und 5 Min. dünsten. Die Tomaten, den Peperoncino, das Basilikum und das Lorbeerblatt beigeben. 20–30 Min. bei kleiner Hitze schmoren lassen. Den Kalbsfuß entfernen und die Sauce durch ein feines Sieb streichen. Auf diese Art bleiben die Tomatenhäute zurück. Die Sauce mit dem Wein aufkochen. Den Kalbsfuß wieder zugeben, 10 bis 15 Min. weiterkochen, bis die Sauce sämig wird. Den Kalbsfuß entfernen und die Sauce mit Salz, Pfeffer und dem Zucker abschmecken. Die Bucatini in 2 l Salzwasser al dente kochen. Abgießen, gut abtropfen, in eine tiefe, vorgewärmte Schüssel anrichten und sofort mit dem kaltgepreßten Olivenöl mischen. Die Sauce darübergießen und mit den Bucatini gut vermengen. Die beiden Käsesorten mischen und am Tisch über die Makkaroni streuen.

**Tips**

- Bucatini sind lange Makkaroni, die wie sehr dicke Spaghetti aussehen.
- Diese Sauce läßt sich auf Vorrat zubereiten. Man kann sie siedendheiß in saubere, in kochendem Wasser erwärmte Konservengläser mit Bügelverschluß einfüllen, sofort verschließen und unter einer Decke langsam abkühlen lassen.

Kann vorbereitet werden
Arbeitsaufwand: 35 Min.
Garzeit: 45 Min.

**Für 4 Personen**

| | |
|---|---|
| 1 1/2 kg | reife, längliche Tomaten (San Marzano) oder Pelati aus der Dose |
| 1/2 | Peperoncino |
| 1 | Stange Sellerie |
| 50 g | Magerspeck oder Pancetta |
| 2 EL | Olivenöl |
| 1 | mittelgroße, gehackte Zwiebel |
| 1 | Kalbsfuß, halbiert |
| 5–6 | Basilikumblätter |
| 1 | Lorbeerblatt |
| 4 EL | Weißwein |
| | Salz, Pfeffer aus der Mühle |
| 1 | Prise Zucker |
| 320 g | Bucatini |
| 1 EL | kaltgepreßtes Olivenöl |
| 30 g | geriebener Parmesan |
| 30 g | geriebener Pecorino romano |

Ein origineller Pastasalat für ein kaltes Buffet.

## Farfalle verdi con parmigiano alla vinegretta
## Grüne Farfalle mit Parmesan und Kräutervinaigrette

Kann weitgehend vorbereitet werden
Arbeitsaufwand: 15 Min.
Kochzeit: etwa 10 Min.

**Für 4 Personen als Vorspeise**

200 g grüne Farfalle (Nudeln in Schmetterlingsform)
Salz
1 EL Olivenöl
100 g Parmesan am Stück

**Vinaigrette**

$1\frac{1}{2}$ EL Weißweinessig
1 Prise Salz
4 EL kaltgepreßtes Olivenöl
1 EL gehackte flachblättrige Petersilie
1 EL gehackter Kerbel
1 EL gehacktes Basilikum
1 durchgepreßte Knoblauchzehe,
schwarzer Pfeffer, nach Belieben

Die Farfalle etwa 10 Min. in Salzwasser al dente kochen (Gebrauchsanleitung auf der Packung beachten). Abgießen, gut abtropfen, in eine Schüssel geben und sofort mit 1 EL Olivenöl mischen, damit sie nicht zusammenkleben.

Für die Vinaigrette den Essig mit dem Salz verrühren. Das Olivenöl darunterschlagen, mit der Hälfte der Kräuter und nach Belieben mit dem Knoblauch mischen. Die Farfalle in Schalen verteilen und mit der Sauce begießen. Den Parmesan über die Farfalle hobeln. Mit den restlichen Kräutern und dem schwarzen Pfeffer bestreuen.

**Tips**

- Die Farfalle lassen sich auch zu Hause herstellen: Aus Nudelteig etwa 6 cm breite Streifen schneiden, kleine Vierecke ausrädeln und in der Mitte zusammenraffen, damit die typischen Farfalle entstehen. Darauf achten, daß die gezackten Ränder beidseitig abstehen. Sollten die Farfalle nicht gut zusammenhalten, den Teig mit wenig Wasser befeuchten. Kein Ei verwenden, sonst werden die gerafften Stellen hart.
- Auch Ravioli mit Fleisch- oder Gemüsefüllung können mit dieser Vinaigrette raffiniert angerichtet werden. Sie sollten allerdings warm serviert werden.

Dieses Gericht entstand bei überraschendem Besuch aus Zutaten, die in der Küche gerade vorhanden waren – und wurde ein Erfolg.

## Tagliatelle al pecorino con i bisi
## Nudeln mit Käse und Erbsen

Kann weitgehend vorbereitet werden
Arbeitsaufwand: 20 Min.
Kochzeit: 8–12 Min.

**Für 4 Personen**

| | |
|---|---|
| 250 g | tiefgekühlte grüne Erbsen |
| 150 g | echter Fontinakäse oder Greyerzer |
| 0,2 l | Milch |
| 1 | Lauchstange |
| 2 EL | Olivenöl |
| 2 EL | Weißwein |
| 0,2 l | Geflügelfond (aus dem Glas) |
| 400 g | schmale Nudeln oder kleine, gerillte Makkaroni |
| | Salz, Pfeffer |
| 100 g | geriebener Pecorino romano |

Die Erbsen aus dem Tiefkühler nehmen. Den Käse in kleine, feine Scheiben schneiden, in eine Schüssel geben und mit der Milch begießen. Den Lauch längs halbieren, gut waschen und quer in sehr feine Streifen schneiden. Im Olivenöl unter öfterem Wenden etwa 10 Min. dünsten. Die aufgetauten Erbsen zugeben und mit dem Lauch und dem Weißwein weiterdünsten, bis sie gar sind. Den Geflügelfond in einer separaten Pfanne auf die Hälfte einkochen lassen. Den Käse mitsamt der Milch zufügen und unter Rühren bei sehr kleiner Hitze zu einer Creme kochen. Die Nudeln in Salzwasser al dente kochen.

Inzwischen die Käsesauce mit dem Gemüse mischen, den Pecorino zufügen und mit Salz und Pfeffer abschmekken. Die Nudeln abgießen und mit der Sauce mischen.

**Tip** Für dieses Gericht sind nur die besten gekauften Nudeln gut genug. Noch besser sind hausgemachte, sofern man dazu Zeit hat. In diesem Fall den Käse etwas länger in Milch einlegen, dann löst er sich beim Kochen besser auf.

In der Folie bleiben alle Aromen der Meeresfrüchte erhalten.

## Pasta con scampi e vongole in cartoccio
## Nudeln mit Scampi und Muscheln in der Folie

Kann vorbereitet werden
Arbeitsaufwand: 25 Min.
Wässern der Muscheln: 2–3 Std.
Garzeit: 20 Min.

**Für 4 Personen**

- 200 g knapp al dente gekochte Teigwaren in Krawatten- oder Muschelform oder auch Spaghetti
- 500 g Vongole
- 8 große Scampi
- 1 große, gehackte Schalotte
- 2 EL Olivenöl
- Salz, Pfeffer
- 1 EL gehackte flache Petersilie
- 1 EL gehacktes Basilikum
- 4 EL trockener Wermut (Martini dry oder Noilly Prat)
- Pergamentpapier oder Aluminiumfolie

Die Vongole in ein Salatsieb geben und in kaltem Wasser 2–3 Std. wässern. Die Scampi von der Kruste und vom Darm befreien, dann in etwa 1 1/2 cm dicke Scheiben schneiden. Die Schalotten in 1 EL Olivenöl anziehen lassen. Die Muscheln abgießen und mit den Scampistücken und den gekochten Teigwaren zu den Schalotten geben, gut mischen und vom Herd wegziehen. Die Mischung salzen und pfeffern. Große Folienrechtecke ausbreiten. Die Folienränder hochziehen und die vorbereitete Mischung darauf verteilen. Mit den Kräutern bestreuen und mit dem Wermut begießen. Die Folie gut zu Paketen verschließen, diese 20 Min. bei 220 °C im Ofen garen, servieren und am Tisch aufschneiden.

**Variation** Rundliche rohe Auberginen mit einem Grapefruitmesser aushöhlen, das Auberginenfleisch kleinwürfeln, in Olivenöl leicht anbraten und mit 50 g Parmesan unter die oben beschriebene Mischung ziehen. Die Auberginen damit füllen und in Folie einpacken. Die Garzeit dauert bei dieser Variante etwas länger (etwa 30 Min. bei 220 °C).

Ein sehr aromatisches Nudelgericht – dank den mit Kräutern geschmorten Tomaten.

## Nudeln mit Tomatenconfit und Zucchinistreifen

Die Zucchini ungeschält in sehr schmale Streifen schneiden. 2 EL Olivenöl erhitzen. Die gehackte Zwiebel und die Zucchinistreifen zufügen. Unter Wenden 2–3 Min. anziehen lassen. Die Tomaten in kleine Stücke schneiden, die Oliven entkernen und kleinschneiden. Beides zugeben und 1–2 Min. mitdünsten. Ein kleines Stück Peperoncino entkernen und fein hacken. Ebenfalls zufügen. Die Nudeln in Salzwasser al dente kochen. Abgießen und mit 1–2 EL Kochwasser mischen. Das restlliche Olivenöl und die Tomatenmischung unter die Nudeln ziehen. Sofort servieren.

**Tips**

- Die beim Schmoren der Tomaten mitgegarten Knoblauchzehen schälen, den Inhalt zerdrücken und der Sauce beifügen. Auf diese Art gegart erhält Knoblauch einen feinen, unaufdringlich nussigen Geschmack.
- Man kann auch getrocknete Tomaten (s.S. 319) verwenden. Diese kleinschneiden und vor dem Dünsten etwa 30 Min. in kaltem Wasser einweichen, dann mit dem Einweichwasser 10 Min. kochen. Danach wie oben beschrieben weiterdünsten. In diesem Fall zum Schluß gehackte Kräuter und etwas durchgepreßten Knoblauch zugeben.
- Es gibt kleine Geräte, mit denen man Gemüse so fein wie Spaghetti schneiden kann, was besonders schön aussieht. In diesem Fall kann man statt Nudeln auch Spaghetti für dieses Gericht verwenden.

Kann teilweise vorbereitet werden
Arbeitsaufwand: etwa 30 Min.
Kochzeit: etwa 7–9 Min., je nach Qualität der Teigwaren, plus Schmorzeit der Tomaten

**Für 4 Personen**

| | |
|---|---|
| 300 g | Zucchini |
| 3 EL | kaltgepreßtes Olivenöl |
| 1 | kleine, gehackte Zwiebel |
| | etwa 12 geschmorte Tomaten (s.S. 318, Tomatenconfit mit Kräutern) |
| 50 g | schwarze Oliven |
| | wenig Peperoncino |
| 400 g | hausgemachte oder |
| 300 g | gekaufte Nudeln |

Lustig geformte Teigwaren, nicht alltäglich zubereitet.

## Malloredus alla campidanese
## Sardische Gnocchi mit Wurst, Tomaten und Safran

Kann vorbereitet werden
Arbeitsaufwand: 30 Min.
Ruhezeit des Teiges: 1 Std.
Garzeit: 35–40 Min.

**Für 4 Personen**

- 400 g hausgemachter Nudelteig (s. S. 304)
- Salz, schwarzer Pfeffer
- 200 g frische Schweinswurst
- 1 kleine, gehackte Zwiebel
- 1 feingehackte Knoblauchzehe
- 4 EL Olivenöl
- 2 große, geschälte Tomaten
- 1/8 l Weißwein
- 2 EL gehackte Basilikumblätter
- 1 EL gehackte Petersilie
- 1 Prise Safranfäden
- 150 g frischgeriebener Pecorino romano

Den Nudelteig so dünn wie möglich in etwa 5–6 cm breite Streifen ausrollen. Diese in Vierecke von 5–6 cm Seitenlänge schneiden. Die Vierecke von einer Ecke her aufrollen. Dies geschieht am besten auf einer längs gerillten Unterlage, z. B. einem Ziegel oder Gitter. Auf diese Weise werden die Röllchen hübsch gerillt. Die Teigwaren auf einem bemehlten Tuch etwa 1 Std. antrocknen lassen. Dabei darauf achten, daß sie sich nicht berühren und zusammenkleben. Die Teigwaren wie Gnocchi im Salzwasser kochen (etwa 5–8 Min., je nach Dicke des Teiges). Die Wurst 10–15 Min. vorkochen. Die Zwiebel und den Knoblauch in 3 EL Olivenöl 2–3 Min. andünsten. Die Tomaten halbieren, entkernen und kleinwürfeln. Die Wurst schälen, in kleine Würfel schneiden und zu den Zwiebeln geben. Leicht anbraten lassen, dann die Tomaten zufügen. Kurz mitdünsten und mit dem Weißwein ablöschen. Die Kräuter und den Safran zugeben und 10 Min. weiterkochen. Die Sauce mit Salz und Pfeffer abschmecken und mit den Malloredus gut durchmischen. Mit dem Pecorino servieren.

**Tips**

- Wer es gerne pikant hat, kann der Sauce wenig kleingehackten Peperoncino (scharfe rote Pfefferschote) zugeben.
- Anstelle dieser hausgemachten Teigwaren kann man auch gekaufte verwenden, z. B. kleine Gnocchi, Farfalle, Spiralen usw.

Eine ungewohnte, aber besonders schmackhafte Art der Nudelzubereitung.

## Fideùa nach Art von Palamós

Kann vorbereitet werden
Arbeitsaufwand: 35 Min.
Garzeit: 25 Min.

**Für 4 Personen**

| | |
|---|---|
| 500 g | reife, geschälte Tomaten (oder Pelati aus der Dose) |
| 3 EL | Olivenöl |
| 1–2 | Knoblauchzehen |
| ½ l | Geflügelbrühe |
| | Salz, Pfeffer |
| 1 | Prise Safranfäden |
| 150 g | Vermicelli (Fadennudeln) |
| 2 EL | gehackte Petersilie |

Die Tomaten halbieren, entkernen, etwas auspressen und in kleine Stücke schneiden. Geschälte Tomaten aus der Dose abgießen und kleinschneiden. 1 EL Olivenöl erhitzen. Die Tomaten zufügen und kurz dünsten. Den Knoblauch dazupressen. Die Geflügelbrühe zugeben und den Sud bei kleiner Hitze auf die Hälfte einkochen lassen. Mit Salz, Pfeffer und dem Safran abschmecken. Das restliche Olivenöl in einer Bratpfanne erhitzen und die rohen Nudeln darin unter Rühren leicht anrösten. Den heißen Sud über die Nudeln gießen. Das Gericht in einen feuerfesten Tontopf umgießen und im Ofen bei 150 °C etwa 15 Min. nachgaren lassen. Die Nudeln sollten nicht trocken werden, sondern nur den Geschmack des Suds aufnehmen. In vorgewärmten Suppentellern anrichten und mit der Petersilie bestreuen.

**Tip** Die Fideùa können auch mit Fischsud zubereitet werden. In diesem Fall das Gericht mit wenig Zitronensaft abschmecken.

# Kürbis

Bis vor wenigen Jahren wußte man den Kürbis in unseren Breitengraden wenig zu schätzen. Man fand dieses Gemüse zwar hie und da im Spätherbst auf dem Markt – wunderschöne, riesengroße Exemplare, von denen man sich einen dicken Schnitz herausschneiden ließ. Heute gibt es bei uns Kürbisse in allen Farben, Formen und Größen, darunter leider auch weitgereiste, unreife mit fadem, bleichem Fleisch, die in vielen Restaurants in Form von ebenso nichtssagenden Suppen serviert werden. Der Kauf von Kürbis ist zur Vertrauenssache geworden. Deshalb kaufe ich bei der Bauersfrau oder auf südlichen Märkten nach wie vor den besonders aromatischen «potimarron» mit Maronengeschmack, der sich auch sehr gut für süße Zubereitungen eignet.

Halbmonde mit einer wunderbaren Kürbisfüllung, die ich auf meine Art zubereite.

# Mezzalune di zucca
## Halbmonde mit Kürbisfüllung

Kann vorbereitet werden
Arbeitsaufwand: 45 Min. (ohne Zubereitung des Teiges)
Kochzeit: 50 Min.

**Für 4 Personen**

| | |
|---|---|
| 1½ kg | reifer Kürbis |
| 1 | mittelgroße, gehackte Zwiebel |
| 2 EL | kaltgepreßtes Olivenöl |
| 1 | unbehandelte Orange |
| 2–3 EL | geschälte, geriebene Mandeln |
| 100 g | geriebener Parmesan |
| 2 | Eigelb |
| | Salz, Pfeffer |
| | geriebene Muskatnuß |
| 1 Prise | Zimt, nach Belieben |
| | feiner Ravioliteig (s. S. 305), 1½fache Menge |
| 2 l | Gemüsebrühe |
| 100 g | frische Butter |
| 1 EL | Kürbiskerne, nach Belieben |

Den Kürbis schälen, entkernen und in Würfel schneiden. Auf eine Alufolie legen, einpacken und im Backofen bei 200 °C etwa 45 Min. schmoren lassen. Die Folie öffnen und den Kürbis ausdampfen lassen. Die Zwiebeln im Olivenöl anziehen lassen. Das Kürbisfleisch zugeben und mitdünsten, bis keine Flüssigkeit mehr vorhanden ist. Die Orange waschen, trocknen und abreiben. Die Schale zum Kürbis geben und alles im Mixer pürieren. Das Püree mit den Mandeln, 50 g Parmesan und den Eigelben gut mischen. Sollte die Masse zu flüssig sein, noch etwas Mandeln zufügen. Mit Salz, Pfeffer, Muskatnuß und nach Belieben mit einer Prise Zimt abschmecken. Den Teig dünn ausrollen. Rondellen von etwa 6 cm Durchmesser ausstechen. Etwas Füllung in die Mitte geben. Die Ränder mit wenig Wasser befeuchten. Die Teigstücke zu Krapfen schließen und den Rand gut andrücken. Die Mezzalune in die heiße Brühe geben und etwa 3–4 Min. al dente kochen. Gut abtropfen lassen, in heiße Teller anrichten und mit dem restlichen Parmesan bestreuen. Die Butter erhitzen, bis sie goldgelb wird, und über die Mezzalune gießen. Nach Belieben einige Kürbiskerne darüberstreuen.

**Tip** Man kann die Butter auch zusammen mit Basilikumstreifen erhitzen.

Eine beliebte Vorspeise bei katalanischen Hochzeitsessen.

## Canelons farcis
## Gefüllte Cannelloni

Kann vorbereitet werden
Arbeitsaufwand: 1 Std.
Backzeit: 20 Min.

**Für 4 Personen als Hauptmahlzeit**

| | |
|---|---|
| 125 g | Schweineragout, z. B. Laffe |
| 1 EL | Bratbutter |
| 125 g | Kalbsmilken (Kalbsbries) |
| 2 dl | Fleischbrühe |
| 1 | gehackte Zwiebel |
| 250 g | gehacktes Kalb- oder Geflügelfleisch |
| 2 dl | Weißwein |
| 2 EL | geschälte, gemahlene Mandeln |
| | Salz, Pfeffer |
| | wenig Thymian |
| 1 | Prise Lorbeerpulver |
| 1 Paket | viereckige Teigplätzchen oder ½ Paket Lasagne (etwa 10 cm breite Nudeln) |
| | Butter für die Form |
| 3 EL | geriebener Käse |
| 20 g | Butterflocken |

**Sauce**

| | |
|---|---|
| 3 EL | Butter |
| 1 | kleine, gehackte Zwiebel |
| 3 EL | Weißmehl |
| ½ l | Milch |
| | Salz, Pfeffer, Muskatnuß |

Zuerst das Schweineragout in der Bratbutter anbraten. Inzwischen die gehäutete Kalbsmilke in leichter Brühe auf kleinem Feuer etwa 15 Min. ziehen lassen. Das Fleisch aus der Pfanne nehmen, die Zwiebeln in den Bratenfond geben und hellgelb dünsten. Das erkaltete Fleisch und die in Stücke geschnittenen Milken durch die feinste Scheibe des Fleischwolfes drehen. Das gehackte Kalb- oder Geflügelfleisch mit den gedünsteten Zwiebeln mischen und ebenfalls durch den Wolf drehen, damit die Füllung möglichst fein wird. Die Masse mit dem Wein und den Mandeln gut verarbeiten. Mit Salz, Pfeffer, dem Thymian und dem Lorbeerpulver pikant würzen. Für die Sauce die Zwiebeln zusammen mit dem Mehl in der Butter leicht dünsten. Etwas abkühlen lassen. Die Milch mit dem Schneebesen dazurühren, wieder aufs Feuer stellen und bei schwacher Hitze 10 Min. kochen. Mit Salz, Pfeffer und Muskatnuß würzen. Die Cannelloniplätzchen oder die Lasagne in viel Salzwasser halbweich kochen (dem Kochwasser 2–3 Tropfen Öl zugeben), abgießen und in kaltes Wasser legen. Jedes Teigstück einzeln herausnehmen (Lasagneblätter in Vierecke schneiden) und auf ein Küchentuch legen. Sobald sie nicht mehr naß sind, je 2 TL Füllung daraufgeben und Rollen formen. Die Cannelloni in eine bebutterte, flache Gratinform dicht nebeneinander anordnen (nur eine Lage pro Form). Mit der gut gewürzten Sauce bedecken, mit dem Käse und den Butterflocken bestreuen und 20 Min. bei Mittelhitze gratinieren.

**Tips**

- Spanische Teigvierecke gibt es in zwei Sorten zu kaufen. Die eine muß gekocht werden, die andere wird nur in Wasser eingelegt. Ich ziehe die erstere vor.
- Als Vorspeise die Menge halbieren.

**Variationen**

- Häufig wird die Füllung nur mit Schweinefleisch und gebratener, ebenfalls gehackter Geflügelleber zubereitet.
- In Barcelona verwendet man für die Füllung oft Fisch.

Diese Ravioli mit würziger Füllung habe ich in Capri sehr gerne gegessen. Sie werden nur mit Salbeibutter übergossen.

## Ravioli alla caprese
## Ravioli mit Ricotta-Kräuter-Füllung

Kann vorbereitet werden
Arbeitsaufwand: 1 Std. (ohne Herstellung des Teiges)
Kochzeit: 5 Min.

**Für 4 Personen**

| | |
|---|---|
| 500 g | Mangold- oder Spinatblätter |
| | Salz |
| 2 EL | Olivenöl |
| 300 g | frischer Ricotta |
| 2 | Eigelb |
| 1 TL | gehackter Majoran oder Origano |
| 50 g | geriebener Caciocavallo |
| | Pfeffer, geriebene Muskatnuß |
| 600 g | feiner Ravioliteig (s.S. 305), 1½fache Menge |
| 100 g | Butter |
| | einige Salbeiblätter |
| 50 g | frischgeriebener Parmesan |

Die Mangold- oder Spinatblätter etwa 2 Min. in kochendes Salzwasser geben, sehr gut abtropfen lassen und kleinhakken. Im Olivenöl unter Wenden dünsten, bis keine Flüssigkeit mehr vorhanden ist. Abkühlen lassen und mit dem zerdrückten Ricotta und den Eigelben zu einer gleichmäßigen Masse verarbeiten. Mit den Kräutern, dem Caciocavallo, Salz, Pfeffer und Muskatnuß pikant abschmecken. Den Ravioliteig halbieren und so dünn wie möglich ausrollen. Ein ausgerolltes Teigblatt auf ein Raviolibrett legen. Von der Füllmasse mit einem kleinen Löffel kleine Portionen abstechen und in die Vertiefungen auf dem Raviolibrett füllen. Das zweite Teigblatt darüberlegen und die Ravioli mit dem Nudelholz oder mit einem Messer voneinander trennen. Die Ravioli auf einem mit wenig Mehl bestäubten Tuch auslegen und etwa 30 Min. antrocknen lassen. In kochendem Salzwasser 5 Min. al dente kochen. Mit einem Schaumlöffel aus dem Sud heben, gut abtropfen lassen und in vorgewärmte Suppenteller anrichten. Die Butter schmelzen lassen, die Salbeiblätter hineingeben und leicht knusprig braten, aber nicht bräunen. Über die angerichteten Ravioli verteilen und mit dem Parmesan bestreuen.

**Tips**

- Ist kein Raviolibrett vorhanden, kann man nußgroße Häufchen Füllung auf den Teig setzen, die andere Teighälfte darüberlegen und die Ravioli mit einem Teigrädchen trennen, dabei die Teigränder gut zusammendrükken. Man kann auch Rondellen ausstechen, die Füllung in die Mitte geben und Halbmonde formen. Dann heißen die Ravioli «mezzalune».
- Caciocavallo war früher der Käse der Nomaden und wurde damals aus Stutenmilch gemacht. Heute besteht dieser birnenförmige oder runde, an einem Ende zusammengeschnürte Käse aus Kuhmilch und ist typisch für die Campania.

# Reisanbau im Mittelmeerraum

Reis wächst nicht nur in Italien und auch dort nicht nur im Piemont, sondern ebenso zwischen Verona und dem Gardasee. Von diesen italienischen Gebieten stammen die bei uns beliebten Risottoreissorten, z. B. Vialone, Arborio, Carnaroli und andere, weniger bekannte Sorten. Auch in Spanien, im Ampurdán und im Süden, gibt es Rundkornreis-Varianten, die sich vor allem für die Paella und andere spanische Reisspezialitäten eignen. Nicht vergessen darf man auch die Camargue in Südfrankreich. Dort wurde Reis angebaut, um Feuchtgebiete zu entwässern. Nach wie vor ist dieser Reis im Handel. Durch Mutationen entstand auch ein roter Reis, der heute vorwiegend von Ökobauern angepflanzt wird, ein

Eine Mittelmeerspezialität, die nicht nur in Spanien bekannt ist, etwas unschön aussieht, aber herrlich schmeckt.

## Arroz negre
### Schwarzer Reis

Kann teilweise vorbereitet werden
Arbeitsaufwand: etwa 25 Min.
Kochzeit: etwa 16 Min.

**Für 4 Personen**

| | |
|---|---|
| 250 g | kleine Tintenfische (Pulpitos) mit der Tinte |
| 1/2 dl | kaltgepreßtes Olivenöl |
| 2 | gehackte Zwiebeln |
| 250 g | Rundkornreis |
| 7 1/2 dl | Hühnerbrühe |
| | Salz, Pfeffer |
| 2 | Knoblauchzehen |
| 2 EL | flachblättrige Petersilie |

Die Tintenfische putzen, die Tintensäcke sorgfältig entfernen und darauf achten, daß sie unversehrt bleiben. Das Olivenöl erhitzen. Die Zwiebeln darin anziehen lassen. Die Tintenfische und die abgetrennten Fangarme beifügen. Leicht rösten, bis sie rötlich werden. Den Reis zugeben und 1–2 Min. mitdünsten. Nach und nach die Brühe angießen. Immer wieder etwas umrühren. Nach ungefähr 10 Min. Kochzeit 3–4 Tintenbeutel aufstechen und die Tinte in eine Tasse gießen. Mit etwas Brühe mischen und zum Reis geben. Den Reis fertiggaren und mit Salz und Pfeffer abschmecken. Den Knoblauch fein hacken und vor dem Anrichten mit der Petersilie unter den Reis mischen.

**Wichtig** Kleine Tintenfische werden zusammen mit dem Reis gar. Sind nur größere erhältlich, z. B. Sepie, muß man sie kleinschneiden und halbgar vordünsten, bevor der Reis zugegeben wird, sonst bleiben sie zäh.

**Tips**
- Beim Anrichten ziehe ich einige Tintenfische an die Oberfläche des Reises und bestreue das Ganze mit Petersilie. So sieht es etwas schöner aus.
- Die Tinte ist auch in kleinen Beuteln erhältlich, was zwar praktisch, aber nicht so aromatisch ist

**Variationen**
- Andere Meeresfrüchte mitgaren.
- Den Reis mit einigen kleinen, in der Schale gekochten Crevetten garnieren.
- In Katalonien serviert man ab und zu Aïoli als Beilage (s. S. 287).
- In Venedig verwendet man Arborioreis und ersetzt einen Drittel der Hühnerbrühe durch Weißwein (z. B. Frascati oder Soave).
- Manchmal dünste ich ganz kleine Karotten- und Zucchiniwürfelchen mit den Zwiebeln. Das gibt diesem schwarzen Reis etwas Farbe.

Ein Gericht von der katalanischen Reisinsel.

# Arroz «Illa de Riu»
## Sherryreis

Arbeitsaufwand:
etwa 35–40 Min.
Kochzeit: 25 Min.

**Für 4 Personen**
150 g Schalotten oder Zwiebeln
2 EL Olivenöl
300 g katalanischer Reis oder Risottoreis
$^1/_4$ l trockener Sherry (Jerez)
$1^1/_2$ l Fleisch- oder Geflügelbrühe
30 g frische Butter
Salz, Pfeffer
1 EL feingeschnittener Schnittlauch

Die Schalotten oder Zwiebeln fein hacken. Die Hälfte davon im Olivenöl anziehen lassen. Den Reis zufügen und etwa 2–3 Min. weiterdünsten. Mit der Hälfte des Sherrys ablöschen. Kurz einziehen lassen, danach die Brühe unter ständigem Rühren bei kleiner Hitze nach und nach zugeben, bis der Reis al dente ist. 5 Min. vor Ende der Kochzeit den restlichen Sherry, die restlichen Schalotten und die kleingeschnittene Butter unterrühren, mit Salz und Pfeffer abschmecken. Vor dem Anrichten den Schnittlauch darunterziehen.

**Tip** Wer den Geschmack von Sherry nicht mag, kann diesen durch säurebetonten Weißwein oder Cava, spanischen Schaumwein, ersetzen.

In einem kleinen Beizlein zeigten wir, der Sprache nicht mächtig, auf dieses Gericht, welches im Schaufenster gerade angerichtet wurde. Ich habe versucht, es nachzukochen.

## Pilawreis wie in Kusadasi

Kann vorbereitet werden
Arbeitsaufwand: etwa 40 Min.
Einweichzeit der Aprikosen: 2–3 Std.
Garzeit: 45–48 Min.

**Für 4 Personen**

| | |
|---|---|
| 100 g | getrocknete Aprikosen |
| 250 g | Lammfleisch (Schulter) |
| 3 EL | Olivenöl oder geklärte Butter (Butterschmalz) |
| 1 | große, gehackte Zwiebel |
| 2 | reife, geschälte Tomaten |
| 3 EL | gehackte flache Petersilie |
| 300 g | Langkornreis |
| | Salz, Pfeffer |
| ½ TL | Zimtpulver |
| 1 TL | Rosenpaprika |
| 80 g | geschälte Pistazienkerne |
| 4 | Zweige flache Petersilie als Garnitur |

Die Aprikosen 2–3 Std. in kaltes Wasser einlegen. Das Lammfleisch in etwa 1½ cm große Würfel schneiden. Im Olivenöl leicht anbraten, die Zwiebeln zufügen und mitdünsten, bis sie leicht Farbe annehmen. Die Tomaten halbieren, etwas ausdrücken, kleinschneiden und beigeben. Die Hälfte der Petersilie zufügen und das Fleisch mit Wasser bedecken. Etwa 30 Min. bei kleiner Hitze schmoren lassen, dann durch ein Sieb abgießen und die Brühe auffangen. Diese abmessen und wenn nötig bis auf 0,6 l einkochen oder mit heißem Wasser ergänzen. Alles wieder in den Topf geben. Die Aprikosen abtropfen und mit dem Reis zugeben. Zugedeckt 15–18 Min. weiterschmoren, bis der Reis gar ist. Die Pistazien grob hacken, die Hälfte davon unter den Reis mischen. Mit Salz, Pfeffer, Zimt und Rosenpaprika abschmecken. Den Pilaw anrichten und mit den restlichen Pistazien und der Petersilie bestreuen. Mit den Petersilienzweigen garnieren.

**Variation** Zur Abwechslung kann man Peperonistreifen unter den Reis mischen und die Aprikosen durch Rosinen ersetzen.

# Pilawreis als Beilage

Arbeitsaufwand:
etwa 10 Min.
Garzeit: etwa 25 Min.

**Für 4 Personen**

| | |
|---|---|
| 2 EL | Olivenöl |
| 1 EL | feingehackte Zwiebeln |
| 200 g | Patnareis (Langkornreis) |
| 0,4 l | Geflügelbrühe |
| | Salz, Muskatnuß |
| 1 EL | Butterflöckchen |

Den Reis waschen und gut abtropfen lassen. Die Zwiebeln im heißen Olivenöl farblos dünsten. Den Reis zufügen und so lange mitdünsten, bis er glasig wird. Mit der Brühe auffüllen, mit Salz und geriebener Muskatnuß würzen. Auf dem Herd aufkochen, dann zugedeckt im Ofen bei etwa 150 °C garziehen lassen. Die Butterflöckchen mit einer Fleischgabel unter den fertigen Reis heben und diesen sofort servieren.

**Tip** Durch Beigabe von Currypulver, Safran, Paprikapulver, Tomaten, Erbsen, Mandeln oder Pistazien kann der Pilawreis optisch und geschmacklich variiert werden.

# Risotto im Käsekörbchen

Risotto als Vorspeise läßt sich in einem kleinen «Käsekörbchen» attraktiv anrichten: 3/4 Parmesan und 1/4 Greyerzer Käse reiben und mischen. 200 g Käse reichen für 4–6 Körbchen, je nach gewünschter Größe. Eine beschichtete Bratpfanne mit sehr wenig Olivenöl auspinseln. Einen Ausstechring von etwa 15 cm Durchmesser in die Mitte setzen. Den Käse hineingeben, den Ring entfernen und den Käse bei kleiner Hitze schmelzen lassen. Etwas abkühlen lassen und in noch formbarem Zustand in eine passende Schale drücken. Die erkalteten Körbchen auf Teller setzen und mit dem heißen Risotto füllen.

Im Veneto verwendet man den Radicchio rosso nicht nur als Salat.

## Risotto con radicchio trevisano
## Risotto mit Radicchio

Arbeitsaufwand: 15 Min.
Kochzeit: 20 Min.

**Für 4 Personen**

- 300 g Radicchio rosso di Treviso
- 2 Zucchetti
- 4 feingehackte Schalotten
- 1 EL Olivenöl
- 300 g Vialone-Reis
- 1 durchgepreßte Knoblauchzehe
- 2 dl Roséwein
- 1 l heiße Gemüsebrühe
- 60 g frischgeriebener Parmigiano Reggiano
- Salz, Pfeffer
- 1 Prise Zucker
- 1 EL Butter

Den Radicchio und die Zucchetti waschen. Den Radicchio in feine Streifen, die Zucchetti in kleine Würfel schneiden. Die Schalotten im Olivenöl glasig dünsten. Den Radicchio und die Zucchettiwürfel, den Reis und den Knoblauch zugeben und kurz mitdünsten. Mehrmals mit Wein ablöschen und unter Rühren nach und nach die Brühe zugießen. Den Risotto etwa 15 Min. garen. Die Hälfte des Käses unter den Risotto mischen und mit Salz, Pfeffer und Zucker würzen. Zum Schluß die Butter unterziehen. Den restlichen Käse separat dazu servieren.

**Tip** Der Radicchio rosso di Treviso ist länger und etwas bitterer als der gewöhnliche Salat-Radicchio, der aber auch, ob hellrosa oder dunkelrot, für dieses Rezept verwendet werden kann.

Risotto einmal anders – nach Art von Ligurien, wo man Gemüse besonders liebt.

# Risotto verde
## Grüner Risotto

Arbeitsaufwand: 15 Min.
Kochzeit: etwa 15 Min.

**Für 4 Personen**

| | |
|---|---|
| 200 g | kleine Kefen |
| | Salz |
| 300 g | frische, ausgelöste Erbsen (oder tiefgekühlte) |
| 0,6 l | heiße Gemüsebrühe |
| 1 Bund | Pfefferminze |
| 70 g | Butter |
| 1 | gehackte Zwiebel |
| 250 g | Arborio-Reis |
| 1/8 l | Weißwein |
| | Pfeffer, geriebene Muskatnuß |
| 1 | Prise Zucker |
| 50 g | geriebener Parmesan |

Die Kefen fädeln, waschen, in kochendem Salzwasser etwa 3–4 Min. knapp garen, kalt abschrecken und abtropfen lassen. Die Erbsen in etwa 1/8 l Brühe garen, pürieren und durch ein Sieb streichen. Die Pfefferminze in feine Streifen schneiden. Die halbe Buttermenge schmelzen und die Zwiebeln darin farblos dünsten. Den Reis hinzufügen und mitdünsten, bis er glasig ist. Mehrmals mit dem Weißwein ablöschen. Nach und nach Brühe zugießen und den Risotto unter Rühren etwa 15 Min. garen. Das Erbsenpüree, die restliche Butter und die schräg halbierten Kefen unter den Risotto mischen. Mit Salz, Pfeffer, Muskatnuß und Zucker abschmecken. Den Parmesan und die Pfefferminzstreifen vorsichtig unter den Risotto heben.

**Tip** Etwas pikanter wird dieser Risotto, wenn man halb Parmesan, halb Pecorino romano zugibt.

Ein origineller Meeresfrüchte-Risotto.

## Risotto al limone con frutti di mare
## Zitronenrisotto mit Meeresfrüchten

Die Zitrone dünn abschälen. Die Schale für 1 Min. in kochendes Wasser tauchen, abgießen, trocknen und fein hakken. Die Zitrone auspressen. Die Limette ebenfalls auspressen. Die Schalotten in $1^1/_2$ EL Olivenöl anziehen lassen, den Reis zufügen, etwa 2–3 Min. weiterdünsten. Den Knoblauch dazupressen, die Zitronenschale beifügen. Mit dem Weißwein ablöschen, aufkochen, dann die Geflügelbrühe nach und nach unter Rühren zufügen. 15 Min. garen. Die Rucolablätter in feine Streifen schneiden. Die Scampi von der Kruste befreien. Mit dem Seeteufel in kleine Würfel schneiden. Mischen und mit wenig Limettensaft beträufeln. Die Rougetfilets ebenfalls würfeln und im restlichen Olivenöl ganz kurz braten. Nach 30 Sek. von der Herdplatte wegziehen. Die Fisch- und Scampiwürfel (ohne Rouget!) mit der Rucola und dem Bärlauch unter den Risotto ziehen und 3 Min. weitergaren. Mit Salz, Pfeffer und Zitronensaft abschmecken. Unmittelbar vor dem Servieren den Mascarpone unter den Reis mischen. In vorgewärmte Suppenteller anrichten und die Rougetwürfelchen darauf verteilen. Mit einem Rucolablatt garnieren.

**Tip** Sollte kein Bärlauch erhältlich sein, kann man ihn durch 2 EL feingeschnittenen Schnittlauch ersetzen.

Kann teilweise vorbereitet werden
Arbeitsaufwand: 50 Min.
Kochzeit: 18 Min.

**Für 4 Personen**

1 große, unbehandelte Zitrone mit schöner Schale
1 Limette
2 feingehackte Schalotten
2 EL kaltgepreßtes Olivenöl
300 g Reis, z.B. Vialone nano oder Carnaroli
1 Knoblauchzehe
$^1/_8$ l trockener Weißwein
0,8 l heiße Geflügelbrühe
50 g Rucolablätter
4 Scampi
150 g Seeteufel (Baudroie) ohne Mittelknochen
4 Rougetfilets (Meerbarbe)
1 EL gehackter Bärlauch
Salz, Pfeffer
2 EL Mascarpone
einige Rucolablätter als Garnitur

Ein ungewöhnlicher Risotto aus der Maremma.

## Risotto alle acciughe
## Risotto mit frischen Sardellen

Kann teilweise vorbereitet werden
Arbeitsaufwand: 40 Min.
Garzeit: 18 Min.

**Für 4 Personen**

| | |
|---|---|
| 400 g | frische Sardellen |
| 1 | große, gehackte Zwiebel |
| 2 EL | Olivenöl |
| 300 g | Reis (Vialone nano oder Carnaroli) |
| 1/8 l | trockener Weißwein |
| 1/2 l | heiße Hühnerbrühe |
| | Salz, Pfeffer |
| 2 EL | kaltgepreßtes, erstklassiges Olivenöl |
| 2–3 | Zweige Basilikum |
| | Meersalz, vorzugsweise Fleur de sel (s. S. 98) |

Die Sardellen schuppen und ausnehmen. Den Kopf mitsamt der Gräte sorgfältig entfernen. Die Filets mit Küchenpapier abtupfen. Die Zwiebeln im Olivenöl anziehen lassen. Den Reis zufügen und kurz mitdünsten. Die Sardellenfilets schräg halbieren, zugeben und alles mit dem Wein begießen. Die Hälfte der Hühnerbrühe beigeben und zugedeckt bei kleiner Hitze 10 Min. leise ziehen lassen. Den Deckel abheben, vorsichtig umrühren und nach Bedarf die restliche Brühe zugießen. Sobald der Reis al dente ist, mit etwas Salz und Pfeffer nachwürzen. Das Olivenöl mit den kleingeschnittenen Basilikumblättern und etwas Meersalz mischen und ganz kurz erwärmen. Lauwarm über den angerichteten Risotto verteilen.

**Tips**

- Am besten gibt man den Risotto in vorgewärmte Suppenteller und träufelt das Basilikumöl im letzten Moment darüber.
- Rougetfilets (Meerbarben) eignen sich auch für diese Zubereitung.

Bei einem Reisbauern in der Nähe von Verona lernte ich diesen aromatischen Risotto kennen.

## Risotto di anatra, rosmarino e grappa
## Risotto mit Entenbrust, Rosmarin und Grappa

Das Fett der Entenbrust abziehen und in kleine Stücke schneiden. In einer Bratpfanne erhitzen und unter Wenden leicht braten, bis die Grieben hellgelb werden. Abgießen und das Fett wieder in die Pfanne geben. 1 EL Olivenöl und das Lorbeerblatt zufügen. Das Brustfleisch in etwa 1 cm große Würfel schneiden. Bei kräftiger Hitze im ausgelassenen Fett anbraten, mit dem Grappa begießen und beiseite stellen. Die Schalotten mit 2 EL Olivenöl und 20 g Butter in einem Topf anziehen lassen. Den Reis zufügen und leicht Farbe annehmen lassen. Mit dem Wein begießen und etwas verdampfen lassen. Nach und nach die Fleischbrühe löffelweise zugeben. Nach der halben Kochzeit das Entenfleisch samt Saft, die Petersilie und den Rosmarin zufügen. Al dente kochen, von der Herdplatte wegziehen und den frischgeriebenen Parmesan und die kleingeschnittene restliche Butter darunterziehen. Mit Salz und Pfeffer abschmecken.

**Tip** Der Vialone nano ist ein spezieller Rundkornreis mit kleinen Körnern, der einen ausgezeichneten, sämigen Risotto abgibt, sofern man während der Kochzeit mit Geduld umrührt.

Kann teilweise vorbereitet werden
Arbeitsaufwand: 30 Min.
Kochzeit: 15–18 Min.

**Für 4 Personen**

| | |
|---|---|
| 1 | große Entenbrust (etwa 300 g) |
| 3 EL | Olivenöl |
| 1 | Lorbeerblatt |
| 2 EL | Grappa tradizionale |
| 200 g | gehackte Schalotten |
| 70 g | Butter |
| 300 g | Risottoreis (z. B. Vialone nano) |
| 1/8 l | Rotwein |
| 3/4 l | Fleischbrühe |
| 2 EL | gehackte flache Petersilie |
| 1 EL | gehackter Rosmarin |
| 60 g | geriebener Parmesan |
| | Salz, Pfeffer aus der Mühle |

In Venetien kocht man gerne weiße, noch leicht flüssige Polenta, die sich vorzüglich mit Pilzen ergänzen läßt.

## Polenta bianca con funghi porcini
## Weiße Polenta mit Steinpilzen

Kann vorbereitet werden
Arbeitsaufwand: 35 Min.
Kochzeit: 10–20 Min.

**Für 4 Personen**

220 g weißer Maisgrieß
400 g frische Steinpilze
3 EL kaltgepreßtes Olivenöl
1–2 Knoblauchzehen
1 EL gehackte Rosmarinnadeln
1 EL gehackte flache Petersilie
Salz, Pfeffer
60 g Butter

1½ l Wasser in einem großen Topf aufkochen. 1 TL Salz zufügen und unter Rühren den Maisgrieß einrieseln lassen. Je nach Qualität des Grießes (Gebrauchsanweisung beachten) 10–20 Min. unter öfterem Rühren bei mäßiger Hitze kochen. Zum Schluß sollte die Polenta weich und nicht trocken sein. Inzwischen die Pilze putzen. Wenn möglich nicht waschen, sondern die Unreinheiten mit einem Pinsel entfernen und nach Bedarf die Füße kürzen. Die Pilze in Scheiben schneiden. Das Olivenöl erhitzen. Die Pilze zufügen, kurz anbraten und den Knoblauch dazupressen. Kurz weiterdünsten und mit den Kräutern mischen. Mit Salz und Pfeffer abschmecken. Die Polenta mit der kleingeschnittenen Butter gut mischen, auf gut vorgewärmte Teller verteilen und die Pilze darübergeben.

**Tip** Außerhalb der Pilzsaison wird dieses Gericht auch mit getrockneten Steinpilzen zubereitet. In diesem Fall nur schöne Exemplare kaufen, diese über Nacht in lauwarmem Wasser einweichen, abgießen, auf Küchenpapier trocknen und wie oben beschrieben zubereiten.

# Eierspeisen und Käsegerichte

Hühner und demzufolge auch Eier gibt es in der ganzen Welt. Auch in den Mittelmeerküchen wird dieses bescheidene Produkt als Eiweißspender sehr geschätzt, sei es als einfache Frittata, Tortilla oder raffiniert als «Brouillade», die französische Trüffelomelette. Vielfältige Käsesorten, vorwiegend aus Ziegen- oder Schafmilch, eröffnen neue kulinarische Möglichkeiten.

Nicolas grüne Frittata – je nach Wunsch als Kleingericht oder Vorspeise geeignet.

## Frittata d'asparagi verdi
## Grüne Spargelomelette

Kann teilweise vorbereitet werden
Arbeitsaufwand: 20 Min.
Kochzeit: 10 Min.

**Für 4 Personen als Vorspeise**

- 500 g dünne grüne Spargeln
- 2 EL kaltgepreßtes Olivenöl
- 4 frische Eier
- Salz
- 1 EL frischgeriebener Parmesan
- Pfeffer
- 1/4 Peperoncino, nach Belieben

Die Spargeln waschen und falls nötig leicht abschälen, dann in 2 cm lange Stücke schneiden. Im Olivenöl bei kleiner Hitze etwa 10 Min. langsam dünsten, bis sie knapp gar sind. Die Eier mit wenig Salz, dem Parmesan und Pfeffer aufschlagen. Den Peperoncino halbieren, entkernen, ganz klein würfeln und zur Eiermischung geben. Die Eier auf die Spargeln gießen und knapp fest werden lassen. Die Frittata wenden und auf der Rückseite ebenfalls ganz kurz stocken lassen. Die Omelette überschlagen und auf eine vorgewärmte Platte gleiten lassen.

**Tips**

- Diese Frittata läßt sich auch mit anderen Gemüsen zubereiten, z. B. mit Zucchetti, Zwiebeln, Brokkoli, Mangold, Spinat.
- Mit ganz dünnen, dunkelgrünen wilden Spargeln wird die Frittata am besten.

Kleine, delikat gewürzte orientalische Pfannkuchen, die sowohl als Vorspeise wie auch als Beilage serviert werden können.

# Ojjeh bel koussa
## Kleine Zucchettipfannkuchen

Die Zucchetti waschen und ungeschält auf der Röstiraffel reiben. 1 1/2 EL Olivenöl in einer Bratpfanne erhitzen. Die Zucchetti, die Zwiebeln und den durchgepreßten Knoblauch mischen und darin anziehen lassen. Sie dürfen leicht Farbe annehmen. Die Eier mit dem Mehl glattschlagen. Die Petersilie, die Pfefferminze und die Gemüse daruntermischen und mit Salz und Pfeffer abschmecken. Je 1/2 El Olivenöl und 1 Schöpflöffel Teig in kleine Bratpfännchen geben und die Pfannkuchen beidseitig ausbacken. Man kann auch 4 kleine Küchlein in einer großen Bratpfanne gleichzeitig ausbacken. Die Pfannkuchen nach etwa 3 Min. wenden und auf der zweiten Seite backen. Wenn nötig etwas Öl nachgeben. Die Pfannkuchen im Backofen bei 60 °C warm halten, bis alle gebacken sind.

**Tip** Werden die Pfannkuchen als Vorspeise serviert, paßt kühle Sauermilch und eine kleine Salatgarnitur dazu.

Kann vorbereitet werden
Arbeitsaufwand: 40 Min.
Backzeit: 3–4 Min. pro Portion

**Für 4 Personen**

| | |
|---|---|
| 2 | mittelgroße Zucchetti |
| 5–6 EL | Olivenöl |
| 2 | gehackte Zwiebeln |
| 2 | Knoblauchzehen |
| 8 | Eier |
| 60 g | Mehl |
| 2 EL | gehackte flache Petersilie |
| 1 TL | gehackte Pfefferminzblätter |
| | Salz, Pfeffer |

Spanische Tortillas sind oft trocken, was ich nicht mag. Deshalb hier meine Version:

## Tortilla de verdura
### Spanische Gemüseomelette

Kann teilweise vorbereitet werden
Arbeitsaufwand: 30 Min.
Garzeit: 30 Min.

**Für 2 Personen**

- 1 kleine Aubergine
- 1 kleiner Zucchetto
- 1 kleine Zwiebel
- ½ roter Peperone
- ½ gelber Peperone
- 2 EL Olivenöl
- 1 Knoblauchzehe
- 6–8 Pfefferminzblätter
- Salz, Pfeffer, Muskatnuß
- 4 frische Eier

Die Aubergine und den Zucchetto gut waschen, trocknen und ungeschält in dünne Rädchen schneiden. Die Zwiebel fein scheibeln. Die Peperoni halbieren, entkernen und quer in etwa ½ cm breite Streifen schneiden. Das Olivenöl in einer großen Bratpfanne (etwa 28 cm Durchmesser) erhitzen. Zuerst die Auberginenscheiben unter öfterem Wenden leicht anbraten. Dann die Zucchetti-, Zwiebel- und Peperonistreifen zufügen. Alle Gemüse anziehen lassen und die Hitzezufuhr so stellen, dass keine Flüssigkeit austritt. Sobald die Gemüse knapp gar sind, den Knoblauch dazupressen und die zerzupften Pfefferminzblätter dazugeben. Alles gut mischen, mit Salz, Pfeffer und Muskatnuß abschmecken. Die Eier mit 1 EL Wasser verquirlen. Mit wenig Salz und Pfeffer würzen. Die Gemüse auf dem Pfannenboden gut verteilen. Die Temperatur etwas erhöhen und die Eier darübergießen und stocken lassen. Dort, wo das Ei noch sehr flüssig ist, mit einer Gabel leicht rühren. Sobald das Ei nicht mehr flüssig, aber noch recht feucht ist, die Tortilla mit Hilfe von 2 Bratschaufeln von einer Seite her falten und sofort anrichten.

**Tip** Diese Omelette gelingt nur gut für 2 Personen. Als Vorspeise reicht sie für 4 Personen. Sind mehr Leute am Tisch, sollte man eine zweite Omelette in einer separaten Pfanne zubereiten und die erste Tortilla im Backofen bei etwa 40 °C kurz warm halten. In diesem Fall bereits überschlagen, wenn das Ei noch etwas flüssig ist, damit sie nicht austrocknet.

Die Paprikawurst gibt diesem Gericht die Würze.

## Tortilla con pimientos y chorizo
## Eierkuchen mit Paprikaschoten und Chorizo

Die Paprikaschoten putzen, entkernen und in feine Streifen schneiden. Die Zwiebeln in 2 EL Olivenöl anziehen lassen. Die Paprikastreifen zugeben und bei kleiner Hitze etwa 20 Min. dünsten. Das Gemüse muß sehr weich werden. Die Eier schaumig schlagen. Mit Salz und Pfeffer abschmecken. Zwei Bratpfannen mit dem restlichen Öl und dem Bratöl der Paprikaschoten bestreichen. Die Chorizoscheiben darin verteilen und erhitzen. Das Gemüse mit den Eiern mischen und sorgfältig auf die Wurstscheiben gießen. Darauf achten, daß sie schön verteilt bleiben. Sobald die Eier stocken, die Tortilla wenden und noch 1 Min. fertigbacken. Sofort servieren.

**Tips**

- Für 4 Personen ist es, wie auf S. 272 beschrieben, vorteilhaft, 2 Eierkuchen zu backen.
- Chorizo ist eine pikant gewürzte spanische Paprikawurst.

Kann vorbereitet werden
Arbeitsaufwand: 30 Min.
Backzeit: 8–10 Min.

**Für 4 Personen**

je ½ grüne und rote Paprikaschote
2 EL gehackte Zwiebeln
3 EL Olivenöl
8 Eier
Salz, Pfeffer
12 feingeschnittene Chorizoscheiben

## Schwarze Trüffeln

Weltbekannt sind die schwarzen Trüffeln aus dem Périgord. Qualitativ gelten sie als die allerbesten, was ohne Zweifel auch stimmt. Allerdings gibt es verschiedene schwarze Trüffelarten auch in südlichen Gegenden, z.B. im südlichen Rhônetal (Truffes du Tricastin), in Italien in der Gegend von Norcia und Spoleto sowie in gewissen Gegenden von Spanien und in Nordafrika, wo sie allerdings weniger aromatisch sind. Trotz der hohen Preise dieser Delikatesse lassen es sich Fans in Südfrankreich nicht nehmen, alljährlich ihre beliebte «Brouillade» (Trüffelomelette) zuzubereiten. Gewarnt sei aber vor den ebenfalls teuren Sommertrüffeln oder schwarzen Trüffelkonserven, die nicht viel Geschmack haben.

Ein aromatischer Pilz, der in Südfrankreich ganz frisch auf den Markt kommt.

## Brouillade d'œufs aux trompettes
## Rührei mit Herbsttrompeten

Kann teilweise vorbereitet werden
Arbeitsaufwand: 30 Min.
Kochzeit: 10 Min.

**Für 4 Personen**

| | |
|---|---|
| 300 g | frische Herbsttrompeten |
| 1 EL | Olivenöl |
| 30 g | Butter |
| 4 EL | gehackte, frische Petersilie |
| 1 EL | feingeschnittener Schnittlauch |
| 1 | Knoblauchzehe, nach Belieben |
| | Salz, Pfeffer |
| 8 | Eier |
| 4 EL | Crème fraîche |
| | wenig Petersilie zum Garnieren |

Die Füße der Pilze wegschneiden. Die Pilze unter fließendem Wasser waschen, sehr gut abtropfen und auf ein Tuch legen. Am besten bereits am Vortag waschen, damit die Pilze nicht naß bleiben. Die Pilze vor der Weiterverwendung in Olivenöl unter Wenden bei großer Hitze anziehen lassen, bis kein Wasser mehr austritt. Die Hälfte der Pilze hacken. Die ganzen Pilze wieder mit 20 g Butter, den Kräutern und nach Belieben mit der durchgepreßten Knoblauchzehe in die Pfanne geben. Bei kleiner Hitze etwa 5 bis 10 Min. dünsten. Mit Salz und Pfeffer abschmecken. Die Eier mit wenig Salz und Pfeffer aufschlagen und gut verrühren. Die restliche Butter in einer Bratpfanne zerfließen lassen. Die Eier hineingießen und ständig rühren. Nach und nach die Crème fraîche zufügen. Sobald die Eier gestockt sind, die gehackten Pilze untermischen. Das Rührei bergartig anrichten und die gedünsteten Pilze ringsum verteilen. Mit der Petersilie garnieren.

**Tips**

- Im Herbst findet man in Südfrankreich recht viele Pilze, auch Herbsttrompeten, Truffes du pauvre (Trüffel der Armen) genannt, die dort immer noch Trompettes des morts (Totentrompeten), manchmal auch, was schöner ist, «cornes d'abondance» heißen, weil es so viele davon gibt. Sie schmecken frisch gesammelt unerwartet besser als die getrockneten.
- Je nach Saison wird die Brouillade mit Trüffeln aus dem südlichen Rhônetal zubereitet.

Originelle Beilage zu Salat oder einem Vorspeisenteller.

## Œufs en marinade aux herbes
## Eingelegte Eier à la provençale

Kann vorbereitet werden
Arbeitsaufwand: 15 Min.
Kochzeit: 10 Min.
Marinierzeit: 14 Tage

**Für 12 Eier**

| | |
|---|---|
| 12 | Eier |
| 0,4 l | Rotweinessig |
| 0,6 l | Rotwein |
| 1 | kleiner Zweig Rosmarin |
| 3–4 | Stück Fenchelsamen |
| 1 | kleiner Zweig oder etwa 10 Blätter Basilikum |
| 1 | Zweig Thymian |
| 1 | Zweig Bohnenkraut |
| 1 | Mokkalöffel Zucker |
| 1 EL | Salz |
| 3–4 | Knoblauchzehen (je nach Größe) |
| 1 EL | zerdrückte Pfefferkörner |
| 1 | kleine, scharfe Pfefferschote |
| 3 EL | kaltgepreßtes Olivenöl |

Die Eier rechtzeitig aus dem Kühlschrank nehmen (sie sollen nicht allzu kalt sein, sonst platzt die Schale) und 10 Min. in siedendem Wasser kochen. Herausnehmen, unter kaltem Wasser abschrecken und schälen. Den Essig, den Wein, den Rosmarin, die Fenchelsamen, das Basilikum, den Thymian, das Bohnenkraut, den Zucker, das Salz, die geschälten Knoblauchzehen und die Pfefferkörner in einer Pfanne zum Sieden bringen. 10 Min. stark kochen. Inzwischen die Pfefferschote entkernen und in Rädchen schneiden. Zum Schluß zufügen. Die geschälten Eier in ein passendes Gefäß mit Bügelverschluß schichten. Den heißen Sud samt den Gewürzen darübergießen. Leicht abkühlen lassen. Das Olivenöl darüber verteilen. Hermetisch verschließen. 14 Tage kühl stellen.

**Tips**

- Diese Eier passen zu allen Salaten und zu kaltem Fleisch. Man kann damit auch ein Katerfrühstück zubereiten, wenn man sie z. B. mit Räucherfisch ergänzt. Sie bringen aber auch Abwechslung in ein rustikales Abendessen mit Bauernbrot, Butter, Wurst oder Terrine.
- Ostereier können auf diese Art aufgebraucht werden.

# Pecorino romano

Bereits vor 2000 Jahren war dieser Käse das Hauptnahrungsmittel der Schäfer im Lazio. Heute noch wird er ausschließlich aus Schafmilch, Lab und Salz hergestellt. Besonders beliebt war der Pecorino bei den römischen Cäsaren, und dank dieses Käses sollen die Legionäre, wie es der Dichter Virgil bestätigt, ihre Kräfte nach mühsamen Märschen wiedergefunden haben. Er wird im eigentlichen Ursprungsland Sardinien nach demselben natürlichen Verfahren wie schon damals hergestellt. Allerdings werden die Gerinnung, die Salzung und das Altern in modernen Käsereien vorgenommen. Bei einer Besichtigung ist es besonders eindrücklich zu sehen, wie die großen, zylinderförmigen Laibe mit einer Schablone umwickelt werden und dadurch ihr typisches Dekor bekommen. Durch regelmäßiges, feuchtes Salzen bekommen sie keine Kruste und bleiben blendend weiß. Sie tragen im Dekor das geschützte Markenzeichen, die Kodenummer des Herstellers und das Datum der Produktion. Mit der italienischen Bezeichnung «Pecorino» wird jeder Käse bezeichnet, der aus Schafmilch hergestellt wird. Der Name «Pecorino romano» hingegen bezeichnet einen Schafskäse, der nur in den ländlichen Gegenden des Lazio und in Sardinien produziert wird. Nur der echte «Pecorino romano» wird durch das Zeichen der Herkunftsregion (DOC) geschützt. Pecorino hat hohe Proteinwerte, enthält reichlich Kalzium, Phosphor, Vitamin A und B und ist besonders dank der Schafmilch leicht verdaulich. Bisher wurde der Pecorino fast ausschließlich zum Reiben verwendet. Heute werden mildere Sorten entwickelt, die weniger gesalzen sind und sich als Dessertkäse eignen.

Käse in knuspriger Hülle – eine willkommene Abwechslung.

## Briks de chèvre frais à la menthe
## Gebackener Ziegenkäse mit Pfefferminze

Kann weitgehend vorbereitet werden
Arbeitsaufwand: 25 Min.
Backzeit: 4–5 Min.

**Für 4 Personen**

1 schöner Kopfsalat
2 frische Ziegenkäse
8 Pfefferminzblätter
6 EL Olivenöl
Salz, Pfeffer
8 Feuilles de brik (s. S. 15)
Öl zum Ausbacken

**Vinaigrette**

2 EL Zitronensaft
4 EL kaltgepreßtes Olivenöl
Salz, Pfeffer
1 Prise Cayennepfeffer
1 TL Honig
1 EL gehackter Kerbel

Den Salat putzen und waschen. Die festen grünen Blätter beiseite legen. Die andern ausschwingen. Die Ziegenkäse mit einer Gabel zerdrücken. Die Pfefferminze mit einer Schere kleinschneiden. Mit 2 EL Olivenöl zum Käse geben und alles sehr gut mischen. Mit Salz und Pfeffer würzen. 4 Brikblätter halbieren, auf der Arbeitsfläche auslegen und mit wenig Olivenöl bestreichen. Von den grünen Salatblättern die Rippen herausschneiden. Die Blätter auf die Feuilles de brik legen und je 1 EL Käsemischung daraufgeben. Zu kleinen Beuteln oder Krapfen verschließen, dabei darauf achten, daß der Käse nicht auslaufen kann. Das Öl in einer Bratpfanne erhitzen, die Brikpäckchen darin beidseitig knusprig fritieren. Alle Zutaten für die Vinaigrette gut verrühren. Mit den restlichen Salatblättern gut vermischen. Den Salat in 4 Suppenteller anrichten und je 2 Brikpäckchen darauflegen.

**Tips**

- Im Süden gibt es länglichen Kopfsalat (Laitue), dessen Blätter etwas fester sind als bei uns.
- Die Briks kann man auch im Ofen backen. Sie werden dadurch weniger fett, aber auch nicht so knusprig.

Eine attraktive Art, einen Käsegang zu servieren.

## Aumonières de chèvre fermier
## Kleine Ziegenkäsebeutelchen

Kann vorbereitet werden
Arbeitsaufwand: 25 Min.
Backzeit: 5–8 Min.

**Für 4 Personen**

| | |
|---|---|
| 4 | Feuilles de brik (s. S. 15) |
| 1 TL | Haselnußöl |
| 1/2 TL | Thymian |
| 4 | kleine Ziegenkäse |
| 100 g | gemischte Salatblätter (Frisée, Rauke, Feldsalat usw.) |

**Sauce**

| | |
|---|---|
| 1 EL | Sherryessig |
| 3 EL | Haselnußöl |
| | Salz, Pfeffer |
| 1/2 | durchgepreßte Knoblauchzehe |
| 1 TL | Thymian |

Die Feuilles de brik mit wenig Haselnußöl bestreichen und mit wenig Thymian bestreuen. Je ein Käslein darauflegen, zu Beuteln zusammenraffen und binden. 5–8 Min. bei 180 °C im Ofen überbacken. Die Beutelchen sollen leicht Farbe annehmen und knusprig werden. Salz, Essig, Knoblauch und Thymian gut verrühren und das Öl daruntermischen. Die Salatblätter waschen, trockenschleudern und mit der Salatsauce würzen. Die Käsebeutel auf die Mitte der Teller anrichten und mit dem Salat umgeben.

**Tips**

- Anstelle von Thymian kann man wenig Kreuzkümmel in die Beutel geben.
- Die Feuilles de brik müssen für dieses Gericht etwas verkleinert werden. Zuerst einen Probebeutel machen und die passende Größe bestimmen, danach die anderen Blätter zurechtschneiden.
- Die Aumonières mit Schnittlauch oder dünnen Lauchstreifen zubinden.

In Uzès in einer einfachen kleinen Auberge entdeckt und nachgekocht, weil es so gut war.

## Gratin de chèvre
## Ziegenkäsegratin

Kann vorbereitet werden
Arbeitsaufwand: 20 Min.
Backzeit: 15–20 Min.

**Für 4 Personen**

8–12 dünne Scheiben Baguette (Pariserbrot)
2 EL Olivenöl
4 kleine, frische Ziegenkäse (zu je 80 g)
4 EL Crème fraîche
Salz, Pfeffer aus der Mühle
1 durchgepreßte Knoblauchzehe

Die Brotscheiben mit wenig Öl beträufeln und im Ofen leicht toasten. 4 Portionen-Eierpfännchen mit je 2–3 Brotscheiben belegen. Den Ziegenkäse mit einer Gabel zerdrücken und mit der Crème fraîche mischen. Mit Salz und wenig Knoblauch abschmecken. Die Käsemasse auf die Brotscheiben verteilen. Im Ofen bei 200 °C und Oberhitze etwa 10–15 Min. gratinieren, bis der Käse schmilzt. Mit Pfeffer aus der Mühle bestreuen und sofort servieren.

**Tips**

– Wer den Ziegenkäse nicht mag, kann es mit frischem Schafskäse oder Resten von Weichkäse, z. B. Brie, Camembert oder ähnlichen Sorten, probieren.
– Das Brot kann durch frischgekochte Scheiben von neuen Kartoffeln ersetzt werden.

# Käse als pikantes Dessert

Viele beschließen ein gelungenes Mahl gerne mit einem Käsegang. Hier ein paar Anregungen:

Pecorino romano, Parmigiano, Grana padano oder Sbrinz in kleine Brocken teilen. Mit einigen Rucolablättern auf Dessertteller geben und den Käse mit etwas Aceto balsamico tradizionale (s. S. 168) beträufeln.

Fromage (Frischkäse) aus Ziegen- oder Kuhmilch mit dickflüssiger Crème fraîche begießen. Mit Salz und Pfeffer bestreuen und mit Olivenbrot (s. S. 311) servieren. Als süße Variante die Mischung mit Zucker und nach Belieben etwas Zimt bestreuen.

*Brocconcini di taleggio* Den Taleggio in halbfingerlange Stäbchen schneiden, in zerlassener Butter wenden und in geriebenen, kurz gerösteten Mandeln oder Sesamsamen wenden. $^1/_2$ Std. kalt stellen. Mit Pfefferminzblättern und Baguette servieren.

Frischen Ziegenkäse vierteln und in Sesamsamen oder feingehackten Pinienkernen wenden. Mit Korianderblättern garnieren und mit Roggenbrot servieren.

Frischen Schafs- oder Ziegenkäse in Viertel schneiden. Kaltgepreßtes Olivenöl mit kleingeschnittenen schwarzen und grünen Oliven und einigen abgetropften Kapern mischen. Über die Käsestücke geben.

Schafs- oder Ziegenfrischkäse mit einer Gabel zerdrücken. Eine unbehandelte Orange abreiben. Die Schale mit etwas feingeschnittenem Basilikum und 1 EL kaltgepreßtem Olivenöl mischen und zum Käse geben. Mit Salz und Pfeffer abschmecken. Die Masse zu eiförmigen Klößchen formen, anrichten und mit wenig kaltgepreßtem Olivenöl beträufeln. Mit Basilikum garnieren und mit Toast servieren.

Kleine Ziegen- oder Schafskäslein mit feingehackten Kräutern (Thymian, Bohnenkraut, Rosmarin), $^1/_2$ TL gehacktem Peperoncino, 1 Lorbeerblatt und einigen zerdrückten Pfefferkörnern in ein Konservenglas schichten. Mit Olivenöl bedecken, gut verschließen und etwa 3 Tage im Kühlschrank ruhen lassen. Gut abtropfen und nach Belieben mit etwas Aceto balsamico beträufeln. Mit Bauernbrot servieren.

Etwas ungewohnt, aber delikat und interessant:
Ziegenkäse mit süßer Beilage.

## Petit chèvre au miel de châtaignes
## Kleine Ziegenkäse mit Nußhonig

Kann vorbereitet werden
Arbeitsaufwand: 10 Min.

**Für 4 Personen**

4 kleine, frische Ziegenkäse
viel schwarzer Pfeffer
2 EL gemischte Kräuter (Petersilie, Salbei, Basilikum, Rosmarin)
5–6 Wacholderbeeren
2 durchgepreßte Knoblauchzehen
$1\frac{1}{2}$ dl Olivenöl

**Nußhonig**

150 g Kastanienhonig aus der Provence
150 g grobgehackte Baumnußkerne

Die Ziegenkäse in ein Glasgefäß legen. Den Pfeffer, die Kräuter, die Wacholderbeeren und den Knoblauch beifügen und mit dem Olivenöl begießen, bis die Käslein damit bedeckt sind. 2–3 Tage stehenlassen. Den Honig mit den Nüssen mischen. Die Käslein gut abtropfen lassen und mit frischem Brot und Nußhonig servieren.

**Tip** Wenn die Käslein länger als 2–3 Tage eingelegt werden, sollte man getrocknete Kräuter verwenden.

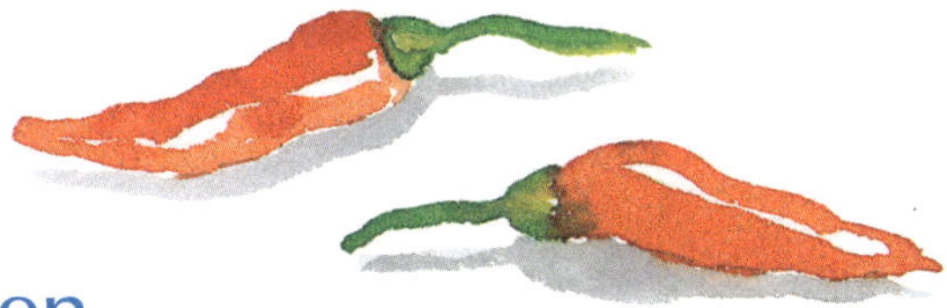

# Fonds und Saucen

In diesem Kapitel gibt es Saucen ohne Sahne, dafür mit Olivenöl, Gemüse, Kräutern und Gewürzen zu entdecken, neue Kreationen ebenso wie traditionelle Zubereitungen aus den Küchen der Mittelmeerländer. Sie bringen Farbe, neue Aromen und interessante Akzente in unsere Menüs.

## Lammfond als Saucenbasis

Arbeitsaufwand: etwa 25 Min.
Kochzeit: 3–4 Std. (im Schnellkochtopf nur 1 Std.)

**Für 1 Liter**

| | |
|---|---|
| 1,2 kg | Lammknochen oder Lammabschnitte |
| 2 EL | Olivenöl |
| 1/2 TL | Tomatenpüree |
| 100 g | Karotten |
| 80 g | Stangensellerie |
| 1 | Zwiebel |
| 1 | ungeschälte Knoblauchzehe |
| 1 | Tomate |
| 1 EL | zerdrückte Pfefferkörner |
| 1 | Lorbeerblatt |
| 3 | Thymianzweige |
| 1/8 l | Rot- oder Weißwein |
| 4 l | Wasser |

Die Knochen oder Abschnitte in einer Bratpfanne oder auf einem Blech im Ofen im Öl stark anbraten, dann in eine große Bratkasserolle geben. Das Tomatenpüree zugeben. Die Gemüse putzen, kleinschneiden und mitbraten. Die Tomate kleinschneiden, ausdrücken und mit dem ungeschälten Knoblauch, dem Lorbeerblatt, den Pfefferkörnern und dem Thymian zufügen. Sobald die Gemüse Farbe angenommen haben, überschüssiges Fett abgießen, mit dem Wein ablöschen und Knochen und Gemüse mit Wasser bedecken. 3–4 Std. auf kleinem Feuer auf ein Viertel der Flüssigkeit einkochen lassen. Ab und zu den Schaum entfernen. Durch ein Haarsieb gießen, wieder in die Pfanne geben und nochmals einkochen lassen.

**Tips**

- Im Haushalt läßt sich ein Fond auch im Schnellkochtopf mit 1 1/4 l Wasser in etwa 1 Std. zubereiten.
- Der Lammfond läßt sich gut einfrieren oder kochendheiß in Gläser mit Bügelverschluß einfüllen.
- Vorsicht beim Tomatenpüree: Nicht zuviel beifügen und nur leicht anziehen lassen, denn durch zu starkes Braten wird es schwarz und bitter.
- Am besten läßt man sich vom Metzger schöne Knochen, an denen noch ein wenig Fleisch hängt, oder Abschnitte mitgeben.

**Variationen**

- *Kalbsfond* läßt sich mit Kalbsknochen und -abschnitten auf dieselbe Art zubereiten (Thymian weglassen).
- *Glace de viande* Ein Fond kann so lange eingekocht werden, bis sich eine braune, dickflüssige Sauce bildet, die man in kleinen Dosen für die Verstärkung von Fleischsaucen verwenden kann.
- Fond und Glace de viande lassen sich etwa 1 Woche im Kühlschrank aufbewahren. Man kann diese Konzentrate auch tiefkühlen: In Eiswürfelbehälter gießen, einfrieren, herauslösen, in Plastikbeutel geben und wieder in die Kühltruhe legen.

– *Geflügelfond* Mit 700 g Geflügel- und 300 g Kalbsknochen und nach Wunsch Weißwein wie oben beschrieben zubereiten. Anstelle von Knochen kann man auch Geflügelteile (Hals, gereinigter Magen, Schenkelfleisch) verwenden. Tomatenpüree und Knoblauch weglassen, dafür zusätzlich zum Thymian je 1 kleinen Zweig Salbei und Rosmarin beigeben.

Eine Basis für Fischsuppen und -saucen.

## Fischfond

Kann vorbereitet werden
Arbeitsaufwand: 10 Min.
Kochzeit: 10–15 Min.

**Für etwa 2 Liter**

| | |
|---|---|
| 1 | große Zwiebel oder 4 Schalotten |
| 1 | Lauchstange |
| 3–4 | Champignons |
| 1 | Selleriestange mit Kraut |
| $^1/_2$ | Lorbeerblatt |
| 1 | Knoblauchzehe, nach Belieben |
| 1–2 | Petersilienstiele |
| 1 TL | zerdrückte Pfefferkörner |
| $1^1/_2$ kg | Fischgräten, -köpfe und -abschnitte |
| $^1/_4$ l | Weißwein |

Die Zwiebel oder die Schalotten in Ringe schneiden. Den Lauch putzen und in Scheiben schneiden. Die Champignons putzen und vierteln. Die Selleriestange in Stücke schneiden. Die Gemüse mit 2 l Wasser aufkochen. Das Lorbeerblatt, den Knoblauch, die Champignons, die Petersilienstiele, den Pfeffer und die kalt abgespülten Gräten, Köpfe und Abschnitte hineingeben. Etwa 5 Min. kochen lassen, den Wein zugeben und bei Mittelhitze 5–10 Min. weitergaren. Abkühlen lassen und passieren.

**Tip** Für Saucengerichte kann man die Gemüse zuvor in 1–2 EL Olivenöl anziehen lassen. Für Fischsuppen erübrigt sich dies meistens, weil in diesen Rezepten die Zutaten bereits im Öl vorgedünstet werden.

**Variation** Aus dem oben beschriebenen Fond läßt sich eine *Fischconsommé* zubereiten, die auch auf Vorrat tiefgekühlt werden kann: Den Fischfond wie beschrieben kochen und passieren. Wieder aufkochen, etwa 10 Min. einreduzieren. 100 g kleingewürfeltes Gemüse (Lauch, Karotten, Sellerie) mit 1–2 leicht geschlagenen Eiweißen zufügen. Kochen lassen, bis die Gemüse aufsteigen und die Consommé klar geworden ist. Die Consommé passieren und nach Belieben mit Kräutern würzen oder mit Fischfilets als Einlage servieren.

## Krustentierfond

Kann vorbereitet werden
Arbeitsaufwand: 30 Min.
Kochzeit: 30 Min.

**Für 1/2 Liter**

| | |
|---|---|
| 400 g | ungekochte Schalen von Krustentieren (Hummer, Langusten, Krebse, Scampi, Crevetten) |
| 3 EL | Olivenöl |
| 300 g | Gemüsewürfel (Karotten, Sellerie, Zwiebeln, Lauch, Fenchel) |
| 2 EL | Cognac |
| 3 EL | Weißwein |
| 1/2 l | Geflügelfond (s. S. 285) oder konzentrierte Hühnerbrühe |
| 1 | Lorbeerblatt |
| 1 | Thymianzweig |
| 1 TL | Pfefferkörner |
| 1 | Gewürznelke |
| 1/2 | Pfefferschote (Peperoncino) |

Die Krusten in kleine Stücke schneiden und im erhitzten Olivenöl unter ständigem Rühren leicht rösten. Sobald sie rot werden, die Gemüsewürfel zufügen und 1–2 Min. mitrösten. Mit Cognac begießen, kurz aufkochen, dann den Wein zugießen. Nochmals aufkochen, danach den Geflügelfond, das Lorbeerblatt, den Thymian, die Pfefferkörner, die Nelke und die entkernte Pfefferschote zufügen. Zugedeckt bei kleiner Hitze etwa 30 Min. kochen. Durch ein Tuch oder feines Sieb passieren. Je nach Weiterverwendung verarbeiten.

**Tip** Dieser Fond läßt sich in Plastikbechern tiefkühlen. Dazu kann man ihn auf die Hälfte einkochen.

## Aïoli, Daudet und Mistral

Léon Daudet, Sohn von Alphonse Daudet, ebenfalls Erzähler der Provence und Schriftsteller, fand, in der Provence und im Languedoc sei das Servieren von Aïoli auf einer guten Tafel Ehrensache. Zudem sei Aïoli das sicherste Mittel, der Krankheit und dem Tod zu entrinnen. Der provenzalische Dichter Frédéric Mistral sah es poetischer: «Aïoli wirkt leicht berauschend, erwärmt den Körper und badet die Seele im Enthusiasmus.» Es vereinige in seiner Essenz die Wärme, die Kraft und die Freude an der Sonne der Provence. Außerdem habe Aïoli noch eine weitere Tugend: Es vertreibe die Fliegen!

Eine Sauce nur für Knoblauchliebhaber. Beliebt ist sie in ganz Südfrankreich und auch in Katalonien, wo man sie vor allem gerne zu gebratenem Kaninchen serviert.

## Aïoli

Kann vorbereitet werden
Arbeitsaufwand: 20 Min.

**Für 4–6 Personen**

4 Knoblauchzehen
Salz
1 hartgekochtes Ei
2 Eigelb
1/8 l kaltgepreßtes Olivenöl
Saft von 1 Zitrone, nach Belieben
weißer Pfeffer

Den Knoblauch schälen. Den Keim entfernen, die Zehen im Mörser mit wenig Salz zerstoßen. Das hartgekochte Ei halbieren, das Eigelb herausnehmen, zum Knoblauch geben, ebenfalls gut zerdrücken und mit dem Knoblauch mischen. Das Eigelb nach und nach darunterrühren. Ungefähr 3 EL Olivenöl tropfenweise unter Rühren zufügen. Etwas Zitronensaft beigeben. Das restliche Öl langsam dazurühren. Dabei immer in die gleiche Richtung rühren. Mit Salz, Pfeffer und dem Zitronensaft abschmecken.

**Tips**

- Aïoli sollte immer frisch zubereitet und nicht länger als etwa 3–4 Std. aufbewahrt werden, denn der Knoblauch verändert seinen Geschmack sehr rasch auf unangenehme Art.
- Damit diese Sauce gelingt, müssen die Eier und das Öl Küchentemperatur haben. Auch muß man immer in der gleichen Richtung rühren.
- Sollte der Aïoli mißlingen, nimmt man ihn am besten aus dem Mörser, gibt ein Eigelb hinein und fängt mit etwas Öl von vorne an. Danach die bereits zubereitete, geronnene Sauce darunterrühren oder -mixen.
- Ist die Sauce zu dick, gibt man 1–2 EL heißes Wasser zu.
- Manchmal wird auch ein Teil des Zitronensaftes durch 1 TL Pastis ersetzt.
- Es gibt viele verschiedene Aïolirezepte. Oft wird er ohne hartgekochtes Eigelb zubereitet. In diesem Fall wird eine frischgekochte Kartoffel oder ein kleines Stück aufgeweichtes Brot ohne Rinde im Mörser mit dem Knoblauch verarbeitet und zugegeben.
- In der Provence und auch in Spanien gibt man keinen Zitronensaft bei. Für unsere Gaumen schmeckt Aïoli leicht gesäuert besser.

In Marokko und oft auch in den Nachbarländern wird nicht immer mit Olivenöl gekocht, sondern mit «Smen», einer geklärten Butter mit Kräutergeschmack.

## Smen
### Hausgemachte Kräuterbutter

Kann vorbereitet und konserviert werden
Arbeitsaufwand: 15 Min.
Kochzeit: 15–20 Min.

| | |
|---|---|
| 500 g | Butter |
| 1 EL | grobes Salz |
| 1–2 TL | gehackte Kräuter (flache Petersilie, Korianderblätter, Thymian, Origano) |

Die Butter in Würfel schneiden, in einen großen Topf geben und schmelzen lassen. Dann bei kleiner Hitze unter ständigem Rühren kochen. Nach dem zweiten Aufsteigen der Butter sollte sich der Eiweißrückstand am Topfboden abgesetzt haben und hellbraun geworden sein. Die Butter stehenlassen, bis sie ganz klar ist. Ein Sieb mit einem Mulltüchlein auslegen, das Salz und die Kräuter hineinlegen, das Sieb auf ein Konservenglas oder einen Steinguttopf setzen und die noch flüssige Butter durchseihen. Gut verschließen und kühl aufbewahren. Im Kühlschrank ist diese geklärte Butter etwa 6 Monate haltbar.

**Tip** In Marokko wird der echte Smen, welcher einen leicht ranzigen Geschmack hat, aus gestockter Frühlingsmilch hergestellt. Dabei wird die entstandene Butter zu Kugeln geformt und in der Buttermilch belassen. Nach einigen Tagen wird diese «Zebda» genannte Butter durch Einsieden haltbar gemacht. Die Berber heben Smen in versiegelten Krügen jahrelang auf; dadurch wird sein Geschmack immer kräftiger.

**Variante** Man kann anstelle der hausgemachten auch gekaufte geklärte Butter (Butterschmalz) wie beschrieben mit den Kräutern aromatisieren, damit sie dem echten Smen ähnlich wird.

Eine sehr bekannte pikante Sauce aus scharfen Pfefferschoten, die zum Couscous serviert wird. Sie wird aber auch als Würze für andere orientalische Gerichte verwendet.

# Harissa
## Nordafrikanische Würzpaste

Kann vorbereitet werden
Arbeitsaufwand: 1 Std. (im Mixer 10 Min.)
Einlegezeit: 1–2 Std.

| | |
|---|---|
| 100 g | kleine, getrocknete rote Pfefferschoten (Chili) |
| 8 | Knoblauchzehen |
| 2 EL | Salz |
| 4 EL | Korianderkörner |
| 4 EL | Kreuzkümmel |
| 8 EL | kaltgepreßtes Olivenöl |

Die Pfefferschoten mit einem kleinen, scharfen Messer längs aufschlitzen und die Samen entfernen. Eventuell noch vorhandene Stiele ebenfalls entfernen. Die Schoten in ein Gefäß legen, mit heißem Wasser begießen und 1–2 Std. quellen lassen. Die Knoblauchzehen schälen, kleinschneiden und mit 1 EL Salz in einem Mörser fein zerreiben, dann herausnehmen und die abgetropften Schoten hineingeben. Mit dem restlichen Salz zu einer Paste verarbeiten. Mit dem Knoblauch vermischen. Den Mörser waschen, trocknen und den Koriander und den Kreuzkümmel zerstoßen. Die Chilimasse zufügen und alles nach und nach mit dem Olivenöl gut vermischen. Die Paste soll sämig, aber nicht zu flüssig werden. Die Harissa in ein Glas füllen, mit Olivenöl leicht abdecken, gut verschließen und im Kühlschrank aufbewahren, wo sie wochenlang haltbar bleibt.

**Tips**

- Harissa kann «auf die Schnelle» im Mixer zubereitet werden. In diesem Fall die Gewürze in Pulverform verwenden.
- Harissa kann auch in großen Lebensmittelabteilungen und in Spezialgeschäften als Konserve gekauft werden. Nicht unbedingt zu empfehlen ist die auf Märkten angebotene hausgemachte Harissa. Sie entspricht nicht unserem Geschmack, weil oft das Olivenöl durch Schafsfett ersetzt wird.
- Je nach Gegend wird Harissa auch noch mit gehackten Pfefferminzblättern oder Eisenkraut (Verveine) gewürzt.

Die Kreation der Tapenade wird dem Küchenchef Meynier aus Marseille zugeschrieben. Seit über hundert Jahren wird diese Mischung auch industriell hergestellt. Sie ist in Gläschen oder Dosen in Spezialgeschäften erhältlich. Den Namen Tapenade verdankt sie den Kapern, die provenzalisch Tapéno heißen.

## Tapenade
### Oliven-Kapern-Sauce nach provenzalischer Art

Kann vorbereitet werden
Arbeitsaufwand: 30 Min.

**Für 300 g**

| | |
|---|---|
| 100 g | Sardellenfilets aus dem Salz |
| 200 g | schwarze Oliven (wenn möglich kleine Sorte von Nizza) |
| 50 g | Kapern |
| 1/2 dl | Olivenöl |
| | wenig Zitronensaft |
| 1 TL | scharfer Senf (Dijon) |
| je 1 | Prise Thymian- und Lorbeerpulver |
| 3 EL | Cognac, nach Belieben |
| 1 | Knoblauchzehe |
| | schwarzer Pfeffer aus der Mühle |

Die Sardellen 10 Min. in kaltes Wasser einlegen. Die Oliven entkernen. Die gut abgetropften Sardellen, die Oliven und die Kapern mit dem Wiegemesser hacken. Das Gemisch in einen Mörser geben und zu einer gleichmäßigen Masse verarbeiten. Langsam, unter ständigem Rühren zuerst das Öl, dann den Zitronensaft zufügen. Zuletzt den Senf, Thymian und Lorbeer, den Cognac und den durchgepreßten Knoblauch unterrühren. Mit dem frischgemahlenen Pfeffer nachwürzen.

**Tips**

- Etwas Salz beifügen, wenn Sardellenfilets aus dem Öl verwendet werden.
- Als Beilage zu kaltem Fleisch oder Fisch und zu Hors-d'œuvres.
- Zum Aperitif oder einem Glas Wein auf kleinen, bebutterten Toasts.
- Mit Butter vermischt auf kleinen Canapés als raffinierte Beilage zu Fischsalat.
- Hartgekochte Eier halbieren, Eigelb passieren, mit Tapenade mischen und mit dem Spritzbeutel wieder in die Eihälften einfüllen.

**Variationen**

- Grüne Oliven verwenden.
- 100 g zerpflückten Thunfisch mit verarbeiten.
- Ein großes, rundes Schwarzbrot (2 kg) backen lassen. Einen Deckel abschneiden. Den Inhalt des Brotes sorgfältig herausschneiden. Das Brotinnere in 1 cm dicke Scheiben schneiden. Die Brotscheiben zuerst mit Butter, dann mit Tapenade bestreichen. In das Brot füllen und den Deckel wieder aufsetzen.

Paßt als Beilage zu gekochten Eiern, zu Kalb- und Geflügelfleisch und als Aufstrich für Crostini.

## Tapenade aux olives vertes
## Grüne Olivensauce

Die Oliven entsteinen, die Kapern abgießen und mit den Mandeln, den Sardellenfilets und dem Olivenöl im Cutter zu einer Paste mixen. Mit Pfeffer und wenig Salz (Vorsicht, die Sardellen sind bereits salzig!) abschmecken. Nach Belieben den Marc zufügen. Mit etwas Zitronensaft nachwürzen.

**Tip** Es gibt im Handel, vor allem auf italienischen und südfranzösischen Märkten, kleine Zangen, mit denen Oliven und auch Kirschen entsteint werden können.

Kann vorbereitet werden
Arbeitsaufwand: 15 Min.

**Für 4–6 Personen**

250 g grüne Oliven
1 EL Kapern
100 g geschälte Mandeln
4 Sardellenfilets
1 EL kaltgepreßtes Olivenöl
Pfeffer, Salz
1 EL Marc, nach Belieben
1 TL Zitronensaft

## Rouille
## Rote Pfeffer-Knoblauch-Sauce

Das Brot zerkleinern und mit Wasser bedecken. Die Pfefferschoten längs halbieren, entkernen und in kleine Stücke schneiden. Den Knoblauch schälen, mit wenig Salz in einen Mörser geben und etwas zerstoßen. Die Pfefferschoten und den Safran beigeben und weiter zu einem Püree verarbeiten. Das Brot ausdrücken, zufügen und weitermischen, bis eine gleichmäßige Masse entsteht. Das Eigelb daruntermischen und nach und nach, wie bei einer Mayonnaise, unter stetem Rühren das Öl beigeben.

**Tip** Die Rouille läßt sich auch im Mixer zubereiten (was allerdings kein ganz echtes Resultat ergibt): Alle Zutaten außer dem Öl mit etwa 1 EL Fischsud mixen, dann nach und nach mit dem Öl aufmontieren.

Kann vorbereitet werden
Arbeitsaufwand: 30 Min.

**Für 4 Personen**

40 g Brot ohne Kruste
2 kleine, scharfe rote Pfefferschoten
2–3 Knoblauchzehen
Salz
4–5 Safranfäden oder 1 Prise Safranpulver
1 Eigelb
1/8–0,2 l kaltgepreßtes Olivenöl

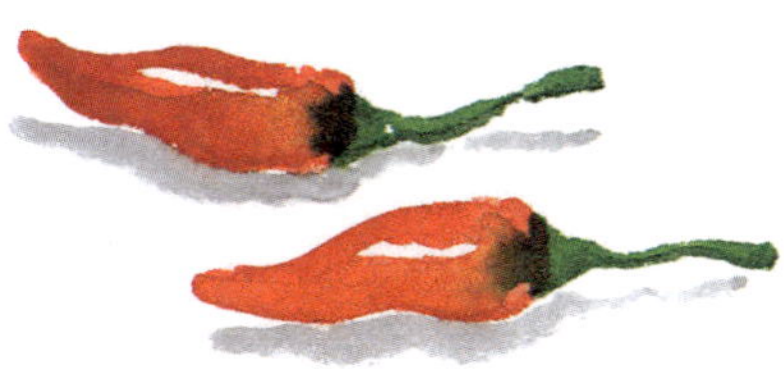

Paßt zu Geflügel, Fleisch und Wild.

## Rotes Zwiebelconfit

Kann vorbereitet werden
Arbeitsaufwand: 15 Min.
Marinierzeit: 4–5 Std.
Schmorzeit: 2 Std.

- 6 mittelgroße rote Zwiebeln von gleicher Größe
- 2½ EL Olivenöl
- 2 Lorbeerblätter
- ½ TL Korianderkapseln
- 2 Gewürznelken
- Pfeffer aus der Mühle
- 1–1½ EL Rotweinessig
- 2 EL Honig, vorzugsweise Kastanienhonig
- 1½–2 EL Aceto balsamico tradizionale (s. S. 168)
- Salz

Von den Zwiebeln nur die äußersten Blätter entfernen. Möglichst viel rote Schale daran belassen. Die Zwiebeln in eine Auflaufform stellen. Das Olivenöl in eine kleine Schüssel gießen. Die Lorbeerblätter mit der Schere zerkleinern und zufügen. Den Koriander und die Nelken mit einem großen Messer zerdrücken und mit 4–5 Umdrehungen Pfeffer unter das Öl mischen. Die Marinade über die Zwiebeln gießen. 4–5 Std. stehenlassen und die Zwiebeln öfters im Öl wenden. 1 EL Weinessig und den Honig mit 1 EL Balsamico und etwas Salz verrühren. Die Zwiebeln damit bestreichen. Den Ofen auf 200 °C vorheizen. Die Temperatur auf 150 °C reduzieren und die Zwiebeln 2 Std. im Ofen schmoren lassen. Dabei die Zwiebeln immer wieder mit dem Saft begießen. Sollte er zu stark einkochen, den restlichen Essig oder wenig Wasser zufügen. 10 Min. vor Ende der Schmorzeit den restlichen Balsamico über die Zwiebeln träufeln und die zu Sirup eingedickte Marinade darübergeben.

**Tip** Man kann auch Schalotten auf diese Art zubereiten oder die Zwiebeln vierteln. Dann genügen etwa 1½ Std. Schmorzeit. Ganze Zwiebeln sehen als Garnitur jedoch schöner aus.

Eine aparte Beilage für Knoblauchliebhaber.

## Purée d'ail nouveau au fenouil
## Knoblauch-Fenchel-Püree

Kann vorbereitet werden
Arbeitsaufwand: 30 Min.
Garzeit: 35 Min.

**Für 4 Personen**

4 Knollen frischer junger Knoblauch
3 Fenchelknollen
Salz
Saft von 1/2 Zitrone
100 g dicke Crème fraîche
weißer Pfeffer
1 TL Pernod (Anisaperitif), nach Belieben

Die äußeren Blätter der Knoblauchknollen entfernen, ohne die einzelnen Zehen zu beschädigen. Ein großes Stück Aluminiumfolie ausbreiten, die Knollen darauflegen, einpakken und in der Mitte des Ofens bei 200 °C etwa 35 Min. garen lassen. Die Zehen dürfen goldgelb werden, und der Inhalt soll weich sein. In der Zwischenzeit die Fenchelknollen putzen, in große Stücke schneiden und etwa 15 Min. in Salzwasser, dem der Zitronensaft beigegeben wurde, garen. Das Fenchelkraut aufheben. Die Folie öffnen und den Knoblauch etwas auskühlen lassen. Den Fenchel abgießen, gut abtropfen lassen und durch das Passiergerät drehen oder im Mixer pürieren. Die Knoblauchzehen aus der Knolle lösen und jede einzelne an einem Ende durchschneiden und ausdrücken. Das Püree mit der Crème fraîche und dem pürierten Fenchel mischen. Mit Salz, Pfeffer und nach Belieben dem Pernod abschmecken. Das Fenchelkraut hacken. Das Püree vor dem Servieren im Wasserbad langsam erwärmen, anrichten und mit dem Fenchelkraut bestreuen.

**Tips**

- Dieses Püree paßt gut zu gekochtem oder gebratenem Fisch oder zu gegrilltem Lammfleisch.
- Es sollte nicht länger als einen Tag zugedeckt im Kühlschrank aufbewahrt werden. Nach dieser Zeit kann sich das Aroma verändern.

# Tomaten und Tomaten

Es gibt Tomaten, die ihren Namen verdienen, und leider auch andere. Beim Einkauf muß man sehr kritisch sein, denn es gibt täuschend rote Früchte, deren Fleisch fade und wässerig schmeckt. Neuerdings sind auch die sogenannten Strauchtomaten bei uns erhältlich, deren grüne Zweige zum Kauf verlocken. Meistens haben sie eine sehr dicke Haut und festes, trockenes Fleisch und eignen sich vor allem zum Rohessen, z.B. für Salate. Zum Kochen taugen sie nicht viel. Ideal für diesen Zweck sind die südlichen, ovalen Sorten, z.B. «San Marzano» oder «Peretti». Sie sind in der Regel schön rot, fleischig und aromatisch. Sollten sie nicht erhältlich sein, macht man es wie die Italiener: Man greift zu Pelati aus der Dose, die reif geerntet und eingemacht werden. Wer Zeit und Lust hat, kann dies auch zu Hause tun, als Vorrat für den Winter (s.S. 317).

Herrlich zu frischgekochten Teigwaren.

## Rohe Tomatensauce

Kann vorbereitet werden
Arbeitsaufwand: 15 Min.

**Für 4 Personen**

- 1 kg reife, geschälte Tomaten, vorzugsweise San Marzano
- Salz
- ½ Peperoncino, nach Belieben
- 1–2 Knoblauchzehen
- 2 EL kaltgepreßtes Olivenöl
- 2 EL feingeschnittenes Basilikum
- Pfeffer aus der Mühle

Die Tomaten halbieren und entkernen. Leicht salzen und in einem Sieb abtropfen lassen. Den Peperoncino längs halbieren, die Kerne entfernen und die Schale fein hacken. Den Knoblauch schälen und halbieren. Die Tomaten, das Olivenöl, das Basilikum mit dem Peperoncino (Menge nach Belieben) und dem Knoblauch im Mixer pürieren. Mit Salz und Pfeffer abschmecken.

**Tip** Die Sauce etwa 1 Std. vor Gebrauch zubereiten, damit sich die verschiedenen Aromen im Olivenöl entfalten können.

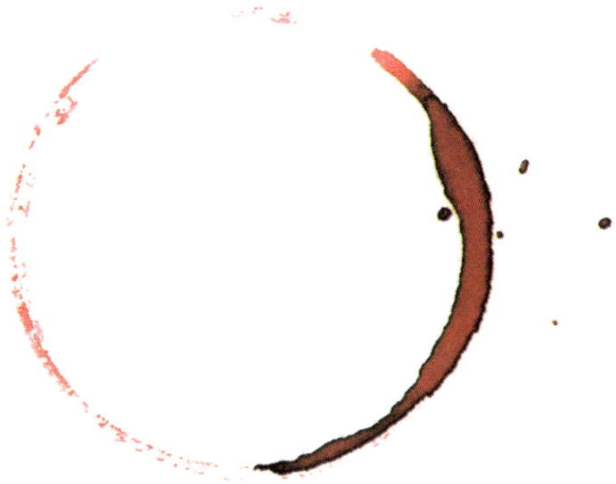

Eine gehaltvolle Sauce, wie von der Nonna zubereitet.

## Ragù alla napoletana
## Neapolitanisches Ragout

Kann vorbereitet werden
Arbeitsaufwand: 20 Min.
Schmorzeit: 3 Std.

**Für 6–8 Personen**
500 g Rindfleisch (Bratenstück)
100 g Spickspeck
3 EL Olivenöl
Salz, Pfeffer aus der Mühle
1/8 l guter Rotwein
neapolitanische Tomatensauce (s. S. 296)

Das Rindfleisch vom Metzger mit dem Speck spicken lassen. Das Olivenöl erwärmen, das Fleisch salzen, pfeffern und zugeben. Allseitig kurz anbraten, 1/8 l Wasser zufügen, zudecken. Nach etwa 10 Min. den Rotwein zufügen. Kurz verdampfen lassen. Die Tomatensauce erwärmen. 2–3 EL davon zum Fleisch geben und zugedeckt weiterschmoren lassen. Nach und nach immer wieder etwas Tomatensauce zufügen. Mindestens 3 Std. bei sehr schwacher Hitze zugedeckt schmoren lassen. Das Fleisch aus der Sauce nehmen.

**Tips**

- Es gibt im Handel gußeiserne Kasserollen, deren Deckel eine Vertiefung hat, die mit Wasser gefüllt werden kann. Sie eignen sich vorzüglich für die Zubereitung von Schmorgerichten wie dieser Sauce, weil der aufsteigende Dampf immer wieder als Wasser auf das Gericht zurückfällt und es dadurch feucht hält.
- Das Fleischstück kann für andere Zubereitungsarten verwendet werden, z.B. gehackt als Füllung für Ravioli, die dadurch einen unvergleichlichen Geschmack erhalten.
- Das Bratenfleisch kann durch 1 kg Ochsenschwanz ersetzt werden, wodurch die Sauce besonders würzig wird.
- Es lohnt sich, eine größere Menge dieser Sauce, die gut zu Spaghetti und Makkaroni paßt, zuzubereiten. Man kann sie gut tiefkühlen.

Eine einfache Tomatensauce, die zu allen Teigwaren paßt und als Basis für eine andere Sauce dienen kann.

## Salsa al pomodoro alla napoletana
## Neapolitanische Tomatensauce

Kann vorbereitet werden
Arbeitsaufwand: 10 Min.
Kochzeit: 40 Min.

**Für 4–6 Personen**

1 kg reife Tomaten (wenn möglich San Marzano)
1 große, gehackte Zwiebel
1 Lorbeerblatt
5–6 Basilikumblätter
2 EL gehackte Petersilie
Salz, Pfeffer

Die Tomaten in Stücke schneiden. Die Zwiebeln, das Lorbeerblatt und das Basilikum sowie die Petersilie zufügen. Etwa 40 Min. bei kleiner Hitze zu einem Mus kochen. Den Lorbeer entfernen. Das Mus durch ein Sieb oder Passiergerät streichen, damit die Tomatenhäute zurückbleiben. Mit Salz und Pfeffer abschmecken.

**Tip** Diese fettlose Sauce kann kochendheiss in ein ausgekochtes Konservenglas mit Bügelverschluß eingefüllt und hermetisch verschlossen mehrere Monate aufbewahrt werden.

Eine Sauce, die in Ligurien gerne zu Teigwaren und Gemüsegerichten gereicht wird.

## Salsa di noci
## Nußsauce

Kann vorbereitet werden
Arbeitsaufwand: 20 Min.

**Für 4 Personen**

50 g Weißbrot ohne Kruste
1/8 l Milch
1 TL gehackter Majoran
1 kleine Knoblauchzehe
2 EL geriebener Grana Padano
100 g geschälte, geriebene Walnüsse
6 EL Rahm
Salz, Pfeffer

Das Weißbrot in Stücke brechen und in der Milch einweichen, gut ausdrücken und durch ein Sieb streichen. Zusammen mit dem Majoran, dem Knoblauch, dem Käse und den Nüssen in einem großen Mörser oder im Mixer er zu einer gleichmäßigen Paste verarbeiten. Den Rahm steifschlagen und unter die Sauce ziehen. Mit Salz und Pfeffer abschmecken.

**Tip** Die Sauce in einer vorgewärmten Saucière anrichten. Dadurch wird sie leicht sämig und schmeckt besser als direkt aus dem Kühlschrank. Auch wenn man sie mit Nudeln servieren will, sollte man sie zuerst in die vorgewärmte Schüssel geben, dann die heißen Nudeln darübergeben und alles gut mischen.

Die klassische grüne Sauce aus Ligurien, die besonders gut zu Trenette und Gnocchi paßt.

# Pesto alla genovese
## Basilikumsauce

Kann vorbereitet werden
Arbeitsaufwand: 40 Min.

**Für 4 Personen**

| | |
|---|---|
| 1 EL | Pinien- oder Walnußkerne |
| 150 g | Basilikumblätter (Sorte mit großen Blättern) |
| 3 | Knoblauchzehen |
| | Salz |
| 90 g | Pecorino romano (oder halb Pecorino, halb Parmesan) |
| 8 EL | kaltgepreßtes Olivenöl |

Die Pinienkerne in einer trockenen Bratpfanne hellgelb rösten. Die Basilikumblätter abzupfen, waschen und in einem Tuch trocknen. Den Knoblauch schälen, leicht zerdrücken und in einen Mörser geben. Etwas Salz und die Basilikumblätter zufügen. Im Mörser alles zusammen zerstampfen und zermahlen. Nach einiger Zeit die Pinienkerne und den geriebenen Käse zufügen und weiter bearbeiten, bis eine Paste entsteht. Das Öl langsam unter Rühren zufügen.

**Tips**

- Pesto läßt sich für den Winter tiefkühlen. In diesem Fall den Knoblauch und den Käse weglassen, den Pesto in Portionenbehälter abfüllen und einfrieren. Den Knoblauch und den Käse erst nach dem Auftauen zufügen.
- Im Kühlschrank hält sich Pesto, mit genügend Öl vermischt und gut verschlossen, etwa 3–4 Wochen.
- In Ligurien serviert man den Pesto gemischt mit Trenette (sehr schmale, kantige Nudeln), wobei man 1–2 EL Kochsud der Teigwaren zur Sauce gibt.
- Pesto paßt auch zu Gnocchi sowie Tortelli und anderen gefüllten Teigwaren, und er gibt auch Gemüsesuppen eine ganz spezielle Note.
- Pesto läßt sich auch im Mixer zubereiten. Die Italiener sagen zwar, daß er dabei leicht bitter wird.
- In Nizza und der Provence bereitet man den «Pistou» auf ähnliche Art zu, läßt aber den Käse und meistens auch die Nüsse weg.

Eine türkische Sauce, die sehr gut zu grilliertem Fleisch paßt oder auch über ein Fleischragout gegossen werden kann.

## Auberginensauce

Kann vorbereitet werden
Arbeitsaufwand: 25 Min.
Backzeit: 30 Min.

**Für 4 Personen**

- 4 kleine Auberginen
- 2–3 EL Olivenöl
- 1 TL Zitronensaft
- 1 Knoblauchzehe
- 1/8 l Joghurt nature
- Salz, Pfeffer, Muskatnuß

Die Auberginen waschen, gut abtrocknen und einige Male einritzen. Ein Backblech mit Backpapier belegen, die Auberginen darauflegen und bei 190 °C so lange rösten, bis die Schalen leicht bräunlich werden (etwa 30 Min.). Aus dem Ofen nehmen und zugedeckt leicht auskühlen lassen. Die Haut abziehen und das Auberginenfleisch in einem Mörser zu einem Brei zerstampfen oder im Cutter pürieren. Das Püree mit dem Olivenöl und dem Zitronensaft mischen und den Knoblauch dazupressen. Den Joghurt darunterziehen und mit Salz, Pfeffer und Muskatnuß abschmecken.

**Tip** Will man die Sauce warm servieren, zuerst das Püree erhitzen und zuletzt den Joghurt zufügen, danach nicht mehr kochen.

## Gelbe Peperonisauce

Kann vorbereitet werden
Arbeitsaufwand: etwa 25 Min.
Garzeit: 10–15 Min.

**Für 4 Personen**

- 2 große gelbe Peperoni
- 1 kleine Kartoffel, mehlige Sorte
- 1 kleine Schalotte
- 6 EL kaltgepreßtes Olivenöl
- 1–2 EL Crème fraîche, nach Belieben
- Salz, weißer Pfeffer

Die Peperoni halbieren, entkernen, in Stücke schneiden. Die Kartoffeln schälen und kleinwürfeln. Die Schalotte hakken und in 1/2 EL Olivenöl anziehen lassen. Die Peperoni- und Kartoffelstücke zufügen. 1/4 l Wasser zugeben und zugedeckt 10–15 Min. garen. Die Gemüse sollen weich werden. Abtropfen und durch ein feines Sieb streichen. Mit 2–3 EL Gemüsesud in einen Topf geben. Unter Rühren aufkochen. Von der Herdplatte wegziehen und mit dem Schneebesen das restliche Olivenöl unter die Sauce schwingen. Nach Belieben etwas Crème fraîche darunterziehen und mit Salz und Pfeffer abschmecken.

**Tips**

- Für diese Sauce kann man auch rote Peperoni verwenden.
- Nach diesem Rezept und unter Zugabe von etwas mehr Wasser läßt sich auch ein delikates Süppchen zubereiten.

Beliebte Beilage zu gegrilltem Fisch.

## Salsa romesco
## Romesco-Sauce

Die Zwiebel, die Knoblauchzehen und die Pfefferminzblätter hacken. Die Pfefferschoten kleinschneiden und mit den zerkleinerten Tomaten, den Zwiebeln, dem Knoblauch und der Pfefferminze in 2 EL Olivenöl dünsten, bis alle Flüssigkeit verdampft ist. Das rote Mus in den Mixer geben. Die kleingeschnittenen und vorher eingeweichten Ñoras oder die Pimientos morrones, die Mandeln, die Biskuits, den Paprika, das restliche Öl, den Essig und wenig Salz und Pfeffer zufügen. Zu einer gleichmäßigen Sauce mixen. Vor dem Servieren durch ein feines Sieb streichen.

**Tip** Ñoras sind kleine, runde, milde rote Paprikaschoten, die getrocknet werden.

Kann vorbereitet werden
Arbeitsaufwand: 25 Min.

**Für 4 Personen**

- 1 kleine Zwiebel
- 4 Knoblauchzehen
- 1 Zweiglein frische Pfefferminze
- 2 kleine, scharfe rote Pfefferschoten
- 2 mittelgroße, reife, geschälte Tomaten
- $1\frac{1}{2}$ dl Olivenöl
- 2 Ñoras oder Pimientos morrones (Dose)
- 50 g geschälte Mandeln
- 50 g trockene, gesalzene Biskuits (Petits-beurre oder Cracker)
- 2 TL milder Paprika
- 2 EL Essig
- Salz, Pfeffer

Eine pikante Sauce, die man in Ligurien gerne zu Fisch oder Siedfleisch serviert.

# Salsa verde
## Grüne Sauce

Kann vorbereitet werden
Arbeitsaufwand: etwa 25 Min.

**Für 4–6 Personen**
2 hartgekochte Eier
Salz
3 EL Zitronensaft oder italienischer Weißweinessig
1 TL scharfer Senf
6 EL kaltgepreßtes Olivenöl
4 EL gehackte flache Petersilie
3 EL feingeschnittenes Basilikum
1 TL gehackter Majoran
2 feingehackte oder durchgepreßte Knoblauchzehen
2 feingehackte Frühlingszwiebeln
schwarzer Pfeffer aus der Mühle

Die Eier schälen, längs halbieren, die Eigelbe herausnehmen und durch ein feines Sieb drücken. Die Hälfte der Eiweiße hacken. Die Eigelbe mit etwas Salz und dem Zitronensaft oder Essig und dem Senf verrühren. Das Olivenöl langsam daruntermischen. Die Kräuter, den Knoblauch und die Zwiebeln sowie 2–3 Umdrehungen schwarzen Pfeffer zufügen und alles gut mischen. Mit wenig Salz abschmecken. Die Sauce darf sämig sei. Wem sie zu dick ist, der kann sie mit etwas Zitronensaft oder Essig und Öl strecken. Sie soll aber nicht so dünn wie eine Vinaigrette werden. Die gehackten Eiweiße nach Belieben über die Sauce streuen.

**Tip** Paßt zu gekochtem Kalbskopf, Kalbszunge, Bollito misto, gekochtem Fisch oder Meeresfrüchtesalat.

# Südliche Salatsaucen und Vinaigretten

## EINFACHE SALATSAUCE

1 EL Zitronen- oder Limettensaft mit wenig Salz verrühren, dann mit 3 EL kaltgepreßtem Olivenöl schlagen, bis eine leicht gebundene Sauce entsteht. Besonders fein für Fische und Meeresfrüchte, grüne Blattsalate oder Salat aus gekochtem Gemüse.

**Variationen**

- Kleine Würfel von reifen, entkernten Tomaten zufügen.
- Wenig Korianderblätter als orientalische Note dazumischen.
- Etwas Honig oder geriebenen Ingwer beigeben.
- Mit Orangensaft und abgeriebener Orangenschale abschmecken.
- Anstelle von Zitrussaft guten Weiß- oder Rotweinessig verwenden.
- $^1/_2$ durchgepreßte Knoblauchzehe zugeben.

## WÜRZIGE SALATSAUCEN

### Provenzalische Salatsauce

1 TL scharfen Dijon-Senf (wenn möglich mit Weißwein hergestellt) mit 1 EL Rotweinessig und wenig Salz verrühren. 3 EL kaltgepreßtes Olivenöl darunterschlagen. Nach Belieben mit etwas durchgepreßtem Knoblauch und mit Pfeffer abschmecken. Paßt besonders zu grünem Blattsalat, zu Fenchel- und Blumenkohlsalat sowie zu Fleischsalaten und gekochten Eiern.

**Variationen**

- Sherry- oder Weißweinessig verwenden.
- Mit Kräutern mischen.
- $^1/_2$ TL Honig beimischen.

### Spanische Salatsauce

In Spanien pflegt man Essig und Olivenöl, Salz und Pfeffer einfach auf den Tisch zu stellen, damit jeder Tischgast seinen Salat nach Belieben damit anmachen kann.

**Klassische italienische Salatsauce**

Etwas Salz in einen Eßlöffel streuen, 1/2–1 EL italienischen Rotweinessig zugeben und beides mit einer Gabel gut verrühren, dann mit 3 EL kaltgepreßtem Olivenöl mischen. Paßt zu «insalata mista» (gemischtem Salat), Bohnen- und Pilzsalaten, Fisch- und Fleischsalaten.

**Variationen**

- Je nach Art des Salates, z. B. bei sehr schönen, reifen Tomaten, den Essig weglassen. Nach Belieben einige Tropfen Aceto balsamico tradizionale (s. S. 168) zufügen.
- Frisches Basilikum, in Streifen geschnitten, zugeben.
- Weiße Trüffeln über den Salat hobeln, z. B. bei Steinpilzsalat.
- Nach Art von Ligurien gehackten Borretsch zufügen.

**Vinaigrette**

Wenig Salz in 1 EL Weinessig verrühren. Mit 3 EL kaltgepreßtem Olivenöl und mit Pfeffer verrühren. Nach Belieben gehackte Schalotten oder Zwiebeln, Tomatenwürfelchen, Kapern, Knoblauch, Sardellen oder Cornichons beigeben.
Eine Vinaigrette paßt zu Spargel, gekochtem, lauwarm serviertem Gemüse, Kalbskopf, Fleischsalat, kaltem Geflügel, Siedfleisch, gekochten Eiern.

**Variationen**

- Anstelle von Essig Zitronensaft oder andere Zitrussäfte verwenden.
- Die gewöhnlichen Zwiebeln oder Schalotten durch Frühlingszwiebeln ersetzen.
- Mit Schnittlauch und Petersilie mischen.

**«Weiße Vinaigrette»**

In Südfrankreich begegnet man in letzter Zeit einer ganz milden Vinaigrette, die vor allem zu Blattsalaten, zu Fisch oder hellem Fleisch gut paßt: 1 EL Zitronen- oder Orangensaft mit wenig Salz verrühren und mit 2–3 EL Crème fraîche mischen. Mit weißem Pfeffer abschmecken. Manchmal wird halb kaltgepreßtes Olivenöl und halb Crème fraîche verwendet.

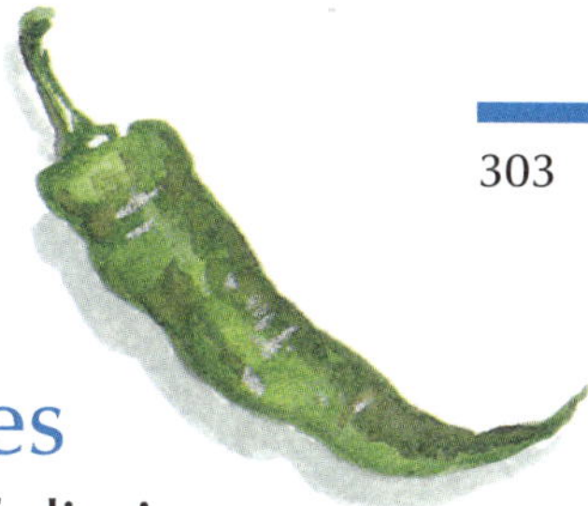

# Grundrezepte und Eingemachtes

Dieses Kapitel enthält all jene Grundrezepte, auf die in den Rezepten hingewiesen wird, z. B. Teige, Fladen und Spezialbrote. Saisonale südliche Produkte werden zu delikaten hausgemachten Konserven verarbeitet, auf die man bei besonderen Gelegenheiten zurückgreifen kann.

# Nudelteig

Kann vorbereitet werden
Arbeitsaufwand: 15 Min.
Ruhe- und Trockenzeit: 1–1½ Std.

**Für 4 Personen**
300 g Mehl
3 Eier
Salz

Das Mehl bergförmig in eine große Schüssel sieben. Eine Vertiefung anbringen. Die Eier leicht verquirlen und hineingeben. Mit wenig Salz bestreuen und mit Hilfe einer Gabel mit etwas Mehl verrühren. Ständig Mehl dazugeben, bis ein dicker Brei entsteht. Danach das Ganze mit den Händen zu einem festen Teig verarbeiten. Den Teig in 2–3 Stücke teilen und jeden Teil noch einzeln durchkneten, bis er glatt ist. Den Teig mit einem Tüchlein zudecken und 30–60 Min. ruhen lassen. Danach auf einer bemehlten Arbeitsfläche 1–2 mm dünn ausrollen. Auf ein bemehltes Tuch legen und 30 Min. trocknen lassen. Den Teig zusammenrollen und daraus Nudeln in der gewünschten Breite schneiden.

**Tips**

– Es gibt sehr gute italienische Nudelmaschinen, die das etwas mühsame Ausrollen erübrigen. Neuerdings kann man dazu einen kleinen Motor kaufen, der zu jedem italienischen Maschinentyp paßt.
– Ist der Teig zu fest, kann man 1 EL Olivenöl darunterkneten.
– Bei Verwendung von Vollkornmehl kann sich das Mengenverhältnis etwas verändern, je nach Saugfähigkeit des Mehls.

## Feiner Ravioliteig

Das Mehl auf ein Brett sieben, eine Vertiefung anbringen und die übrigen Zutaten verquirlen. Die Flüssigkeit in die Vertiefung geben und das Mehl von außen nach innen dazumischen. Zu einem glatten Teig verarbeiten. 1 Std. kühl stellen. Für die Weiterverwendung so dünn wie möglich ausrollen und etwa 1 Std. auf einem bemehlten Tuch antrocknen lassen.

Kann vorbereitet werden
Arbeitsaufwand: 15 Min.
Ruhezeit: 2 Std.

**Für 4 Personen**

| | |
|---|---|
| 300 g | Mehl |
| 4 | Eigelb |
| 2 | Eiweiß |
| 2 | Prisen Salz |
| 2½ EL | Olivenöl |
| 1½ EL | lauwarmes Wasser |

## Geriebener Teig

Das Mehl sieben, mit dem Salz und der Butter wie für Streusel zwischen den Handflächen reiben. Zu einem Kranz formen. In die Mitte das Eiweiß und die Milch geben und alles schnell zusammenfügen. Den Teig zu einer Kugel formen, flachdrücken, in Folie wickeln und 60 Min. kalt stellen.

**Tip** Dieser feine Teig, der beim Backen besonders knusprig wird, eignet sich sowohl für süße wie auch für pikante Kuchen.

**Variante** *Geriebener Mandelteig* 200 g Mehl mit 50 g geriebenen Mandeln mischen und nur 130 g Butterflocken verwenden. Diese Variante ist besonders fein für delikate Früchtekuchen oder -törtchen.

Kann vorbereitet werden
Arbeitsaufwand: 10 Min.
Ruhezeit des Teiges: 1 Std.

**Für etwa 500 g Teig**

| | |
|---|---|
| 250 g | Mehl |
| 2 | Prisen Salz |
| 150 g | Butterflocken |
| 1 | Eiweiß |
| 5 EL | lauwarme Milch |

Dieser Teig eignet sich anstelle von Blätter- oder geriebenem Teig vor allem für die Zubereitung von rustikalen Kuchen.

## Einfacher Hefeteig

Kann vorbereitet werden
Arbeitsaufwand: 15 Min.
Gehzeit: 1½ Std.

**Für etwa 800 g Teig**

500 g Weißmehl
1 TL Salz
20 g frische Hefe
½ TL Zucker
0,2–0,3 l lauwarme Milch
50 g Butter oder
3 EL Olivenöl

Das Mehl mit dem Salz in eine Schüssel sieben und eine Vertiefung anbringen. Die Hefe mit dem Zucker in 3 EL lauwarmer Milch auflösen und in die Mulde gießen. Die Butter oder das Olivenöl in 0,2 l lauwarme Milch geben. Ebenfalls in die Mulde gießen und alles zu einem weichen Teig verarbeiten. Je nach Bedarf nach und nach die restliche Milch beifügen. Den Teig zu einer Kugel formen, in eine vorgewärmte Schüssel geben und bei Küchentemperatur 1 Std. gehen lassen. Ein oder zwei passende Bleche mit Backpapier belegen, den Teig etwa 1 cm dick ausrollen, in die Bleche legen und einen Rand hochziehen. Mit einem nassen Tüchlein bedecken und nochmals etwa 30 Min. gehen lassen. Den Teig mehrmals mit einer Gabel einstechen und eine erkaltete Füllung nach Wunsch auf dem Teigboden verteilen.

**Tips**

– Dieser Teig kann als Abwechslung für folgende Kuchen verwendet werden: «Tarta con barba di frate» (s. S. 71) und «Tarte au chèvre et aux bettes» (s. S. 74).
– Man kann aus diesem Teig auch ein flaches Brot formen, vor dem Backen mit Eigelb bestreichen und mit Sesamsamen bestreuen und als Beilage anstelle von Focaccia servieren.

Für die meisten Pizze wird ein einfacher Brotteig verwendet. Zum Verfeinern kann man etwas Olivenöl oder Butter zufügen.

## Pizzateig

Kann vorbereitet werden
Arbeitsaufwand: 15 Min.
Gehzeit: 2–3 Std.

**Für 4 Personen**

| | |
|---|---|
| 30 g | frische Hefe oder 1 Beutel Trockenhefe |
| 1 | Prise Zucker |
| 500 g | Halbweißmehl |
| 1/2 TL | Salz |
| 1 EL | Olivenöl |
| 1/4–0,3 l | lauwarmes Wasser |

Die Hefe mit dem Zucker und 2 EL Wasser in einer Tasse verrühren. 450 g Mehl mit dem Salz auf die Arbeitsfläche sieben und in der Mitte eine Vertiefung formen. Die aufgelöste Hefe hineingeben. Mit etwas Mehl bestreuen und zu einem Teiglein verrühren. 1 EL Olivenöl zufügen. Nach und nach das Wasser beigeben und mit dem Mehl vermengen. Die Masse mit den Händen oder in einer Küchenmaschine zu einem glatten Teig kneten. Den Teig etwa 10 Min. weiterkneten, bis er fest und elastisch wird. Mehrmals auf den Arbeitstisch schlagen, dann zu einem runden Laib formen, in eine Schüssel geben, mit Folie abdecken und bei Küchentemperatur etwa 3 Std. gehen lassen. Das Volumen des Teiges sollte sich ungefähr verdoppeln.

Den Teig halbieren oder vierteln und mit wenig Mehl zu Teigböden ausrollen. Diese mit den Fingerspitzen etwas plattdrücken, dabei am Rand leicht hochziehen. Man kann auch mit wenig Öl bestrichene Backbleche damit auslegen. Mit dem vorgesehenen Belag versehen.

**Tips**

- Pizzateig ist in guter Qualität im Handel erhältlich.
- Besonders knusprig wird eine Pizza, wenn sie auf einem Spezialblech oder einem Schamottstein gebacken wird. Es gibt Exemplare in Ofengröße, die man auf den Rost legen kann.

## Couscous (Grundrezept)

Kann vorbereitet werden
Arbeitsaufwand: 30 Min.
Kochzeit: 30 Min.

**Für 4–6 Personen**

500 g Couscous-Spezialweizengrieß (unbehandelt)
3–4 EL Olivenöl
1/2 l Wasser
1 EL Salz
70 g Butter oder Smen (s. S. 288)

Die Grießkörnchen kurz kalt abspülen, gut abtropfen, mit dem Öl beträufeln, umrühren und 15 Min. ruhen lassen. Danach noch vorhandene Klümpchen mit den Fingern trennen. Einen Topf mit passendem Siebeinsatz je nach Rezept mit Wasser oder mit dem vorgekochten Ragout halbhoch füllen. Den Siebaufsatz aufsetzen, mit einem Mulltüchlein auslegen und den Grieß einfüllen. Aufkochen, bis Dampf entsteht. Danach das Couscous auf eine Platte verteilen. Mit 2–3 EL gesalzenem Wasser beträufeln und die Körnchen mit einer Gabel lockern, dann zwischen den Fingern reiben. Das Couscous wiederum in den Siebeinsatz geben, auf den leise ziehenden Inhalt des Topfes stellen und etwa 30 Min. dämpfen. Je nach Rezept die Butter oder den Smen unter den Grieß mischen und wiederum darauf achten, daß keine Klümpchen entstehen.

Wenn es schnell gehen muß, kann man für die Zubereitung des Couscous auch den Schnellkochtopf verwenden. Den Spezialgrieß mit dem Salz und 1/2 l Wasser in eine Schüssel geben. Die Körner zwischen den Händen reiben, bis keine Klümpchen mehr vorhanden sind. Den gelochten Siebeinsatz mit einem Stück Gaze belegen und das feuchte Couscous daraufgeben. Das Wasser bis zur halben Höhe des Siebeinsatzes in den Schnellkochtopf füllen. Erhitzen, bis der Druckanzeiger knapp auf den ersten Ring kommt. 20 Min. auf diesem Stand belassen. Dampfkochtopf vom Feuer nehmen und erst öffnen, wenn sich der Druckanzeiger gesenkt hat.

**Tips**

- Es gibt im Handel bereits vorbereiteten Couscousgrieß, der nur einmal gedämpft oder nur noch mit kochendem Wasser übergossen werden muß.
- Neben süßem Couscous mit Nüssen und Datteln kennt man mit Mandeln, Rosinen und Datteln gemischtes Couscous als Füllung für Tauben, Hähnchen und anderes Fleisch.

**Variante** Dieses einfache Couscous eignet sich auch als Beilage zu Saucengerichten. Raffiniert wird es durch Beigabe von Minzenblättern, Mandelsplittern, Pinienkernen, Rosinen oder kleinen Gemüsewürfelchen.

Die passende Begleitung zu orientalischen Vorspeisen.

# Khubz arabi
## Arabisches Fladenbrot

Arbeitsaufwand: 35 Min.
Gehzeit: 2 Std.
Backzeit: 7–9 Min.

**Für etwa 1,7 kg Teig**

| | |
|---|---|
| 25 g | frische Hefe |
| 1 TL | Zucker |
| 1 kg | Halbweiß- oder Vollkornmehl |
| 1 EL | Salz |
| 0,6 l | lauwarmes Wasser |
| 4 EL | Olivenöl |

Die Hefe mit dem Zucker in einer Tasse verrühren. Etwa 350 g Mehl in eine große Schüssel geben und mit dem Salz mischen. Die angerührte Hefe zufügen, sobald sich kleine Blasen bilden. Die Hälfte des lauwarmen Wassers dazugießen. Alles sehr gut vermischen. Mit einer Klarsichtfolie abdecken und 1/2 Std. bei Küchentemperatur gehen lassen.

500 g Mehl, etwa 1/4 l lauwarmes Wasser und 3 EL Olivenöl zum Vorteig geben. 10 Min. tüchtig kneten, bis ein gleichmäßiger, ziemlich fester Teig entsteht. Wenn nötig etwas Mehl oder Wasser zufügen. Der Teig sollte nicht mehr an der Schüssel kleben. Den Teig herausnehmen, die Schüssel waschen, trocknen und mit dem restlichen Olivenöl auspinseln. Den Teig zu einer Kugel formen, in der Schüssel wenden, mit Folie abdecken und nochmals 1 1/2 Std. gehen lassen.

Den Teig erneut gut durchkneten, mehrmals auf die Arbeitsfläche schlagen und in 12 ungefähr gleich große Portionen teilen. Diese zu Kugeln formen und in Abständen von etwa 3 cm auf ein mit Backpapier ausgelegtes Blech legen. Durch ein feines Sieb mit wenig Mehl bestreuen. Nochmals etwa 30 Min. gehen lassen, bis sich das Volumen der Kugeln etwa verdoppelt hat.

Die Kugeln auf einer bemehlten Fläche zu Fladen von etwa 15 cm Durchmesser ausrollen. Ein großes Backblech mit Backpapier auslegen. Die Teigfladen mit genügend Abstand darauf verteilen und bei 250 °C 5–6 Min. backen. Sie sollten braun werden und sich etwas aufblähen. Die Fladen wenden und auf der zweiten Seite bei Oberhitze oder unter dem Grill 2–3 Min. Farbe annehmen lassen. Bei nicht sofortigem Verbrauch nach dem Erkalten in Plastikbeutel legen, damit sie nicht austrocknen.

**Tips**

- Man kann die Fladen zunächst nur hell backen und vor dem Servieren nochmals kurz aufbacken.
- In Griechenland nennt man diese Fladen «pitta», in der Türkei «pide» und in Israel «pita».

# Grüne oder schwarze Oliven?

Jede Olive ist zu Beginn der Reife grün und ändert ihre Farbe nach und nach, z. B. grünbraun, rötlich oder pflaumenfarbig, bis sie zuletzt schwarz wird. Je nach Klima geschieht dies frühestens ab September bis Dezember und je nach Gegend sogar bis Ende Januar. Grüne Oliven ergeben weniger Öl als die reifen schwarzen. Auf dem Markt findet man zunehmend auch das Öl der weniger reifen Oliven, welches milder, manchmal leicht bitter ist, aber nach Ansicht von Feinschmeckern zu gewissen Gerichten besonders gut paßt. Die Oliven unterscheiden sich aber nicht nur in der Farbe, es gibt auch über 100 verschiedene Sorten, z. B. runde, ovale oder spitze, die im Aroma ganz unterschiedlich sein können. Am besten sieht man diese Unterschiede auf einem südlichen Markt, vor allem in Südfrankreich, wo es Stände mit unzähligen, zum Teil eingelegten Olivensorten gibt.

Will man Gerichte mit Oliven anreichern, so eignen sich dafür meiner Ansicht nach vor allem die kleinen schwarzen aus Nizza, weil sie mild im Geschmack sind. Am besten kocht man die Oliven nicht lange mit, sondern gibt sie erst zum Schluß bei, z. B. in eine Sauce, damit ihr Geschmack nicht zu stark vorherrscht.

Dieses würzige Brot, eine Alternative zur Baguette oder anderen Brotsorten, paßt zu Rucola- und Tomatensalat, Käse, Schinken und Wurstspezialitäten.

## Pain aux olives
## Olivenbrot

Kann vorbereitet werden
Arbeitsaufwand: 30 Min.
Gehzeit: 2 Std.
Backzeit: 40 Min.

**Für etwa 1 kg Teig**

| | |
|---|---|
| 20 g | frische Hefe |
| 1 | Prise Zucker |
| 0,35 l | Wasser |
| 1 | große, gehackte Zwiebel (wenn möglich rote Sorte) |
| 2 ½ EL | Olivenöl |
| 150 g | schwarze oder grüne Oliven |
| 500 g | Weiß- oder Halbweißmehl |
| 1 TL | Salz |

Die Hefe mit 2 EL lauwarmem Wasser und dem Zucker verrühren. 10 Min. ruhen lassen. Die Zwiebeln in 2 EL Olivenöl anziehen lassen. Die Oliven entsteinen und kleinschneiden. Das Mehl mit dem Salz mischen, eine Vertiefung formen. Die Zwiebeln mit den Oliven mischen, mit der aufgelösten Hefe in die Vertiefung geben. Mit etwas Mehl vermischen, nach und nach mit dem restlichen Mehl und dem Wasser mischen und zu einem Brotteig kneten. Nach etwa 10 Min. eine Kugel formen, in eine Schüssel geben und 1 Std. bei Küchentemperatur auf das Doppelte aufgehen lassen. Den Teig nochmals kurz kneten. Ein Backblech mit etwas Olivenöl bestreichen. Aus dem Teig 2 runde Brote formen, auf das Blech setzen und mit dem restlichen Olivenöl bestreichen. Mit Klarsichtfolie abdecken. Nochmals 1 Std. gehen lassen. Die Brote auf der Oberfläche mit 3 Einschnitten versehen und bei 220 °C etwa 40 Min. backen. Nach dieser Zeit prüfen, ob sie durchgebacken sind. Dazu das Brot mit einem Kellenstiel leicht klopfen. Wenn es gar ist, sollte es hohl klingen.

**Tips**

- Das genaue Verhältnis von Mehl und Wasser kann verschieden sein, je nach Qualität und Saugfähigkeit des Mehles. Sollte der Teig zu weich zum Formen sein, etwas Mehl nachgeben.
- Dieses Brot schmeckt auch gut mit anderen Mehlsorten, z. B. mit ⅓ Vollmehl, ⅔ Roggenmehl.
- Die frische Hefe kann durch 1 Beutel Trockenhefe ersetzt werden.

Ein interessantes Brot zu südlichen Gerichten, aber nicht ganz einfach in der Herstellung.

## Pane carasàu
## Sardische Brotfladen

Kann vorbereitet werden
Arbeitsaufwand: 25 Min.
Ruhezeit des Teiges: 3 Std.
Backzeit: 5–6 Min. pro 4 Fladen

**Für etwa 25 Fladen**

5 g Hefe
250 g Hartweizengrieß
1/2 l lauwarmes Wasser
Salz

Die Hefe in wenig lauwarmem Wasser auflösen. Den Hartweizengrieß in eine große Schüssel geben, eine Vertiefung anbringen, die aufgelöste Hefe hineingeben und das restliche Wasser mit etwas Salz verrühren. Alles zu einem gleichmäßigen Teig verarbeiten und diesen etwa 20 Min. von Hand oder mit der Küchenmaschine kneten. Den Teig zu einer Kugel formen, in eine Schüssel legen, mit einem Tuch zudecken und 3 Std. bei Küchentemperatur stehenlassen. Den Teig in kleine Stücke von etwa 30 g teilen. Die Arbeitsfläche durch ein Sieb mit wenig Mehl bestreuen. Die Teigstücke zu Kugeln formen, dann so dünn wie möglich ausrollen. Sie sollen etwa 20 cm Durchmesser aufweisen. Die Rondellen bei 240 °C 5–6 Min. backen. Sobald sich der Teig aufbläht, die Fladen aus dem Ofen nehmen und die beiden Teigschichten, die sich gebildet haben, auseinanderziehen. Dann diese nochmals in den Ofen schieben, bis sie hellgelb sind.

**Tips**

- Die sardischen Brotfladen werden, vor allem zu Vorspeisen, anstelle von Brot serviert. Man kann sie aber auch belegen oder füllen (s. S. 73, Pane fratàu).
- Die Sarden nennen sie auch «carta da musica» (Notenpapier).
- In Sardinien haben sie als Beilage etwa einen Durchmesser von 30–40 cm. Ich backe sie kleiner, damit mehr davon auf einem rechteckigen Backblech Platz haben. Praktisch ist das Backen im Umluftofen, also in zwei Etagen.

Dieses leichte Hefebrot aus Ligurien paßt sehr gut zu Salaten, Rohschinken, Salami oder anderen rustikalen Vorspeisen.

## Focaccia alla genovese

Arbeitsaufwand: 20 Min.
Gehzeit: 2–$2^{1}/_{2}$ Std.
Backzeit: 20–25 Min.

**Für 900 g Teig**

30 g frische Hefe
1 Prise Zucker
0,4 l lauwarmes Wasser (etwa)
400–450 g Weißmehl
2 TL Salz
5 EL Olivenöl
Meersalz zum Bestreuen

Die Hefe mit dem Zucker in etwa 3 EL lauwarmem Wasser verrühren. Das Mehl mit dem Salz in eine große Schüssel sieben. Eine Vertiefung anbringen, die Hefe und $2^{1}/_{2}$ EL Olivenöl hineingeben. Mit etwas Mehl bedecken und mit den Fingerspitzen mischen. Nach und nach das Wasser zugeben und alles zu einem Teig verarbeiten. Aus der Schüssel nehmen und auf einer bemehlten Arbeitsfläche 10 Min. kneten, bis ein glatter Teig entsteht. Eine Kugel formen und wieder in die Schüssel legen. Mit Klarsichtfolie abdecken und 2 Std. bei Küchentemperatur aufgehen lassen. Das Volumen des Teiges sollte sich verdoppeln. Den Teig nochmals einige Minuten bearbeiten und mehrmals auf die Arbeitsfläche schlagen. Ein großes Kuchenbech mit Backpapier belegen. Den Teig etwas ausrollen, daraufgeben, mit einem feuchten Tüchlein abdecken und 10 Min. ruhen lassen. Den Teig in Abständen von etwa $2^{1}/_{2}$ cm mit dem Zeigefinger eindrücken. Das restliche Olivenöl mit einem Pinsel auf die Focaccia auftragen. Mit etwas Meersalz bestreuen und bei 200 °C 20–25 Min. backen, bis das Gebäck hellgelb ist.

**Tips**

- Die Focaccia kann auch mit gehackten Rosmarinnadeln, feinen Speckstreifen oder feingeschnittenen Zwiebeln bestreut werden.
- Man kann die Focaccia tiefkühlen und wieder aufbacken. Sie schmeckt nur frisch gebacken wirklich gut.

Die Fougasse wird anstatt oder zusammen mit Brot auf den Tisch gestellt und paßt sehr gut zu Salat, kaltem Fisch, Schinken oder, neben Oliven und anderen Kleinigkeiten, zum Aperitif.

## Fougasse au lard
### Hefefladen mit Speck

Kann vorbereitet werden
Arbeitsaufwand: 20–40 Min.
Gehzeit: etwa 45 Min.
Backzeit: 35–40 Min.

**Für etwa 500 g Teig**

| | |
|---|---|
| 250 g | Mehl |
| 5 g | Salz |
| 1 dl | Olivenöl |
| 1 dl | Wasser |
| 20 g | frische Hefe |
| 30 g | Magerspeck oder Pancetta |
| | Öl für das Blech |

Das Mehl in eine große Schüssel geben und das Salz daruntermischen. Das Olivenöl und das Wasser mit dem Stabmixer oder dem Schneebesen kräftig verrühren. Die Hefe zerbröckeln, zufügen und kurz mitmixen. Mit dem Mehl 10 Min. in der Küchenmaschine im Langsamgang oder 30 Min. von Hand kneten. Den Teig mit einem feuchten Tuch decken und 45 Min. bei Zimmertemperatur gehen lassen. Den Speck fein hacken und unter den Teig arbeiten. Den Teig flachdrücken und zu einem Oval ausrollen. In der Mitte 3 Längsschnitte von je 3 cm, links und rechts davon je 4 gleich lange, aber schräge Schnitte anbringen. Die Schnitte mit den Fingern etwas auseinanderziehen, damit sie sich beim Backen nicht schließen. Die Fougasse auf ein geöltes oder mit Backpapier belegtes Blech legen und etwa 25 Min. bei 250 °C und 10–15 Min. bei 160 °C backen.

**Variation** Den Speck durch feingehackte Kräuter, kleingeschnittene Oliven, gehackte Sardellenfilets, Rosmarinnadeln oder Fenchelkörner ersetzen.

Diese Fladen passen gut zu einem Glas Muskatellerwein, zu Kaffee, Tee oder als Beilage zu einem einfachen Dessert.

## Fougassettes à la provençale
Kleine süße Hefefladen

Arbeitsaufwand: 35 Min.
Gehzeit: 2 1/4 Std.
Backzeit: 15–20 Min.

**Für 6 kleine oder 3 große Fladen**

20 g frische Hefe
530 g Weißmehl
1 Prise Salz
50 g Zucker
6 EL Olivenöl
4 Eier
2 EL Orangenblütenwasser
1 Prise Safranpulver
1 Eigelb

Die Hefe in einer Schüssel mit etwa 3 EL lauwarmem Wasser verrühren. 3–4 EL Mehl zufügen und zu einem Vorteig mischen. Mit Klarsichtfolie abdecken und etwa 20 Min. gehen lassen. Das Volumen sollte sich verdoppeln.

Etwa 400 g Mehl mit dem Salz in eine Schüssel sieben. Eine Vertiefung anbringen. Den Zucker, 5 EL Olivenöl, die verquirlten ganzen Eier, das Orangenblütenwasser und den Safran mischen, zum Mehl in die Mulde geben, alles mit den Fingerspitzen mischen und zu einem Teig kneten. Den Vorteig zufügen und etwa 15 Min. kneten, bis ein fester, homogener Teig entsteht. Zu einer Kugel formen, wiederum mit Folie abdecken und etwa 2 Std. bei Küchentemperatur gehen lassen.

Das restliche Mehl auf die Arbeitsfläche sieben. Den Teig daraufgeben, nochmals einige Minuten kneten und mehrmals auf den Tisch schlagen. In 3 oder 6 Stücke teilen, diese zu Ovalen formen und etwa 2 cm dick ausrollen. In der Mitte der Rondellen 2–3 Längsschnitte von etwa 2 cm anbringen. Links und rechts davon etwa 3mal schräg einschneiden. Die Schlitze mit den Fingerspitzen etwas auseinanderziehen, damit sie beim Backen offenbleiben. Das Eigelb mit 1/2 TL Wasser verrühren und die Fougassettes damit bestreichen. Bei 210 °C 15–20 Min. goldgelb backen.

**Tip** Man kann diese Fladen zunächst nur hellgelb backen und vor dem Servieren kurz aufbacken, damit sie ganz frisch auf den Tisch kommen.

**Variationen** *Pompe à l'huile* Zu den «treize desserts» an Weihnachten (s. S. 340) kann man aus diesem Teig etwas größere Fladen, die sogenannten «Pompes à l'huile», backen, die unbedingt zu den 13 Weihnachtsdesserts gehören. Man gibt dem Teig außer dem Orangenblütenwasser noch feingehacktes Orangeat, andere kandierte Früchte oder geriebene Orangen- und Zitronenschale, Rosinen und etwa 1 EL Anissamen bei.

In Nordafrika werden Zitronen in Salzwasser konserviert, in Süditalien und Südfrankreich dagegen in Olivenöl.

## Citrons confits
## Eingemachte Zitronen nach marokkanischer Art

Arbeitsaufwand: etwa 30 Min.

2 kg reife Zitronen
Salz
lauwarmes Wasser

Die Zitronen gut waschen. Jede Zitrone senkrecht so vierteln, daß die Schnitze etwa 2 cm unterhalb des Fruchtansatzes noch zusammenhängen. Die Viertel etwas auseinanderziehen und mit wenig Salz bestreuen. Dann wieder zur ursprünglichen Form der Zitrone zusammenfügen. Große Konservengläser siedendheiß ausspülen und die Zitronen senkrecht einschichten. Lauwarmes Wasser leicht salzen und über die Zitronen gießen, bis sie damit bedeckt sind. Ein kleines Tellerchen oder Brett darauflegen und mit einem Gewicht oder sauberen Stein beschweren. Die Gläser gut verschließen und an einem trockenen Ort etwa 4 Wochen aufbewahren. Erst dann können die Zitronen verwendet werden. Angebrochene Gläser halten sich etwa 1 Woche, wobei die Zitronen stets mit Salzlake bedeckt sein müssen.

**Tips**

- In Marokko verwendet man wie beschrieben normale Zitronen, fügt aber noch kleine marokkanische Zitronen, die ein spezielles Aroma haben, hinzu. Diese kann man durch Limonen ersetzen.
- Diese Zitronen werden vor allem für die Zubereitung verschiedener «Tajines» (s. S. 138) gebraucht. Man verwendet jeweils nur die Schale der eingemachten Früchte, das Innere wird weggeworfen. Die Schale wird gut gewaschen, kleingeschnitten und mit Fleisch oder anderen Zutaten mitgekocht.

**Variation** *In Olivenöl eingelegte Zitronen* Unbehandelte, reife Zitronen ganz belassen, heiß waschen, trocknen. Jede Frucht mit 3 Gewürznelken spicken. Die Zitronen in große Konservengläser legen und mit gutem Olivenöl bedecken. 1 Monat mazerieren lassen. In Stücke geteilt können diese Zitronen für Tajines, Lamm- oder Geflügelgerichte und zu gegrilltem Fisch verwendet werden. Sie sind im Kühlschrank 3–4 Wochen haltbar, müssen aber immer vollständig mit Öl bedeckt sein. Das Zitronenöl kann für Salatsaucen oder zum Beträufeln von Fleisch, Fisch oder im Dampf gegartem Gemüse aufgebraucht werden.

Im Sommer sollte man nicht versäumen, die wunderbaren länglichen Saucentomaten einzumachen.

## Passato di pomodoro
## Tomatencoulis

Arbeitsaufwand: etwa 45 Min.
Kochzeit: etwa 30 Min.

1 kg reife Tomaten (San Marzano)

Die Tomaten gut waschen, in Scheiben schneiden und mit 2–3 EL Wasser etwa 30 Min. weich kochen. Konservengläser mit Bügelverschluß gründlich waschen, mit kochendheißem Wasser füllen und in ein Wasserbad stellen. Die Tomaten durch ein Passiergerät treiben, damit die Häute zurückbleiben. Die Gläser leeren, auf ein Küchentuch stellen, mit dem kochendheißen Tomatencoulis füllen und hermetisch verschließen. Rasch umdrehen und einige Minuten auf dem Deckel stehenlassen. Umdrehen und unter einer Wolldecke abkühlen lassen.

**Tips**
- Die Konservierung nach Großmutterart bewährt sich für dieses Produkt nach wie vor. Die Tomaten lassen sich so bis zu einem Jahr aufbewahren.
- Im Handel gibt es nach dieser Methode industriell eingemachte italienische Tomaten zu kaufen. Sie sind sehr gut, aber relativ teuer.

Durch das langsame Schmoren im Ofen erhalten Tomaten ein unvergleichliches Aroma; sie machen viele südliche Gerichte schmackhafter.

## Tomates confites
## Getrocknete Tomaten mit Olivenöl

Arbeitsaufwand:
etwa 15 Min.
Schmorzeit:
1½–2 Std.

2 kg mittelgroße, fleischige Tomaten
2 EL kaltgepreßtes Olivenöl
Salz, Pfeffer
2 EL Puderzucker

Die Tomaten ganz kurz in kochendes Wasser tauchen, schälen, halbieren, etwas auspressen und entkernen. Ein großes Backblech mit Olivenöl bestreichen und die Tomaten mit der Wölbung nach oben daraufsetzen, mit Salz und Pfeffer würzen. Den Puderzucker durch ein Sieb über die Tomaten verteilen. Diese mit Hilfe eines Pinsels mit dem restlichen Olivenöl bestreichen. 1½ Std. bei 120 °C schmoren lassen. Die Tomaten sollten keine Farbe annehmen. Wenn nötig locker mit Folie abdecken.

**Tips**

- Die Tomaten müssen vorsichtig geschält werden, damit sie nicht auseinanderfallen. Deshalb nur sehr kurz in kochendes Wasser tauchen.
- Diese Tomaten sind für raschen Verbrauch gedacht. Gut mit Öl bedeckt lassen sie sich etwa 1–2 Wochen im Kühlschrank aufbewahren.
- Getrocknete Tomaten – in Beuteln oder als Konserve in Öl – findet man auch im Handel.
- Das Trocknen zum Konservieren lohnt sich nur mit erstklassigen, reifen Tomaten.

**Variationen**

- *Tomatenconfit mit Kräutern* Das Olivenöl mit dem Puderzucker in eine große Gratinplatte geben und gut mischen. Im Ofen bei 250 °C sehr kurz hellgelb karamelisieren. Die Tomaten ungeschält halbieren, etwas ausdrücken und entkernen. Mit der Schnittseite nach unten in die Form legen. Etwa 4–5 ungeschälte Knoblauchzehen dazugeben und die Tomaten mit gehackten Kräutern sowie Salz und Pfeffer bestreuen. 20 Min. bei 180 °C schmoren lassen. Diese Tomaten können auch als Beilage zu Fleisch- oder Fischgerichten serviert werden.

- *Tomatenconfit aus der Pfanne* Die Tomaten halbieren, auspressen und entkernen. Etwas Olivenöl in einer großen Bratpfanne erhitzen. Die Tomaten mit der Schnittfläche nach unten hineingeben und bei großer Hitze 5 Min. braten. Die Tomaten wenden und mit gehacktem Thymian, Petersilie und durchgepreßtem Knoblauch bestreuen. Salzen, pfeffern und bei reduzierter Temperatur langsam weiterschmoren, bis das Tomatenfleisch ganz weich geworden ist. Wenn nötig noch etwas Olivenöl zufügen.
- *Getrocknete Tomaten* Die Tomaten halbieren, etwas auspressen und mit der gewölbten Seite nach oben auf ein Blech verteilen. Mit wenig Olivenöl beträufeln und $3\frac{1}{2}$–4 Std. bei 80 °C im Ofen trocknen. Diese Tomaten eignen sich für Saucengerichte oder können anschließend in Olivenöl eingelegt werden.
- *Eingemachte getrocknete Tomaten* Am besten wählt man für diese Zubereitung längliche, sehr fleischige Tomaten (Perretti oder San Marzano). Die Tomaten längs halbieren. Ein großes Backblech mit Backpapier auslegen und die Tomatenhälften mit der Hautseite nach unten darauf anordnen. In den auf 100 °C vorgeheizten Ofen schieben und auf dem mittleren Rost etwa 1 Std. trocknen lassen. Danach die Hitze auf 60 °C reduzieren und die Tomaten 12–13 Std. weiter im Ofen belassen. Sie sollen schön rot bleiben und dürfen keine Farbe annehmen. Eventuell noch 2–3 Std. bei 50 °C nachtrocknen. Die genaue Backzeit hängt von der Größe und Dikke der Tomaten ab. Deshalb ab und zu überwachen. Sobald sich die Tomaten trocken anfühlen, kann man sie nach Belieben mit wenig Aceto balsamico beträufeln oder auch «nature» in gut verschließbare Konservengläser schichten und mit kaltgepreßtem Olivenöl begießen. Sie lassen sich etwa 6–8 Wochen im Kühlschrank aufbewahren, vorausgesetzt, daß sie wirklich gut getrocknet wurden und immer unter einer mindestens 1 cm dicken Ölschicht liegen. Das Öl kann nach und nach für Salat oder andere Gerichte verwendet werden.

Ganz vorzügliche Auberginen, nach sizilianischer Art eingemacht.

## Melanzane all'aglio e origano
## Auberginen mit Knoblauch und Origano

Arbeitsaufwand: 40 Min.
Sterilisierzeit:
30–40 Min.

**Für 2–3 Gläser von 1/4 Liter Inhalt**

1 kg schöne, feste, schlanke Auberginen
Salz
1/2 l Weißweinessig
2 Knoblauchzehen
3/4 l Olivenöl
2 EL gehackte flachblättrige Petersilie
2 EL gehackter Origano

Die Auberginen waschen und ungeschält in etwa 1 1/2 cm große Würfel schneiden. Mit Salz bestreuen und in einem Sieb 2–3 Std. abtropfen lassen. Den Essig mit 1/4 l Wasser aufkochen. Die Auberginenwürfel zugeben und nach etwa 8 Min. abgießen, dabei etwas auspressen, damit überschüssiges Wasser abgeht.

Die Knoblauchzehen schälen, längs halbieren, den Keim entfernen und in 1–2 EL Olivenöl hellgelb anziehen lassen. Die Auberginenwürfel zufügen, kurz mitdünsten. Die Kräuter und wenn nötig noch etwas Salz dazugeben. Die Auberginen in kochendheiß ausgewaschene Konservengläser mit Bügelverschluß 3/4 hoch einfüllen. Olivenöl dazugießen, bis die Auberginen reichlich davon bedeckt sind. Die Gläser verschließen und etwa 30–40 Min. sterilisieren (s. Artischocken in Salzlake, S. 321).

**Tips**

- Paßt zu Grilladen, Braten oder zu Antipasti.
- Der Origano kann durch Basilikum oder Petersilie ersetzt werden. In Ligurien nennt man diese Auberginen dann «melanzane trifolate».

Da die kleinen, zarten Artischocken recht selten auf dem Markt erscheinen, lohnt es sich, sie auf einfache Art zu konservieren.

## Carciofi al naturale
## Artischocken in Salzlake

Kann vorbereitet werden
Arbeitsaufwand: 40 Min.
Sterilisierzeit: 1 Std.

**Für etwa 4 Gläser von $^{1}/_{4}$ Liter Inhalt**

2 kg kleine, zarte Artischocken
3 große Zitronen
5–6 Lorbeerblätter
1 EL schwarze Pfefferkörner
1 EL Salz

Die Artischocken gut waschen und abtropfen, von den äußeren, zähen Blättern befreien. Die Stiele abbrechen und die äußersten Blattspitzen kürzen. Die Zitronen auspressen, den Saft in eine Schüssel geben und die Artischocken hineinlegen. Mehrmals wenden, damit sie überall mit dem Saft in Berührung kommen. Mit lauwarmem Wasser auffüllen, bis alle Artischocken bedeckt sind. Die Artischocken in kochendheiß ausgewaschene Konservengläser dicht einfüllen. Je nach Größe der Gläser 1–2 Lorbeerblätter und einige Pfefferkörner dazugeben. 1,5–2 l Wasser aufkochen und 1 EL Salz darin auflösen. Die Gläser bis zum Rand mit der Salzlake füllen und gut verschließen. Einen hohen Topf mit einem Tuch oder Gitter auslegen. 1–2 Gläser hineinstellen. Den Topf bis zur halben Höhe der Gläser mit lauwarmem Wasser füllen. Die Gläser ab Siedepunkt bei gleichbleibender Temperatur 1 Std. sterilisieren. Unter einer Decke auskühlen lassen. Die Artischocken dunkel aufbewahren. Vor der Verwendung abgießen, kalt abspülen und gut abtropfen lassen.

**Tips**

- Diese kleinen Artischocken kommen aus Süditalien, Südfrankreich und Ägypten oder anderen nordafrikanischen Ländern von November bis Januar zu uns. Sie sind so zart, daß man sie kalt oder warm ganz essen kann.
- Falls nur große Artischocken erhältlich sind, kann man die Artischockenböden freilegen und auf die gleiche Art einmachen.

# Die Vielfalt der Zwiebeln

Die verschiedenen Zwiebelsorten unterscheiden sich in der Farbe der Schale, in der Größe und im Geschmack.
*Weiße Zwiebeln* In den Mittelmeerländern schätzt man vor allem weiße Zwiebeln, die von April bis September erhältlich sind. Sie sind mild im Geschmack, sehr saftig und schmelzen beim Schmoren. Zum Rohessen sind sie frisch und knackig. Sie sind jedoch nicht lange haltbar.
*Frühlingszwiebeln* Wie der Name sagt, sind sie vor allem vom Frühling bis Sommer erhältlich. Sie werden mit dem Grün verkauft und eignen sich sehr gut zum Rohessen, aber auch zum Dämpfen. Im Geschmack sind sie besonders delikat.
*Perl- oder Silberzwiebeln* sind kleine, runde Zwiebelchen mit gelbbrauner Haut. Oft werden sie mit den Frühlingszwiebeln verwechselt. Sie eignen sich gut zum Einmachen. Als Konserve findet man sie vor allem in Italien, aber auch in Südfrankreich, wo sie mit vielen Kräutern und Gewürzen bereichert werden.
*Rote Zwiebeln* haben ihre Hauptsaison von März bis Juni. Liebhaber finden, sie seien aromatischer als die anderen Sorten, und verwenden sie auch für rohe Gerichte.
*Braune Zwiebeln* Eine Sorte, die vor allem in unseren Breitengraden heimisch und beliebt ist. Braune Zwiebeln haben einen leicht süßlichen Geschmack und lassen sich mehr oder weniger für alle Gerichte verwenden. Auch sind sie gut haltbar, deshalb können sie das ganze Jahr hindurch angeboten werden.
*Metzgerzwiebeln* sind riesengroße Zwiebeln, die man auch «ZwieBelle» nennt. Sie sind würzig und sehr gut geeignet für Zwiebelsalat. Wie der Name sagt, wurden sie zum Würzen von Würsten von den Metzgern den gewöhnlichen Zwiebeln vorgezogen. Sie haben ebenfalls eine braune Schale und sind etwa so groß wie eine Grapefruit.
*Schalotten* stammen aus der gleichen Familie wie Zwiebeln und Knoblauch, sind aber feiner im Geschmack als diese zwei Verwandten. So eignen sie sich besonders gut für delikate Saucen und Fischgerichte. Von Schalotten

gibt es kleine graufarbene mit feinem, aber ausgeprägtem Geschmack, runde rote mit zwiebelähnlichem Aroma, etwas fadere birnenförmige, große längliche, die man in Südfrankeich «cuisse de grenouille» (Froschschenkel) nennt, dann kleine wie große, deren Zehen ähnlich wie Knoblauch unten zusammengefaßt sind. Dazu kommen noch mindestens zehn weitere Sorten, die man da und dort auf südlichen Märkten entdeckt. Dort kann man auch erfahren, welche Sorte zu welchem Gericht am besten paßt.

Wer z.B. Knoblauch nicht mag, kann ihn durch Schalotten ersetzen. Sie würzen diskreter und sind dennoch nicht mit andern Zwiebeln zu vergleichen.

Kleine würzige Zwiebeln, die ich gerne zu Schweinebraten, Terrinen, kaltem Fleisch serviere oder auf ein kaltes Buffet gebe.

## Petits oignons à la provençale
## Perlzwiebeln nach Hausrezept

Kann vorbereitet werden
Arbeitsaufwand: 35 Min.
Kochzeit: 45 Min.

**Für 6–10 Personen**

- 500 g Perlzwiebeln
- 1/2 Lauchstange
- 1 kleines Stück Knollensellerie
- 1 kleine Karotte
- 3 EL Tomatenpüree
- 4 EL Puderzucker
- 2 EL kaltgepreßtes Olivenöl
- 1/8 l Weinessig
- 4 EL Rosinen
- 2 EL gehackte Petersilie
- Salz, Pfeffer
- 2 Prisen Cayennepfeffer

Die Zwiebeln 2–3 Sek. in kochendes Wasser geben, kalt abspülen und nach dem Erkalten schälen. Den Lauch in dünne Rädchen schneiden. Den Sellerie und die Karotte schälen und sehr klein würfeln. Das Tomatenpüree, den Puderzucker, das Öl, den Essig und 0,35 l Wasser in einen Topf geben und unter Rühren zum Kochen bringen. Die Zwiebeln, die Rosinen, den Lauch, die Petersilie und die Gemüsewürfel zufügen. 45 Min. bei sehr kleiner Hitze leise köcheln lassen. Von Zeit zu Zeit umrühren. Die Zwiebelchen sollten gar werden, dürfen aber nicht verkochen. Zum Schluß mit Salz, Pfeffer und dem Cayennepfeffer pikant abschmecken. Nach Belieben noch etwas mehr Cayennepfeffer zufügen.

Konservengläser mit Bügelverschluß kochendheiß auswaschen, mit den Zwiebeln füllen, hermetisch verschließen, unter einer Decke langsam abkühlen lassen.

**Tip** Innerhalb einer Woche verwenden. Will man die Zwiebeln länger aufbewahren, sollte man sie sterilisieren (s. Artischocken in Salzlake, S. 321.)

Für Knoblauchliebhaber eine herrliche Beilage zu Fleischgerichten.

# Ail nouveau confit
## Eingemachter junger Knoblauch

Kann vorbereitet werden
Arbeitsaufwand: 20 Min.
Kochzeit: 45 Min.

- 2 große Knollen junger Knoblauch
- 2 Lorbeerblätter
- 1 Zweig Rosmarin
- 2 getrocknete kleine Pfefferschoten
- 1 TL schwarzer Pfeffer
- wenig getrockneter Thymian und Origano
- Olivenöl (etwa $^1/_2$ l)

Die äußeren Blätter der Knoblauchknollen entfernen. Die Knoblauchzehen trennen, aber nicht schälen, und in eine Kasserolle legen. Die Gewürze zufügen und alles mit Olivenöl bedecken. Langsam bis knapp vor den Siedepunkt des Öls erwärmen. Bei kleinster Hitze etwa 45 Min. leise ziehen lassen. Erkalten lassen, in ein Konservenglas füllen und gut verschließen.

**Tips**

- Eingemachter Knoblauch ist etwa 2–3 Monate im Kühlschrank haltbar. Man kann ihn erwärmen und als Garnitur von gebratenem Fleisch oder braisiertem Fisch verwenden oder auch unter eine Ratatouille mischen.
- Werden die Knoblauchzehen noch etwas länger gekocht, wird ihr Inhalt so weich, daß man damit kleine Croûtons bestreichen kann, die als Beilage zu Gemüse, Salat, Fleisch oder Fisch serviert werden können. Man kann damit auch eine Sauce würzen.
- Durch diese Zubereitung verliert der Knoblauch seinen aggressiven Geschmack und bekommt ein leicht nussiges Aroma.

Pikante Croûtons für Knoblauchliebhaber. Damit wird ein einfacher grüner Salat zu einer Spezialität.

## Knoblauchcroûtons

Kann vorbereitet werden
Arbeitsaufwand: 15 Min.
Backzeit: etwa 5 Min.

**Für 6 Personen**
300 g Halbweißbrot vom Vortag
18 Knoblauchzehen
2 EL kaltgepreßtes Olivenöl
1 TL grobes Meersalz

Das Brot in etwa 1½ cm große Würfel schneiden. Ein Backblech mit Backpapier auslegen. Die Brotwürfel darauf verteilen. Im Ofen bei 220 °C etwa 5 Min. rösten. Sie dürfen leicht Farbe annehmen. Die Knoblauchzehen schälen, längs halbieren und den Keim mit einem spitzen Messer entfernen. Die Zehen etwas zerkleinern und mit dem Olivenöl und 1 TL grobem Meersalz im Mixer pürieren. Es entsteht ein milchiges Öl. Die Brotwürfel in eine Schüssel geben und mit dem Knoblauchöl begießen. Gut umrühren, mit Folie abdecken und etwa 1 Std. ruhen lassen.

**Tips**

- Man sollte diese Mischung nicht länger als 2–3 Std. abgedeckt stehenlassen. Durch Berührung mit Sauerstoff verändert sich der Knoblauchgeschmack nachteilig.
- Diese Croûtons kann man über Blattsalate streuen. Sie passen aber auch zu Suppen.

**Variationen**

- Kleine geröstete Brotscheiben noch warm mit dem Knoblauchöl beträufeln und mit gedünsteten Tomatenwürfeln belegen. Zerzupfte Basilikumblätter in wenig heißem Olivenöl rasch wenden, salzen und pfeffern und auf die Tomatenbrote verteilen.
- Anstelle von Brotwürfeln kann man auch kleine Brotscheiben mit dem Knoblauchöl beträufeln und zu Fischsuppen oder südlichen Fischgerichten reichen.

Wer viel Basilikum im Garten hat, kann davon nach einem Rezept aus der Provence einen Wintervorrat anlegen.

## Basilic à l'huile
## Basilikum im Öl

Arbeitsaufwand: 35 Min.
Trocknungszeit: 12 Std.

**Für etwa 6–10 Gläschen von 0,1–1/8 Liter Inhalt**

300–500 g Basilikum (großblättrige Sorte)
feines Meersalz
etwa 1 l kaltgepreßtes Olivenöl

Die Blätter von den Stielen trennen, dabei nicht ganz einwandfreie Blätter entfernen. Das Basilikum in ein Sieb geben und unter fließendem Wasser gut abspülen, dann in einer Salatschleuder gut ausschwingen, bis die Blätter ganz locker übereinanderliegen. Ein Tuch ausbreiten, die Blätter darauf verteilen und mit feinem Meersalz bestreuen. Bei Zimmertemperatur oder bei schönem Wetter im Freien etwa 12 Std. trocknen lassen. Sobald das Basilikum sich etwas kräuselt, die Blätter in ein trockenes Sieb geben und schütteln, damit ein Teil des Salzes wieder entfernt wird. Danach die Blätter mit dem Wiegemesser hacken oder in einer Kräutermühle zerkleinern. Das gehackte Basilikum in kleine, gut gereinigte Konservengläser mit hermetischem Verschluß verteilen. Mit dem Olivenöl begießen, bis die Blätter bedeckt sind. Sofort gut verschließen.

**Tips**

- Die Konservengläser, Deckel und Gummiringe sollten vor dem Füllen ausgekocht werden.
- Bei sorgfältigem Vorgehen bleibt das Basilikum ungefähr 6 Monate im Kühlschrank haltbar.
- Kleinere Gläser sind zu empfehlen, weil der Inhalt meistens nur sparsam verwendet wird.
- Angebrauchte Gläser sollten ab und zu mit etwas Öl nachgefüllt und wieder gut verschlossen werden.

Süß-sauer eingemachte Pflaumen als interessante Beigabe zu einem Pot-au-feu oder Wildgericht.

## Prugne alla grappa
## Pflaumen in Grappa

Die Pflaumen oder Zwetschgen waschen, vorhandenen Stielansatz entfernen. Alle Früchte mit einer feinen Nadel rundum mehrmals einstechen. Die Tee- und Pfefferminzblätter in einen Topf geben. Mit etwa 1 l kochendem Wasser begießen und 5–6 Min. ziehen lassen. Die Früchte in eine Schüssel geben und den Tee durch ein Sieb darübergießen. 5–6 Std. darin marinieren lassen. Ab und zu gut umrühren. Die Früchte abgießen, gut abtropfen lassen und in kochendheiß ausgewaschene Konservengläser mit Bügelverschluß einfüllen. Die Orangenschale abschälen und mit der Zimtstange und den Pfefferkörnern auf die Gläser verteilen. Die Früchte mit dem Zucker bestreuen und mit dem Grappa begießen. Sie müssen ganz davon bedeckt sein. Hermetisch verschließen und bis zum Genießen etwa 3–4 Wochen trocken aufbewahren.

**Tip** Gedörrte Pflaumen oder Zwetschgen lassen sich auf dieselbe Art einlegen. In diesem Fall nur 180 g Zucker verwenden.

Kann vorbereitet werden
Arbeitsaufwand: 30 Min.
Marinierzeit: 5–6 Std.

**Für etwa 4 Gläser von 1/4 Liter Inhalt**

| | |
|---|---|
| 2 kg | kleine reife Pflaumen oder Zwetschgen |
| 5 TL | grüne Teeblätter |
| 2 EL | gehackte Pfefferminzblätter |
| 1 | Orange |
| 1 | kleines Stück Zimtstange |
| 1 TL | zerdrückte schwarze Pfefferkörner |
| 300 g | Zucker |
| 1 1/2 l | Grappa (etwa) |

## Mediterrane Gewürzmischung

Kann vorbereitet werden
Arbeitsaufwand: 30 Min.
Trocknungszeit: je nach Methode

**Für 40–50 g**

- 10 g frischer Majoran oder Origano
- 20 g frischer Thymian
- 30 g frisches Bohnenkraut
- 1–2 unbehandelte Orangen
- 2–3 Lorbeerblätter
- 10 g Nelkenpulver
- 2 Messerspitzen geriebene Muskatnuß
- 1 TL frischgemahlener schwarzer Pfeffer

Die Blättchen der frischen Kräuter abzupfen, auf Küchenpapier legen und an der Luft oder auf einem Trocknungsapparat, evtl. auch in der Mikrowelle (s. Gebrauchsanweisung), gut trocknen lassen. Die Orange heiß waschen und die Schale sehr dünn abschälen. Ebenfalls an der Luft trocknen lassen. Die Lorbeerblätter zerzupfen. Alle getrockneten Produkte im Cutter mahlen und mit dem Nelkenpulver, der Muskatnuß und dem schwarzen Pfeffer mischen. Trocken aufbewahren, z.B. in einer gut verschließbaren Plastik- oder Metalldose.

**Tips**

- Diese Gewürzmischung eignet sich für Grill- und andere Fleischgerichte.
- Die Kräuterauswahl läßt sich frei zusammenstellen.

## Würzige Marinade

Kann vorbereitet werden
Arbeitsaufwand: 25 Min.
Marinierzeit: 3 Std.

**Für 0,6–1 kg Fleisch**

- 4 Schalotten
- 1 große Karotte
- ½ Lauchstange (nur das Weiße)
- 1 kleiner Zweig Stangensellerie
- 1 Zwiebel, gespickt mit 2 Nelkenköpfen und 2 Lorbeerblättern
- 20 g getrocknete Herbsttrompeten
- 1 EL scharfer Senf (Dijon)
- 4 EL gehackte Petersilie
- ½ TL getrocknete, scharfe rote Pfefferschote
- 1 Stück Zimtstange
- 1 Knoblauchzehe, nach Belieben
- 6 EL Weinessig
- ½–¾ l kräftiger Rotwein

Die Schalotten schälen und vierteln. Die Karotte schälen und in Würfel schneiden. Den Lauch und den Sellerie in Scheiben schneiden. Alle Zutaten für die Marinade in eine große Kasserolle geben, mit dem Essig und dem Wein begießen und aufkochen. Das Wild oder Geflügel ganz oder portioniert in eine passende Schüssel geben und mit der erkalteten Marinade begießen. Mindestens 3 Std. marinieren lassen.

**Tips**

- Diese südliche Marinade eignet sich für Haarwild und Wildgeflügel
- Für kleine Wildstücke wie Schnitzel und Koteletts oder auch Entenbrust kann man den Weinessig durch 1–2 TL Aceto balsamico ersetzen. Die Marinade wird dadurch milder und aromatischer.
- Zartes Wild wie Reh, Täubchen oder Wachteln sollte nicht mariniert werden.

# Desserts

Ein Reigen von Süßspeisen bildet den Abschluß dieses Buches: raffinierte Kreationen, einfache Fruchtdesserts, Soufflés, Cremes, Gratins, Früchtekuchen, Sorbets und attraktive lokale Spezialitäten, die sowohl einfache als auch festliche Menüs ideal abrunden.

Im reizenden mittelalterlichen Städtchen Marostica durfte ich dieses einfache, aber raffinierte Kirschendessert kennenlernen.

## Ciliege di Marostica alla panna
## Kirschen nach Art von Marostica

Kann vorbereitet werden
Arbeitsaufwand: 20 Min.
Kochzeit: 15 Min.
Kühlzeit: 15 Min.

**Für 4 Personen**

| | |
|---|---|
| 800 g | rote Kirschen |
| 1 | unbehandelte Zitrone |
| 80 g | Zucker |
| $^{1}/_{4}$ l | Merlot di Berici |
| 1 | Gewürznelke |
| $^{1}/_{8}$ l | Rahm |

Die Kirschen waschen, gut abtropfen und entsteinen. Die Steine aufbewahren. Die Kirschen in einen Topf geben. Die Kirschensteine in ein Stück unbehandelte Gaze legen, zu einem Beutel zusammenraffen und mit einer Küchenschnur zubinden. Von der Zitrone die gelbe Schale vorsichtig abschälen, so daß die weiße Haut nicht mitkommt. Die Kirschensteine, den Zucker, den Wein, die Nelke und die Zitronenschale zu den Kirschen geben. Aufkochen und etwa 15 Min. bei Mittelhitze garen. Die Kirschen abgießen. Den Saft nochmals in den Topf geben und etwas einkochen, danach durch ein feines Sieb passieren und wieder über die Kirschen gießen. Nach dem Erkalten in den Kühlschrank stellen. Den Rahm vor dem Servieren steif schlagen. Die Kirschen in Gläser verteilen, mit dem Sirup begießen und mit einer Rahmrosette garnieren.

**Tip** Sollten Sie eine Reise in die Gegend von Venedig unternehmen, lohnt sich ein kleiner Abstecher nach Marostica. Auf dem großen Platz wird jedes zweite Jahr eine Legende in Form eines Schachspieles nachvollzogen – mit lebenden Schachfiguren in mittelalterlichen Originalkostümen. Der damalige Fürst konnte sich zwischen zwei Freiern seiner hübschen Tochter nicht entscheiden. Das Spiel mußte die Wahl treffen.

Ein leichtes, nicht allzu süßes orientalisches Dessert.

## Salade d'oranges à la marocaine
### Orangensalat nach marokkanischer Art

Kann vorbereitet werden
Arbeitsaufwand: 25 Min.
Kühlzeit: 1 Std.

**Für 4 Personen**

- 700 g schöne, saftige Orangen
- 2 EL Orangenblütenwasser
- 1 EL Zucker
- 8 frische Datteln
- 1 EL Mandelstifte
- 1 TL Zimtpulver
- 1 EL gehackte Pfefferminzblätter
- Pfefferminzblätter für die Garnitur

1 Orange auspressen. Die anderen bis aufs Fleisch schälen, damit die weiße Haut ebenfalls entfernt wird. Alle Orangen in etwa 1/2 cm dicke Scheiben schneiden. Auf eine große Platte oder auf 4 Teller anrichten. Das Orangenblütenwasser mit dem Orangensaft und dem Zucker mischen. Sobald sich der Zucker aufgelöst hat, die Orangenscheiben mit dem Saft beträufeln. Mit Klarsichtfolie abdecken und 1 Std. kalt stellen. Die Datteln entkernen und in kleine Würfel schneiden. Die Mandelstifte in einer trockenen Bratpfanne hellgelb rösten. Vor dem Servieren den Orangensalat mit den Datteln, den Mandelstiften, dem Zimt und der gehackten Pfefferminze bestreuen und mit den Pfefferminzblättern garnieren.

**Tip** Pfirsichsalat kann auf dieselbe Art zubereitet werden. In diesem Fall den Orangensaft und das Orangenblütenwasser durch 3 EL Rosenwasser ersetzen und die Datteln weglassen.

Die einfachste, aber beste Beerensauce, die viele Desserts und Eisspezialitäten aufwerten kann.

## Coulis de petits fruits
### Beerensauce

Kann vorbereitet werden
Arbeitsaufwand: 15 Min.
Ruhezeit: 30 Min.

**Für 4 Personen**
250 g Beeren (Erdbeeren, Himbeeren oder Brombeeren)
2 EL Zucker
1 EL Zitronensaft
1 EL Kirsch oder Himbeergeist, nach Belieben

Die Beeren erlesen, kalt abspülen, wenn nötig entstielen, mit Zucker und Zitronensaft mischen und 1/2 Std. ruhen lassen. Dann im Mixer pürieren und durch ein feines Sieb streichen. Nach Belieben Kirsch oder Himbeergeist zufügen und bis zur Verwendung kühl stellen.
**Variation** Andere Früchte verwenden, z. B. Mango, Kiwi, Pfirsiche usw.

Ein besonders feiner Gratin.

## Gratin de petits fruits
### Beerengratin

Kann vorbereitet werden
Arbeitsaufwand: 35 Min.
Backzeit: 1–2 Min.

**Für 4 Personen**
500 g gemischte Beeren (Waldbeeren, Himbeeren, Heidelbeeren, Cassis)
100 g Zucker
1 dl süßer Weißwein, z.B. Beaumes-de-Venise
4 Eigelb
1 dl Rahm

Die Beeren putzen und kalt abspülen. 400 g davon in kleine, feuerfeste Eierpfännchen verteilen. Die restlichen 100 g mit 50 g Zucker und dem Süßwein pürieren und durch ein Sieb streichen. Dieses Püree auf die Beeren verteilen. Kurz im Ofen erwärmen. Die Eigelbe mit dem restlichen Zucker cremig schlagen und mit dem steifgeschlagenen Rahm sorgfältig mischen. Diesen Guß auf die Beeren gießen und unter der Grillschlange oder bei Oberhitze im Ofen leicht überbacken.
**Tip** Dieser Gratin läßt sich auch mit Pfirsichen, Nektarinen oder Aprikosen zubereiten, wobei die Pfirsiche geschält werden müssen.

Das Quittenaroma kommt in diesem Dessert wunderbar zur Geltung.

## Clafouti aux coings
### Quittenauflauf

Kann vorbereitet werden
Arbeitsaufwand: 35 Min.
Kochzeit: etwa 25 Min.
Backzeit:
etwa 25–30 Min.

**Für eine Form von 28 cm Durchmesser**

| | |
|---|---|
| 750 g | Quitten |
| 6 EL | Zucker |
| 0,2 l | Wasser |
| 1 TL | Maisstärke |
| 2 | Eier |
| 100 g | Zucker |
| 1 Prise | Salz |
| 0,15 l | Rahm |
| 150 g | geschälte, geriebene Mandeln |
| 75 g | Mehl |
| 100 g | Butter |
| | Puderzucker zum Bestreuen |
| 1–2 EL | Kirsch oder Calvados |

Die Quitten mit dem Küchenpapier abreiben, bis der Flaum entfernt ist. Die Früchte halbieren, schälen und vierteln. Das Kernhaus herausschneiden. Die Schalen und das Kernhaus aufheben. Die Quittenviertel quer in etwa 4 mm dicke Scheiben schneiden. Diese nochmals halbieren. 6 EL Zucker in einem Topf karamelisieren. Die Schnitze und 0,2 l Wasser zufügen. Knapp weich kochen (etwa 10 Min.). Die Schnitze abgießen und den Saft auffangen. Den Saft mit den Schalen und den Kerngehäusen in den Schnellkochtopf geben und 15 Min. unter Druck kochen. Passieren und den Saft auffangen. Die Maisstärke in 2–3 EL Saft auflösen. Mit dem passierten Saft unter Rühren aufkochen, bis ein klarer Sirup entsteht. Die Eier mit 100 g Zucker und einer Prise Salz zu einer sämigen Creme schlagen. Den Rahm und das Mehl darunterrühren. Die Mandeln beifügen und alles zu einem glatten Teig schlagen. Die Butter langsam schmelzen lassen, bis sie leicht Farbe annimmt. Die Form mit der Butter bestreichen. Die restliche Butter unter den Teig rühren. Die Form mit dem Puderzucker bestreuen, und zwar so, daß auch die Ränder davon überzogen sind. Die Masse mit dem Kirsch oder dem Calvados abschmecken und in die Form füllen. Die Quittenschnitze darauf verteilen. Sie werden etwas absinken. Etwa 25 Min. bei 200 °C backen. Nadelprobe machen: Beim Einstechen darf kein Teig daran kleben. Den Clafouti vor dem Servieren mit dem Puderzucker bestreuen und den vorbereiteten Quittencoulis separat dazu servieren.

**Tip** Der Clafouti schmeckt am besten lauwarm. Man kann ihn aufbacken. Er läßt sich auch stürzen. In diesem Fall das Gebäck am Rand der Form mit einem Messer lösen.

**Variation** Anstelle von Quitten Birnen, Äpfel, Reineclauden, Aprikosen oder Kirschen verwenden.

Dieses Dessert mutet beim Lesen etwas sonderbar an. Ich aß es in Ligurien, fand es interessant und habe es für dieses Buch nachgekocht.

## Pere con la rucola
## Birnen mit karamelisierter Rauke

Kann vorbereitet werden
Arbeitsaufwand: 30 Min.
Kochzeit: etwa 20–25 Min.

**Für 4 Personen**
4 reife Birnen
Saft von 1/2 Zitrone
1 Vanilleschote
1 ganzer Sternanis
100 g brauner Rohrzucker
250 g Rucola (Rauke)
20 g Butter
100 g Zucker für den Karamel
6 EL Apfelsaft

Die Birnen schälen, halbieren, entkernen und in 1 cm dicke Schnitze schneiden. Sofort mit Zitronensaft bestreichen. 5 dl Wasser aufkochen. Die aufgeschlitzte Vanilleschote, den Sternanis und den Zucker zugeben. 10 Min. zu einem leichten Sirup kochen. Den Sternanis und die Vanilleschote herausfischen und die Birnenschnitze hineingeben. Je nach Qualität der Birnen 8–12 Min. bei kleiner Hitze garen.

Die Rucolablätter entstielen, waschen und in Streifen schneiden. In der Butter rasch dünsten, bis sie zusammenfallen. Den Zucker in einer Bratpfanne erhitzen, bis er braun wird. Den Apfelsaft zugeben und etwas einkochen lassen. Die Birnenschnitze auf Teller anrichten. In der Mitte etwas Rucola anhäufen und die Karamelsauce darübergeben.

**Tip** Die Rucola läßt sich auch durch Mangoldblätter ersetzen.

Die südliche Variante meiner bewährten Schokoladenmousse.

# Mousse au chocolat à l'orange
## Schokoladenmousse

Kann vorbereitet werden
Arbeitsaufwand: 40 Min.
Kühlzeit: 2 Std.

**Für 4 Personen**

| | |
|---|---|
| 2 | Orangen |
| 100 g | dunkle Schokolade (Crémant) |
| 2 | Eiweiß |
| 1 Prise | Salz |
| 1 EL | Zucker |
| 1/4 l | Rahm |
| 2 | Eigelb |
| 1/4 l | Doppelrahm oder Crème fraîche |

1 Orange kurz in kochendes Wasser geben, abtropfen und auf Küchenpapier trocknen. Die Orange dünn abschälen, dann auspressen. Die zweite Orange ebenfalls auspressen. Den Saft auf 2 EL einkochen. Die Schokolade in Stücke brechen und mit dem Orangensaft und der Orangenschale in eine kleines Pfännchen geben. Die Eiweiße mit Salz und dem Zucker zu steifem Schnee schlagen. Den Rahm steif schlagen. Das Pfännchen mit der Schokolade in eine größere, mit heißem Wasser gefüllte Pfanne stellen (Wasserbad). Auf kleinem Feuer rühren, bis die Schokolade geschmolzen ist. Das Wasserbad vom Feuer nehmen. Die Eigelbe verquirlen und beifügen. Mit einer Holzkelle 1–2 Min. rühren. Es muß eine gebundene Creme entstehen. Das Pfännchen aus dem Wasserbad nehmen. Etwa 5 Min. abkühlen lassen. Die Orangenschale herausfischen. Zuerst den Schlagrahm unter die Creme ziehen, dann den Eischnee locker daruntermischen. Die Mousse in eine hübsche Schüssel gießen, mit Klarsichtfolie abdecken und 2 Std. kühl stellen. Die Schüssel an den Tisch bringen. Einen Krug mit heißem Wasser füllen. Einen Eßlöffel hineintauchen, von der Mousse eiförmige Kugeln abziehen und auf kühle Teller legen. Mit dem Doppelrahm begießen. Man kann die Mousse auch in noch halbflüssigem Zustand in Portionengläser füllen, kühl stellen und so servieren.

**Tips**

- Diese Mousse au chocolat bleibt im Kühlschrank etwa 24 Std. fest.
- Man kann die Mousse mit 1 EL Grand Marnier abschmecken und mit ein paar Orangenfilets garnieren.

# Datteln und Feigen

Die Dattelpalme und der Feigenbaum gehören neben dem Olivenbaum und der Rebe zu den ältesten Kulturpflanzen. Bereits vor 6000 Jahren wurde die Dattelpalme kultiviert, und zwar nicht nur in ihrem Ursprungsland Zentralafrika, sondern ebenfalls in Ägypten und Südspanien. Heute kann man sich auch alle nordafrikanischen Länder, insbesondere die Oasen, kaum ohne Dattelpalmen vorstellen. Während man bei uns Feigen und Datteln früher nur in getrocknetem Zustand kannte und so, wie sie waren, als Süßigkeit verspeiste, läßt man sich mit den heute fast überall erhältlichen frischen Früchten allerhand einfallen. So genießt man sie nicht nur als Dessert, sondern auch als exotische Zutat zu Fleischgerichten. Eigenartigerweise hat die getrocknete Dattel in ihren Anbauländern einen höheren Stellenwert als die frische Frucht. Das mag damit zusammenhängen, dass getrocknete Datteln lagerfähig sind und deshalb das ganze Jahr über zur Verfügung stehen. Frische Datteln kommen von Oktober bis Januar vorwiegend aus Nordafrika zu uns.

Datteln sind reich an Fruchtzucker und enthalten viel Kohlenhydrate sowie Kalzium, Magnesium, Phosphor und die Vitamine A, B, C und D. Sie werden empfohlen bei Erkrankungen der Atemwege und des Nervensystems sowie bei Blutarmut. Die Araber gewinnen aus Dattelsirup den Arrak und aus dem Saft des Stammes der Dattelpalmen den Palmwein.

Die bei uns erhältlichen frischen Feigen stammen vorwiegend aus der Türkei und aus Griechenland. Als allerbeste Sorte gelten die Smyrnafeigen, die besonders süß und fleischig sind. Je nach Herkunftsgegend sind die Feigen grünlich bis dunkelviolett. Auch sie sind reich an Fruchtzucker und enthalten die Vitamine A, B und C sowie Phosphor, Kalzium und Proteine.

Ein typisch süditalienisches Dessert. Dazu braucht es wirklich schöne, große, reife Feigen.

## Fichi marinati
## Marinierte Feigen nach süditalienischer Art

Kann vorbereitet werden
Arbeitsaufwand: 30 Min.
Marinierzeit: 1–2 Std.

**Für 4 Personen**

| | |
|---|---|
| 600 g | reife Feigen (6–8 Stück) |
| 1/8 l | Maraschino |
| 250 g | Himbeeren |
| 2 EL | Zucker |
| 1 EL | Zitronensaft |

**Krokant**

| | |
|---|---|
| 100 g | Zucker |
| 100 g | geschälte Mandeln |

Die Feigen schälen und halbieren, in eine Schüssel legen und mit dem Maraschino begießen. 1–2 Std. marinieren lassen und ab und zu wenden. Die Himbeeren mit dem Zucker mischen. 1 Std. ziehen lassen, dann den Zitronensaft zufügen und die Beeren durch ein feines Sieb streichen. Für den Krokant den Zucker mit 1 EL Wasser aufkochen und hellbraun karamelisieren. Die Mandeln grob hakken, zufügen und das Ganze auf eine Marmorplatte oder Aluminiumfolie gießen. Nach dem Festwerden mit dem Teigroller zerstoßen. Die Feigen mit der gewölbten Seite nach oben auf Teller verteilen, mit dem Himbeercoulis begießen und mit dem Krokant bestreuen.

**Variationen**

- 1/8 l Sahne steif schlagen und mit dem Coulis mischen, über die Feigen geben und mit dem Krokant bestreuen.
- Man kann auch den Maraschino, der zum Einlegen verwendet wurde, mit der Sahne aufschlagen, was dieses Dessert noch interessanter macht.
- Der Krokant läßt sich durch Amarettibrösel und die Sahne durch Vanillecreme ersetzen.

Das allereinfachste Feigendessert.

## Higas a la catalana
### Feigen nach katalanischer Art

Kann vorbereitet werden
Arbeitsaufwand: 20 Min.

**Für 4 Personen**

4 große, fleischige violette Feigen
0,2 l Sahne
2 EL Zucker
2 EL Kümmellikör
1 EL gehackte Pistazien

Die Feigen ganz belassen und nach Belieben schälen. Die Sahne mit dem Zucker steif schlagen, den Kümmellikör dazumischen. Über die Feigen anrichten und mit den Pistazien bestreuen.

**Tip** Wer Kümmelgeschmack nicht mag, kann den Likör durch Grand Marnier oder Kirsch ersetzen.

Orientalische Dessert sind in der Regel sehr süß, aber dieses Konfekt ißt man nur in kleinen Mengen und trinkt Tee oder Kaffee dazu.

## Arabisches Dattelkonfekt

Kann vorbereitet werden
Arbeitsaufwand: 40 Min.
Kochzeit: 20 Min.

**Für etwa 18 Stück**

50 g frische Butter
600 g frische Datteln
200 g geschälte, gemahlene Mandeln oder je 100 g Mandeln und Erdnüsse
2 EL Orangenblütenwasser
½ TL Zimtpulver
2–3 EL Honig
50 g ungeschälte, gemahlene Mandeln
2–3 EL Puderzucker

Die Butter bei Küchentemperatur weich werden lassen. Die Datteln entsteinen, auf einen Siebaufsatz geben und zugedeckt über dem Dampf etwa 20 Min. garen. Die Datteln gut abtropfen, in eine große Schüssel geben und mit der Butter mischen. Mit dem Stabmixer pürieren. Das Dattelpüree mit den Nüssen, dem Orangenblütenwasser, dem Zimt und dem Honig sehr gut mischen. Im Kühlschrank fest werden lassen. Die Hände kalt abspülen und aus der Masse kleine Kugeln formen. Die ungeschälten Mandeln mit dem Puderzucker mischen und die Kugeln darin wenden. Bis zum Servieren kühl aufbewahren.

**Tip** Dieses Dattelkonfekt paßt sehr gut zu Tee oder maurischem Kaffee (s. S. 348).

# Marokkanischer Tee

Seit der Mitte des 19. Jahrhunderts, als der Schwarztee von britischen Händlern in Marokko eingeführt wurde, ist die Teezubereitung zu einer Zeremonie geworden. Allerdings wird der Tee nicht, wie in China und Japan, pur getrunken, sondern mit Zugabe von frischer Pfefferminze. Und wenn dieser Tee Ihnen offeriert wird, vergessen Sie nicht, daß man davon drei Gläser trinken muß, damit der Gastgeber nicht beleidigt ist.

Hier ein vereinfachtes Rezept des Rituals der Zubereitung: 2–3 TL grünen Tee in die vorgewärmte Teekanne geben und mit kochendem Wasser begießen. Das Wasser sofort wieder abschütten. Nach Belieben Würfelzucker in die Kanne geben und wieder mit kochendheißem Wasser auffüllen. Eine Handvoll frische Pfefferminzblätter etwas zerkleinern und beifügen. Die Kanne auf ein Rechaud stellen und 2–3 Min. ziehen lassen. Ein Teeglas füllen, begutachten, ob der Tee stark genug ist, und ihn wieder in die Kanne zurückgeben. Dies mehrmals wiederholen, dann erst zum Trinken einschenken. Wenn es einfacher zugehen soll, z.B. in Ladengeschäften, wo Tee offeriert wird, gibt man etwas Pfefferminze in ein Glas und gießt den grünen Tee in langem, dünnem Strahl darauf. Meistens wird der Tee sehr stark gesüßt. Der Zucker wird vom Gastgeber in Stücke gebrochen und zugefügt.

Ein wunderbares, leichtes Dessert, das mit bestem Wein zubereitet werden muß.

## Crème au Châteauneuf blanc
## Kaltgeschlagene Weißweincreme

Kann vorbereitet werden
Arbeitsaufwand: etwa 20 Min.

**Für 6 Personen**

1 Zitrone
$1^1/_4$ dl Weißwein (Châteauneuf blanc)
1 EL Cognac
50 g Zucker
0,3 l gekühlter Rahm
0,2 l Brombeercoulis (s. S. 332)
18 Brombeeren für die Garnitur

Die Zitrone waschen, die Schale abreiben und die Zitrone auspressen. Den Weißwein, den Cognac, die Zitronenschale und den Zitronensaft mit dem Zucker etwa 10 Min. ziehen lassen. Absieben und langsam, unter stetem Schlagen von Hand, den Rahm daruntermischen. Dieser Vorgang dauert je nach Beschaffenheit des Rahms 8–10 Min. Die Creme soll wie steifgeschlagener Rahm aussehen. Hohe Gläser zu $^1/_3$ mit Brombeercoulis füllen und die Creme darauf verteilen. Die Gläser mit je 3 Brombeeren garnieren.

**Tips**

- Läßt sich etwa 2 Std. vor dem Servieren zubereiten. Die gefüllten Gläser im Kühlschrank aufbewahren.
- Der Wein kann durch Grapefruitsaft ersetzt werden.
- Himbeercoulis schmeckt ebenfalls ausgezeichnet.

## Die 13 Weihnachtsdesserts der Provence

Zuerst werden mit den folgenden Produkten die vier Bettlerorden dargestellt, wobei die verschiedenen Farben symbolisch für die Kutten der Mönche und Nonnen sind: Weinbeeren – Dominikaner; Mandeln – Barfüßige Karmeliter; Haselnüsse – Augustinerinnen; trockene Feigen – Franziskaner.

Dazu kommen immer Datteln, Walnüsse, weißer und schwarzer Nougat.

Die folgenden Früchte variieren je nach Tradition: Orangen oder Mandarinen, Äpfel, Birnen, manchmal auch weiße Trauben und Melonen, die auf dem Dachboden in einem Netz aufgehängt und so wunderbarerweise konserviert wurden.

Dabei nicht fehlen darf das traditionelle Weihnachtsgebäck Pompe à l'huile, ein süßer Hefefladen (s. S. 315).

In Korsika entdeckt.

# Fiadone
## Flan mit Brocciù nach korsischer Art

Kann vorbereitet werden
Arbeitsaufwand: 20 Min.
Backzeit: 35 Min.

**Für 4 Personen**

400 g frischer Brocciù oder Frischkäse
3 große Eier
100 g Zucker
1 unbehandelte Orange
2 EL Weinbrand oder Myrtenbranntwein
1 Prise Salz
1 EL Olivenöl

Den Käse mit einer Gabel fein zerdrücken. Die Eier teilen. Die Eigelbe mit dem Zucker schaumig schlagen, bis eine weißliche Creme entsteht. Die Orangenschale abreiben und zufügen. Den Brocciu und den Weinbrand dazumischen. Die Eiweiße mit wenig Salz steif schlagen und unter die Masse ziehen. Eine Springform von 24 cm Durchmesser mit dem Öl auspinseln. Die Masse einfüllen. Etwa 35 Min. bei 210 °C backen. Sollte der Flan zu schnell Farbe annehmen, mit einer Aluminiumfolie locker abdecken. Den Flan noch warm aus der Form nehmen und erkalten lassen.

**Tip** In Korsika wird dieses Dessert gerne mit einem Glas kühlem Myrtenwein oder Muscat serviert.

**Variante** Die Eier weglassen und den Brocciu mit der abgeriebenen Schale von 2 Orangen und 1 Zitrone, 2–3 EL Zucker sowie 2 EL Branntwein oder Grand Marnier mischen. Geriebenen Teig ausrollen, Rondellen von 10 cm ausstechen, mit der Masse belegen, zu Krapfen formen und diese im Öl fritieren oder mit Eigelb bestreichen und etwa 15 Min. bei 200 °C im Ofen backen.

Ein Desserttraum für hohe Ansprüche – ein raffiniertes Soufflé aus den aromatischen Jaffarinen, die in Israel gezüchtet werden.

## Jaffarinensoufflé

Kann vorbereitet werden
Arbeitsaufwand: 35 Min.
Backzeit: 9 Min.

**Für 8 Soufflés**

| | |
|---|---|
| 5 | Jaffarinen |
| 1 EL | Zitronensaft |
| 3 | Eigelb |
| 6 EL | Zucker |
| 1 TL | Maisstärke |
| 4 | Eiweiß |
| 1 Prise | Salz |
| 1 EL | Orangenlikör |
| 10 g | Butter |
| 1 EL | Puderzucker |

2 Jaffarinen mit heißem Wasser sehr gut waschen. Die Schale mit dem Sparschäler abziehen, in kochendes Wasser geben und 1 Min. kochen lassen, dann abgießen und mit dem Wiegemesser hacken. Die Jaffarinen mit einem scharfen Messer so schälen, daß auch die weißen Häutchen entfernt werden. Die Filets aus den Trennhäuten herauslösen und den Saft auffangen. Die Filets kleinschneiden und mit dem Zitronensaft beträufeln. 3 weitere Jaffarinen auspressen. Die Eigelbe mit 2 EL Zucker und der Maisstärke zu einer weißlichen, sämigen Creme schlagen. Die Eiweiße mit Salz und 1 EL Zucker fast steif schlagen. Nochmals 1 EL Zucker zufügen und kurz weiterschlagen, bis der Eischnee steht.

Den restlichen Zucker in ein Pfännchen geben, 2 EL Jaffarinensaft zufügen und den Zucker hellgelb werden lassen. Die gehackte Schale zugeben und mit 2 EL Jaffarinensaft ablöschen. Sobald der Zucker leicht karamelisiert, den restlichen Saft nach und nach beifügen. Er muß immer wieder etwas einkochen. Nach etwa 10 Min. die kleingeschnittenen Jaffarinenfilets zugeben und weiterköcheln, bis nur noch etwa 1 EL Flüssigkeit in der Pfanne ist. Mit dem Orangenlikör mischen, erkalten lassen, dann passieren und den Sirup aufheben.

Den Backofen auf 200 °C vorheizen. Die Souffléformen bis 1 cm unter den Rand mit Butter bestreichen. Die Jaffarinenstücke darin verteilen. Den passierten Sirup mit der Eiercreme mischen. Die Hälfte des Eischnees sorgfältig daruntermengen. Diese Masse auf den restlichen Eischnee gießen und beides behutsam mischen. Die Souffléformen zu $^{3}/_{4}$ damit füllen. In die Mitte des Backofens schieben und genau 9 Min. bei 200 °C backen. Die Dessertteller mit Papierservietten belegen. Die Soufflés mit Puderzucker bestreuen, daraufstellen und sofort servieren.

Nach Belieben Früchtecoulis dazu reichen (Filets von 3 Jaffarinen oder 2 Grapefruits mit 1 EL Zitronensaft und 2 EL Zucker im Mixer pürieren).

**Tips**

- Das Zubereiten und Backen eines Soufflés ohne Mehl ist eine Präzisionsarbeit. Vor allem muß die Backzeit genau beachtet werden. Bleiben diese delikaten Soufflés länger im Ofen, haben sie Tendenz zusammenzufallen.
- Die angegebene Backzeit gilt für Förmchen mit 9 cm Durchmesser. Bei kleineren Formen die Backzeit auf 7–8 Min. reduzieren. Sobald alle Soufflés aufgegangen sind, kann man sie servieren.
- Anstelle von Jaffarinen kann man für dieses Dessert auch rosa Grapefruits oder Clementinen verwenden.

Ein erfrischendes Sorbet, welches gut zu Fruchtsalat oder Beeren paßt.

## Sorbet de brugnons
## Nektarinensorbet

Kann vorbereitet werden
Arbeitsaufwand: 20 Min.
Gefrierzeit: 2–3 Std.

**Für 4 Personen**
600 g geschälte, entsteinte Nektarinen
160 g Zucker
2 EL Zitronensaft

Die Nektarinen in Würfel schneiden und mit dem Zucker und dem Zitronensaft im Mixer pürieren. Etwa 1/2 Std. zugedeckt im Kühlschrank ziehen lassen, damit sich der Zukker ganz löst, danach in einer Sorbetière gefrieren lassen. Ab und zu umrühren, damit sich keine Kristalle bilden.

**Tips**

- Brugnons sind pfirsichähnliche Früchte mit glatter Haut und in Südfrankreich und Nordafrika zu Hause. Sie sind den Nektarinen sehr verwandt.
- Nach diesem Rezept kann man auch Pfirsich-, Zwetschgen-, Mango- oder Reineclaudensorbet zubereiten.

Im Süden gibt es aromatische, wirklich reife Melonen, die ihr Aroma bei dieser Zubereitung voll entfalten.

# Melons farcis
## Gefüllte Melonen

Kann vorbereitet werden
Arbeitsaufwand: 40 Min.
Gefrierzeit: 3–4 Std.

**Für 4 Personen**

| | |
|---|---|
| 0,2 l | Milch |
| 1 | Vanillestengel |
| 3 EL | Zucker |
| 2 | Eigelb |
| 2 | reife Melonen |
| 3½ EL | flüssiger Bienenhonig |
| ⅛ l | Rahm |
| 80 g | Zucker |
| 1 EL | Cognac, nach Belieben |
| 2 EL | grobgehackte Baumnußkerne |

Die Milch mit dem aufgeschlitzten Vanillestengel aufkochen, vom Herd wegziehen und etwas auskühlen lassen. 2 EL Zucker und die Eigelbe kräftig verrühren, die lauwarme Milch dazugießen, in die Pfanne zurückgeben und unter ständigem Rühren bis knapp vor den Siedepunkt bringen (Vorsicht: Die Masse darf nicht kochen, sonst gerinnen die Eigelbe). In ein kaltes Gefäß gießen und auskühlen lassen. Eine Melone halbieren. Die Kerne und die Samenfäden entfernen. Das Fruchtfleisch herauslösen und zerkleinern. Mit 1½ EL Honig und 1 EL Zucker im Mixer pürieren. Die zweite Melone ebenfalls entkernen und die Samenfäden entfernen. Vom Fruchtfleisch mit einem Pariserlöffel Kugeln ausstechen. Die leeren Melonenschalen und die Kugeln in den Kühlschrank stellen. Den Rahm steif schlagen. Mit 80 g Zucker, dem Cognac und dem Melonenpüree mischen. Wenn möglich zuerst in einer Eismaschine 30 Min. gefrieren lassen und dann für weitere 3–4 Std. in den Tiefkühler stellen. Die Masse kann auch nur im Tiefkühler gefroren werden. Vom Meloneneis kleine Kugeln oder Würfel ausstechen. Die Melonenkugeln und die Eiskugeln in die leeren Melonenschalen einfüllen, 2 EL Honig mit den Nußkernen erhitzen und darübergießen. Sofort servieren.

**Tips**

- Für dieses Rezept eignen sich vor allem kleine Cavaillon- oder die besonders aromatischen Carmelmelonen aus Israel.
- Bei Verwendung von großen Melonen kann das Dessert in Schalen angerichtet werden.

Kühles, gehaltvolles Dessert.

# Parfait glacé aux amandes et à l'orange
## Mandelhalbgefrorenes mit Orangencoulis

Kann vorbereitet werden
Arbeitsaufwand: 40 Min.
Gefrierzeit: 1 1/2–2 Std.

**Für 6 kleine Souffléformen von 6 cm Durchmesser**

| | |
|---|---|
| 1/2 l | Sahne |
| 100 g | geschälte, gemahlene Mandeln |
| 5 | Eigelb |
| 100 g | Zucker |
| 1 TL | Bittermandelextrakt |
| 50 g | gehobelte Mandeln |

**Orangencoulis**

| | |
|---|---|
| 2 | Orangen |
| 5 dl | Orangensaft |
| 100 g | Zucker |

Die Sahne mit den gemahlenen Mandeln mischen und aufkochen, danach mixen und durch ein feines Sieb oder Tuch passieren. Die Eigelbe mit dem Zucker zu einer weißlichen Creme schlagen. Die Sahne wieder aufkochen und heiß unter Rühren auf die Ei-Zucker-Mischung gießen. Den Topf gut auswaschen und die Creme hineingeben. Unter Rühren bei kleiner Hitze kochen, aber unter dem Siedepunkt halten, bis die Creme gebunden ist und den Kochlöffel überzieht. Mit dem Mandelextrakt mischen und in die Formen füllen. Die Förmchen auf ein Tablett geben, mit Pergamentpapier oder Folie abdecken und in den Tiefkühler stellen.

Für die Garnitur 2 Orangen waschen, abtrocknen, von der Schale feine Streifen abziehen und in Wasser weich kochen. Den Orangensaft mit dem Zucker zu Sirup einkochen. Die Orangenstreifen dazugeben. Von den geschälten Orangen die verbliebene weiße Haut entfernen und aus den Trennhäuten Filets herausschneiden. Die gehobelten Mandeln in einer trockenen Bratpfanne hellgelb rösten.

Die Förmchen etwa 10 Min. vor dem Servieren aus der Kälte nehmen. Die Parfaits mit einem Messer vom Rand der Form etwas lösen und auf Teller stürzen. Mit dem Orangencoulis umgießen, mit den gerösteten Mandeln bestreuen und mit den Orangenfilets garnieren.

**Tips**

- Man kann das Dessert mit wenig Sauerrahm garnieren: Aus Pergamentpapier kleine Tütchen formen. Mit der Sahne füllen, die Spitze abschneiden und rings um die Parfaits Tupfer auf den Orangencoulis setzen. Mit einem Stäbchen ohne abzusetzen durch die Tupfer fahren. Dabei entsteht eine Girlande.
- Der Orangencoulis läßt sich durch Himbeer- oder Brombeercoulis ersetzen. In diesem Fall 400 g Himbeeren oder Brombeeren mit 2 EL Zucker und 1 EL Zitronensaft mischen und zerdrücken. 15 Min. oder nach Belieben länger ziehen lassen und dann durch ein feines Sieb streichen.

Mein sommerliches Erfolgsdessert.

## Erdbeeren «Marianne» mit Nektarinensorbet

Kann weitgehend vorbereitet werden
Arbeitsaufwand: 20 Min.

**Für 4 Personen**

12 Erdbeeren
4 Passionsfrüchte
4 Kugeln Nektarinensorbet (s.S. 344)

**Sauce**

6 EL Portwein
6 EL Johannisbeergelee
3 EL Zitronensaft

Die Erdbeeren waschen, entstielen und längs in Scheiben schneiden. Die Passionsfrüchte halbieren und das Mark herausschaben. Für die Sauce den Portwein mit dem Johannisbeergelee und dem Zitronensaft sirupartig einkochen, passieren und abkühlen lassen. Das Nektarinensorbet auf Teller anrichten, mit den Erdbeeren umkränzen und diese mit der Sauce bedecken. Das Passionsfruchtmark mit den Kernen über das Sorbet verteilen.

**Tip** Schmeckt ebenfalls sehr gut mit Pfirsich- oder Mangosorbet und auch mit gutem Vanilleeis.

# Maurischer Kaffee

Dieser im Orient beliebte Kaffee, dem man von Nordafrika bis in die Türkei begegnet, wird auf einfache, aber gekonnte Art zubereitet und meistens von typisch orientalischen Süßigkeiten begleitet.

Für 1 Portion gibt man 1 Kaffeelöffel sehr fein gemahlenen Mokka mit einem Stück Zucker in ein kleines Kupferpfännchen mit Holzstiel, wie sie in Bazars und Souks mitsamt einem Tablett erstanden werden können. Darauf gießt man kochendheißes Wasser. Dann wird umgerührt, auf der Kochplatte oder auf kleinem Feuer dreimal aufgekocht, wobei man das Pfännchen immer wieder von der Heizquelle wegzieht. Der Kaffee wird mit einer Kardamomkapsel und 1 Prise Zimt oder wenig Orangenblütenwasser raffiniert gewürzt. Vor dem Trinken muß man warten, bis sich der Kaffeesatz auf den Boden des Kännchens gesetzt hat.

Dattelkuchen gibt es in Nordafrika in vielen Varianten. Ich verdanke dieses Rezept mehreren Frauen, die dort wohnen.

## Gâteau aux dattes à la mode de Sfax
## Dattelkuchen nach tunesischer Art

Die Eigelbe mit dem Zucker zu einer weißlichen Creme schlagen. Die Eiweiße zu samtig glänzendem Schnee schlagen. Den Zitronensaft und die abgeriebene Schale zu den Eigelben geben. Die Datteln kleinschneiden und mit den Nüssen daruntermischen. Mit dem Rosenwasser befeuchten. Den Eischnee sorgfältig darunterziehen. Die Cakeform mit der Butter bestreichen und mit dem Mehl bestreuen oder nur mit Backpapier auslegen. Die Masse hineingeben. 20 Min. bei 180 °C backen. Mit einer Nadel prüfen, ob der Kuchen durchgebacken ist. Es darf kein Teig daran hängenbleiben. Sollte die Oberfläche des Kuchens zu schnell braun werden, mit einer Aluminiumfolie locker abdecken. Für die Glasur die Schokolade im Wasserbad schmelzen lassen. Mit dem Puderzucker verrühren. Den ausgekühlten Cake auf eine Platte oder Folie stellen und mit der Glasur begießen.

**Tip** Mit Vorteil eine unbehandelte Zitrone verwenden. Andernfalls die Frucht mit heißem Wasser gut waschen und trockentupfen.

Kann vorbereitet werden
Arbeitsaufwand: 35 Min.
Backzeit: etwa 20 Min.

**Für eine Cakeform von 0,8 Liter Inhalt**

| | |
|---|---|
| 6 | Eigelb |
| 175 g | Puderzucker |
| 6 | Eiweiß |
| | Saft und abgeriebene Schale von 1 Zitrone |
| 200 g | frische oder getrocknete Datteln |
| 200 g | gemahlene Haselnüsse oder Mandeln |
| 1 EL | Rosenwasser |
| | Butter und Mehl für die Form |

**Glasur**

| | |
|---|---|
| 100 g | dunkle Schokolade |
| 1 EL | Puderzucker |

Dieses delikate Dessert stammt ursprünglich aus Fes und wird besonders bei Hochzeiten und Verlobungen serviert. Für mich war es der unvergeßliche Abschluß eines hervorragenden Diners in Marrakesch.

## B'stilla kéfta
## Pastilla mit Mandeln und Milch

Kann vorbereitet werden
Arbeitsaufwand: etwa 35 Min.
Backzeit: 10 Min.

**Für 4 Personen**
2 EL Olivenöl
300 g geschälte Mandeln
120–150 g Puderzucker
1/8 l Fritieröl (z.B. Erdnußöl)
10 Feuilles de brik (s.S. 15)
3/4 l Milch
2 EL Reispuder
3 EL Orangenblütenwasser

Das Olivenöl in einer Bratpfanne erhitzen. Die Mandeln hineingeben und unter ständigem Rühren goldgelb rösten. Erkalten lassen und danach grob hacken (evtl. im Cutter, aber darauf achten, daß sie nicht zu fein werden). Mit 80 g Puderzucker mischen. Das Fritieröl in eine große Bratpfanne gießen, erhitzen und die Brikblätter einzeln darin fritieren. Das erste Blatt auf Backpapier legen, mit einem weiteren Papier zudecken und so fortfahren, bis alle Blätter fritiert sind. Die Milch mit dem restlichen Zucker (zuerst nur etwa 40 g zufügen) erwärmen. Den Reispuder im Orangenblütenwasser auflösen, zugeben und unter Rühren bei mäßiger Hitze kochen, bis die Creme sämig wird. Nach Belieben noch nachzuckern. Ein Brikblatt nach dem andereren lagenweise mit Mandeln bestreuen und in einer großen, etwas vertieften Schüssel aufeinanderlegen. Die Milchcreme lauwarm darübergießen und die Pastilla sofort servieren.

**Tips**

- Leider muß man beim Portionieren den Dessertturm zerstören. Deshalb kann man aus den Brikblättern auch kleine Rondellen ausschneiden, das Dessert wie beschrieben mit je 6 Rondellen pro Person zubereiten und auf Desserttellern servieren.
- Das Orangenblütenwasser kann durch Vanillezucker ersetzt werden.
- Die beschriebene Zubereitung ist echt arabisch. Ich habe die Blätter einfachheitshalber mit Krokant bestreut. Dazu karamelisiert man die Mandeln in der Bratpfanne mit dem Zucker, gießt die Masse auf eine Marmorplatte oder eine Alufolie und zerstößt sie nach dem Erkalten in Brösel.

Brombeeren und Feigen passen gut zusammen.
Versuchen Sie es.

## Crostata di more e fichi
## Brombeerkuchen mit Feigen

Die Brombeeren mit dem Gelierzucker und dem Zitronensaft gut mischen und etwas zerdrücken. 30 Min. Saft ziehen lassen, dann einkochen, bis ein Mus entsteht. Erkalten lassen. Die Feigen schälen und quer halbieren. Die Springform mit der Butter ausstreichen und mit 3 mm dick ausgerolltem Teig belegen. Dabei einen Rand von etwa 5 cm hochziehen. Den Teigboden mit den kalten Brombeeren auslegen und die Feigenhälften mit der Schnittfläche nach oben daraufsetzen. Aus dem restlichen Teig 1 cm breite Streifen schneiden. Das Ei trennen. Das Eiweiß leicht verquirlen, den Teigrand über die Füllung biegen und mit dem Eiweiß bestreichen. Die Teigstreifen kreuzweise über die Füllung legen und mit dem verrührten Eigelb bestreichen. Etwa 30–35 Min. bei 200 °C backen.

**Tips**

- Schmeckt auch gut mit Himbeeren oder Cassis (schwarzen Johannisbeeren).
- Die Feigen lassen sich durch Nektarinen- oder Pfirsichhälften ersetzen.

Kann vorbereitet werden
Arbeitsaufwand: 35 Min.
Backzeit:
30–40 Min.

**Für eine Springform von 24 cm Durchmesser**

| | |
|---|---|
| 250 g | Brombeeren |
| 100 g | Gelierzucker |
| 1 EL | Zitronensaft |
| 800 g | reife Feigen, wenn möglich violette Sorte |
| | Butter für die Form |
| 300 g | geriebener Teig (s. S. 305) |
| 1 | Ei |

Das ist einer der besten Kuchen, die ich je gegessen habe. Ich verdanke ihn einer überaus kochbegabten Freundin und Partyköchin italienischer Abstammung.

## Darias Mandelkuchen

Kann vorbereitet werden
Arbeitsaufwand: 1 Std.
Backzeit: etwa 50 Min.

**Für eine Springform von 22 cm Durchmesser**

| | |
|---|---|
| 350 g | Mehl |
| 60 g | Zucker |
| | abgeriebene Schale von 1 Zitrone |
| 1 | Prise Salz |
| 1 TL | Backpulver |
| 1 | großes Ei |
| 1 | Eigelb |
| 180 g | Butter |

**Füllung**

| | |
|---|---|
| 200 g | Amaretti |
| 4 EL | Rum |
| 20 g | Sauerkirschenkonfitüre |
| 200 g | geriebene Mandeln |

**Zabaione**

| | |
|---|---|
| 6 | Eigelb |
| 80 g | Zucker |
| 0,15 l | Marsala |

Das Mehl mit dem Zucker, der Zitronenschale, dem Salz und dem Backpulver mischen. Eine Vertiefung anbringen. Die Eier und die weiche Butter in Flocken hineingeben und alles rasch zu einem Teig verarbeiten. Zu einer Kugel formen, in eine Klarsichtfolie wickeln und 1 Std. kühl ruhen lassen. Die Amaretti in eine Schüssel geben und mit dem Rum begießen. Für den Zabaione die Eigelbe mit dem Zukker in einer Schüssel schaumig rühren, in ein Wasserbad stellen, den Marsala zugeben und mit dem Schneebesen zu einem luftigen, sehr sämigen Zabaione schlagen. Aus dem Wasserbad nehmen und erkalten lassen. Den Teig auf Backtrennpapier etwa 1 cm dick ausrollen. Einen Deckel, etwas größer als der Durchmesser der Form, ausrädeln. Einen Boden für die Springform (etwa 22 cm ∅) ausschneiden und in die mit Butter bestrichene Form legen. Aus den Abschnitten einen etwa 5 cm hohen Rand formen. Die Konfitüre auf den Kuchenboden verteilen. Die Hälfte der Mandeln darüberstreuen. Die Amaretti darübergeben. Mit dem Zabaione begießen. Mit den restlichen Mandeln bestreuen. Den Teigdeckel aufsetzen und an den Rändern gut andrücken. Etwa 50 Min. bei 160 °C backen. Aus dem Ofen nehmen und etwas abkühlen lassen. Den Ring vorsichtig entfernen.

**Tips**

- Der Teig ist etwas brüchig, deshalb sollte er auf dem Papier ausgerollt werden. So kann man den Deckel aufsetzen, ohne daß er verletzt wird. Dasselbe gilt natürlich auch für den Kuchenboden. Für den Rand kann man den Teig kneten und am Ring andrücken.
- Was macht man mit dem vielen Eiweiß? Hier zwei Vorschläge:
  *Türkisches Konfekt* 4 Eiweiß steif schlagen, 180 g Zukker und 1 TL Vanillezucker zugeben, kurz weiterschlagen. Ein Backblech mit Backfolie belegen. Kleine runde Eiweißtupfen darauf anordnen. Im Ofen 30 Min. bei

120 °C trocknen lassen. 150 g dunkle Schokolade mit 1/8 l Rahm im Wasserbad auflösen, etwas abkühlen lassen. Je 2 Schäumchen mit der Schokoladencreme zusammensetzen.
*«Délices aux fruits confits»* 100 g feingehackte kandierte Früchte mit 1 EL Kirsch begießen. 3 Eiweiß mit 150 g Zucker und 1 TL Vanillezucker steif schlagen. Die kandierten Früchte mit 50 g geschälten, grobgehackten Mandeln mischen. Unter den Eischnee ziehen. Ein Backblech mit Backfolie belegen. Aus der Masse kleine Häufchen abstechen und daraufsetzen. Im Ofen bei 120 bis 140 °C trocknen lassen.

Herrlich knusprige, schwimmend ausgebackene Krapfen.

## Beignets aux fleurs d'acacias
## Akazienblütenkrapfen

Die Hefe in einer kleinen Schüssel mit 1 TL Zucker und 1 EL lauwarmem Wasser verrühren. Das Mehl mit dem Weißwein und der Hefe rasch zu einem glatten Teig verarbeiten. Die Schüssel zudecken und 1 Std. bei Zimmertemperatur ruhen lassen. Die Akazienblüten waschen, abtropfen und in ein flaches Gefäß auslegen. Mit dem Zucker bestreuen und mit dem Cognac beträufeln. Bis zum Fritieren marinieren lassen. Die Eiweiße mit dem Salz zu samtigem Schnee schlagen. Unmittelbar vor dem Gebrauch mit dem Teig mischen. Sollte der Teig etwas zu dick sein, mit wenig Wein verdünnen. Die Akazienblüten aus der Marinade nehmen, gut abtropfen, durch den Teig ziehen und im heißen Öl (etwa 180 °C) schwimmend ausbacken. Nach Belieben mit Puderzucker bestreuen und sofort servieren.
**Tip** Diese Krapfen lassen sich auch mit Holunderblüten zubereiten. In diesem Fall den Cognac durch Rum ersetzen.

Kann teilweise vorbereitet werden
Arbeitsaufwand: 30 Min.
Geh- und Marinierzeit: 1 Std.
Backzeit: pro Portion etwa 2–3 Min.

**Für 4 Personen**

**Teig**
25 g Hefe
1 TL Zucker
150 g Mehl
1/4 l Weißwein

12–16 Akazienblüten
2 EL Zucker
4 EL Cognac
3 Eiweiß
1 Prise Salz
Erdnußöl zum Ausbacken
Puderzucker zum Bestreuen

Attraktiv aussehende und köstlich mundende Küchlein, die ich in Venedig anläßlich des Karnevals gegessen habe.

## Galani di carnevale
## Venezianische Fastnachtsküchlein

Kann teilweise vorbereitet werden
Arbeitsaufwand: 40 Min.
Backzeit: etwa 3 Min. pro Portion

**Für etwa 30 Stück**

400 g Mehl
1 Vanilleschote
1 dl frischgepreßter Orangensaft
1 dl Marsala
1 EL Orangenlikör
3 Eier
abgeriebene Schale von 1 Orange
1 Prise Salz
70 g Butter
3–4 EL Rahm
Schmalz oder Öl zum Ausbacken
Puderzucker zum Bestreuen

Das Mehl in eine Schüssel sieben. Die Vanilleschote längs aufschlitzen, das Mark herausschaben und in eine Schüssel geben. Den Orangensaft auf die Hälfte einkochen lassen. Den Marsala und den Orangenlikör zufügen. Die Eier und den Zucker zum Vanillemark geben und zusammen sämig schlagen. Die weiche Butter, den Orangensaft mit Marsala und Likör, die abgeriebene Orangenschale und das Salz dazurühren. Das Mehl nach und nach dazugeben. 3–4 EL Rahm beimischen. Der Teig soll aber noch so fest bleiben, daß man ihn ausrollen kann. Den Teig zu einem großen Rechteck ausrollen. Mit einem Teigrädchen 4 cm breite und 12 cm lange Streifen ausschneiden. Jeden Streifen mit dem Teigrädchen der Länge nach dreimal aufschlitzen, ohne ihn an den Enden ganz durchzuschneiden. Die Teigstücke an beiden Enden anfassen und in Gegenrichtung drehen, damit sie spiralförmig werden. Den Schmalz oder das Öl auf 180 °C erhitzen und die Küchlein darin goldgelb ausbacken. Auf zusammengefaltetem Küchenpapier abtropfen lassen und vor dem Servieren mit Puderzucker bestreuen.

**Tips**

- Diese Küchlein schmecken frisch gebacken am allerbesten. Sie werden in Italien traditionell in Strutto (Schweineschmalz) ausgebacken.
- In der Lombardei werden diese Küchlein Chiacchiere oder Lattughe, in der Toscana Cenci und in der Emilia Sfrappole genannt. Man serviert sie zur Fastnachtszeit mit einem kühlen Süßwein (Vin Santo).

Ein traditionelles Winterdessert im Var, wo es viele Pinien gibt.

## Tarte aux pignons de la côte varoise
### Fladen mit Pinienkernen

Für den Teig das Mehl, den Zucker und das Salz in einer Schüssel mischen. Die Butter in Flocken schneiden und mit den leichtgeschlagenen Eiern in die Mitte geben. Rasch zu einem glatten Teig verarbeiten, eine Kugel formen und etwa 2 Std. im Kühlschrank ruhen lassen. Die Milch mit dem Vanillezucker verrühren. Das Eigelb mit dem Zucker sämig schlagen. Das Mehl dazumischen. Die Milch erhitzen und unter Rühren zur Eiermischung arbeiten. Die Milchkasserolle kalt ausspülen und die Mischung hineingeben. Bei kleiner Hitze und ständigem Rühren sämig werden lassen. Nicht kochen. In eine Schüssel geben und erkalten lassen. Die Butter bei Küchentemperatur weich werden lassen. Mit den Mandeln, dem Puderzucker und dem Ei zu einer gleichmäßigen Creme schlagen. Die Maisstärke, den Orangenlikör und die Vanillecreme dazumischen. Die Kuchenform mit Butter bestreichen. Den Teig ausrollen und die Form damit auslegen. Den Kuchenboden mit der Konfitüre bestreichen. Die Mandelcreme darauf verteilen. Mit den Pinienkernen bedecken. 35–40 Min. bei 200 °C backen. Sollten die Pinienkerne zu dunkel werden, locker mit einer Aluminiumfolie abdecken und die Temperatur auf 180 °C reduzieren. Den Fladen nach dem Erkalten aus der Form nehmen.

Kann vorbereitet werden
Arbeitsaufwand: 40 Min.
Backzeit: 35–40 Min.

**Für eine Kuchenform von 28 cm Durchmesser**

**Teig**
150 g Weißmehl
2 EL Zucker
1 Prise Salz
100 g Butter
2 kleine Eier

**Füllung**
6 EL Milch
1 TL Vanillezucker
1 Eigelb
1 EL Zucker
1 TL Weißmehl
50 g Butter
50 g geschälte, gemahlene Mandeln
2 EL Puderzucker
1 Ei
1 TL Maisstärke
1 EL Orangenlikör (Grand Marnier)

**Form**
Butter zum Ausstreichen
2 EL bittere Orangenkonfitüre
100 g Pinienkerne

Jeder zweite Bäcker oder Konditor in St-Tropez erhebt den Anspruch, der Urheber dieses Kuchens zu sein. Der Erfinder soll aber ein gewisser Albert Dufresne gewesen sein, der sein Geheimnis nie preisgab. So sind denn auch alle diese «Tartes» sehr unterschiedlich. Vor allem die Füllung variiert von der industriell hergestellten bis zur schweren butterhaltigen Vanillecreme. Hier ist mein persönliches Rezept:

## La tarte tropézienne
### Hefekuchen nach Art von St-Tropez

Kann vorbereitet werden
Arbeitsaufwand: 35 Min.
Gehzeit des Teiges: 3 Std.
Backzeit: 30–35 Min.

**Für eine Springform von 28 cm Durchmesser**

- 1/8 l Milch
- 15 g frische Hefe
- 1 TL Zucker
- 300 g Weißmehl
- 2 Eier
- 1/2 TL Salz
- 40 g Butter
- 1 Eigelb zum Bestreichen
- 50 g Hagelzucker

**Füllung**

- 0,2 l Milch
- 0,2 l Rahm
- 2 Vanillestangen
- 80 g Zucker
- 4 Eigelb
- 60 g Weißmehl
- 1/8 l Rahm

Die Milch leicht erwärmen. 2 EL davon mit der Hefe und dem Zucker gut verrühren. Das Mehl in eine große Schüssel sieben. Eine Vertiefung anbringen. Die Eier mit dem Salz verquirlen. Die Butter in der noch warmen Milch schmelzen lassen. Alle Zutaten gut mischen und zu einem glatten Teig verarbeiten. Den Teig ab und zu auf den Tisch schlagen. Er kann auch in der Küchenmaschine etwa 5 bis 10 Min. geknetet werden. Eine Kugel formen, in die Schüssel legen, mit einem Tuch zudecken und bei Küchentemperatur etwa 2 Std. gehen lassen. Nochmals gut durchkneten und wiederum 1 Std. gehen lassen. Die Springform mit Butter bestreichen. Den Teig einfüllen. Das Eigelb mit 1 TL Wasser verrühren. Den Kuchen damit bestreichen und mit dem Hagelzucker bestreuen. 30–35 Min. bei 180 °C backen. Auf einem Gitter auskühlen lassen. Den Ring entfernen.

Für die Füllung die Milch mit dem Rahm aufkochen. Die Vanillestangen aufschlitzen, zufügen, beiseite stellen und etwas ziehen lassen. Inzwischen den Zucker mit den Eigelben zu einer weißlichen Creme schlagen. Das Mehl dazusieben, gut mischen und die Milch unter Rühren zugeben. Die Pfanne waschen, kalt ausspülen, die Creme hineingeben und etwa 2–3 Min. erwärmen, bis sie gebunden ist. Mitsamt den Vanillestangen in eine Schüssel gießen und erkalten lassen. Den Rahm steif schlagen. Die Vanillestangen aus der Creme nehmen und den Rahm unmittelbar vor dem Füllen des Kuchens unter die Creme ziehen.

Die Torte quer halbieren. Die Creme auf den unteren Teil geben und den Deckel aufsetzen. Sofort servieren oder kurz im Kühlschrank aufbewahren.

# Streifzug durch die Küchen des Mittelmeers

Diese Aufzeichnungen entstanden aufgrund meiner Erfahrungen und Kenntnisse der einzelnen Länder. Sie mußten aus Platzgründen sehr kurz ausfallen und erheben nicht den Anspruch auf Vollständigkeit.

**Die spanische Mittelmeerküche**

Die Küche Andalusiens wurde von der Geschichte des Landes geprägt. Sie zeigt Einflüsse der Seefahrer und Mauren sowie Anleihen aus dem benachbarten Portugal. In der Gaditana, zwischen Cádiz und Málaga, ist die Fischküche überraschend leicht. Fleisch und Saucen werden gerne mit Jerez (Sherry) zubereitet. Landwärts und bis zur Costa Blanca wird die Küche deftiger und vielseitiger. Da gibt es würzige Eintöpfe mit Hülsenfrüchten, fritierte Gerichte wie «Calamares a la romana», Eiergerichte wie «Tortillas» oder «Huevos a la flamenca». In den vielen «Huertos» von Murcía, wo zum Teil noch römische Bewässerungsanlagen bestehen, trifft man auf Palmenhaine, Orangen- und viele andere Früchtekulturen, z.B. Datteln, Feigen und Trauben. Weiter nördlich ist Valencia für seine «Paella a la valenciana» berühmt, die bis hinauf zur französischen Grenze in unzähligen Variationen anzutreffen ist. Weiter Richtung Barcelona kann man die vorbildlichen Kellereien des Penedès besichtigen oder in Sadurnía de Noya den spanischen Schaumwein «Cava» degustieren.

Im Landesinnern, im Ebrotal, gedeiht der kostbarste Wein Spaniens, der «Vega Sicilia», und in Lérida findet man das beste kaltgepreßte Olivenöl.

Eine verfeinerte Küche bietet Barcelona, wo der Besuch in der «Boqueria», der großen Markthalle der Ramblas, ein Muß ist. Dort kann man den ganzen kulinarischen Reichtum des Landes bewundern. In rustikalen, zum Teil auch touristischen Restaurants kann man die katalanische Küche kennenlernen. Spezialitätenrestaurants bieten den ganzen Reigen der Fische und Meeresfrüchte an, die meistens auf einer Grillplatte zubereitet und mit Mayonnaise oder «Salsa romesco» serviert werden. Es gibt dort aber auch neuere Zubereitungen wie die «Dorada a la sal». Eine besondere Spezialität sind die in Olivenöl mit Koblauch fritierten jungen «Anguilas» (Glasaale). Die Bars der Stadt bieten unzählige «Tapas» an.

Weiter nördlich wird die katalanische Küche immer deftiger. An der Costa Brava liebt man umfangreiche Menüs mit «Ensalada», «Paella» oder «Canalones» als Vorspeise, gefolgt von Fleisch oder Fisch mit Gemüse, die, wenn es besonders festlich zugeht, durch einen Geflügelgang ergänzt werden. Alles wird gekrönt mit der «Crema catalana», die es übrigens jetzt bereits in ganz Frankreich und immer öfter auch bei uns gibt. Zur Verdauung trinkt man einen «Caraquillo», einen kleinen schwarzen Kaffee im Glas mit spanischem Cognac. Im Ampurdán, nahe der französischen Grenze, gibt es in Pals Reiskulturen sowie Reben, aus denen der trockene Weißwein der Gegend entsteht.

Zu Katalonien gehören ja auch die Balearen, deren Küche jener des Festlands ähnlich ist, die aber auch über eigene Spezialitäten verfügt. Typisch für Mallorca ist die luftige «Ensaimada», die Schneckenrolle aus feinem Hefeteig, welche zum Frühstück gegessen wird und auch in den Bars und Bäckereien von Barcelona und Umgebung zu finden ist. Die «Coca mallorquina» ist eine Art ovale Pizza, belegt mit Sardinen und Gemüse, die «Empanada» ein gefüllter Blätterteigfladen. In Mahón auf Menorca, wo angeblich die Mayonnaise erfunden wurde, gibt es damit angemachte Vorspeisen in vielen Variationen.

**Südfrankreich**

Im mediterranen Languedoc sind noch einige katalanische Einflüsse spürbar. Aber auch das nordafrikanische Couscous steht auf gewissen Speisekarten. Daneben ist man aber stolz auf die eigene Küche, obwohl sie sowohl vom nördlichen Languedoc wie auch bereits von der Provence beeinflußt wird. In Sète gibt es eine etwas modifizierte Bouillabaisse aus nur einer Fischsorte und eine eigene, sehr feine Version der «Bourride». Langusten und die pikant gefüllten Miesmuscheln liebt man an einer würzigen Tomatensauce. Olivenöl und Knoblauch haben hier bereits einen hohen Stellenwert. Und der «Vin gris des Sables», ein spezieller Rosé, ist wie geschaffen als Begleiter zu diesen Spezialitäten. In der Nähe, in Marseillan, entsteht der bei uns beliebte trockene Wermut «Noilly Prat».

In der Camargue, in Arles und der Umgebung von Nîmes, ist die Küche bereits provenzalisch, abgesehen von einigen typischen Spezialitäten wie die «Côte de toro», wie man die Rippe der Camargue-Stiere dort nennt, die in Salzkruste gegart oder im kräftigen Rotwein des Roussillon geschmort wird. In dieser Gegend gibt es auch Zander, der oft an einer Sauce aus «Poutargue» (Meeräschenrogen, s.S. 370) zubereitet wird. Auf den Speisekarten findet man auch Reisgerichte mit Reis aus eigenem Anbau sowie Sardinen und Tintenfisch in kräftiger Tomatensauce.

Die eigentliche Provence besteht aus den Départements Vaucluse, Bouches-du-Rhône, Basses-Alpes, Var und Alpes Maritimes, Nizza ausgenommen. Wer die echte Küche der Provence kennenlernen möchte, begibt sich mit Vorteil ins Innere des Landes, z.B. in die «Haute Provence», in den Lubéron oder nach Aix-en-Provence, wo es herrliches Lamm und Kaninchen von Sisteron und die würzigen, hausgemachten «Petits farcis» gibt, wo die «Fougasse» und das Brot frisch aus dem Holzofen kommen, wo ein echtes «Grand aïoli» mit allem Drum und Dran auf den Tisch kommt und wo die aromatischen Ziegen- und Schafskäse, wie alles andere auch, mit den duftenden Kräutern der Provence gewürzt werden.

Auch bei der Bouillabaisse findet man die beste nur selten in Marseille, sondern in den Calanques, den wunderschönen Buchten in Richtung Toulon, z.B. in Cassis, wo auch der dazu passende Wein wächst. In Nizza, das eine eigene, italienisch inspirierte Küche hat, findet man in kleinen, guten Restaurants und im privaten Haushalt noch Unverfälschtes, etwa die «Pissaladière», die «Tourte niçoise» aus Mangold und Kräutern, die «Soupe au pistou», das Hähnchen oder die Kutteln «à la niçoise» sowie die überall bekannte «Salade niçoise», die andernorts meist bis zur Unkenntlichkeit abgewandelt wird. Auf dem Markt in der Altstadt kann man von Hand die frischgebackenen «Soccas» essen, Fladen aus Kichererbsenmehl und gehacktem Speck, die zum Apéro herrlich schmecken.

Hier läßt sich auch Korsika anfügen, das kulinarisch Nizza zugeordnet wird. Auf dieser Insel findet man den «Stufatù», einen Eintopf aus Rind- und Schweinefleisch, Schinken und Makkaroni. Vieles wird mit dem korsischen Frischkäse «Brocciù» zubereitet oder gewürzt, beispielsweise die damit gefüllten Ravioli an einer besonders konzentrierten Fleischsauce. Als Digestif sollte man den Myrtenschnaps versuchen.

**Der italienische Süden**

Bereits in Ventimiglia kommt man in den Genuß der ligurischen Küche. Die Riviera dei fiori ist gespickt mit guten Restaurants, wo die Küchenchefs mit Fisch und Gemüse umzugehen wissen. Sie pflegen auch die ligurischen Spezialitäten, z.B. den unvergleichlichen «Cappon magro», das berühmte Fastengericht der einstigen Adeligen von Genua. Opfer mußten sie damit freilich keine bringen, so gut schmeckt dieser spezielle Fisch-Gemüse-Salat. Auch ein einfacher «Insalata di frutti di mare», die gefüllten «Fiori di zucca» und die Ravioli «al sugo di noci» sollte man unbedingt versuchen. Nicht zu vergessen der «Pesto alla genovese», den man über die «Trenette» oder andere Teigwaren gibt, oder der «Toco di rosto» (Fleischsugo) sowie weitere Salsas aus Tomaten, Pilzen, Artischocken und Nüssen. Auf Gemüsegerichte wird in Ligurien großer Wert gelegt. Davon zeugen auch verschiedene Reisgerichte, vor allem der «Risotto verde», der seine Farbe den frischen Kräutern und grünen Erbsen verdankt, oder der originelle Flan mit Mangold und Borretsch. Auch in Genua und am Golf von Tigullio bei Portofino und Santa Margherita sowie im Cinqueterre ist die Küche ausgezeichnet. Besonders interessant ist die «Cima al Tigullio», eine gefüllte Kalbsbrust, die dünn aufgeschnitten und kalt besonders gut schmeckt. In La Spezia spürt man bereits die kulinarischen Einflüsse der toskanischen Küche von Lucca und Pisa und genießt an der Küste gut zubereitete Fische und Meeresfrüchte. Livorno spielt eine besondere Rolle und ist, wie die meisten Hafenstädte des Mittelmeeres, ein kulinarischer Schmelztiegel. Dieser Hafen ist bekannt für seine Fischsuppe «Cacciucco» (der Name kommt vom türkischen «kuçuk» und bedeutet Krimskrams), die «Triglie alla livornese» (Meerbarben) und sein «Cuscussù», das von Arabern und Juden hierhergebracht wurde. Weitere, vor allem süße Spezialitäten, u.a. «Haroseth», «Cotognata per Kippur» oder «Torta d'azzima», sind Einwanderern aus Israel zu verdanken.

Etwas weiter südlich in der Maremma sind die Gemüse-Brot-Suppe «Acquacotta», diverse Aalgerichte, das

Lamm «alla cacciatora», die Polenta alla Maremma mit Speck und Tomaten und im Herbst Wildschwein- und andere Wildgerichte zu empfehlen. Im Landesinnern kann man die bäuerlichen toskanischen Spezialitäten genießen, etwa die «Minestra d'erbe alla lucchese», eine Frühlingssuppe aus frischen dicken Bohnen, Erbsen, Spargel, Artischocken, Mangold mit Speck und Schweinswurst, das «Pollo fritto alla toscana», «Panzanella» (Brotsalat) und «Pappa al pomodoro» (Tomatensuppe). Eleganter und leichter präsentiert sich die Florentiner Küche mit ihrem Paradepferd, dem «Bistecca alla fiorentina» (Rippe vom Chiana-Rind), den «Petti di pollo con piselli» (Hähnchenbrüstchen mit grünen Erbsen) und dem «Arista» genannten, sehr fein gewürzten Schweinebraten. Ausgezeichnet ist auch die frische, mit Fenchel gewürzte Mortadella und aromatisch die «Fagioli al fiasco», Bohnen, die in einer Glasflasche in der heißen Holzkohlenasche gegart werden. Delikat als Amuse-bouche oder zu einem Glas Chianti schmecken die «Crostini di fegatini». Die «Cantucci», längliche, harte Biskuits, taucht man in den «Vin santo», den bekannten toskanischen Süßwein. Sie werden überall angeboten, so daß es sich kaum lohnt, sie selbst herzustellen.

In Mittelitalien ist das «Abacchio» (Milchlamm) an Ostern die bekannteste Spezialität. Typisch für Rom und das ganze Latium sind auch die kleinen zarten Artischocken, die in vielen Variationen zubereitet werden, sowie die beliebten Spaghetti «all'amatriciana» oder «alla carbonara». Im Herbst werden Wildschwein und Wildhase «in agrodolce» (süß-sauer) zubereitet. Neapel schreibt man bekanntlich die Erfindung der Pizza und des «Calzone» (pizzaähnlicher Krapfen) zu. Auch die wunderbar fleischigen San-Marzano-Tomaten, welche die beste Tomatensauce «alla napoletana» ergeben, verdanken wir den Neapolitanern. Das daraus gekochte «Ragù alla napoletana» paßt wunderbar zu Teigwaren. Hier entsteht auch die beste «Peperonata» – aus schönen, reifen Paprikaschoten.

Aus Kampanien stammen die aus Büffelmilch hergestellte «Mozzarella di bufala» und weitere interessante Käse, z. B. der «Provolone» aus Büffelmilch und der «Cacciocavallo» aus Kuhmilch. In Capri und an der Küste von Amalfi wird ähnlich gekocht wie in Neapel. Vorzüglich sind dort die «Ravioli alla caprese». Weiter südlich in Kalabrien und Apulien gibt es ebenfalls Milchlamm, und an Ostern ist das «Capretto farcito» (gefülltes Zicklein) eine begehrte Spezialität. Typisch für diese Region sind die vielen verschiedenen Auberginengerichte.

Sizilien hat eine besonders interessante Küche. Täglich ißt man dort mittags Nudeln oder Reis mit einem «Intingolo» oder «Sugo», beides sehr nahrhafte und aromatische Saucen. Abends gibt man wiederum Nudeln in die Minestra. Schweinefleisch und Würste sind auf dieser Insel sehr beliebt, man ißt aber auch Gemüse, vor allem Auberginen. Köstlich sind die Sardinen «a becaficu», d. h. an süß-saurer Sauce wie in Palermo oder fritiert wie in Catania. Originell sind die «Arancini», orangengroße, gefüllte Reiskugeln. Aus dem Meer kommen Schwert- und Thunfisch sowie «Nasello» (Dorsch), gleich wie in Kalabrien und Sardinien.

«Cuscùsu» ist eine Fischsuppe arabischer Herkunft. Sie enthält neben Couscousgrieß Tintenfisch und Muscheln oder Lammfleisch. Sizilien vedanken wir auch die «Cassata», eine Eisspezialität, die man auch bei uns antrifft. Zu erwähnen wäre auch noch der «Farsumagru» (gefüllte Kalbsroulade) und vieles mehr. Jedenfalls könnte man mit den Rezepten dieser Insel ein dickes Buch füllen.

Sardinien hat eine besonders interessante historische Vergangenheit, deren Spuren man heute noch begegnet. So gibt es in Alghero eine große katalanische Kolonie, deren Mitglieder nicht nur katalanisch spechen, sondern auch katalanisch kochen. Viele spanische Bezeichnungen erinnern ebenfalls an die lange Oberhoheit der Iberer. Auch arabische Einflüsse erkennt man bei gewissen Zubereitungen, z. B. bei der «Casca», einer Couscoussuppe mit Fleisch und Gemüse. Von den Genuesern lernten die Einheimischen die Kunst der Pastaherstellung. Italiens Seeleute und Fischer stammen übrigens alle ursprünglich aus Sizilien oder Kalabrien, denn die Sarden scheuen das Wasser eher. Im Innern der Insel gibt es hauptsächlich Schafhirten. Aus der Milch der Schafe werden in mehreren großen Käsereien der pikante «Pecorino romano» und andere Käsespezialitäten hergestellt. In den Dörfern werden verschiedene Bauernbrote gebacken, z. B. die dünnen, lange haltbaren Fladen, die man «Carta da musica» (Notenpapier) oder «Pane fràtau» nennt. Die sardische Küche ist sehr bäuerlich, aber dank Knoblauch, Peperoncino, wildem Fenchel, Pfefferminze, Thymian, Myrte und anderen wildwachsenden Kräutern angenehm würzig. Das Olivenöl der Insel ist hervorragend. Ein spezielles Pastagericht sind die «Malloredus», eine Art Gnocchi, die sowohl mit Meeresfrüchten wie auch an einer Fleischsauce zubereitet werden. Vorzüglich sind die «Cassola» (Fischsuppe) und die «Burrida» (gekochter Fisch mit Walnußvinaigrette) und besonders interessant die «Gallina al mirto», das Suppenhuhn mit Myrte.

Die Küstenregionen entlang der Adria wie Molise, Abruzzen und Marken sind berühmt für ihre sehr reichhaltigen Fischsuppen. An der Küste der Emilia-Romagna kann man in Pastagerichten schwelgen, wie sie in Bologna zubereitet werden. Obwohl es eigentlich gute Spezialitäten aus Venedig gibt, z. B. «Riso nero» (schwarzer Reis), «Bisato in tecia» (Aal in der Pfanne), «Bigoli» (sehr dicke Spaghetti) in Variationen, «Fegato alla veneziana» (Leber nach venezianischer Art), «Broeto» (Fischsuppe), «Risi e bisi» und weitere Reisgerichte sowie die interessante Taubensuppe «Sopa coada», hat man in der herrlichen Stadt eher Mühe, gute Restaurants zu finden. Als Gourmet kommt man etwas nördlicher in der Gegend von Treviso oder in Richtung Vicenza oder Verona um vieles besser auf seine Rechung mit etwas rustikaleren, aber ausgezeichneten Spezialitäten wie dem «Cappone alla canavera» (Kapaun), dem «Coniglio alla grappa» oder der ausgezeichneten Brotsuppe «Panà» aus Vicenza.

**Die Länder des ehemaligen Jugoslawien**

In Dalmatien lernt man interessante und würzige Grillgerichte kennen, z. B. Ražnjići (Fleischspießchen), Ćevapčići, Čevap (in pikanter Weinmarinade eingelegte Schweine- oder Rindfleischwürfel).

Dazu paßt «Ajvar», ein Püree aus Auberginen und Paprikaschoten, mit Zwiebeln, Paprikaschoten und Speck am Spieß gebraten. An der Küste werden Fische und Meeresfrüchte auf Olivenholz grilliert oder mit Saucen überbacken. Köstlich sind auch der würzige «Brodet» (Fischsuppe) sowie die «Girice» (sardellenartige Fischchen, im Mehl gewendet und fritiert) oder auch kleine Tintenfische, die auf dieselbe Art zubereitet werden. «Skampi ala buzara» (in einem Knoblauchweinsud kurz gegarte Scampi) gibt es in Montenegro. Etwas deftiger, aber nicht minder würzig und gut schmecken Eintöpfe wie «Djuveč» (aus Schweine- oder Schaffleisch, Gemüse, Reis oder Kartoffeln) oder die «Sarma» (mit Fleisch gefüllte Kohlwickel). Eine besondere Spezialität ist auch der «Tarator», und ganz köstlich schmecken die verschiedenen Schafskäse. In Mazedonien überwiegen die bäuerlichen Gerichte, z.B. das «Kačamak», die Polenta mit Schafskäse. Beliebt sind auch verschiedene Reisgerichte mit Reis aus heimischem Anbau. Bereits orientalisch anmutende Desserts bilden meistens den Abschluß dieser rustikalen Mahlzeiten. Als Aperitif oder Digestif genehmigt man sich mit Vorteil einen «Mastika» (Obstbrand mit Anisgeschmack).

**Griechenland**
Die griechische Küche ist von antiker Einfachheit. Sie ist geprägt vom Meer, von Gewürzen und Olivenöl, von grilliertem Fisch, Lamm und Kitz, von Gemüsen und Früchten wie Zucchetti, Peperoni, Auberginen, Mandeln, Orangen, Trauben und Feigen und sehr bekannt für gute Schafs- und Ziegenkäse. Beliebt sind die kleinen Salate und Vorspeisen wie «Anginares saláta» (Artischockensalat), «Melitzanosaláta» (Auberginenkaviar), «Marauli» (klassischer griechischer Salat mit Feta), «Dolmadákia» (gefüllte Weinblätter), «Taramo keftedes» (kleine Fladen mit Fischrogen), «Tzatzíki» (Joghurt mit Gurke und Knoblauch) und «Fava» (Kichererbsenpüree). Eine Mahlzeit kann auch durch verschiedene «Pittas» (gefüllte Filo-Teigblätter) oder eine «Omelétta» mit Feta eröffnet werden. Bei der Wahl des Hauptgerichtes im Restaurant zeigt man, weil meistens der Sprache nicht mächtig, in der Küche mit dem Finger auf den gewünschten Fisch oder einen brodelnden Eintopf. Leider wird Fisch in Griechenland etwas zu heiß grilliert. Ausgezeichnet schmeckt das Saucengericht «Garides grecolimano» (Crevetten mit Feta an Tomatensauce). Fleischliebhaber kommen mit Fleischbällchen, Wachteln, Enten, Kaninchen, z.B. «Kounéli fricassé» an Zitronensauce, oder Hähnchen in vielen Variationen auf ihre Rechnung, aber auch mit Gerichten aus Lamm-, Schweine- oder Kalbfleisch, nicht zu vergessen die bestbekannte Mussaka. Einen Versuch lohnen auch die verschiedenen Gemüsespezialitäten, die würzig zubereiteten Makkaroni oder die verschiedenen «Pilaffi» (Reisgerichte). Dazu gehört unbedingt ein Glas «Retsina» (geharzter Wein) und zum Abschluß ein typisches Dessert, z.B. die sehr süße «Bakláva» (Mandelspeise mit Honigsirup).

**Türkei**
Dieses Land ist kulinarisch gesehen sozusagen ein Schmelztiegel der Küchen des Orients und des Balkans. Hier findet man kleine libanesische Vorspeisen, die attrak-

tiven «Mezze», gefüllte Weinblätter, Tamara und andere griechisch anmutende Spezialitäten, an die Küchen des Maghreb erinnernde Spieße, Ramadansuppe, Lammgerichte, Eintöpfe mit Reis. Ausgezeichnet sind die Fischgerichte und Meeresfrüchte, z. B. die mit würzigem Reis und Korinthen gefüllten Miesmuscheln, die ich nie vergessen werde, die «Barbunja Baliği Bugulamasi» (Rotbarben im Ofen), «Hamsi Pilavi» (Pilawreis mit Sardellen) oder «Mulet Pilaki» (Seehechttopf mit Gemüse). Interessant sind die Lamm- und Geflügelgerichte, z. B. das Tscherkessische Huhn in Haselnußsauce, oder die farbenfrohen Spieße wie «Šiš kebap», typisch auch die «Böreks» (mit Käse gefüllte Teigtaschenrollen), klassisch das Dessert «Açure» (aus Reis, Weizen, Hülsenfrüchten, Nüssen, Feigen und Orangenschale), eine Neujahrsspeise, welche traditionell am 10. Tag des «Mukarreni» im ersten Monat des musulmanischen Kalenders auf den Tisch kommt und von einem türkisch zubereiteten Kaffee begleitet werden kann.

**Von Ägypten bis zum Libanon**

In Ägypten und Jordanien macht sich bereits der Einfluß des Libanon bemerkbar, wo man in einer Riesenauswahl von «Mezze» schwelgen kann. Schon an diesen herrlichen kleinen Vorspeisen könnte man sich dort satt essen. In den Nachbarländern schrumpft die Auswahl aber im allgemeinen auf fünf bis sechs lokale Variationen zusammen.

Ägypten überrascht mit interessanten Fischspezialitäten, z. B. Hecht mit Tomaten, scharfen Pfefferschoten und Anis oder Goldbrasse im Ofen mit Zwiebeln und Rosinen, sowie mit verschiedenen Reisgerichten, die mit Fisch, Fleisch oder Gemüse zubereitet werden. Ein Muß ist die «Almadina», eine im Sud gekochte und anschließend mit Gewürzkruste gebratene Lammschulter mit Tomatenmus und Reis. Delikat sind auch die Gemüsegerichte, etwa die kleinen zarten Artischocken. Nicht alltägliche Desserts wie Kürbispudding oder Süßpeisen aus Früchten runden die Mahlzeiten angenehm ab.

Die Küche Jordaniens lernt man als Tourist in einem riesigen «Schloßrestaurant» in Amman kennen, wo man sich an mehreren großen Buffets und Grillfeuern «à discrétion» durch den ganzen Reigen der regionalen Spezialitäten durchessen kann. Da erkennt man die Einflüsse des Maghrebs, vermischt mit jenen der Nachbarländer Jordaniens. Fährt man anschließend ins Landesinnere, etwa nach Petra und ans Rote oder Tote Meer, wird man immer die gleichen Vorspeisen wie «Hummus», grünes Taboulé, Tomatensalat mit Gurken und eventuell zwei bis drei weitere «Mezze» vorfinden. Danach kann man sich aus würzigen Eintöpfen aus Lamm oder Geflügel mit Gemüse bedienen, die herrlich schmecken.

Israels Küche ist von einer großen Vielfalt. Auch hier erkennt man Einflüsse der Nachbarländer und nicht zuletzt auch aus Europa, d. h. aus den Herkunftsländern der Einwanderer. Daneben gibt es traditionelle Gerichte, jüdische Spezialitäten und neue Kreationen mit den Produkten des Landes. Ich habe mich in diesem Buch an die hervorragenden Zitrusfrüchte, Melonen und Avocados gehalten und damit neue Gerichte kreiert.

In Beirut schließlich sollte man unbedingt ein gutes Restaurant besuchen, um die bereits mehrmals erwähnten «Mezze» zu versuchen. Dieser Reichtum an Köstlichkeiten ist wirklich ein Erlebnis. Auch weiß man im Libanon mit Fischen aus dem Meer und den Seen umzugehen. Im ganzen Land, z.B. bei Miniméh, gibt es auch unzählige, riesengroße Taubenschläge, die man besichtigen kann. Es verwundert deshalb kaum, daß Taubengerichte an der Tagesordnung sind, daneben natürlich auch Lamm- und Geflügelgerichte sowie die speziellen «Chich taouk» (Spieße mit Knoblauchsauce). Bekannt ist der Libanon auch für seine ausgezeichneten Fruchtsäfte.

**Die Küchen des Maghreb (Marokko, Algerien und Tunesien)**

Die marokkanische Küche ist die bekannteste Nordafrikas. Sie basiert auf den im ganzen Mittelmeerraum bekannten Produkten, unterscheidet sich aber von den europäischen Mittelmeerküchen durch die Zubereitungsarten und die orientalischen Gewürze und Essenzen. Diese verwendet man ebenfalls in Tunesien, Algerien und den arabischen Nachbarländern. Ungewohnt für unseren Gaumen ist die Kombination von Fleisch oder Fisch mit den typischen orientalischen Gewürzen und mit Früchten, Honig und Zucker, ebenso die manchmal allzu süßen Desserts und Backwaren, die mit Rosenwasser oder anderen Blumenessenzen parfümiert werden.

In diesem Buch habe ich in meinen nordafrikanischen Rezepten die Mengen von Zucker und Honig etwas reduziert. Dies gilt auch für die verschiedenen Tajines (Eintöpfe aus Fleisch oder Fisch mit Gemüse), die eigentlichen Alltagsgerichte aus einfachsten, preisgünstigen Zutaten, die dank den typischen Gewürzen zu wohlschmeckenden regionalen Spezialitäten werden. Man begegnet ihnen nicht nur im Maghreb, sondern auch in Jordanien, Lybien und Saudiarabien. Ein nordafrikanisches Paradepferd ist das «Festliche Couscous». Bei diesem Rezept handelt es sich allerdings um die Luxusvariante. Normalerweise besteht dieses Gericht nur aus Couscousgrieß, Kichererbsen, Gemüse und manchmal etwas Lamm oder Fisch.
Der Couscousgrieß an sich wird im Alltag als Beilage zu den Eintöpfen serviert. Einheimische formen daraus mit den Fingern kleine Kugeln, die sie in Sauce tauchen und von Hand in den Mund schieben. Beliebt sind in diesen Ländern auch Suppen, z.B. die «Harira» oder die «Chorba». Fisch wird in arabischen Küchen meist vor dem Dünsten oder Braten in «Chermoula» (gewürzte Marinade) eingelegt.

Wer größere Städte wie Marrakesch, Fes oder Tanger besucht, wird in orientalischen Restaurants exquisitere Spezialitäten kennenlernen. Hinter unscheinbaren Fassaden, mitten in der Medina, betritt man durch eiserne Tore staunend wahre Paläste aus Tausendundeiner Nacht mit fürstlich gedeckten Tischen, die mit duftenden Rosenblättern übersät sind. Kaum hat man sich gesetzt, wird man bereits mit unzähligen kleinen, raffiniert gewürzten orientalischen Vorspeisen, Salätchen oder Taboulé überrascht. Danach wählt man zwischen besonders delikaten Tajines, z.B. mit Pflaumen, Quitten oder

Zwiebeln, oder anderen, nicht minder interessanten Spezialitäten wie Lamm oder Geflügel mit eingemachten Zitronen. Etwas Besonderes ist die «B'stilla», eine Pastete aus Brikblättern mit süßer Tauben-Mandel-Füllung. Nach dem Essen trinkt man Pfefferminztee, begleitet von unzähligen süßen Kleinigkeiten, oder man wählt die exklusive süße «B'stilla» mit Mandelmilchsauce. Ist man in Marokko im privaten Kreis zu einem Mahl eingeladen, sollte man sich zuvor über die Tischsitten erkundigen. Diese hier zu beschreiben ist aus Platzgründen leider nicht möglich, es sei aber kurz erwähnt, daß die Gerichte nach einer bestimmten Regel aufgetischt werden. Als erstes kommt eine «B'stilla» mit den eingangs erwähnten Salätchen, dann folgen eine oder verschiedene Tajines mit Saisongemüsen und schließlich das festliche Couscous, danach Früchte, Pfefferminztee und unzählige Süßigkeiten.

In Algerien begegnet man vielen interessant gewürzten Suppen aus Gemüse, Getreide, Hülsenfrüchten, mit oder ohne Lamm oder Geflügel, beispielsweise der «Chorba». Auch das Taboulé bekommt man hier wiederum in verschiedenen Variationen. Versuchen sollte man die würzigen Hackfleischgerichte mit abwechslungsreichen und raffinierten Gemüsebeilagen. Zahlreiche Reisgerichte erweitern das Angebot. Herrlich schmekken die Dessert- und Gebäckspezialitäten, z. B. verschiedene Cremes auf Reisbasis, fritierte ringförmige Beignets von «Sidi bou Said», die originellen «Oreilles du juge» (wörtlich übersetzt «Ohren des Richters»), ohrenförmig aufgewickelte und fritierte, mit Honig übergossene Teigbänder, oder die «Doigts de la mariée» («Brautfinger»), fingerförmige, fritierte und mit Zucker bestreute Küchlein, die den Schweizer «Schenkeli» erstaunlich ähnlich sind.

Auch in Tunesien wird Pikantes mit Süßem kombiniert, z. B. bei verschiedenen Pasteten und originellen Couscousvarianten, z. B. dem «Ksaksu bel Khodra», dessen Bourghoul mit Saft von roten Beten gefärbt wird, oder dem «Farka», einem süßen Couscous mit Datteln, Mandeln, Gewürzen und Honig. Die bekanntesten und beliebtesten Vorspeisen sind die «Briks à l'œuf» und das grüne «Taboulé», welches mit Bourghoul und sehr viel Petersilie zubereitet wird. Delikat sind auch die verschiedenen Tintenfischgerichte wie etwa die kleinen, mit Reis gefüllten Kraken an pikanter Tomatensauce.

Im Nachbarland Libyen ist die Küche viel einfacher und ländlicher. Man ernährt sich vorwiegend von deftigen Suppen, Couscousgrieß und Gemüse, wobei bei festlichen Gelegenheiten auch Lamm aufgetischt wird. Wer in diesen Gegenden die Gelegenheit hat, im Freien oder bei Beduinen zu essen, wird sich an vielerlei Spießchen oder gar an einem «Méchoui» erfreuen können.

# Fische und Meeresfrüchte aus dem Mittelmeer

In den nachfolgenden Listen finden Sie die gebräuchlichsten Namen der Fische und Meeresfrüchte, die man im Süden auf Märkten und in Restaurants antrifft. Es handelt sich dabei um die wichtigsten Sorten mit ihren geläufigsten Bezeichnungen in deutscher, französischer, italienischer und spanischer Sprache. Nicht immer sind die Übersetzungen eindeutig klar. Auch die Fachliteratur ist dort, wo es um verschiedene Arten geht, oft widersprüchlich. Eine weitere Schwierigkeit besteht darin, daß die meisten Fische und Meeresfrüchte fast in jeder Gegend eines Landes einen anderen Namen haben. Die Tabelle soll Ihnen vor allem dienen, wenn Sie Reisen unternehmen oder beim Einkauf oder im Restaurant mit fremdsprachigem Personal zu tun haben. Auch beim Lesen von Kochbüchern in den erwähnten Sprachen kann sie von Nutzen sein.

## Die wichtigsten Meeresfrüchte des Mittelmeeres

| Deutsch | Französisch | Italienisch | Spanisch |
|---|---|---|---|
| Bärenkrebs | Cigale de mer | Canocchia, cicala di mare | – |
| Garnele | Crevette | Gambero, Mazancolla | Langostino, Gamba (rot) |
| Herzmuschel | Coque | Cuore edule | Berberecho |
| Hummer | Homard | Astice | Bogavante |
| Kammuschel | Pétoncle | Pettina | Vieira pequena |
| Kalmar | Calmar | Calamaro | Calamar |
| Kaisergranat | Langoustine | Scampo | Cigala, Escamerlan |
| Krake (Octopus) | Poulpe | Polpa di scoglio/ Moscardino (weiß) | Pulpo |
| Languste | Langouste | Aragosta | Langosta |
| Meerdattel | Datte de mer | Dattero di mare | Dátil de mar |
| Meerscheide | Couteau | Cannolicchio | Navaja |
| Meerspinne, Seespinne | Araignée de mer | Grancevola | Centolla |
| Miesmuschel | Moule commune | Cozza, muscolo | Mejillón |
| Pilgermuschel, Jakobsmuschel | Coquille Saint-Jacques | Pellegrina | Vieira, capa santa |
| Purpurschnecke | Rocher à poulpe, cornet | Murice, scoglio | Caracol de roca, canailla |
| Schwimmkrabbe | Etrille | Granchio di rena | Nécora |
| Seeigel | Oursin | Riccio di mare | Erizo de mar |
| Seeohr | Ormeau | Orecchia marina | Oreja de mar |
| Sepia | Sèche, seiche | Seppia | Jibia, globito |
| Strandkrabbe | Crabe vert | Granchio comune di mare | Cangrejo de mar |
| Trogmuschel, Stumpfmuschel | Olive de mer | Tellina | Coquina |
| Teppichmuschel, gelbe | Clovisse jaune | Vongola gialla | Almeja |
| Teppichmuschel, echte | Palourde | Vongola verace | Almeja fina |
| Venusmuschel | Praire | Tartufo di mare | – |
| Wellhornschnecke | Buccin, bulot | Buccina | Bocina |

# Die wichtigsten Mittelmeerfische

| Deutsch | Französisch | Italienisch | Spanisch |
|---|---|---|---|
| Aal (Süßwasser) | Anguille | Anguilla | Anguila |
| Aal (Meer) | Congre | Grongo | Góngrio |
| Ährenfisch | Prêtre | Latterino | Pejerrey, cabezuda |
| Alse, Maifisch | Alose | Boga | Boga |
| Bastardmakrele, Stöcker | Chinchard | Sugarello, suro | Chicharro, jurel |
| Bindenbrasse | Sar, sargue | Sarago | Sargo |
| Bonito | Bonite | Palamida | Bonito |
| Degenfisch | Coutelas, poisson sabre | Pesce sciabola | Espadilla |
| Drachenkopf | Rascasse rouge, chapon | Scorfano | Rascacio |
| Forelle (Süßwasser) | Truite | Trota | Trucha |
| Gelbstriemen | Bogue | Boga | Boga |
| Glattbutt | Barbue | Rombo liscio | Rémol |
| Goldbrasse | Dorade royale | Orata | Dorada |
| Großaugen-Zahnbrasse | Denté aux gros yeux | Dentice occhione | Cachucho |
| Grundel | Gobie | Ghiozzo | Góbido |
| Hornhecht | Orphie | Aguglia | Aguja |
| Kabeljau gesalzen (Stockfisch) | Morue salée | Baccalà | Bacalao salado |
| Kabeljau, gesalzen und getrocknet (Klippfisch) | Morue salée et séchée | Stocafisso | Bacalao salado y seco |
| Knurrhahn | Rouget-grondin | Capone gallinella | Rubios |
| Makrele | Maquereau | Sgombro | Caballa |
| Meeräsche | Muge, mulet | Cefalo vero, muggine | Mujol, capiton |
| Meerbarbe | Rouget barbet | Triglia di scoglio | Salmonete |
| Muräne | Murène | Morena | Morena |
| Petermännchen | Vive | Tracina | Arania, escorpion |
| Petersfisch | Saint-Pierre | San Pietro, Sampietro | Pez de San Pedro |
| Pollak | Lieu jaune | Merluzzo giallo | Abadejo |
| Rochen | Raie | Razza | Raya |
| Rotzunge, echte | Limande-sole | Sogliola limanda | Lengua lisa |
| Sardelle | Sardelle, anchois | Acciuga, alice | Anchoa, boqueron |
| Sardine | Sardine | Sardina, sarda | Sardina |
| Schwertfisch | Espadon | Pesce spada | Pez espada |
| Seeteufel | Lotte de mer, baudroie | Rana pescatrice, rospo | Rape |
| Seezunge | Sole | Sogliola | Lenguado |
| Steinbutt | Turbot | Rombo chiodato | Rodaballo |
| Thunfisch | Thon | Tonno | Atun |
| Wittling | Merlan | Nasello, merlano | Merlan |
| Wolfsbarsch, Seebarsch | Loup de mer, bar | Spigola | Lubina |
| Zackenbarsch | Mérou | Cernia | Mero, cherna |
| Ziegenbarsch | Serran | Perchia, boccaccia | Cabrilla |
| Zwergdorsch | Capelan | Merluzzo | Mollera, capellano |

# Wichtige Produkte und Zutaten der Mittelmeerküche

**Hülsenfrüchte und Getreide**

Linsen sind vor allem in den nordafrikanischen Ländern beliebt. Kichererbsen (s.S. 199), Augenbohnen und dicke Bohnen (Fèves, s.S. 235) fand man schon in ägyptischen Gräbern. Diese Hülsenfrüchte sind aber auch in Südfrankreich, Spanien und Italien sehr beliebt. In Nizza z.B. bereitet man mit Kichererbsen die «Soccas», omelettenartige Fladen, zu, und die Fèves gehören in Südfrankreich wie auch in Italien zu den beliebtesten Bohnensorten. Jung und zart werden sie mit Vorliebe roh gegessen.

Daß Reis im Piemont und in der Gegend von Verona gedeiht, weiß man allgemein. Daß aber auch an den spanischen Mittelmeerküsten (Andalusien und Ampurdán-Costa Brava) sowie in der Camargue interessante Reissorten wachsen, ist weniger bekannt. Dazu kommen noch die Reiskulturen im Nildelta in Ägypten sowie in verschiedenen Oasen Libyens. In Nordafrika und den angrenzenden Ländern füllt man mit dem Reis Hähnchen, Lammbrust und Gemüse. In Kombination mit getrockneten Früchten entstehen interessante Nachspeisen.

Dinkel (Grünkorn), Hirse und Gerste finden in der arabischen Küche für Suppen und Eintöpfe Verwendung, teilweise auch in Südfrankreich und Italien. In Marokko, Algerien und Tunesien liebt man Weizenschrot (Couscous und Bourghoul). Polenta schätzt man nicht nur im Norden Italiens, sondern auch im Süden von Neapel bis Sizilien, und besonders beliebt ist Maisgrieß im Veneto, wo man vor allem in der venezianischen Küche die feine, helle Sorte bevorzugt.

**Bekannte und unbekannte Gemüse und Pilze**

Unter den südlichen Gemüsen ist die Tomate das am weitesten verbreitete (s.S. 294). Dazu gesellen sich in allen Mittelmeerländern die Peperoni, Auberginen und Zucchetti, teils in Farben und Formen, wie wir sie in unseren Breitengraden seltener sehen, etwa die Rondini, die runden grünen Verwandten der Zucchetti in Orangengröße, die sich vor allem zum Füllen eignen. Desgleichen viele Kürbisvariationen wie der Pâtisson, der in Miniaturgröße besonders beliebt ist und bei uns Bischofsmütze heißt, oder der mittelgroße, sehr aromatische «Potimarron», dessen Geschmack an Kastanien erinnert.

Die meisten dieser im Mittelmeerraum verwendeten Gemüse sind auch auf unseren Märkten zu finden. Weniger bekannt ist der Sauerampfer, der sowohl in Frankreich wie auch im Orient für Suppen, in Reis- und Hähnchengerichten und für Saucen verwendet wird. Eine wichtige Rolle in der orientalischen Küche spielen die Okras, auch Gombos oder Ladyfingers genannt, die oft die grünen Bohnen ersetzen. Manchmal werden sie in Form von Zöpfen, ähnlich wie Knoblauch, angeboten, es gibt sie aber auch als Konserve. Der Winter ist ihre Saison, und zusammen mit Lammfleisch ergeben sie sehr gute Eintopfgerichte.

In Italien begegnet man Neuzüchtungen des Blumenkohls: dem violetten Cimone und dem hellgrünen, besonders attraktiv aussehenden Romanesco. Wie ihre weiße Schwester enthalten sie viel Vitamin C und Kalzium und haben von Juni bis im Spätherbst Saison. Besonders delikat schmecken sie mit Vinaigrette angemacht. Aus dem Mittelmeerraum, wo sie schon zu römischen Zeiten bekannt war, kommt die Blattzichorie, die Catalogna genannt wird. Sie enthält viele Bitterstoffe, die sich sehr vorteilhaft auf die Verdauungsorgane und die Blutgefäße auswirken. Außerdem ist sie reich an Mineralstoffen und Vitaminen. Catalogna kann roh unter Blattsalat gemischt oder als Gemüse in Olivenöl al dente gedämpft werden. Sie paßt auch in ein Risotto.

Die Karden, je nach Land «Cardon», «Kardy» oder «Cardy» und zu deutsch auch spanische Artischocken genannt, sind vermutlich die Urform der Artischocke. Sie sehen distelähnlich aus, haben Stacheln, die das Putzen etwas mühsam machen, und die Stengel müssen wie Rhabarber abgezogen werden. Ihre Heimat ist eigentlich Frankreich, man findet sie aber ebenso im südlichen Italien und Spanien. Die geputzten Kardy werden in Stücke geschnitten, in Milchwasser kurz gegart und meistens mit geriebenem Käse bestreut überbacken. Sie sind dank ihres hohen Gehaltes an Mineral- und Gerbstoffen, Fermenten und Vitaminen sehr bekömmlich.

Aus dem Süden Europas stammt auch der Stengelkohl «Cima di rapa», der dem Catalogna ähnlich sieht, im Innern aber ein Röschen aufweist und mitsamt Stengeln, Blättern und dem Röschen gegart wird, wobei die Stengel eine etwas längere Kochzeit brauchen. In Apulien, wo man dieses Gemüse besonders liebt, mischt man es meistens unter Nudeln und Tomaten und würzt mit Knoblauch und Sardellen. Zu erwähnen wäre noch der Mönchsbart aus Italien, der den Namen «Barba di frate» trägt, sehr lange, schmale grüne Blätter hat und gerne roh unter andere Blattsalate gemischt oder als Gemüse gedünstet wird.

Als attraktiver Salat ist die heute auch bei uns beliebte «Rucola» (Rauke) aus Italien zu erwähnen, die man in Südfrankreich unter dem Namen «Roquette» schon lange kennt. Ihr leicht bitteres Aroma gibt Salatmischungen das gewisse Etwas. Auch der bei uns selten gewordene Portulak geriet im Mittelmeerraum nicht in Vergessenheit. Man nennt ihn «Pourpier» und ißt ihn ausschließlich roh. Ganz besonders interessant ist die «Ficoïde glaciale», eine grüne Pflanze, deren Stengel mit kleinen, salzwasserhaltigen Bläschen versehen sind, an denen fleischige Blätter hängen. Man ißt die Ficoïde roh mit Stengel und Blättern, kann sie aber auch rasch in Olivenöl oder Butter dünsten. Sie paßt ausgezeichnet zu Fisch und Meeresfrüchten. Sieht man diese Pflanze im Garten bei Sonnenschein, glitzert sie, als wäre sie mit kleinen Kristallen übersät.

In den bewaldeten Gegenden des südlichen Europa gibt es unzählige Pilzsorten, z. B. verschiedene Steinpilzarten, Eierschwämme (Pfifferlinge), Totentrompeten (Herbsttrompeten), die nicht wie bei uns getrocknet, sondern frisch verwendet werden, oder die eher seltenen, in Italien sehr geschätzten «Ovoli». Im südlichen Rhônetal spielen die schwarzen Trüffeln, die man dort «Rabasses» nennt, eine wichtige Rolle.

**Spezialitäten aus dem Meer**

Ein interessantes Produkt ist der Meeräschenrogen, der in Südfrankreich als «Poutargue», in Italien als «Bottarga» gesalzen und gepreßt in Würstchenform erhältlich ist und in Scheiben geschnitten gegessen wird. In Griechenland findet man ein ähnliches, aber ungepreßtes Rogenprodukt, den «Tarama», der gerne mit Joghurt zu einer Sauce vermischt wird.

Aus dem Meer kommen auch die «Salicornes», bei uns als Meerbohnen bekannt (s. S. 124). Diese Meeralgen findet man von April bis Mitte Sommer am Strand im Brackwasser, z. B. in der Camargue. Sie haben einen ausgeprägten Meergeschmack, werden gerne als Garnitur zu Fisch serviert und von Kennern roh gegessen. Meistens aber werden sie wie Gemüse gekocht.

**Fleisch, Geflügel, Wild**

Im gesamten Mittelmeerraum dominiert das Lammfleisch. In Frankreich, Italien und Spanien gibt es daneben auch Rind, Kalb und Schwein. Im Orient sind Kalb und Rind weniger gefragt, Schweinefleisch gibt es praktisch nicht, schon aus religiösen Gründen. Innereien werden in allen Mittelmeerländern sehr geschätzt. Bereits im Var in Südfrankreich kaufe ich ohne Probleme alle Lamminnereien samt Zünglein und Milken wie auch zarte Lammhaxen, was ich in Mitteleuropa sehr selten gesehen habe.

Ich glaube, es gibt praktisch keine Gegend auf der Welt ohne Hühnerhöfe ... Aber nicht nur Hühner, sondern auch andere Geflügelsorten sind im Süden gut vertreten. In Nordafrika ißt man gerne Täubchen und entlang der europäischen Mittelmeerküste Wachteln, Enten und Gänse. Um Weihnachten und Neujahr gibt es in Spanien, Südfrankreich und Italien Kapaune. Auch Kaninchen sind dort beliebt. In Süditalien, in der Maremma und in den südlichen Pyrenäen serviert man im Herbst Haarwild, Wildgeflügel und Frischlinge.

**Der Kräutergarten**

Kräuter werden in den Küchen des Mittelmeerraumes sehr unterschiedlich verwendet. Allgegenwärtig ist die Petersilie. In Spanien liebt man sie vorwiegend gemischt mit gehacktem Knoblauch und würzt damit Fische und Meeresfrüchte, die auf den Speisekarten oft den Vermerk «con ajo y perejil» tragen. Entlang des Mittelmeers bevorzugt man die flache Petersilie, weil sie aromatischer und dekorativer ist. Sie ist das meistverwendete Kraut in der syrischen und libanesischen Küche. In Tunesien und den Nachbarländern, z. B. in Jordanien, ist sie der Hauptbestandteil des Taboulé (s. S. 47). In der orientalischen Küche begegnet man ihr vor allem in Salaten, zu rohem Fleisch oder in Hackfleischgerichten.

Von Andalusien bis Frankreich verwendet man außer der Petersilie nur wenig Kräuter. Obwohl etwa der Rosmarin allerorts in prächtigen Sträuchern anzutreffen ist, findet er kaum den Weg in die Küchen. Dasselbe gilt für den herrlich duftenden Thymian. Beliebt sind der Majoran, welcher «hierbe buena» (gutes Kraut) genannt wird, und das Eisenkraut mit dem romantischen Namen «Maria Luisa», das als Schlummertee beliebt ist und auch in Frankreich als «verveine» gerne abends anstelle von Kaffee getrunken wird.

Vom Languedoc bis zur Provence erfreuen sich Küchenkräuter steigender Beliebtheit. Viele davon sind auch uns bestens bekannt. Die getrocknete Provencemischung, die überall angeboten wird, besteht meistens aus Thymian, Rosmarin, Bohnenkraut («sarriette») und wildem Majoran, dazu kommt oft etwas Lavendelblüte, Lorbeer und wenig Quendel. Diese Mischungen sind allerdings vornehmlich für die Touristen gedacht, gute Köche und Hausfrauen verwenden frische Kräuter, den jeweiligen Gerichten angepaßt. Das beliebteste Kraut von Marseille bis nach Sizilien ist das Basilikum (s.S. 70).

In Italien ist man im Umgang mit Kräutern je nach Gegend etwas selektiver. In Ligurien steht neben Basilikum, Majoran und Petersilie der Borretsch, welcher wild wie Unkraut wächst, an erster Stelle. In der Toskana gesellt sich zu den bereits aufgezählten Kräutern die «nepitella», die wilde Bergmelisse. In Korsika und in Sardinien brennt man die Myrte zu einem Likör. In Griechenland taucht der Dill auf, andere Kräuter werden, mit Ausnahme von Origano, Thymian und vor allem der Petersilie, etwas spärlicher verwendet. In der Türkei und den Nachbarländern herrscht die Petersilie vor, sonst würzt man eher mit orientalischen Gewürzen. In den arabischen Küchen des Nahen Ostens ist neben der Petersilie die Pfefferminze sehr beliebt. Sie kommt nicht nur in den Kochtopf, sondern auch ins Teeglas.

**Olivenöl, Milchprodukte, Honig**

In den Ländern der sogenannten «Sonnenküche» fließen Wein und Honig – und Olivenöl! Hervorragendes Olivenöl gibt es aber nicht nur in Italien, Frankreich und Spanien (s.S. 53). Auch im Balkan, vorab in Griechenland, und im Orient findet man gute Ölsorten. Allerdings kocht man dort auch mit geklärter Butter (s.S. 288), die aus Büffelmilch hergestellt wird. Vor allem in den Balkanländern wird Sauermilch und Joghurt verwendet. In Südfrankreich gibt es hervorragenden Frischkäse aus Kuh-, Ziegen- oder Schafmilch und verschiedene Schafs- und Ziegenkäse in unterschiedlichen Reifestadien. Ägypten und einige Nachbarländer warten ebenfalls mit Frischkäse und einem dem Parmesan ähnlichen Käse auf. Auch Italien und Spanien bieten lokale Käsespezialitäten an. Aus Korsika kennt man den «Brocciù», und bei uns sehr bekannt ist in den letzten Jahren der griechische «Feta» geworden, den man gerne mit Salat serviert.

Den Rekord in Sachen Honigproduktion hält bestimmt Südfrankreich. Dort findet man Honig aus Rosmarin, Lavendel, Thymian, Pinien, Kastanien, um nur einige Sorten zu nennen.

**Früchte und Nüsse des Südens**

Die meisten Früchte des Mittelmeerraums sind uns bekannt, z.B. Aprikosen, Pfirsiche, Äpfel, Birnen, Trauben, Kirschen und Melonen. Auch die vielfältigen Zitrusfrüchte aus Israel wie Grapefruits, Jaffarinen, Orangen, Mandarinen, Clementinen, Zitronen, Limetten und Kumquats sowie Avocados und die sehr kleinen, überaus aromatischen Melonen sind bei uns keine Unbekannten. Etwas weniger vertraut sind uns folgende Früchte und Nüsse:

Pêches de vigne sind kleine, sehr aromatische Pfirsiche mit weißem Fleisch, die in Südfrankreich in den Weinbergen gedeihen. Sie sind im Handel kaum erhältlich und nur da und dort im Sommer auf Märkten zu finden. Bugnons, die saftigen, pfirsichähnlichen Früchte mit glatter Haut, sind den bei uns erhältlichen Nektarinen sehr ähnlich. Man liebt sie vor allem in Südfrankreich.

In dieser Gegend findet man auch herrliche Kirschensorten, z.B. die «Bigarreaux» (Knorpelkirschen) von beiger Farbe mit roten Bäckchen, die so schön knackig und saftig sind, oder auch Weichsel- und Sauerkirschen, die «Griottes» genannt werden. Weiter östlich in Griechenland und in der Türkei gibt es die Kornelkirschen, aus denen vor allem Saft und Marmeladen hergestellt werden. Auch die gelben, exotischen Kaki mit ihrem delikaten, geleeartigen Fleisch gedeihen im Mittelmeerraum, und überall löscht man seinen Durst mit der saftigen, rotfleischigen Wassermelone, die in Südfrankreich «Pastèque» genannt wird.

Kleine arabische Zitronen sind aromatischer als die bei uns bekannten Zitronen und werden vor allem in Marokko in Salz eingemacht (s. Citrons confits, S. 316). Zedrat ist ebenfalls eine kleine, spezielle Zitronenart mit dicker, rauher Schale, die kandiert in hiesigen Konditoreien manchmal für Cakes verwendet wird.

Datteln spielen in der orientalischen Küche eine wichtige Rolle. Früher kannte man sie bei uns nur getrocknet in langen Schalen, heute sind sie auch frisch erhältlich. Wunderbare Feigen gibt es nicht nur in Nordafrika, sondern auch in Griechenland und in der Türkei (s.S. 336). Es gibt grüne und dunkle Feigen, wobei ich letztere saftiger und aromatischer finde.

Der Granatapfel, ursprünglich aus Persien kommend, wurde später auch in Ägypten angepflanzt. Verwendung finden seine roten Kerne zur Herstellung von Sirup (Grenadine) und als Garnitur für Desserts und Fleischgerichte. Im Orient mischt man sie auch gerne in den Auberginenkaviar (s.S. 44).

Die Mispel, eine gelborange Frucht mit süßlich-herbem exotischem Geschmack, sieht man auf vielen Märkten der Mittelmeerländer, sei es in Spanien, Südfrankreich, Italien oder auch im Orient. Leider ist sie immer noch etwas verkannt, obwohl sie nicht nur attraktiv und wohlschmeckend, sondern auch sehr kalorienarm und reich an Kalium, Calcium, Vitamin A und Faserstoffen ist. Sie eignet sich sowohl für Süßspeisen wie auch als Beilage zu Salaten oder als Fleischgarnitur.

Auch die «Chayotte» (Chouchon) findet sich in letzter Zeit vermehrt in westlichen Mittelmeergebieten. Diese gelbe oder grünliche, etwas stachelige Frucht in Birnenform hat einen einzigen großen Kern, der aus der Spitze herausragt, weil er in der Frucht selbst keimt, bevor diese sich von der Mutterpflanze löst. Ihr Fleisch wird als Gemüse, Kompott oder für Süßspeisen verwendet. Die jungen Triebe der Pflanze können wie Spargel gegessen werden. Bei uns ist diese Frucht selten auf dem Markt, aber was noch nicht ist, wird sicher noch kommen – bei unserer Versessenheit auf alles Exotische.

Im Libanon und in Syrien werden am meisten Pinienkerne gegessen. Aber überall im Mittelmeerraum, wo Pinien wachsen, werden diese Nüßchen geschätzt und meistens geröstet für Kuchen und Süßigkeiten oder für pikante Füllungen verwendet.

Pistazien, diese kleinen grünen Nüßchen, haben ein ganz besonderes Aroma. Sie eignen sich sowohl für süße Spezialitäten wie auch für viele pikante Zubereitungen. Sie sind von einem braunen Häutchen und einer Schale umgeben. Man kauft sie mit Vorteil bereits geschält und eventuell auch gehäutet. Andernfalls muß man sie wie Mandeln überbrühen, damit sich die Haut lösen läßt.

Kastanienwälder werden, insbesondere in Südfrankreich, wieder vermehrt gepflegt und ihrer Früchte wegen geschätzt. Oft wird bei uns zwischen Kastanien und Maronen kein Unterschied gemacht, doch wird man z.B. im Massif des Maures und in der Ardèche darüber belehrt, daß die Kastanie eine mehrhäusige und die Marone eine einhäusige Frucht im Innern der stacheligen Schale birgt. Die Entwicklung der Marone wird heute aus praktischen Gründen gefördert. In Südfrankreich und Italien werden aus Maronen die vorzüglichen «marrons glacés» hergestellt.

Im Süden gibt es nicht nur viele Mandelbäume. Auch Haselnüsse gedeihen unter der Sonne, vor allem in der Türkei, wo man daraus Haselnußöl preßt, das sich für Salatsaucen besonders gut eignet.

# Tausendundein Aroma

Orientalische und südliche Gewürze regen zum kreativen Kochen an, wobei man ihnen nicht zu stark verfallen darf, damit sie das Aroma von Fisch oder Fleisch nicht beeinträchtigen, sondern geschickt ergänzen. Hier ein kleiner Streifzug zu den Farben und Düften, denen wir in den Souks und auf den Märkten der Mittelmeerküsten begegnen.

**Anis**
Dieses Gewürz wird, ähnlich wie bei uns, als Samen verkauft, aber mehr noch in Form von Sternanis, in Frankreich «badiane» genannt. Anis parfümiert nicht nur Gebäck und Konfitüren, sondern auch Fleisch- und Fischgerichte.

**Blütenwasser**
Orientalische Süßigkeiten und Backwaren verdanken ihr delikates Aroma dem Rosen- oder Orangenblütenwasser. Es wird in Form von Zuckersirup über Crêpes, Feuilletés oder Krapfen gegossen.

**Chermoula**
Diese nordafrikanische Gewürzmischung, die in der marokkanischen und den Küchen der Nachbarländer sehr häufig verwendet wird, besteht aus Zwiebeln, Knoblauch, Petersilie, Koriander, Paprika, Safran, Salz und Pfeffer. Chermoula wird in der arabischen Küche vor allem zum Marinieren und Würzen von Fisch verwendet.

**Fenchel**
Die Fenchelstaude ist besonders in Südfrankreich und Italien ein beliebtes Gewürz. Man verwendet meistens die frischen oder getrockneten Stengel für die Zubereitung von grillierten Fischen, die mit diesem Duft gewürzt köstlich schmecken. Fenchel gehört auch in die Bouillabaisse. Ersatzweise verwendet man Fenchelsamen, die auch in der orientalischen Küche gefragt sind.

**Gewürznelke**
Dieses Gewürz soll bereits zwei Jahrhunderte vor Christus aus Indonesien in den Nahen Osten gekommen sein, wo es medizinischen Zwecken diente, vor allem der Schmerzbetäubung. Heute wird es für Ragouts und sogar für Konfitüren und Konserven verwendet.

**Kapern und Kapernäpfel**
Der Kapernstrauch wächst rund ums Mittelmeer, sowohl wild wie auch im Garten. Er trägt wunderschöne, aber kurzlebige Blüten. In der Küche verwendet man die noch nicht geöffneten Blütenknospen, die von Hand geerntet werden. Die kurz angetrockneten Knospen werden mit Salz in Fässer gegeben, um sie haltbar zu machen. In diesem Zustand schmecken sie am allerbesten. Bei uns werden sie anschließend meistens in Essig konserviert. Wer das echte Aroma der Kapern kennenlernen möchte, sollte sie in italie-

nischen, griechischen oder türkischen Läden einkaufen, wo sie nur im Salz konserviert erhältlich sind. Als Konserve findet man bei uns ab und zu auch Kapernäpfel, die Früchte der Kapernblüte, die ebenfalls durch Gärung in Salzlake haltbar gemacht werden. Sie haben einen intensiven Kaperngeschmack und werden nicht für Saucen verwendet, sondern als Beilage, ähnlich wie Oliven, Cornichons oder eingelegte Pilze, serviert.

**Kardamom**
Was wäre der arabische Kaffee ohne diese würzige Note? Auch in gewissen Fleischgerichten und Würsten begegnet man den kleinen runden Kapseln. Sie sollen die Verdauung fördern und Blähungen verhüten.

**Knoblauch und Zwiebeln**
Sowohl in der Küche des Orients wie auch in den übrigen Mittelmeergebieten sind diese beiden Produkte unentbehrlich. Roh oder gekocht würzen sie Füllungen, Saucengerichte und Salate. Geschätzt sind sie auch wegen ihrer keimtötenden Wirkung, was in warmen Ländern von besonderer Bedeutung ist. Dem gesundheitlichen Wert der Gewürze wird allgemein eine große Bedeutung zugemessen.

**Koriander**
Nicht nur im Fernen Osten, in der Thaiküche, begegnet man diesem Gewürz. Es soll ursprünglich von den Mittelmeerküsten stammen und wird auch heute noch, gemahlen als Pulver oder frisch in Blätterform, zum Parfümieren von Eintöpfen, Würsten und Gemüsegerichten verwendet.

**Kreuzkümmel**
Diese Kümmelsorte eignet sich vor allem für orientalische Gerichte und unterscheidet sich im Geschmack deutlich von unserem Kümmel. Kreuzkümmel verleiht Spezialitäten wie Couscous, Hülsenfrüchten, Suppen und Eintöpfen einen ganz typischen Geschmack. Oft wird er auch für Lammspießchen und als Bestandteil für die Gewürzmischung «Ras el-hanut» verwendet. Er wirkt wie unser einheimischer Kümmel gegen Darmkoliken und Blähungen. Kreuzkümmel unterscheidet sich vom gewöhnlichen Kümmel durch seine grünlichgraue Farbe, seine breite, gerippte Form und den leichten Flaum, der die Samen bedeckt.

**Kurkuma**
Dieses Gewürz kauft man als gelbes Pulver, das aus der Gelbwurz gemahlen wird. Es dient vor allem zum Färben von Gerichten und leider auch zum Strecken oder Fälschen von Safran. In Spanien beispielsweise wird es unter der Bezeichnung «colorante» angeboten und vielerorts in die Paella gegeben. Kurkuma wird auch in der orientalischen Küche gerne verwendet und ist ein Bestandteil des Currypulvers.

**Lorbeer**
Ursprünglich in Kleinasien beheimatet, eroberte der Lorbeer Griechenland, wo er die Häupter von Berühmtheiten und Siegern krönte. Bald entdeckte man ihn aber als ausgezeichnetes Saucengewürz, was er bis heute im ganzen Mittelmeerraum geblieben ist. Meistens wird er sparsam verwendet, manchmal aber auch aufdringlich, z.B. in der Toskana, wo meh-

rere seiner Blätter Aalspießchen würzen, oder im südlichen Rhônetal, wo das zarte Perlhuhn etwas zu großzügig damit parfümiert wird.

**Muskat und Macis**
Die Muskatnuß war bereits im 6. Jahrhundert ein sehr kostbares und begehrtes Gewürz in den arabischen Ländern. Nach Europa soll sie durch die Kreuzritter gekommen sein. Man erzählt, daß ein Pfund dieses Gewürzes gegen eine Kuh getauscht wurde. Im Mittelalter trug man eine Muskatnuß um den Hals, um sich gegen ansteckende Krankheiten zu wappnen. Aber nicht nur die Nuß dient als Gewürz. Die rote Samenhaut, welche man Macis oder Muskatblüte nennt, wird in der arabischen Küche besonders geschätzt.

**Paprika**
Paprikapulver entsteht aus getrockneten, gemahlenen Paprikaschoten. Wir kennen dieses Gewürz vor allem aus der ungarischen Küche. Es wird aber auch in der Türkei und in den nordafrikanischen orientalischen Küchen viel verwendet. Meistens handelt es sich dabei um den milden, edelsüßen Paprika. Wird der scharfe Rosenpaprika verwendet, mildert der beigefügte Joghurt die Schärfe des Gerichts.

**Pfeffer**
Wie bei uns ist Pfeffer, vor allem der schwarze Pfeffer, ein vielverwendetes Gewürz. Besonders in Italien, aber auch in anderen europäischen Mittelmeerländern wird er mit Vorliebe frisch aus der Mühle gemahlen.

**Piment oiseau**
Südliche und auch einige orientalische Speisen werden gerne pikant gewürzt. In Italien verwendet man die scharfen Peperoncini, in anderen Küchen, z.B. in der arabischen, südfranzösischen und spanischen, zieht man die sehr kleinen roten, getrockneten Pfefferschötchen vor, die den etwas seltsamen Namen «piment oiseau» tragen. Sie werden vor Gebrauch mit oder ohne Samen in etwas Wasser eingeweicht und danach mitgekocht. Sie sind höllisch scharf und erfordern eine vorsichtige Dosierung. Je länger sie mitgekocht werden, um so schärfer wird das Gericht. Die Samen verstärken die Schärfe noch. Als Ersatz kann man auch pürierte Schötchen aus der Konserve oder Harissa (s.S. 289) verwenden. Dieses Gewürz gehört unbedingt in die Couscous-Sauce und in die Merguez (s.S. 152).

**Ras el-hanut**
s.S. 194

**Safran**
Diese Krokusart wurde zuallererst in Kleinasien angebaut. Sie gab dem Ort «Azupirano», einem kleinen Dorf am Ufer des Euphrats, den Namen, welcher «Stadt des Safrans» bedeutet. Heute findet man den Safran auch in anderen orientalischen Gegenden sowie in Südspanien. Aber weil es sich um das teuerste Gewürz überhaupt handelt – es braucht 20 000 Fäden für 125 g Safran –, ging man leider dazu über, einen Ersatz, den «carthame», auch «asfar» genannt, anzubauen, was leicht zu Täuschungen führen kann. In Frankreich nennt man dieses Produkt «safran bâtard». Der falsche Safran färbt etwas

weniger intensiv und ist auch geschmacklich nicht mit echtem Safran vergleichbar.

**Sesam**

Die weißen und schwarzen Sesamkörnchen sind auch im Nahen Osten sehr beliebt. Man bestreut Brote vor dem Backen damit, vor allem zur Zeit des Ramadan. Er verleiht dem Gericht ein delikates Nußaroma. Die Sesampaste ist eine wichtige Zutat für Süßigkeiten, z.B. für die «halwa», eine Art Nougat. Sesamcreme wird vor allem für die Zubereitung von Saucen verwendet.

**Sumak**

Dieses rote Pulver, das auf orientalischen Märkten angeboten wird, stammt von kleinen wilden, roten Beeren mit saurem Geschmack. Man bestreut Salate oder würzt Fleischbällchen damit. In Jordanien und den Nachbarländern wird Sumak oft mit Thymian gemischt. Diese Mischung nennt man «za'tar».

**Zimt**

Kleopatra soll so in diese braunen Rinden vernarrt gewesen sein, daß sie alle Gerichte ihrer berühmten Festessen damit würzen ließ. So begegnet man diesem Gewürz heute noch in Quitten- und Auberginengerichten, in Suppen, Fleischfüllungen und Saucen.

**Zwiebeln**

s. Knoblauch

# Rezeptverzeichnis nach Speisenfolge

**Appetithäppchen**



**Kalte Vorspeisen**

**Warme Vorspeisen**



**Suppen**



**Fische und Meeresfrüchte**

**Fleischgerichte**



**Geflügel, Kaninchen, Wild**



**Für größere Tischrunden**

**Gemüsegerichte**



**Pasta, Reis, Mais**



**Eierspeisen und Käsegerichte**

**Fonds und Saucen**



**Grundrezepte und Eingemachtes**



**Desserts**

# Alphabetisches Rezeptverzeichnis (Originalsprache)

# Alphabetisches Rezeptverzeichnis (deutsch)

# Und außerdem …

# Die Spezialkochbücher von Marianne Kaltenbach im Hallwag Verlag

## MEINE FISCHKÜCHE

Fische, Schalen- und Krustentiere einkaufen, vorbereiten, kochen und genießen
Über 250 persönliche und weltweite Rezepte
Ausgezeichnet mit der Goldenen Feder der Gastronomischen Akademie Deutschlands

Dieses Kochbuch nimmt dem Leser jede Scheu vor der Zubereitung von Fischen und Meeresfrüchten, vermittelt ihm die Grundlagen für die vielfältigen Zubereitungen und begleitet ihn in Wort und Bild vom Einkauf bis zum Servieren des fertigen Gerichts. Mit Steckbriefen und Abbildungen der wichtigsten Fische und Meeresfrüchte sowie zahlreichen Skizzen zum Vorbereiten, Kochen, Zerlegen, Servieren und Genießen.

## GEFLÜGEL

einkaufen, vorbereiten, kochen und genießen
Über 250 persönliche und weltweite Rezepte

Ein Kochbuch zu einem schier unerschöpflichen Thema, entstanden in Zusammenarbeit mit dem Küchenmeister Friedrich-Wilhelm Ehlert. Es bietet eine Vielzahl von Zubereitungen, von sehr einfachen, schmackhaften Gerichten bis hin zu raffinierten Kreationen. Mit Steckbriefen von Hausgeflügel, Nährwertangaben und zahlreichen Skizzen.

## VEGETARISCH FÜR GOURMETS

Über 300 Rezepte rund ums Jahr

Immer mehr Menschen bevorzugen fleischlose Gerichte – dann und wann, regelmäßig oder ausschließlich. Daß dabei die Freude am Essen keineswegs geschmälert wird, beweist Marianne Kaltenbach mit diesem Kochbuch, das dem Lauf der Jahreszeiten folgt. Mit vielen Vorschlägen für vegetarische Menüs, ausführlichen Steckbriefen der wichtigsten Getreideprodukte, Hülsenfrüchte und Sprossen sowie Hinweisen auf ballaststoffreiche Nahrungsmittel und auf die verschiedenen Koch- und Garmethoden für Gemüse.

## KREATIV KOCHEN

Besser, leichter, abwechslungsreicher

Dieses außergewöhnliche Kochbuch regt wie kaum ein anderes dazu an, die ausgetretenen Pfade der Kochroutine zu verlassen und kulinarisch kreativ zu werden. Ausgehend von einfachen Basisrezepten, entstehen dank zahlreicher Variationsvorschläge immer wieder neue, ganz persönliche Kochschöpfungen. Mit Vorschlägen für Gästemenüs samt genauem Zeitplan sowie einem Kapitel mit besonders leichten Hauptgerichten.

# Die Länderküchen-Kochbücher im Hallwag Verlag

Horst Scharfenberg

## AUS DEUTSCHLANDS KÜCHEN

Überlieferte Rezepte aus 16 Regionen

Wer mit Horst Scharfenberg, einem ausgewiesenen Kenner deutscher Küchen und Keller, die verschiedenartigen Landschaften des kulinarischen Deutschlands bereist, ist ebenso gut unterhalten wie beraten.

Marianne Kaltenbach

## AUS SCHWEIZER KÜCHEN

Überlieferte Rezepte aus den 26 Kantonen der Schweiz

Eine kulinarische Entdeckungsreise durch die vier Jahreszeiten zu schmackhaften, unverfälschten Schweizer Originalrezepten, garniert mit vielen volkskundlichen Informationen.

Marianne Kaltenbach/Virginia Cerabolini

## AUS ITALIENS KÜCHEN

Originalrezepte der verschiedenen Regionen Italiens

Zwei Meisterinnen der Kochkunst verraten die besten Rezepte der verschiedenen Regionen Italiens. Die meisten der rund 480 Köstlichkeiten entstammen überlieferten und sorgsam gehüteten Familienrezepten.

Ho Fu-Lung

## AUS CHINAS KÜCHEN

365 Rezepte aus dem Reich der Mitte

Das prächtige Buch des Meisterkochs Ho Fu-Lung aus Taiwan vermittelt einen faszinierenden Brückenschlag zwischen zwei Weltkulturen. Vorgestellt werden die traditionellen Eßkulturen der Völker Chinas, ihre Lebensmittel, Grundrezepte und Kochtechniken. Mit problemlos erhältlichen Zutaten können chinesische Rezepte originalgetreu nachgekocht werden.

# Die Jahreszeitenkochbücher von Oskar Marti im Hallwag Verlag

Natur und Tradition sind die Grundpfeiler der Kochkunst von Oskar Marti, besser bekannt als Chrüter-Oski. Kein Kraut und kein Unkraut ist ihm zu gering für einen Ehrenplatz in seinem Küchenreich. Die Art und Weise aber, wie er das Überlieferte neu interpretiert, macht ihn zu einer der interessantesten Erscheinungen der heutigen Gastronomieszene.

Die vier Jahreszeiten bilden den äußeren Rahmen für die Kochbuchreihe «Ein Poet am Herd». Die Rezepte stehen ganz im Zeichen der jeweiligen Saison, wobei die Produkte des Marktes mit wildwachsenden Kräutern, Blüten und Beeren zu phantasievollen Gerichten kombiniert werden. Die festlichen Höhepunkte jeder Jahreszeit werden mit exquisiten Menüs begangen, und die Geburtstagskinder werden mit einem zu ihrem Tierkreiszeichen passenden Horoskop-Menü überrascht. Zwischen die Rezepte läßt Oskar Marti die Gedanken und Gefühle einfließen, die Frühling, Sommer, Herbst und Winter in ihm zum Schwingen bringen.

Jeder Band ist mit duftigen, farbenfrohen Aquarellen von Flavia Travaglini illustriert.

Oskar Marti – ein Poet am Herd

FRÜHLING IN DER KÜCHE
SOMMER IN DER KÜCHE
HERBST IN DER KÜCHE
WINTER IN DER KÜCHE